전쟁기의
언론과 문학 증보판

지은이 **정진석**(鄭晉錫)은 국문학, 언론학, 역사학을 공부했다. 중앙대학교 대학원 국문학과 수료, 서울대학교 대학원 신문학 석사, 런던대학교 정경대학(School of Economics & Political Science-LSE) 국제사학과(Department of International History)에서 박사학위를 받았다. 1964년 언론계에 입문하여 한국기자협회 편집실장, 관훈클럽 사무국장을 역임했다. 1980년부터 한국외국어대학교 언론학 교수로 재직하는 동안 사회과학대학장, 정책과학대학원장을 맡았고, 언론중재위원, 방송위원, LG상남언론재단 이사, 한국신문협회 정책자문위원장과 국무총리 직속 6·25전쟁납북피해진상규명 및 납북피해자 명예회복위원을 역임했다. 2004년 정년퇴임 후에는 한국외국어대학교 명예교수이다. 현재 장지연기념회, 서재필기념회 이사로 활동하고 있다.

저서로는 『한국 현대언론사론』, 『대한매일신보와 배설』, 『한국언론사』, 『인물한국언론사』, 『언론유사』, 『역사와 언론인』, 『언론과 한국현대사』, 『한국영어신문사』, 『언론조선총독부』, 『언론인 춘원 이광수』 등 총 27권의 저서를 출간했으며 언론 관련 자료집, 문헌해제, 신문 잡지의 색인을 만들었고, 한말 이래 발행된 귀중한 신문 영인 작업을 주도했다. 『한성순보/한성주보』, 『독립신문』, 『대한매일신보』와 1945년 해방 직후부터 1953년까지 발행된 『경향신문』, 『동아일보』, 『서울신문』, 『조선일보』의 지면 전체를 모은 영인본(전32권)을 편찬하였다. 『조선총독부 언론통제 자료총서』(전26권), 『조선총독부 직원록』(1911~1942, 전34권) 같은 자료도 발굴 영인하여 언론계와 역사학계의 자료로 활용하도록 하고 있다.

## 전쟁기의 **언론**과 **문학** │증보판│

**초판 발행** 2012년 7월 20일
**증보판 발행** 2020년 2월 10일
**지은이** 정진석 **펴낸이** 박성모 **펴낸곳** 소명출판 **출판등록** 제13-522호
**주소** 서울시 서초구 서초중앙로6길 15, 1층
**전화** 02-585-7840 **팩스** 02-585-7848 **전자우편** somyungbooks@daum.net **홈페이지** www.somyong.co.kr

값 32,000원
ISBN 979-11-5905-499-0 93070
ⓒ 2020, 정진석

* 이 책은 방일영문화재단의 지원으로 저술되었습니다.

# 전쟁기의 언론과 문학

Journalism & Literature in War
World War II ~ Korean War

증보판

정진석

소명출판

## 일러두기

1. 본문에서 신문의 제호는 약물 기호를 붙이지 않았다. 그러나 잡지와 단행본은 약물 기호(『 』)로 표시했다.

   예 신문제호 : 동아일보, 조선일보, 로동신문, 민주조선.
      잡지제호 : 『신천지』, 『근로자』
      단행본 : 『북의 시인』, 『남로당 연구』

2. 논문 제목, 기사 제목 등은 약물 기호(「 」)로 표시했다.

   예 최영해, 「출판계의 회고와 전망」

3. 로동신문, 로동당은 북한이 사용하는 고유명사이므로 본문에서 그대로 사용했다.

4. 북한 원전을 인용하는 경우 북한의 맞춤법을 따랐다.

5. 인명 표기도 북한 문헌을 인용하는 경우는 북한식 표기를 따랐다.

   예 임화 → 림화, 이태준 → 리태준, 이승엽 → 리승엽.
   그러나 문장에서 서술할 경우에는 임화, 이태준, 이승엽으로 표기했다.

6. 북한은 '원수'(元帥)와 '원쑤'(怨讐)는 구분하여 표기한다. '원수'는 김일성과 스탈린을 지칭하고 '원쑤'는 미국, 미군, 남한의 국군 등을 의미한다.

7. 로동신문 지면은 본문에 최대한 크게 넣었다. 북한 신문 한 페이지는 장황한 글보다 당시 상황을 훨씬 효과적으로 전달하기 때문이다. 로동신문과 민주조선은 북한 정권의 관보에 해당하는 공식문건 자료이다.

## 월북 문화인들의 활동과 작품 해금<sup>解禁</sup>

### 북한 언론의 역사 서술과 보도용어

올해는 6·25전쟁 70주년이다. 긴 세월이 흘렀지만 동족상잔 전쟁의 후유증은 아직 치유되지 않았다. 전쟁의 와중에 북으로 끌려간 민간인은 이름과 주소를 확인할 수 있는 사람만 8만 2,959명이다. 통계에 따라 차이가 있지만 12만 명이 넘는다는 기록도 있다. 그 가운데는 정치인, 법조인, 의사, 교수, 종교인 등 넓은 범주의 '문화인'도 많다. 인적자원의 엄청난 손실이자 역사적으로 유례가 없는 인권의 말살이다.

제헌국회 의원은 200명 정원의 25%인 50명이 납북되었다. 네 명 가운데 한 사람의 납북이다. 제2대 국회의원도 정원 210명 가운데 27명(12.8%)이 북으로 끌려갔다. 이제는 살아서 돌아오기를 기대할 수 없을 정도로 긴 세월이 흘렀다. 그동안 남북관계가 좋아진 때도 있었다. 이산가족 상봉, 학술과 문화 교류, 금강산 관광, 개성공단 같은 직접 교류는 이어졌다가 끊어지기를 되풀이했다. 그런 가운데도 전쟁 중에 납북되어 가족과 생이별하고 소식이 두절된 민간인들의 행적을 속시원하게 종합적으로 통보받은 적은 없었다. 북한 땅 어디선가 한 많은 세월을 속절없이 보내다가 저 세상으로 간 사람들이 있었다는 사실은 기록으로라도 남겨야 하지 않을까. 납북 민간인의 명단 데이터베이스를 구축한 기관은 정부가 아니라 민간단체였다.

언론과 문학은 원래 같은 뿌리에서 비롯되었다. 신문학 초창기 한말에는 언론인과 문인을 구분하기 어려울 정도였고, 일제 강점기에도 문인 언론인이 많았다. 조선 3대 천재로 불렸던 이광수, 최남선, 홍명희는 대표적인 문인이면서 언론인이었다.

전쟁기에는 종군기자 또는 종군작가로 전쟁에 직접 참전하는 문인이 많았다. 북한의 문인들은 대부분 군인 계급장을 달고 최전선에서 종군했다. 남한의 언론인과 문인들 가운데는 납북되거나 자진 월북한 사람도 있어서 그 후의 행적에도 관심을 기울이지 않을 수 없다.

이번 증보판에는 새로운 내용을 추가했다. 광복 후부터 6·25전쟁 이전까지 5년 사이에 북한문화계에서 활동했던 인물은 어떤 사람들인지 문화단체 임원들을 정리해보았다. 자신이 선택하여 북으로 갔던 인물과 원래 북한에 거주하고 있던 문화인이 섞여 있었다. 어느 쪽이건 북한을 택한 나름의 이유가 있었을 것이다. 북조선예술총동맹 기관지의 변천도 살펴보았다. 북한문화계의 판도를 보여주는 공식적이고 종합적인 매체이기 때문이다.

북한은 전쟁 중에 문화계 여러 분야를 망라하여 훈장을 수여했다. 수훈자 102명 가운데 제일 높은 등급인 국기훈장 제2급 7명 가운데 문인은 리기영, 리태준, 림화, 조기천, 한설야 등 다섯 명이 포함되지만, 전체 분야별로 집계하면 무대예술 분야 종사자인 배우, 가수, 무용가를 비롯하여 사진가의 활동을 중요시한다는 사실을 알 수 있다. 배우는 29명으로 제일 많은 수훈자를 차지했는데, 시인과 작가를 합친 숫자보다 많다. 3번째로 많은 수훈자인 시인은 10명, 4번째인 작가는 9명이다. 2위인 촬영사 14명에 비해도 시인과 작가는 적은 숫자이다. 이를 보면 예술을 선전 선동에 활용하는 정책이 드러난다. 대중선동과 체제선전에는 문학작품보다는 시각적인 영상예술이 효과적이라는 예술정책이다. 나치와 공산당의 선전수법이 전수되었다고 볼 수 있다. 훈장의 등급은 김일성 정권에 기여한 전쟁기 문화계 인사들의 위상을 알려주는 객관적인 기준이 될 수 있다.

북한 신문의 역사는 어떤 사관史觀을 토대로 서술되고 있는지 김일성종합대학 출판사의 『조선신문 100년사』(1985.12)라는 책에 명시되어 있다. 신문은 '계급투쟁의 사상적 무기'로 규정한다. 가장 예리하고도 전투적이며, 기동적인 무기라는 것이다. 이같은 기준으로 언론의 참된 역사는 1928년 1월 15일에 김일성이 창간하였다는 신문 『새날』과 조국광복회 기관지 『3·1월간』(1936)으로부터 그 정통이 세워졌다고 서술한다. 분단 이후 남북한 이데올로기의 극단적인 차이는 일상 용어와 보도 용어에까지 미치게 되었다.

남한에서는 월북 문화인의 작품 사용을 금지했으나 시간이 흐르면서 연구의 대상으로 조금씩 허용되다가 1988년의 서울올림픽을 계기로 이들의 작품 출판과 음악 미술을 활용할 수 있도록 허용하는 조치를 취했다. 이른바 월북 문화인에 대한 대폭적인 해금解禁이었다. 시대 상황의 변화에 따라서 북한 언론도 외형적으로는 적지 않게 달라지기는 했지만 김일성 3대 세습정권이 지속되는 한 근본적인 변화는 없다고 보아야 할 것이다.

2020년 새해 아침에

정 진 석

# 언론과 문학과 정치의 함수관계

## 태평양 전쟁, 광복, 6·25전쟁

"전쟁은 설사 그것이 정의를 위한 불가피의 전쟁일 경우에 있어서도 문화의 두려운 파괴자인 것은 두말할 것이 없다"는 글이 필화가 되어 수필가 김진섭이 일본 헌병대에 불려가서 곤욕을 치렀던 사건은 1940년 1월에 일어났다. 소리 없이 진행된 필화였지만 총독부 기관지 매일신보의 편집 간부들이 신문사에서 연쇄적으로 물러나는 사태가 벌어지는 후유증이 뒤따랐다. 2차 대전의 불길이 유럽을 휩쓸기 시작했고, 일본이 태평양전쟁을 일으키기 직전의 긴장된 국제정세였다.

전쟁시기의 언론과 문학은 정치의 영향에서 자유로울 수 없는 숙명에 처하게 된다. 전쟁은 언론과 문학에 통제를 가할 수 있는 강제력을 지닌다. 8·15광복이라는 민족사의 대변환점을 가운데 놓고 그 앞과 뒤에 태평양전쟁과 6·25전쟁이 있었다. 두 전쟁 기간의 언론과 문학은 적이 통치하는 지역에 남겨진 포로와 유사한 형태로 위축되고 절박한 상황에 처했다. 식민지 치하에서는 '친일'이 후유증으로 남았고, 6·25전쟁시기에는 이념문제가 생과 사를 갈랐다.

언론인과 문인에게는 고난의 나날이었다. 언론의 자유, 표현과 창작의 자유 따위는 사치스러운 이야기였다. 신변의 안위를 먼저 걱정하지 않을 수 없었던 엄중한 시기였다. 남과 북이 치열한 이념 논쟁으로 대립하면서 총부리를 맞대고 처절한 싸움을 벌이던 때에 잘못 선택한 길로 들어섰거나 순간적인 판단착오로 영원히 가족과 이별하고 생사를 알 수 없게 된 언론인과 문인이 많았다.

제1부 「해방공간 6·25전쟁기의 언론」은 광복 후 남한에서 발행된 좌익지를 개관하고 언론과 문학을 전쟁의 도구로 활용한 북한의 신문을 살펴보았다. 광복 이후 우리는 언론 자유가 민주주의의 근간이라는 이론을 신봉해 왔다. 언론은 독립불기獨立不羈의 자유로운 위치에서 사실보도와 함께 권력을 비판하고 환경을 감시하는 기능을 수행해야 한다는 사실도 금과옥조金科玉條로 여긴다. 언론과 문학은 권력으로부터의 독립과 표현의 자유를 수호하기 위해 외부 세력에 저항하고 투쟁했다. 압도적인 권력의 힘에 굴종한 적도 있지만 언론과 문학은 사명을 망각하지 않았다고 생각한다. 우리는 여론이 한쪽으로 쏠리는 집중화 현상을 경계하고 다양한 논의와 주장이 사회 발전의 요체라는 사실도 강조한다. 그래서 노무현정권 시절에는 개혁입법이라는 명분으로 이른바 메이저 신문의 시장 점유율을 규제하고 마이너 신문을 국고로 지원하는 법적 제도까지 만든 적이 있었다.

북한은 언론과 문학을 전쟁 수행과 정권 유지를 위한 선전선동의 도구로 활용해 왔다. 북한의 조선중앙통신은 중요 기사를 독점적으로 공급하고, 로동당 기관지 로동신문과 내각 기관지 민주조선이 획일적인 보도와 편집을 한다는 정도는 상식적으로 알고 있었다. 두 신문은 북한의 '관보'에 해당하는 공식 매체다. 여론의 다양성이라는 개념은 없다. 정부와 당에 대한 비판도 일절 허용되지 않는다. 공산주의 이론이 그렇다 하더라도 북한에서 발행된 전쟁 당시의 신문을 보면서, 민주주의 언론 이론이 머리에 박힌 입장에서는 큰 충격을 받지 않을 수 없었다. 김일성의 방송 연설은 북한에서 막강한 영향력을 지닌 당과 정부 기관지가 동시에 같은 편집으로 지면에 구애받지 않고 전문을 게재한다. 김일성의 대형 사진과 함께 그의 지침을 "높이 받들고" 당에 충성하겠다는 기사가 뒤따라 실린다. 스탈린과 김일성의 사진이 두 기관지의 1면 머리에 크게 실리는 날은 언제나 스탈린 사진의 위치가 앞자리를 차지한다. 영락없는 위성국가의 모습이다.

## 전쟁과 필화, 재판과 죽음

김일성은 휴전 직후에 박헌영을 추종하던 남로당 계열에 피의 숙청을 단행하였다. 모든 것을 비밀리에 처리하는 김일성 정권이지만 남로당 재판은 문건을 공개하고 일본에서 번역 출판까지 하도록 만들어 자신들의 정당성을 선전하는 자료로 활용하였다.

시인 임화를 비롯한 남로당 계열 지식인들은 남한에서 그랬듯이 북으로 올라가서도 언론과 문학을 무기로 남조선의 '해방'을 외치며 혼신을 다해서 투쟁했지만 비참한 말로가 기다리고 있었다. 임화와 이태준은 1951년 4월 26일 북한 최고인민회의 상임위원회가 수여했던 최고 등급 국기훈장(제2급)을 받은 문학·예술인 7명 가운데 들어 있었다. 하지만 불과 2년 뒤에 두 사람의 문학은 매도당했다. 임화는 재판정에 서서 자신의 입으로 미제의 간첩이었다는 '죄과'를 자백하는 치욕스러운 수모를 겪은 뒤에 네 가지 법률 위반으로 사형 선고를 받았다. 북한의 군사법정은 그를 네 번 죽어야 마땅한 인물로 판결한 것이다.

제3부 「태평양전쟁기 문학과 언론의 필화」는 1940년 1월에 있었던 김진섭의 매일신보 필화에서 1953년 한하운 시인이 서울신문에 실었던 「보리피리」 사건까지, 전쟁의 와중에 언론과 문학이 처했던 상황을 구체적인 사건을 통해서 실증적으로 규명해 보았다. 김진섭 필화는 언론과 문인의 경계가 애매한 사건이었다. 단파방송 수신사건으로 투옥되었던 문석준의 옥사(1944), 총독부 고등경찰 사이가 시치로 암살사건(1945)을 다루었다.

제4부 「전쟁 후유증과 친일문제」에서는 한센병 시인 「보리피리」 필화(1953), 여운형의 친일 문제 등이 전쟁과 관련되는 내용이다. 월북 언론인 이갑섭의 「조보연구」는 학구적 언론인이 북한에서 1950년대에 집필한 논문의 미스터리를 추적해 본 것이다. 모두가 전쟁이 언론과 언론인의 운명에 어떤 영향을 미쳤는지를 보여주는 사건들이다.

## 언론사 연구의 지평 확대

나는 언론의 역사를 일제의 탄압과 언론의 수난이라는 관점에서 처음 연구하기 시작했었다. 그러나 연륜을 쌓으면서 도달한 결론은 총독부의 언론탄압은 민족언론의 수난사라는 시각에 고정시킬 것이 아니라 일본의 언론정책이라는 보다 넓은 구도에서 파악하지 않으면 안 된다는 사실을 깨달았다.

언론과 문학에 대한 검열과 통제는 식민지 조선에만 자행된 것이 아니었다. 정도의 차이는 있지만 군국주의 일본 본토에서도 통제는 시행되었고 점차 강화되고 있었다. 조선총독부가 언론, 사상, 문학을 통제하고 탄압한 것은 일본 국내의 문화 전반에 걸친 정책과도 연관되어 있었던 것이다. 그래서 나는 총독부의 언론통제 관련 자료를 되도록 많이 찾아내고 여러 사람들이 연구할 수 있도록 자료의 확산에 나름대로 힘을 썼다.

총독부의 기관지였던 매일신보와 경성일보의 영인에 힘을 보탰고, 『언론조선총독부』(커뮤니케이션북스, 2005)를 저술한 것도 일제 강점기의 언론사 연구를 조선 내부에 국한하지 않고 일본의 언론정책과 연관 아래 종합적으로 연구하자는 시각을 반영한 것이다. 내가 편찬한 『조선총독부 언론탄압자료총서』(전26권, 한국교회사문헌연구원, 2013), 『조선총독부 급 소속관서 직원록』(전34권, 일본 : ゆまに書店, 2010) 같은 자료는 일제 강점기의 역사와 언론사 연구에 필수적인 자료이다.

광복 이후의 언론사 연구에 북한의 언론사를 포함시키는 문제도 일제 치하 언론사 연구와 같은 시각에서 출발했다. 남북한은 뛰어넘을 수 없는 인위적인 장벽을 쌓았다. 전쟁 전의 38도선과 전쟁 이후의 휴전선을 경계로 남북한은 상반된 두 정치체제 아래 70년 가까운 세월을 보내고 있다. 이데올로기 갈등의 와중에 언론과 문학 분야에서 많은 희생자를 내기도 했다.

미군정 초기에 남한에서는 공산당이 공개적으로 활동하였으며 남로당 기관지와 좌익논조로 발행된 신문도 여러 종류가 있었다는 사실을 모르는 사람도 많다. 전쟁 전까지 남한에서는 좌익 언론인과 문인들이 정부를 비판하고 공산주의를 찬양하는 글을 쓴 경우도 적지 않았다. 완전히 자유로운 상황은 아니었지만, 당시의 시대상황을 염두에 두고 본다면 남한의 언론은 민주주의가 초보적인 단계나마 실현되고 있는 상황이었던 것으로 평가할 수 있다.

이승만을 한마디로 '독재자'로 규정하는 사람도 있다. 이승만 시대에 오늘날과 같은 민주화가 이루어지지 않았던 사실은 부인할 수 없다. 하지만 1950년대 이승만 치하에는 정권 교체에 이르기 직전까지 갔을 정도로 강력한 야당이 존재했다. 경향신문, 동아일보와 같은 강력한 '야당지'도 있었다. 수권 능력을 갖춘 야당, 정부를 비판하는 언론이 있는 나라를 거두절미하고 '독재국가'라 부를 수는 없다.

## 월북 언론인들의 비참한 최후

북한에는 민주주의 정치가 구현되고 언론 자유가 보장되었는가. 앞서 잠시 언급했듯이 북한에는 독립된 언론이 없다. 언론은 한 사람 독재자를 찬양하고 그의 나팔수 역할에 충실한 시녀에 지나지 않는다. 내가 북한의 언론에 관심을 가진 것은 『6 · 25전쟁 납북』(기파랑, 2006)을 출간할 무렵이었다. 남한에서 활동하던 많은 언론인들이 월북하거나 납북되었다. 그들은 어떤 사람들이었나. 생사는 어떻게 되었으며 자진 월북한 언론인들이 북한에서는 어떤 생활을 했는가. 남한의 언론사 연구만으로는 의문을 풀 수 없다는 한계에 도달했던 것은 일제 강점기의 언론사 연구와 비슷한 논리적 귀결이었다. 김일성정권과 이승만을 객관적으로 비교해 보지 않을 수 없게 된 계기였다.

언론과 문학은 경계를 긋기 어려울 정도로 밀접한 관련이 있었다. 일제 강점기와 광복 이후 6 · 25전쟁시기에는 언론인이면서 문인, 문인이면서 언론인으로 활동했던 사람이 많다. 광복 이후에 발행된 좌익신문과 남침 이후 서울에서 발행된 해방일보와 조선인민보에 간여한 언론인 가운데도 문인이 많았다. 그래서 임화를 비롯하여 언론과 관련이 있는 여러 문인들이 북한에서 처참한 최후를 맞았던 사건도 언론역사 연구의 관점에서 살펴보았다.

역사연구에는 '시대구분'이 있다. 시대를 구분하는 절대적인 기준은 없다. 왕조가 바뀌는 시기가 기준이 되기도 하고 역사의 흐름을 바꾸는 큰 사건을 기점으로 전과 후를 가르는 방법도 있다. 역사를 보는 관점에 따라 구분이 달라지고, 해석에도 차이가 난다. 그러나 근대사에서 8·15 광복이나 6·25전쟁과 같은 대 사건은 시대구분의 객관적인 기준으로 통용하지 않을 수 없다. 누구도 이의를 제기하지 못할 정도로 역사의 큰 전환점이기 때문이다.

두 사건은 이 땅에 사는 모든 사람들의 생각과 삶에 커다란 영향을 미쳤다. 큰 사건 이후에는 사회 전반에 여러 가지 변화가 뒤따른다. 돌이켜 보면 8·15나 6·25도 칼로 무 자르듯이 하루아침에 벌어진 역사적인 사건은 아니다. 미리부터 있었던 징조를 깨닫지 못하거나 알면서도 거대한 역사의 흐름을 막지 못한 경우였던 것이다. 그런 역사적 대 변환의 시기 언론은 어떠했는지, 많은 연구가 있었지만 북쪽 언론의 실상은 아직 제대로 연구가 이루어지지 않았다.

북한 언론에 관련된 자료는 극히 제한되어 있고, 접근도 어려웠다. 눈치 보지 않고 연구할 여건도 아니었다. 남한의 미군정과 이승만 정권의 언론 통제에 관해서는 비판적인 연구가 주류를 이룬다. 하지만 북한의 언론을 실증적으로 고찰하는 연구자는 드문 상황이다. 다행히도 근년에는 북한 관련 자료가 공개되기 시작했고, 연구의 분위기도 상당히 자유로워졌다.

　박헌영, 임화를 비롯하여 월북한 언론인에 관한 연구 가운데는 북한의 주장을 부지불식간에 그대로 받아들이는 경우도 많았다. 김일성은 남로당 일파의 처단을 합리화하기 위해 여러 방법을 동원하였다. 하지만 용서받지 못할 민족 반역의 간첩행위, 친일행적의 척결이라는 북한의 논리에 매몰되어서는 안 된다는 사실을 북한이 선전 목적으로 만든 자료를 보면서 역설적으로 깨닫게 되었다.

　이 책은 북한의 자료를 토대로 쓴 것이다. 로동신문과 민주조선, 문학잡지, 로동당 이론잡지 등과 박헌영, 이승엽, 임화 등 남로당 계열 숙청 당시의 재판기록을 활용하였다. 북한의 신문과 잡지를 통해서 한국 언론사의 연구 범위를 북한의 언론까지 확대 포괄한 것으로 자부해 본다.

　이전까지 나는 언론전문 출판사에서 대부분의 책을 출간했는데, 이번에는 문학 관련 전문출판사로 명성이 있는 소명출판에서 책을 내기로 한 것은 내용이 언론에 국한되지 않고 문학과 긴밀한 연관이 있다고 생각했기 때문이다. 책 출간을 지원한 방일영문화재단과 출판을 맡아 준 소명출판에 깊이 감사드린다.

2012년 5월
정 진 석

## 제2부 _ 월북-납북 문화인과 언론의 기능

# 제4부 _ 전쟁 후유증과 친일문제

# 해방공간
# 6·25전쟁기의
# 언론

# 제1장

# 좌익 언론과 언론인들

## 1. 미군정기 남한의 언론 상황

### 1) 신문의 난립

일제가 패망하던 당시에 우리말로 발행되던 일간지는 총독부의 기관지 매일신보 하나밖에 없었다. 일제는 태평양전쟁을 일으키기 전에 신문의 정비를 강행하여 1940년 8월 동아일보와 조선일보를 폐간시켰고, 한국어 신문은 매일신보만 남겨 두었다. 그러나 매일신보도 전쟁이 끝날 무렵에는 물자부족으로 타블로이드 2면의 빈약한 지면을 발행하면서 총독부의 충실한 대변지 노릇을 최후까지 수행하고 있었다.

전쟁이 끝난 뒤 권력의 공백상태에서 정치집단이 제일 먼저 시작한 것은 정치기반의 확대와 조직을 뒷받침할 신문을 발행하는 일이었다. 공산주의자들은 일찍부터 선전의 중요성을 잘 알고 있었다. 그러나 우리말로 신문을 발간할 만한 시설은 많지 않았다. 서울에서 일간신문을 인쇄할 수 있는 시설을 제대로 갖춘 곳은 매일신보사를 비롯하여, 총독부의 일어판 기관지 경성일보, 조선상공신문, 근택인쇄소近澤印刷所 정도였다. 전국 각 지방의 도청 소재지에도 일본어 일간지가 하나씩 남아 있었는데 광복 후 이 시설을 접수하여 지방에서도 새로운 신문이 나왔다. 서울에서 우리말 단행본을 인쇄할 수 있는 시설을 가진 곳은 한성도서, 협진, 서울일신, 수영사, 대동, 청구, 고려 등 몇 개에 지나지 않았다.[1]

이와 같이 열악한 환경이었지만 8・15 이후에 여러 종류의 신문이 우후죽순처럼 창간되었다. 미군정 초기에는 여러 신문-잡지사가 난립하여 집계하는 기간에 따라서 신문사의 숫자에 차이가 나고 있다. 1945년 말까지 지방에서 발행되는 신문을 합치면 전국적으로 적어도 40종이 넘는 신문들이 새로 나왔는데[2] 곧 없어지는 것도 많아서 광복 6개월 후인 1946년 1월 현재 서울에서 발행되는 일간지는 약 20여 종이었다. 서울에 진주한 미군은 신문 발행을 규제하지 않고 방임상태로 두었으나 신문용지를 구하기가 어려웠고, 광고수입도 부진하여 경영의 어려움으로 인해 어느 신문이 언제 폐간될지도 모르는 상황이었다.[3] 1946년 5월 현재 발행 중인 신문은 자유신문, 서울신문, 조선일보, 동아일보, 독립

---

1    최영해, 「출판계의 회고와 전망」, 『출판대감(大鑑)』, 조선출판문화협회, 1949, 4~6쪽.
2    『조선연감』(1947년판), 조선통신사, 1946, 279쪽.
3    윤창식, 「1945년도의 신문」, 『문화통신』, 1946년에 발행되고 있던 일간신문, 통신, 주간신문의 명단은 『조선연감』(1947년판), 1946, 281~286쪽 참조..

신보, 대동신문, 세계일보, 조선중앙일보, 한성일보, 민주일보, 경향신문, 현대일보, 중앙신문, 서울타임스, 유니온 데모크라트의 15개 신문과,[4] 좌익신문 조선인민보가 발행되고 있었으나 해방일보는 폐간되던 무렵이었다. 해방 2년이 지난 1947년 11월 현재 남한에서 발행되는 신문은 서울의 20개 일간지를 비롯하여 일간통신이 8개였고 지방에서도 일간지가 28개나 발행되고 있었다. 극심한 물자부족과 경제난 속에서 과다한 신문이 발행되고 있었던 것이다. 제호는 아래 표와 같다.[5]

**1947년 11월 현재 남한 발행 신문**

| 중앙일간지(20) | | | | |
|---|---|---|---|---|
| 공업신문 | 조선일보 | 한성일보 | 서울타임스 | 동아일보 |
| 서울신문 | 대한일보 | 대동신문 | 독립신보 | 경향신문 |
| 수산경제신문 | 자유신문 | 부녀신보 | 현대일보 | 중앙신문 |
| 세계일보 | 민중일보 | 우리신문 | 조선중앙일보 | 제일신문 |

| 통신사(8) | | 지방일간지(28) | |
|---|---|---|---|
| 산업경제통신 | 공립통신 | 강원 1 | 충남 2 |
| 합동통신 | 조선통신 | 전북 4 | 전남 3 |
| 예술통신 | 전보통신 | 경북 9 | 경남 9 |
| 중앙경제통신 | 중앙통신 | | |

## 2) 정론지의 범람과 등기제

일간지 외에도 수많은 주간지가 발행되고 있어서 조선신문기자협회와 조선신문기자회에 소속된 2개 단체의 회원을 합하면 971명에 달했

---

4    최준, 『한국신문사』, 일조각, 1990, 344쪽.
5    사림(史林) 편, 『신문기자 수첩』, 모던출판사, 1948, 13쪽.

다.[6] 남한에서 많은 신문이 창간된 것은 일제치하에 한국인들에게는 신문발행을 허용하지 않던 억압이 일시에 풀렸기 때문에 그 반동으로 나타난 현상이라는 측면도 있지만, 정치적으로 이용하기 위해 만든 신문도 많았기 때문이다. 이처럼 많은 신문이 나온 객관적인 이유에 대해 송건호는 다음과 같이 분석했다.[7]

① 정당으로부터 직접 재정적인 지원을 받아 신문을 창간하여 처음부터 정당기관지의 구실을 한 경우
② 사재를 투자하여 신문을 창간했으나 처음부터 어느 정당을 지지한 경우
③ 신문사업을 하나의 기업으로 알고 투자한 경우 ― 이 경우도 정치적 영향은 저마다 강했다

전국 각지에서 쏟아져 나온 신문, 잡지, 통신들은 사회적으로나 경제적으로 존립할 만한 기반도 없으면서 각양각색의 형태로 발간되었다. "백출百出하는 정당들의 혼돈상과 발을 맞추어 대립항쟁의 예봉을 전개하고, 나아가서는 다시 기관지에서 선전 삐라적 역할로 전락하여 상대편 정당과 지도자의 중상까지 매진하게" 된 것이라는 당시의 평가가 그 단면을 보여주고 있다.[8] 이러한 정론지의 속출과 좌우익의 정치적인 극한 대립으로 반대파 신문을 테러의 대상으로 삼는 상황까지 이르게 되었다.

이같은 혼돈상을 야기한 것은 미군정의 자유방임적인 언론정책에 근

---

6    사림, 「서울시내 신문기자」, 위의 책, 11쪽.
7    송건호, 『한국현대언론사』, 삼민사, 1990, 69쪽.
8    『조선연감』(1947년판), 조선통신사, 1946, 279쪽.

본적인 원인이 있었다. 남한에 상륙한 미군은 확고한 언론정책을 수립하지 못한 상태였다. 미국식 민주주의를 남한에서 시도하고 그런 차원에서 언론출판의 자유를 기도하였으나 이는 '환상'이었으며 당시 한국의 현실이 그런 이상과 합치될 수 없었다는 평가를 받는다.[9] 북한에 진주한 소련군이 언론을 정치선전의 도구로 활용하면서 비판적인 언론의 출현을 처음부터 철저히 억제하고 획일적인 논조의 신문만 허용하였던 사정은 다음 장에서 살펴볼 것이다.

### 3) 일본주둔 미군의 검열

일본에 진주한 미군은 한국과는 대조적으로 언론통제의 빈틈없는 가이드라인을 준비하여 실시하고 있었다. 점령군은 일본에 상륙한지 9일째였던 1945년 9월 10일에 게재금지 사항을 제시한 「뉴스 반포에 관한 각서ニュース頒布についての覺え書」를 공포했다.[10] 그러나 이 '각서'는 검열의 기준이 너무 포괄적이고 애매하였을 뿐 아니라 며칠 전까지 '미영 격멸'을 외치던 언론인들로서는 잘 이해할 수 없는 부분도 많았기 때문에 위반사례가 자주 일어났다. 그래서 연합군총사령부GHQ는 9월 21일에 새로 10개 조항의 프레스 코드(신문규약)를 발표했다.

이 프레스 코드에는 "신문에 대한 제한이 아니라 자유로운 신문이 가

---

9   박권상, 「미군정하의 한국언론」, 『산운사학』 2, 산운학술문화재단, 1988.4. 박권상은 「미군정하의 한국언론」을 『신문과 방송』, 한국언론진흥재단, 1987.10(상), 63~76쪽, 1987.11(하), 61~68쪽 2회 게재하였다. 그러나 내용은 『산운사학』과 동일하다.

10  松浦總三, 『占領下の言論彈壓』(增補決定版), 現代ジャーナリズム出版會, 1977, 49~50쪽; 高桑幸吉, 『マッカーサーの新聞檢閱, 揭載禁止・削除になった新聞記事』, 讀賣新聞社, 1984, 39쪽 이하.

지는 책임과 그 의미를 일본의 신문에 가르쳐 주기 위한 것"이라는 전문이 붙어 있었다. 그리고 이것을 위반하면 연합군의 군사재판에 회부될 수 있다는 조항도 들어 있었다. 프레스 코드는 연합군이 일본을 점령하고 있던 약 6년 반 동안 일본의 신문 잡지를 지배했던 최고의 법규였다. 점령이 시작된 후 30개월간, 1945년 10월 5일부터 1948년 7월까지 일본의 전 출판물은 점령군의 사전검열을 받았다. 그러나 1948년 7월 이후에는 좌익적 색채가 강한 종합 잡지를 제외하고는 사후 검열로 바뀌었고 1949년 말부터는 종합 잡지도 사후 검열로 전환되었다.

검열은 어떻게 진행되었는가. 제1단계는 신문사 또는 출판사가 일본 주둔 미군검열과에 교정쇄를 제출하도록 했다. 영어를 구사할 수 있는 일본인 또는 일본계 미국인이 교정쇄를 번역하여 미국인 검열 장교에게 보여 주면 그것을 읽어 본 장교가 삭제 또는 정정할 부분을 지시한다. 번역자는 검열 장교가 삭제나 정정을 명령한 부분에 해당하는 교정쇄에 붉은 연필로 DELETE(삭제)라고 써서 선을 긋는다. 신문사와 출판사에서는 삭제 지시를 받은 부분을 다른 말로 바꾸지 않으면 안 된다. 삭제된 상태로 비워두거나 ○○, ××를 사용하는 것은 허용되지 않았다. 점령군의 검열을 받고 있다는 것이 일반 독자들에게 알려지기 때문이다. 연합군총사령부는 신문, 출판사에 「프레스 코드에 기초한 검열의 요령에 관한 세칙細則」을 통보하였다.[11] 연합군사령부는 일본 점령 후에 발행되는 신문 잡지 방송의 내용만이 아니라 전쟁 전에 발행된 단행본 7천 책 이상을 '분서焚書', 또는 몰수했다.[12]

---

11  松浦總三, 위의 책, 50쪽 이하.
12  西尾幹二, 『GHQ焚書圖書開封, 米占領軍に消された戰前の日本』(전3권), 동경 : 德間書店, 2008.

일본에서는 이와 같이 세부적인 검열의 기준과 방법에 따라 사전검열이 제도화되어 있었지만 한국에 주둔한 미군은 "미군이 진주해 온 후인 현재, 조선에는 문자 그대로의 절대한 언론자유가 잇는 것이다. 미군은 조선사람들의 사상과 의사발표에 간섭도 안 하고 방해도 안할 것이며 출판에 대하여 검열가튼 것을 하려 하지도 안는다"고 선언하고 언론에 대한 자유방임적 정책을 실시했다. 그러나 사전검열이 없는 대신에 빈번한 정간과 언론인의 연행 또는 구속과 같은 탄압과 마찰이 일어났다.

이같은 상황에서 열악한 출판환경에서 발간된 출판물 가운데도 좌익서적은 상당한 비중을 차지하고 있었다. 1946년 7월 5일까지 남한에서 발행된 책 202종 가운데 32.7%인 66종이 좌익서적이었다.[13] 미군정 3년 동안에 좌익관계 서적을 발행한 출판사는 1945년에는 13개사였고, 1946년에는 54개사, 1947년에는 36개사, 그리고 1948년에는 6개사였다. 이들 출판사가 모두 좌익서적 전문출판사는 아니었지만 노농문우인서관勞農文友印書館, 우리문화사, 조선맑스엥겔스연구소와 같은 완전 좌익출판사도 30개사가 있었다.[14]

1945년 11월 2일에 결성된 전조선출판노조全朝鮮出版勞組의 주도권은 좌익계열이 장악하였다. 신문사와 출판사 그리고 인쇄소를 망라한 출판노조는 77개소에 조합원 수가 2,180명에 달했다. 출판노조는 서울을 비롯하여 부산, 대전, 대구 등 각 지역에 결성되어 있었는데, 공산당 선전공세의 핵심조직이었다.[15]

미군정은 10월 31일 군정법령 제19호를 공포하여 '신문 기타 출판물

---

13  조대형, 「미군정기의 출판연구」, 중앙대 석사논문, 1988, 17쪽.
14  위의 글, 108~109쪽.
15  위의 글, 77쪽.

의 등기'를 시행하도록 명하였다. 이 법령 제5조는 정기간행물의 발행을 '등기제'로 규정하여 원칙적으로 누구든지 신문 발행의 자유를 누릴수 있는 법적 근거를 제공하였다. 일제치하의 광무신문지법은 신문 발행을 '허가제'로 묶어 허가 자체를 극도로 억제하였기 때문에 한국인들은 신문발행이 어려웠다. 미군정이 신문 발행을 '등기제'로 풀어놓은 것은 일제치하에 억눌렸던 언론 자유를 허용하겠다는 의미도 있었지만, 다른 한편으로는 이 법령을 이용하여 난립했던 신문의 실정을 파악할수 있는 동시에 이를 토대로 언론에 대한 규제와 단속을 원활히 할 수있다는 복선도 깔려 있었다.

### 4) 해방공간 주요 언론인 40명

광복 이후 6·25전쟁이 일어나던 5년 사이에 어떤 인물들이 언론계에서 활동했는가. 미군정을 거쳐 대한민국 정부 수립 전후의 중요시기 언론인들은 어떤 인물이었는가. 이를 살펴보는 것은 당시 언론계만 아니라 오늘에 이르는 한국 언론의 구도를 이해하는 자료가 될 수 있다. 해방공간에서 6·25전쟁기간의 언론인들에 관해서는 다음 자료를 참고할 수 있다.

① 강영수, 「해방 이후 남조선 신문인 동태」, 김사림 편, 『신문기자수첩』, 모던출판사, 1948.
② 슬포산인, 「현역기자 100인평」, 『일선기자의 고백』, 모던출판사, 1948.
③ 나절로, 「신문인 100인 촌평」, 『신천지』, 서울신문사, 1948.7.

④ 오소백, 「신문기자 150인 평」, 『신문기자가 되려면』, 세문사, 1953.


①은 광복 이후 3년 동안 언론인들의 움직임을 정리한 글이다. 언론인들이 어떤 신문사에서 언론활동을 벌였으며 어떤 역할을 맡았는지, 전체 언론계의 동태를 살펴 본 것이다.

②, ③, ④는 언론인 개인의 특징과 성향을 간단히 평가한 자료이다. 미군정 초기에 득세했던 좌익신문은 정부가 수립되던 1948년 무렵에는 대체로 정비된 상태였고 상당수 좌파 기자들은 북으로 올라가 있었다. 그런 가운데도 아직 남한에 남아 있던 좌익 언론인과 문인들도 적지 않았다. 월북이 확실한 좌익 언론인은 거의 수록되지 않았지만, 위의 자료가 나오던 때까지 남아 있었거나 그 직후에 월북한 경우는 수록된 사람도 있다. 서울신문 초대 편집국장이었다가 월북한 홍기문, 민주일보 주필 오기영이 그런 경우이다. 전쟁 중에 월북 또는 납북된 언론인은 상당수 포함되어 있다. 위의 3개 자료에는 당시 언론계에 가장 중요한 역할을 맡았던 인물들이 거의 망라된 셈이다.

그 가운데도 ②와 ③에 동시에 수록된 언론인이 핵심적인 역할을 하고 있었던 것으로 볼 수 있다. 양쪽에 모두 수록되었다는 것은 그만큼 중요한 인물로 평가되었다는 증거로 볼 수 있기 때문이다. 그런데 ②에 수록된 인물은 글의 제목과는 달리 100인이 아니라 98명이고, ③에는 102명이 들어 있다. 두 글에 중복되는 인물은 40명이고, 한번만 수록된 사람은 119명이다. 합하면 159명이 당시 언론계에서 활동한 중요 인물이었던 셈이다. 수록되지 않은 좌익 언론인에 관해서는 따로 살펴보기로 한다.

6·25전쟁이 끝나지 않았던 1953년 4월에 출간된 오소백의 『신문기

자가 되려면』(세문사)에 실린 「신문기자 150인 평」은 먼저 나온 두 자료를 많이 참고하였을 것이다. 전쟁 전에 나온 두 자료와 대조하면 전쟁을 전후하여 언론계에서 활동한 주요 인물을 파악할 수 있다. 전쟁 전부터 전쟁이 끝나던 무렵까지 활동한 중요 언론인은 누구였을까.

②, ③, ④ 세 자료에 모두 등장하는 인물은 17명으로 광복 이후부터 6·25전쟁 기간에 걸쳐 언론계에서 활동하였던 대표적인 언론인으로 볼 수 있다.

(1) 해방에서 휴전 직전(1945.8~1953.3)까지 활동한 주요 언론인(②, ③, ④)

17명 : 강영수, 고재욱, 김규택, 김기영, 김삼규, 김성락, 김영상, 민재정,
설의식, 송지영, 오종식, 이건혁, 이관구, 이선근, 전홍진, 정윤조,
홍종인

(2) 해방공간(1945.8~1948.6)에 활동한 주요 언론인(②, ③)

23명 : 김동리, 김사림, 김찬승, 김홍수, 마태영, 안재홍, 안찬수, 양재하,
오기영, 유광렬, 유봉영, 이갑섭, 이용규, 이종모, 이종석, 이태우,
이태운, 정인익, 정현웅, 채정근, 최영수, 홍양명, 홍효민
(위의 17명 포함 40명)

(3) 납북 또는 월북 언론인

13명 : 납북—김찬승, 마태영, 안재홍, 안찬수, 양재하, 이종석, 정인익,
채정근, 최영수, 홍양명
월북—오기영, 이갑섭, 정현웅

위의 자료에는 언급되지 않았지만 언론 경영인으로 언론계에서 중요한 역할을 맡았던 인물들도 있고 좌익 신문에 참여했던 인물 가운데도 중요한 역할을 담당했던 경우도 있다.


## 2. 남한의 좌익언론

### 1) 좌익 정치논리의 선전 선동

1945년 8월 15일 일본이 항복을 선언한 이후 미군정 초기에는 좌익 신문을 규제하지 않았다. 정부가 수립되던 1948년 8월 15일까지 만 3년의 미군정기간에 발행된 대표적인 좌익신문으로는 조선인민보, 중앙신문, 해방일보, 건국, 노력인민 등이 있었다. 좌익신문은 광복 직후 한 때 언론계의 기선을 장악하면서 이데올로기의 선전과 좌익의 영향력 확대에 큰 무기가 되었다. 일제 강점기에 발행되던 조선일보와 동아일보가 아직 복간되기 전에 창간되어 언론계의 중요한 부분을 차지하면서 처음 개최된 기자대회의 주도권을 잡기도 했다.[16]

좌익신문은 초기 해방공간에 큰 영향력을 발휘했기 때문에 결코 도외시할 수 없는 존재이다. 뿐만 아니라 오늘날까지 당시 신문의 주장과 관련 인물의 그림자가 사라지지 않은 상태로 계승되는 측면이 있을 정도로 뿌리가 깊다. 해방공간의 좌익 언론인도 살펴보아야 할 이유가 거기에 있다.

---

16  해방 직후 좌익세력이 언론계에서 압도적인 지반을 마련했던 상황은 최준, 『한국 신문사』, 일조각, 1990, 312쪽 이하.

해방공간에 발행된 북한 신문과 남한 좌익신문

북한

정로 (1945. 11. 1 ~ 1946. 9. 1)
전위 (신민당기관지)
로동신문 (노동당기관지)
(1946. 9. 1 ~)
민주조선 (내각기관지)
(1946. 6. 4 ~)
근로자 (노동당~월간지)
(1946.10. 25 ~)

남한

조선인민보
(1945. 9. 8~1946. 9. 6)
해방일보 (남로당기관지)
(1945. 9. 9~1946. 5. 18)
현대일보
(1946. 3. 25~1948. 11)
일간예술통신
(1946. 7. 22~1947. 3. 2)
문화일보
(1947. 3. 11~9. 24)
건국
(1946. 7. 9~8. 23)
대중신보
(1947. 3. 21~6. 18X1947. 6. 19~8. 17)
노력인민
미국일본류개제
(1948. 11. 23~1949. 7)

1945          1946          1947

해방

민국일보는 좌익신문만 아님.

32   제1부_ 해방공간 6·25전쟁기의 언론

대표적인 좌익신문은 조선인민보와 해방일보였다. 이 두 신문은 일제하에 발행되던 조선일보와 동아일보가 복간되기 전에 출현하여 한때는 언론계의 판도를 장악하는 양상을 띠기도 했다. 해방공간에 발행된 대표적인 좌익신문은 다음과 같다.

조선인민보 (1945.9.8~1946.9.6)

해방일보 (1945.9.19~1946.5.18)

현대일보 (1946.3.25~1948.11)

일간 예술통신 (1946.7.22~1947.3.2) → 문화일보 (1947.3.11~9.24)

대중신보 (1947.3.21~6.18) → 노력인민 (1947.6.19~8.17)

이밖에도 좌익논조의 신문은 여러 종류가 있었고, 신문과 잡지에 좌익 필자의 글도 적지 않게 실렸지만 위에 열거한 신문은 선명한 좌익논조를 보인 것들이었다.

## 2) 미군 상륙일에 창간된 조선인민보

총독부 기관지였던 경성일보(일어)는 광복 후 곧바로 폐간되지는 않았고, 일제 패망으로부터 약 3개월이 지난 후인 12월 11일까지는 일어판 발행이 계속되었다. 경일의 마지막 사장 요코미조 미쓰테루橫溝光暉는 자신이 겪었던 사실을 토대로 경성일보 최후의 상황을 기록으로 남겼다.[17]

요코미조의 회고에 따르면 일본 천황의 항복방송이 있었던 8월 15일

---

17    橫溝光暉, 「京城日報の終刊」, 『昭和史片鱗』, 經濟來往社, 1974, 328~341쪽.

은 서울 시내는 비교적 조용했고 경성일보사 내부도 평온하고 별다른 동요가 없었다. 그런데 하룻밤을 지내자, 서울 시내는 소란스러워졌다. 소련군이 입성한다는 포스터가 사방에 보였다. 경성일보에 종사하던 좌익 사원들도 들고일어나 즉각 일본인들은 편집국을 비롯한 각 부서에서 나가라고 요구했다. 건국준비위원회의 지령에 따라 경성일보를 관리하기로 되었으니 사무실을 내놓으라는 것이었다. 옥상에는 붉은 기가 걸리고 소련군 입성 만세를 외치고 있었다. 그러나 사장 요코미조가 이를 거절하여 16일과 17일 아침까지는 긴박한 사태가 계속되면서[18] 17일 자 신문을 발행하지 못했다.[19] 17일부터는 일본 군대가 진입하여 신문사를 호위하는 가운데 신문발행을 시도하였으나 인쇄 기술자들이 모두 돌아가 버렸기 때문에 18일 자 신문 제작도 진행할 인력이 없었다.

사장 요코미조는 남아있던 일본인 간부들에게 명하여 손을 나누어 등사판 인쇄 신문을 만들어 18일 자 신문을 가까스로 발행하였다. 기사는 「東久邇宮(히가시 쿠니노미야) 내각 각료 결정」을 비롯하여 조선군 관구사령부가 발표한 「치안을 해하는 자는 단호한 처치」와 「민족 백년의 계計를 그릇되게 하지 말라, 안재홍 씨 방송요지」, 「글루 미 국무차관 사임」 등의 기사를 싣고, 호외로는 다시 「현금은 우편저금에… 일본의 어디에서라도 찾을 수 있다」라는 기사를 실었다.[20] 프린트로 인쇄된 호외 지면은 일본 신문협회가 발행하는 『신문연구』 1973년 3월 호에 요코미

---

18  위의 글.
19  森田芳夫・長田かな子 編, 『朝鮮終戰の記錄 ― 資料編 제1권 日本統治の終焉』, 巖南堂書店, 1979, 217~218쪽. 18일 자 신문도 발행할 수 없었기 때문에 등사판 호외를 발행하였다.
20  橫溝光暉, 앞의 글. 프린트판으로 인쇄된 호외 기사는 경성일보 8월 19일 자 기사로 보도되었다.

조의 증언과 함께 사진판으로 실려 있다.[21]

요코미조는 9월 1일부터는 한국인 사원들을 축출하고 일본인 사원만으로 경성일보의 발행을 계속하였다.[22] 한국인 사원들은 경성일보의 접수를 시도해 보았으나 뜻을 이루지 못하자 몇 명이 뛰쳐나가 YMCA에 본거지를 정하고 9월 8일부터 조선인민보를 발간하기 시작하였다.

### 3) 경성일보 인쇄시설 쟁탈전

미군은 9월 8일 인천에 상륙하여 이튿날에는 서울에 진주하여

**미군 헌병이 경비하는 경성일보사.** 총독부 기관지였던 경성일보는 8·15 이후에도 폐간되지 않은 상채로 10월 말까지 미군의 보호를 받으면서 일본인들이 발행했다. 경성일보, 1945.9.12.

오후 4시 총독부에서 일본군의 항복문서 조인식이 거행되었다. 미군이 진주한 9일 아침이 되자 그때까지 경성일보를 경비하러 와 있던 일본군인은 물러가고 대신 미군 헌병 일대가 경비를 맡았다. 이 날 오후 2시, 경성일보 종업원이었던 한국인 약 3백여 명이 편집실로 몰려와서 신문사 접수를 기도하였는데, 일인 사장 요코미소의 요청으로 경비를 맡았

---

21   横溝光暉, 「聽きとりでつずる新聞史」, 『新聞研究』, 日本新聞協會, 1979.3, 88~94쪽.
22   中保與作의 증언(森田芳夫・長田かな子 編, 앞의 책, 409~411쪽 재인용).

던 미군 헌병대장이 이들을 물리쳤다.[23]

이 사건에 대해서 경성일보 지면에는 9일 오전부터 공무국 직원들이 출근을 저지하는 사태가 발생하여 보도의 목적을 완수하지 못했다는 「사고」를 '경성일보사 인쇄대대장 나카노 다카오仲野鷹雄'의 명의로 게재했다. 이 날은 바로 조선인민보가 창간된 이튿날인데 「사고」를 인쇄대대장의 명의로 게재한 것으로 보아 경성일보의 접수를 기도했던 사람들은 조선인민보 제작에 참여했던 인물들일 가능성이 있다. 이들은 경성일보 공장시설을 점거하려 기도했던 것으로 추측된다.

9월 25일부터 경성일보는 미 군정청의 관리로 넘어갔다. 일인 사장이 물러난 것도 이때였다. 경성일보 10월 31일 자 지면에는 일인 종업원 일동의 명의로 「경성일보 독자에 고함」이라는 작별의 글을 실었다. 이튿날인 11월 1일에는 「경성일보 조선인 종업원일동」의 이름으로 신문을 조선인들이 만들고 있음을 알렸다.[24] 그러고도 당분간 신문은 일어로 발행하였는데 12월 4일부터는 제호 아래에 「본지는 미 군정청 관리하에 조선인 종업원이 발행하고 잇습니다」라고 명시하면서 12월 11일까지 계속 발행하였다. 이와 같이 일인 사장이 아직 물러나지 않은 상태에서 일어판 경성일보가 발행되고 있던 때에 경성일보에 종사했던 한국인들 가운데 몇 사람이 뛰쳐나와 9월 8일에 조선인민보를 창간했다. 남한에 주둔할 미군이 인천에 상륙하던 날이었다.

창간호는 1면 머리에는 "Welcome Allied Forces!"라는 영문 환영사를 내걸고 박세영朴世永의 시 「연합군을 환영함」과 함께 「미군 상륙 개시/

---

23   橫溝光暉, 앞의 글.
24   위의 글.

미군 진주를 보도한 조선인민보. 광복 직후 좌익지가 먼저 발행되기 시작했다. (1945.9.9, 지령 제2호)

인천해仁川海에 함선 24척」, 「적군赤軍 진주하의 북선北線 풍경 – 일인가日人街에 태극기」 등의 기사를 실었다.

창간 초기에는 발행인과 발행 장소의 표시가 없고, 지령도 붙이지 않았다. 창간호 1면 제호 아래에는 '특보'(9.8)로만 표시하였고, 이튿날부터는 2특보(9.9), 3특보(9.10)의 순으로 홋수를 매기다가 9월 12일 자 제5호부터 처음으로 발행인 김정도金正道의 이름이 판권에 기재되었다. 처음부터 사장 또는 발행인 등의 직제를 갖추어 창간한 것이 아니라 경성일보에 재직하던 언론인들이[25] 미군 진주에 맞추어 특보형식으로 발행하다가 신문사의 형태를 갖춘 것이다.

제7호(9.14)부터는 편집 겸 발행인 김정도, 인쇄인 오영소吳永甦가 판권에 함께 게재되었다. 오영소는 출판노조 중앙위원으로 1948년 5월 8일 서울신문과 자유신문의 공장에 침입하여 활자케이스를 뒤엎고 시설을 파괴한 주동자였다. 그는 이 사건으로 7월 20일 징역 1년을 선고받게 된다. 미군이 진주한지 2주일 후인 9월 24일 제24군단의 주간 정보 요약보고에 따르면 일어신문 경성일보는 10만부를 인쇄하고 있었고, 조선인민보는 발행부수가 약 5천부인데 박정선이 재정을 맡아 인민보 발간에 100만원을 내기로 합의했다는 것이다.[26] 박정선이 누구인지는 알 수 없다.

조선인민보는 10월 17일 자 「사고」를 통해 지금까지의 특보 성격을 버리고 강화된 기초 위에서 편집과 영업 기타 전 부문을 쇄신강화 하겠다고 다음과 같이 밝혔다.

25  『조선연감』(1948년판), 조선통신사, 1947, 278~281쪽.
26  박권상, 앞의 글, 39쪽.

해방 이후 처음 나온 신문, 조선에 있어서 '검열'을 받지 않고 조선인민의 의사를 대표하야 탄생한 최초의 신문인 조선인민보는 젊은 동지들의 열과 힘의 응결로써 창간 이후 오늘에 이르기까지 꾸준한 투쟁을 계속하야 어언 40을 맞이하였습니다.

이 사고는 43호를 호화로운 기념특집으로 꾸미겠다고 약속했다. 이전까지는 타블로이드 2페이지 가운데 기사나 광고를 채우지 못한 백지 부분이 아래쪽에 흔히 나타나는 등 지면에 빈 구석이 간혹 있었는데 43호 이후에는 빈 공간이 완전히 사라졌다. 10월 28일부터는 공장시설 확충을 위해서 휴간에 들어갔다가 2주일 후인 11월 11일 을지로(황금정) 2가 20번지에서 속간하였다.[27]

이때까지는 아직 조선일보와 동아일보가 복간되지 않았고, 새로 창간된 다른 신문은 열악한 인쇄시설과 재료부족으로 사진 동판을 사용하기가 극히 어려웠으나 조선인민보는 사진을 과감하게 게재하는 등 세련된 편집으로 독자의 주목을 끌 수 있었다. 편집진도 신문제작에 경험이 있는 사람들이었기에 손색없는 신문을 만들었다.

### 4) 조선인민보 제작진

조선인민보에 관계했던 인물은 초대 사장 김정도, 2대 사장 홍증식洪增植을 비롯하여 편집국장 김오성金午星 외에 김정록金正錄, 유중렬柳重烈,

---

27  『경성일보』, 1945. 11. 12.

한상운韓相運, 고재두高在斗, 문철민文哲民, 민두식閔斗植, 김주천金柱天, 고제경高濟經, 한효韓曉, 임화林和, 손수진孫秀鎭, 유병묵劉秉默이 기록에 나타난다.[28] 이 가운데는 경성일보 출신 아닌 인물도 포함되어 있다.

김정도는 경성일보 출신이라는 사실 외에 알려진 경력이 없다. 그는 1945년 10월 23일에 개최된 전조선기자대회에서 조선인민보 사장 자격으로 선언문을 낭독하였는데 인민보의 사장에서 물러나 1946년 4월 19일에 창간된 중외신보中外新報의 편집국장이 되었다가 9월 20일 자로 퇴임하고 월북하여 북한정권 기관지인 평양의 민주조선 편집국장에 취임했다. 1949년에 북한에서 발행된 논문집 『력사제문제』(7집)에는 그가 쓴 「일제 조선통치정책에 대한 분석(1920~1930)」이 실려 있다.

김정도가 물러나고 홍증식洪璔植이 사장에 취임한 날자는 대략 11월 11일 속간 무렵이었을 것으로 짐작된다. 제49호(10.26) 이후부터 62호(11.21)까지 약 한달 동안의 지면은 찾아볼 수 없기 때문에 정확한 날짜는 알 수 없지만, 지면이 남아있는 제62호부터는 편집 겸 발행인 홍증식, 인쇄인 김경록金景錄으로 바뀌어 있다. 김정도는 2개월 남짓 재직했던 것이다.

홍증식은 일제 때부터 사회주의 언론인의 중심인물로 3개 민간지의 영업국장을 역임한 경력을 지녔다. 경기도 고양 출신으로 보통학교 졸업 후에 독학으로 공부했다. 1915년부터 1920년 사이에는 주로 북경에 체재하였으나 서울 상해 등지를 왕래하면서 이시영, 이동녕, 조성환 등과 접하며 독립운동에 참여했다. 1920년 2월 노동문제연구회에 참가했고 4월에는 조선노동공제회 창립회원으로 교육부 간사가 되었다. 1921

---

28  조선인민보 편집진은 ① 최준, 「해방초기의 신문계」(비판신문, 1949.5.30), ② 강영수, 「해방 이후 남조선 신문인 동태」, ③ 『신문기자수첩』(김사림 편, 모던출판사, 1948) 세 자료 종합. 임화는 당시의 다른 자료에서 추가.

년 1월 서울청년회 창립위원을 거쳐 3월에는 조선노동공제회 총간사를 맡았는데 이해 9월 동아일보사에 입사하여 영업국장으로 재직하다가 1924년 5월 이상협과 함께 퇴사하여 1925년 조선일보 영업국장이 되었다. 그 동안인 1925년 4월에는 고려공산청년회 중앙집행위원이 되었고 조선공산당사건으로 복역하고 나온 후 1934년 6월 여운형이 조선중앙일보를 주식회사로 만들 때에 취체역 영업국장이 되었다. 홍증식이 조선인민보 사장에 취임한 후 신문의 논조는 극좌로 기울었다. 신탁통치를 찬성하고 임시정부와 우익을 공격하는 기사를 게재했다가 여러 차례 우익 데모대의 습격을 받았고 미군정을 비난했다는 이유로 재판에 회부된 일도 있었다. 월북하여 1948년 8월에는 북한의 제1기 최고인민회의 대의원(남한대표)에 선출되었고, 남로당계의 숙청 때에도 살아남아 고위직에 올랐다. 조국통일민주주의전선 서기국장(1954.5), 제2기 최고인민회의 대의원(1957.8), 최고인민회의 외교위원(1957.9), 조소친선중앙위원회 상무위원(1958.1)을 역임했다.

편집국장 김오성金午星은 사회주의 운동가로 일제치하에는 『농민』, 『신인간』 등의 잡지 편집에 간여하였고, 1943년 이른바 황도문학皇道文學의 수립을 목적으로 결성된 친일 문학단체 조선문인보국회朝鮮文人報國會 평의원에 선출되었다. 김오성은 정치성향이 강한 문인이었다. 광복 후 조선푸로레타리아예술동맹 창립에 간여했고, 여운형의 조선인민당 선전국장과 좌익 세력의 통일전선체인 민주주의민족전선 중앙상무위원 겸 선전부장을 맡았다.(1946.2)

1946년 4월 말 조선인민보 사장 홍증식과 김오성은 군정포고위반으로 재판에 회부되었다. 문제된 기사는 3월 26일 자 사설 「식량과 우리의 요구」 가운데 "미군정 당국이 어찌 이에 무관심할 수 있으랴—"라는 문구와 4월 2일 자 사회면에 쌀을 달라고 시청 앞에 모여든 군중 가운데 부인 한사람이 총에 맞아 부상을 당하였다는 기사, 인민위원회 발표기사, 공산당발표기사 및 쌀 사건에 대한 서대문 우편소장 담화 등 5건이었다.

재판결과 두 사람은 각각 징역 90일과 벌금 3만원의 판결을 받았다. 하지만 경기도지사를 경유하여 하지 중장의 최후결정이 있을 때까지 형의 집행이 유예되어 있다가 9월 1일 구속되어 12월 1일에 만기 출옥하였다. 그러나 20일 후인 1947년 1월 19일 또다시 구속되었는데[29] 이번에는 민전(조선민주주의민족전선) 선전부장으로서 포고 제2호와 군정법령 19호를 위반한 혐의였다.[30]

김오성은 1947년에 월북하여 이듬해 8월 황해도 해주에서 열린 남조선인민대표자대회에서 최고인민회의 대의원에 선출되었다. 이후 북한의 문화선전부 부상副相까지 지냈으나 1953년 8월 박헌영의 남조선노동당 종파사건에 연루되어 숙청되었다. 저서 『지도자론』(1946)과 『지도자군상』(1946)이 있다. 김오성은 '정치가형의 지도자'로 여운형을, '투사형의 지도자'로 박헌영을 꼽았다.

한효는 무슨 직책이었는지 확실하지 않지만, 제1회 기자대회 때에 조선인민보 소속으로 참석했는데 오래지 않아 평양으로 가서 민주조선의 편집국장이 되었다. 한상운은 정리위원이었다. 1946년 7월 1일 임화가 주필이 되던 날부터 판권에 정리위원으로 한상운의 이름이 기재되었는데 편집국장 역할이었던 것 같다. 20일 후인 7월 20일부터는 주필 임화

---

29   『서울신문』, 1947. 1. 21.
30   『동아일보』·『조선일보』·『경향신문』, 1947. 3. 8.

의 이름이 판권에서 사라지고 발행인 고재두와 정리위원 한상운의 이름만 기재되었다. 김정록은 1935년 1월 일본상업통신사 진남포 지국장이었고, 조선인민보가 폐간된 뒤인 1947년 4월에는 공립통신 취재부장으로 재직하였다.[31]

유중렬은 조선인민보 사회부장이었다. 경기중학, 연희전문을 졸업한 후 경성일보 기자로 근무했다. 1946년 9월 6일 조선인민보가 정간 당할 때에 포고령 위반으로 미군 헌병대에 체포되었다가 13일 석방되어 그 후 조선통신 사회부장으로 자리를 옮겼고 조선언론협회 선전부 차장에 선임되었다. 1949년 1월 '북로당 직계 남한 정보공작대'에 가담하였다가 징역 2년을 선고 받았다. 같은 사건에 연루되었던 송남헌은 징역 2년에 3년 집행유예 판결이었다.[32] 송남헌은 1943년에 단파방송 사건으로 징역 8개월을 복역한 경력이 있었다.

고재두와 한상운은 조선인민보가 정간 당한 뒤에 일찍 월북했다. 조선인민보에 참여했던 기자 가운데 고제경은 해방공간의 주요 언론인으로 이름이 올라 있는 유일한 사람이다. 그는 일제 치하 경성중앙방송국 제2방송과 아나운서로 언론 생활을 시작했다. 그 후 콜럼비아 레코드사 문예부에서 일하다가 1942년에는 경성일보에 입사하여 조사부에 근무하던 중에 광복을 맞았다. 그는 조선인민보에 합류했다가 1946년에 서울신문으로 옮겨 편집부와 정치부 기자를 거쳐 민주일보 정치부장(1947), 합동통신 정치부장(1948), 합동통신 편집국 차장이었고, 6·25전쟁 후에는 서울신문 편집국장을 지냈다. "책임감이 무척 강하고 언제나

31 「속간인사」, 『중앙신문』, 1947.4.20.
32 『좌익사건 실록』 2, 대검찰청수사국, 1968, 543~555쪽.

충실하며 인간으로서 더 말할 여지가 없다. 신문인 치고 씨처럼 진지하고 신사적인 사람도 드물 것이다"라는 평을 들었던 신사적 풍모를 지닌 사람이었다.[33]

좌우익의 대립이 격화되던 1945년 말부터는 테러단이 조선인민보사를 습격하는 일도 있었고, 사장이 구속되는 필화사건이 일어나기도 하는 가운데 1946년 9월 6일까지, 1년 동안 발행되었으므로 좌익지를 대표하는 신문으로는 수명이 가장 길었다.

## 3. 공산당 기관지와 좌익 언론인들

### 1) 조선공산당 기관지 해방일보

조선공산당 중앙위원회 기관지 해방일보는 1945년 9월 19일에 창간되었다. 조선인민보보다 열흘쯤 늦은 때였다. 창간호는 "선전 선동뿐만이 아니라 조직자의 역할을 하는 것이다"라고 해방일보의 역할을 밝혔다.[34] 처음에는 발행인 또는 편집인의 표시 없이 제호 아래에 '발행소 해방일보사'와 함께 '조선공산당 중앙위원회-서울시위원회 기관지'라고만 기재했다가 1946년 2월 23일 자(제69호)에 가서야 편집 겸 발행인 권오직權五稷, 발행소 서울시 장곡천정 75번지 해방일보사를 판권에 기재하였다. 그러나 권오직은 판권에 발행인의 이름이 기재되기 전인 창간

---

33    오소백, 『신문기자가 되려면』, 세문사, 1953.
34    「전국 근로인민신문 해방일보는 나왔다」, 해방일보 창간호, 1945.9.19.

당초부터 사장이었다. 창간 직후 11월 22일 자(제13호)에 실린 「해방일보사 멧세이지」에 해방일보 대표로 권오직의 이름이 밝혀져 있다. 그러나 같은 날짜에 실린 「조선청년동맹 멧세이지」에는 권오직이 조선청년동맹 중앙위원회의 대표로도 기재되어 있다. 그는 공산당 중앙위원으로 조선청년동맹 대표직을 맡은 채 창간 때부터 해방일보 사장을 겸하고 있었던 것이다. 편집장 조일명趙一明의 이름은 판권에 기재되지 않았다.

해방일보 사장 권오직은 남로당의 핵심 인물이었다. 그는 조선공산당 청년동맹 대표로 해방일보 사장을 겸하고 있었으며 공산당 중앙위원이기도 하였다. 권오직은 홍증식과 함께 일제 때부터 공산주의자로 활동하던 인물로 경북 안동 출신 골수 공산주의자 권오설權五卨의 동생이다. 권오직은 모스크바 동방노력자공산대학을 졸업한 후 1928년에 귀국하여 제2차 조선공산당을 조직하였다가 체포되어 8년간 복역한 뒤에 석방되었으나 1940년 12월에 또다시 체포되어 서대문형무소에서 복역 하던 중에 8·15 광복을 맞았다.

권오직은 월북하여 1948년 8월에 제1기 최고인민회의 대의원(남조선대표) 외무부상을 맡았다가 헝가리 주재 공사(1950.2~1952.1), 주중 대사(1952.3) 등의 요직에 올랐으나, 1953년 8월 남로당 숙청 때에 노동당 제6회 중앙위원회에서 반당 반국가 파괴분자로 당적이 제명되고 대사직에서 해임, 숙청되었다. 1953년 초에 김일성이 남로당계를 숙청할 때에 소환되어 '노동자'로 생명을 부지하고 있었다.

1946년 3월 20일(제92호)부터는 판권의 변화가 나타났다. 편집인 권오직, 발행 겸 인쇄인 김계호金啓鎬, 발행소 서울시 소공동 14번지 해방일보사로 되었다. 인쇄시설이 우수했던 근택인쇄소로 발행 장소가 바뀐 것이다. 공산당은 근택인쇄소 건물을 접수하여 본부로 삼는 동시에 출판사는 조선정판사로 개칭하고 위조지폐의 발행 장소로 사용하였다. 해방일보가 폐간 된 뒤에는 경향신문이 창간되는 건물이다. 판권에 나타난 권오직의 직책은 '편집인'이었는데 4월 13일(제116호)부터는 '주간主幹'으로 명칭이 바뀌었다.

창간호는 제호 오른편에 「조선공산당 중앙위원회 기관지」라고 쓰고 "조선공산당의 통일재건 만세!"라는 구호를 1면 머리에 실었다. 매호 1면 머리에 "만국 무산자는 단결하라"는 공산주의 구호를 내 걸고 기사도 당시에는 생소하게 들렸던 '노동자 동무들'과 같은 공산당식 용어를 사용하였다. 창간호부터 한민당을 비롯한 우익진영을 격렬하게 비난하였다. 「김성수의 무식 송진우의 음모」(1945.9.19, 창간호), 「이승만, 김구의 매국적 흉계를 보라!」(1946.3.3)와 같은 기사를 실었다. 이승만과 김구는 해방일보가 지탄하는 최대의 표적이었다. 이승만과 김구가 처음 귀국할 무렵에는 호의적인 보도를 했으나 신탁통치 문제 등으로 공산당과 정치적인 노선이 달라지자 격렬한 비난 공격을 가하기 시작한 것이다. 이승만의 귀국에 대해서는 "삼천만 민중의 기대절대"(1945.10.25, 제6호)로, 김구는 "김구 선생 일행 환국"(1945.11.25, 제15호)으로 보도하다가 정치적 이해관계로 의견이 갈리자 비난하는 논조로 바뀌었다.

## 2) 해방일보의 조직과 운영

해방일보는 과격한 구호를 전면에 내세우고 「공산당의 주장」(창간호 제2면)을 펼치면서 정치적인 글을 많이 싣는 반면에, 사회의 일상적인 뉴스와 정보는 소홀히 하였기 때문에 일반 신문과는 인상부터 달랐다. 따라서 신문이라기보다는 공산당 기관지로서 주목을 끌었다.[35] 그러므로 구독료와 광고료로만 가지고 운영하기는 어려웠기 때문에 자금의 일부를 노조나 공산당원들의 성금에 의존하였다. 1945년 12월 20일 자(제33호)에는 신문발행을 지원하는 '근로 동무들'이 낸 성금 내역이 실려 있고 이듬해 2월 7일 자(제58호)에는 「해방일보 기금모집」 사고가 실렸다. 적은 금액이라도 공장에서, 광산에서, 농촌에서, 학교에서, 가두에서, 기금투쟁에 적극적으로 참가하기 바란다는 내용이다. 이어서 2월 10일에도 기금을 낸 사람들의 명단이 실렸다. 3월 10일 자(제81호)는 해방일보사 편집위원회 명의로 「해방일보를 직히라」는 사고와 함께 기금 납부자의 명단을 실었다. 4월 4일(제107호)에는 역시 해방일보사 편집위원회 명의로 「해방일보를 키워라」는 구호로 기금조성 캠페인을 벌이면서 기금납부자의 명단을 실었다. 그러나 기금 납부자는 많지 않았다.

해방일보의 성격을 가장 잘 나타내는 자료로는 통신망과 운영에 관한 지침이 있다. 1946년 4월 12일 자(제115호)에는 「해방일보 통신망은 이러케 조직하라!」는 제목으로 노동당 북조선 분국의 요강을 게재하였다. 8개항으로 된 이 요강 가운데 제1항은 당 기관지의 성격을 다음과 같이 규정하고 있다.

---

35  송건호, 앞의 책, 22쪽.

당 기관지는 당의 정책, 주장, 결의를 대중 가운데 침투 실천케 하며 대중의 절실한 문제를 적확히 반영하고 해결함으로써 근로대중의 선봉이 되고 그 대변자가 되어야 한다. 이 임무를 완수하자면 당 기관지는 대중 속에 광범히 통신망을 조직하여야 한다.

기관지의 통신원[기재은 당 기관지와 군중 사이의 교량이며 "통신망 조직은 당 기관지의 혈맥이다"(제2항)라고도 정의했다. 당 기관지 통신망의 영도와 조직은 각급 당이 직접 책임진다. 각 도당 비서는 도 선전부를 통하여서 각 군당 비서에게 지시하여 직접 통신망을 조직한다. 각 군당 비서는 군 선전부장에게 지시하여 각 면, 리 또는 각 행정기관 급 학교, 노동조합 등에 통신원을 1인씩 배치하여 각종 사건의 발생과 기타 소식을 보도케 한다(제3항). 기관지의 통신원은 공산당원이라야 하며 당의 입장을 견지하며 당의 정책에 충실하고 투철한 사상, 의식의 소유자라야 한다(제6항). 군당 비서와 선전부장은 원고의 종류와 내용에 대하여 정세精細 치밀한 계획적 지시와 독촉과 검사공작(원고 검열과 통과)이 있어야 한다. 동시에 상급 간부와 당 기관지에 대하여 일체를 책임져야 한다(제8항).[36]

이와 같이 공산당 기관지 해방일보는 투철한 사상으로 무장한 통신원[기재이 취재를 담당하고 당의 방침에 따라 운영되었다. 4월 14일 자(제117호)에는 「기관지 배포망과 통신망 조직에 대한 구체적 지시」가 게재되었다. 편집위원회에서 결정한 내용을 대표자 권오직의 명의로 공표한 것이다. 요지는 다음과 같다.

---

36 「해방일보 통신망은 이렇게 조직하라!」, 『해방일보』, 1946.4.12.

해방일보는 서울시를 비롯한 각 시, 도에 지사支社를 설치하고 시, 도의 지사에는 반드시 통신원 2인 이상을 두도록 한다. 또한 도내 각 구에도 통신원 1인 이상을 배치하며 공장, 직장, 농조農組 기타 대중 조직 가운데도 통신원을 둔다. 시와 도지사는 각 지국을 독려하여 신문을 확장한다. 통신원은 자신이 소속된 당부黨部의 명령에 절대 복종할 의무가 있다. 신문대금이 수납되지 않을 경우에는 각 구, 군 공장 등의 당 책임자가 책임을 져야 한다. 해방일보의 기금모금과 신문의 확장을 위해서도 시, 도, 구, 군, 당 책임자가 적극적으로 활동할 의무가 있다. 이 지시 가운데 특히 주목되는 것은 다음과 같은 마지막 두 조항이었다.

1. 각 통신원은 일반 신문기자를 지도하야 우리 영향 밑으로 흡수하여야 할 의무가 있다.
1. 만일 일반 신문기자가 반동적 행위를 할 때에는 또한 대중의 앞에서 용감하게 이를 폭로할 필요가 있다.

### 3) 한민당과 김구, 안재홍 공격

신탁통치를 반대하는 김구를 향해서는 「김구씨 성명에 대하야/임정의 비민주주의적 성격 지적」(1946.1.12)이라는 글과 「이승만씨의 방송을 박박駁함」(朴健一, 1946.1.31.), 「이승만, 김구 양씨를 임시정권에서 방축하라 / 가공할 이들의 비행을 보라」(46.3.13, 1면 톱)는 등의 기사를 대서특필하였다. 안재홍을 향해서도 「안재홍의 무망誣妄을 배격함」(李太石, 1946.4.7~4.14. 6회 연재) 같은 글로 공격하였다. 안재홍은 1946년 2월 6일 한성일보(발행인 양재하, 주필 이선근)를 창간했는데 동아일보, 조선일보와 함께 대표적 우익지였으며 반탁에 앞장섰다.[37] 좌익지가 우익을 공격한 가장 큰 이슈는 친일파와 민족반역자들을 옹호한다는 주장이었다. 「일제 잔존세력과 반동언론의 도량」(조선인민보, 1946.4.9 사설) 등을 통해서 우익과 이승만 김구를 공격했다. 미군정은 친일파나 민족반역자를 가리지 않고 기용했기 때문에 그 인사정책의 난맥상은 공격의 대상이 될 수밖에 없었다. 이승만과 한민당 세력은 친일파 숙청에 소극적이었으므로 좌익은 선전구호로 민족반역자 처단을 들고 나왔던 것이다.

좌익신문은 우익을 공격하는 반면에 박헌영과 김일성에 대해서는 「조선민족의 위대한 지도자 박헌영 동지 만세!」(1946.2.13), 「조선이 나흔 청년 영웅 내가 아는 김일성 장군」(權勇浩, 46.4.8~9)과 같은 구호와 기사로 칭송하였다.

해방일보가 폐간당하던 때의 진용은 사장(주간) 권오직, 발행겸 인쇄인 김계호, 논설부위원 이우적李友狄 등이었다. 권오직은 해방일보가 폐간된 뒤에 월북했다.

편집국장 조두원趙斗元은 권오직과 같은 소련의 동방노력자공산대학 출신으로 본명은 조일명趙一明으로 북한에서는 이 이름을 사용했다. 강원도 양양군 현남면 후포매리 출생으로 연희전문 문과를 졸업했다. 서울 등지에서 공산당 활동을 하다가 1929년 12월 경찰에 체포되어 이듬해 4월 3년 6개월의 징역형을 언도받고 1933년 10월에 서대문형무소에서 만기 출옥했으나 같은 해 12월에 다시 체포되어 이듬해 4월에 석방되는 등으로 공산주의 운동을 전개했다. 그러나 1944년 2월부터는 일제의

---

37    송건호, 앞의 책, 48쪽.

'대화숙大和塾' 인쇄소의 주무원으로 근무하면서 대화숙 야간학교의 일본어 교사를 지내기도 하는 등의 친일행적을 남겼다.[38]

조두원은 해방일보가 폐간된 후 1947년 6월에 그 후신으로 창간된 노력인민의 주필로 12월까지 근무하다가 북으로 올라갔다. 월북 전에 남로당 간부부 부부장을 맡는 등 해방공간의 좌파 언론을 대표하는 인물이었으나 북한에서 김일성에게 숙청당했다.

정태식鄭泰植은 경성제대 법문학부 출신이었고, 기자 박갑동과 이상운은 일본 와세다대학 출신의 인텔리들이었다.[39] 정화준鄭和濬은 1946년 4월 조선신문기자협회가 주최한 전 조선신문기자대회 준비위원회 부위원장이었으나 해방일보에서 그의 역할이 무엇이었는지는 알 수 없다.

1946년 5월 18일 조선공산당 정판사 위폐사건이 적발되면서 해방일보가 8개월 만에 지령 150호를 끝으로 폐간되자 남로당은 뒤를 이어 5월 중순에 청년해방일보를 발행하여 1947년 9월 21일 자 지령 63호까지 끌고 갔으나 더 이상의 발행이 불가능했다.

## 4) 해방일보의 좌익 언론인들

해방일보의 진용은 사장(주간) 권오직, 발행겸 인쇄인 김계호, 논설부위원 이우적李友狄 등이었다. 이우적도 일제시대부터 사회주의 운동가로 활동한 경력이 있었다. 1926년 1월 조선무산청년동맹회에 가입하여 6월에는 대중신문(1928년 2월 제4차 조선공산당과 고려공산청년회의 공동기관지

---

38 「조일명에 대한 신문」, 『미제국주의 고용간첩 박헌영 리승엽 도당의 조선민주주의 인민공화국 정권전복 음모와 간첩사건 공판문헌』, 평양 : 국립출판사, 185쪽 이하.

39 박갑동, 『통곡의 언덕에서, 남로당 총책 박갑동의 증언』, 서당, 1991, 123쪽 이하.

**정판사 위조지폐 사건 공판**. 적기가(赤旗歌)를 부르고, 만세를 외치며 재판을 방해하는 군중도 있었다. 동아일보, 1946.7.30.

로 인정) 기자가 되었다. 1932년 3월 치안유지법 위반으로 검거되어 징역 4년을 선고받았으며, 출감 후 1936년 조선공산당재건경성그룹에 가입하여 기관지『적기赤旗』창간에 참여했고, 1938년 조선공산당 재건운동 혐의로 체포되었던 경력이 있었다. 권오직의 약력은 앞에서 설명하였으므로 생략한다.

주필 조두원(본명은 조일명), 편집국장 정태식鄭泰植, 영업국장 윤형식尹亨植, 정치부기자 박갑동朴甲東, 편집국에 강병도姜炳度, 문예부에 이상운李相云, 이신연李信衍 등이 있었다. 정화준鄭和濬은 1946년 4월 조선신문기자가 주최한 전 조선신문기자대회 준비위원회 부위원장이었으나 신문사에서의 역할이 무엇이었는지는 알 수 없다.

해방일보가 폐간된 뒤 권오직과 조두원이 피신하고 나오지 않았으므로, 정태식이 신문 발행의 중심인물이 되었다.[40] 정태식은 7월 11일 자 조선인민보에 실은「참된 애국자 이관술 동지」라는 글에서 이관술이 일제시대부터 민족해방을 위해 투쟁해온 애국자라면서 이런 애국자가 민중생활을 파탄시키는 지폐를 위조하였을 것인가? 이런 동지야말로 그런 반 인민적 범죄에 대하여 가장 증오를 갖는 것이라면서 이관술을 옹호하였다. 해방일보사는 4월 10일에 해방주보를 창간하였지만 해방일보가 폐간되면서 이 주간지도 저절로 없어졌다.

조선정판사 사건 무렵부터 미군정은 언론에 대한 자유방임정책을 바꾸어 공산당과 좌익지를 탄압하기 시작했다. 미군정은 5월 29일 군정법령 88호「신문급 기타 정기간행물 허가에 관한 건」을 공포했다. 법령의 골자는 발행의 '허가제'로서, 미군정 실시 후 짧은 기간이나마 신문발행

---

40　위의 책.

의 '등기제'가 실시되던 것이 다시 일제 때와 같은 '허가제'로 되돌아 간 것이다. 군정당국은 용지난을 이유로 내세웠지만 좌익지의 선동을 견제하고 난립된 정파신문을 규제하려는 의도도 있었다. 미 군정청이 공산당에게 발행허가를 내주지 않았으나 공산주의자들은 공청 기관지 청년해방일보, 전평 기관지 전국노동자신문, 전농 기관지 전국농민신문 등의 주간지를 발행하였다.

청년해방일보는 해방일보가 폐간될 무렵에 창간되었다. 그러나 창간호를 볼 수 없고, 남아 있는 신문은 1946년 5월 30일 자 제14호부터 1947년 9월 21일 자 제64호까지인데 중간에 결호가 많다.[41] 해방일보가 5월 18일 자까지 발행되었으므로 그 날을 전후해서 창간되었을 것이다. 발행소는 서울 남대문로 5의 1, 편집·발행 겸 인쇄인은 김용일金容日이었다. 이 신문도 일간 등록을 신청하였으나 허가가 나지 않았다.[42]

청년해방일보는 7월 1일 군정법령 제88호 위반으로 정간 당했다. 민청중앙선전부는 이는 "민주청년의 치명상이며 청년의 사회적 역할을 부인하는 소위"라고 주장하면서 하루 빨리 발간을 허가하라는 성명을 발표하였다.[43] 남아 있는 지면 가운데 8월 15일 자(제41호)부터는 편집 겸 주간 발행인 김용일, 정리위원 유택하柳宅夏, 인쇄인 이대홍李大弘으로 되어 있다. 주간으로 발행된 이 신문도 해방일보와 논조가 같았다. 이승만과 김구를 "히로히토裕仁과 도조東條의 재현"으로 표현한 민전의 담화를 싣고, 같은 지면에 박헌영의 「반동두목의 고립화만이 공위共委속개, 독립을 촉진」(1946.6.13)을 머릿기사로 다루었다. 정판사 위폐사건을 해명

---

41  김남식·이정식·한홍구 편, 『한국현대사 자료총서』 5, 돌베개, 1986.
42  『독립신보』, 1946.7.10.
43  『조선인민보』, 1946.7.17.

하면서 자신들에게 불리한 보도를 하는 신문을 비난하는 내용이었다.

해방일보가 폐간된 뒤 좌익지 조선인민보, 현대일보, 중앙신문 3사 사원일동은 하지중장에게 사옥 점거 해제, 정간처분 철회, 피검 사원 석방을 요망하는 서한을 발송했으나 받아들여지지 않았다. 해방일보를 발행하던 인쇄시설을 비롯하여 사옥과 공장은 천주교 서울교구 유지재단이 미군정당국으로부터 인수하여 경향신문을 창간했다. 사장은 양기섭梁基涉, 부사장 윤형중尹亨重, 주간 정지용鄭芝溶, 편집국장 염상섭廉尚燮으로 1946년 10월 6일 창간호를 발행했다.

경향신문 창간 직전인 9월 24일 좌익은 남조선 철도 총파업을 일으켰다. 이에 호응하여 출판노동조합은 관하 33분회에 파업지령을 내렸고, 서울 시내의 각 신문사 종업원들도 9월 25일부터 동정파업에 들어가 26일부터는 1주일간이나 신문 발행이 중단되는 초유의 암흑사태가 벌어졌다. 출판노조의 파업은 10월 2일에 종식되어 신문이 속간되었다. 그러나 같은 날 대구에서는 좌익세력에 의한 폭동이 일어났고 뒤이어 계엄령이 선포되어 영남일보, 대구시보 등이 자연 휴간되었다.


### 5) 남로당 기관지 노력인민

해방일보가 폐간된 후 9월 6일에는 조선인민보도 발행정지 처분을 당해서 실질적인 폐간상태였기 때문에 남로당은 1946년 12월 7일 기관지 노력인민을 발행하기로 결의하였다.[44] 이듬해인 1947년 1월 8일에는 자본금 1천만 원의 주식회사를 설립하여 일간으로 발행한다는 계획

---

44  『자유신문』, 1946.12.12.

으로 주식을 모집하기 시작하였다. 그러나 미군정은 공산당에게 새로운 신문사 창립을 허용하지 않았기 때문에, 창간된 지 오래지 않은 대중신보大衆新報(1947.3.21 창간, 발행 겸 편집인 김용남金容南)의 영업권을 인수하여 제호를 노력인민으로 바꾸었다. 대중신보는 6월 11일부터 새로운 발행인 허헌許憲과 편집인 이상호가 판권에 기재되고 원래 발행인이었던 김용남은 인쇄인으로 남았다. 이리하여 6월 19일 자로 노력인민이 창간되었다. 지령은 창간 제1호와 대중신보의 지령을 통산하여 제77호를 함께 기재하였다.

발행인은 홍남표洪南杓, 주필 조두원趙斗元, 편집국장 이상호李相昊, 편집국차장 정진섭鄭鎭燮, 영업국장 김용남, 발행소는 서울 종로 2가 완영完永빌딩, 타블로이드 2면 발행이었다. 허헌은 창간사에서 "조선 인민의 정확한 이목", "조선인민의 진실한 대변자", "조선인민의 친절한 교양자가 되며 조직자"가 될 것을 기약하였다. 박헌영은 「창간에 제하야」를 실었고, 사장 홍남표는 이튿날 자에 「취임에 제하야」를 실었다.

허헌은 남로당 위원장이었고 일제시대에는 동아일보 취체역을 지냈던 변호사였다. 1948년 8월에 북한 최고인민회의 제1기 대의원으로 의장에 선출되고, 김일성대학 총장을 지내는 등 북한 고위 요직을 맡게 된다. 그의 딸 허정숙은 일제 치하 동아일보 여기자였고 북한에서 문화선전상(1948), 사법상(1957), 최고재판소 소장(1959) 등을 맡는다.

홍남표는 일제 강점기부터 공산주의 운동을 했다. 1919년 3·1운동에 가담하여 『자유보』를 발행하였다 하며, 1920년 평양에서 2년간 복역한 후 1924년 시대일보 지방부장이 되었는데 1926년 10월 30일 자 시대일보 기사로 인한 필화사건으로 일시 구속된 일도 있다. 1925년 조선공

**남로당 기관지 노력인민.** 「조선인민공화국 수립만세」라는 구호가 머리에 실렸다. 해방일보 폐간 뒤에 남로당이 발행한 신문이었다. 1947.8.8.

산당에 입당했고, 1926년 제2차 공산당 검거 후에는 중국으로 망명하여 9월 중국공산당에 입당했다가 1930년 상해에서 체포되어 신의주에서 7년간 복역했다. 광복 후 1946년 11월 남로당 중앙위원에 피선되었다. 월북 후 1948년 8월 북한최고인민회의 제1기 대의원, 9월에는 최고인민회의 상임위원회 부위원장에 선출되었으나 1950년 6월 초 6·25전쟁 직전에 사망했다.[45]

편집국장 이상호는 대구 출생으로 일본 게이오대학慶應大學에서 공부했고 1930년 중외일보 기자로 입사하여 중앙일보, 조선일보의 기자로 근무하였다. 그는 6·25전쟁 중 서울에서 조선인민보의 편집국장을 맡았다.(상세한 이력은 제2장 3절 4항에서 설명)

이상호의 후임 편집국장은 윤형식尹亨植이었나. 그는 8월 2일 이상호가 퇴사하면서 편집국장이 되었다.[46] 그는 후에 북한에서 재정성 부상을 지냈다. 주련朱鍊(사회부장)과 강병도姜炳度(조사부장)가 근무했다는 당시 신문의 기사도 있고,[47] 1947년 8월에는 인쇄인 김용남과 함께 이재성李載性이 구속된 일이 있었던 것으로 보아서[48] 이들도 이 신문에 관계되었던 것 같다. 유원식(북한 중앙당 사회부차장), 정진섭(북한 농민신문 부주필)도 있었다.[49]

노력인민은 박헌영을 최고의 영도자로 높이 받들고, 김일성에 대해서도 「김일성 장군 밑에 단결, 면목일신한 민주 북조선」(1947.8.2)으로 칭송하면서 우익진영에 대해서는 무차별적인 공격을 가했다. 임화는

---

45  霞關會 편, 외무성 아시아국 감수,『현대조선인명사전』(1962년판), 일본 : 世界ジャーナル社, 1962.
46  「본사사령」,『노력인민』, 1947.8.2.
47  『광명일보』, 1947.8.5.
48  『조선중앙일보』, 1947.8.26.
49  박갑동, 앞의 책, 259·262·264·289쪽 참조.

창간호에 「박헌영 선생이시어 노력인민이 나옵니다」라는 헌시를 실었다. 그는 박헌영을 향해 "노력인민은 / 당신의 모습 / 노력인민은 / 당신의 음성"이라고 찬양하면서 이 신문을 박헌영의 분신으로 묘사했다. 이 신문은 구호와 성명서 등으로 지면을 장식했던 해방일보와 비교하면 편집은 다소 차분했고, 일반 신문과 체재가 비슷했다.

1948년 4월 12일 자 노력인민은 제1면 전체가 「인민들에 고함」이라는 박헌영의 논문과 「박헌영 선생의 인민에 고함에 대하야 우리 당은 어떻게 보답할 것인가」라는 주장으로 메우고 있다. 1면 전부가 단 2건의 논문인데 2면은 1면에서 소화 못한 박헌영의 논문이 계속되고, 또한 「남조선 암흑상은 이렇다」는 논문으로 좌파 민전(민주주의민족전선)이 유엔 한국위원단에 보낸 의견서를 실었다. 1, 2면이 단 3건의 논문으로 채워진 것이다.[50] 미소공위를 매일 대서특필하고 우익진영의 정강정책에 맹렬한 공격을 가했는데 「소위 '입법의원'의 공위共委 답신안을 비판함」 (조두원, 1947.6.29~7.3, 4회 연재), 「한민―한독―독촉獨促을 해체 / 이승만·김구를 추방하라」(6.28)는 민전의 성명을 싣는 등으로 우익진영을 비난했다. 또 「장덕수론」(이서남李西男, 6.27), 「김성수론」(피덕종皮悳鐘, 6.29·7.1, 2회 연재)과 같은 기명 기사와 함께 「친일파 집단 한민당 계열의 반탁투위가 공위共委에서 제외되어야 민주임정이 수립된다」(8.12)는 구호를 내걸고 한민당과 동아일보에 관련자를 인신공격하고 매도했다. 「이승만, 김구, 김성수 등 테로단 수괴를 추방하고 테로집단을 즉각 해체하라!」 (8.13)는 구호를 1면 중앙에 현수막처럼 큰 글자로 편집했다. 반면에 공산주의자들에 대해서는 1면 중앙에 「인민의 지도자」라는 고정란을 두

---

50  박권상, 앞의 글, 42쪽.

고 극찬했다.[51] 이 고정란은 1년 전에 조선인민보가 연재했던 「지도자 군상」과 같은 성격이었다.

미소공동위원회가 완전히 결렬되고 1947년 8월 11일 하지 중장이 공산주의의 불법화를 선언하면서 노력인민은 이동편집을 해 가면서 8월 15일까지 발행을 계속하다가 정부수립 후에는 지하로 잠복하여 비밀리에 발행되었다. 1948년 9월 30일에는 서울 중학동 54번지 강만희姜晚熙의 집 지하실에서 노력인민을 비밀리에 인쇄하고 있던 이석만李錫萬(23)을 종로경찰서 형사가 체포하고 인쇄기를 압수하였고, 12월 9일에는 경찰이 노력인민 수천부와 원고 인쇄기 등을 압수하고 책임자 김주영金周榮 등 3명을 체포한 사건도 있었다.[52] 1949년 5월 21일에는 이 신문을 발행하다가 국가보안법 혐의로 염형순廉衡淳과 심재준金在準이 검찰에 송치되었다는 보도도 있었다.

1949년 7월에는 서울 관철동과 서대문 등지에 배달되는 어떤 신문에 노력인민이 삽입되어 배포된 일이 있었고, 남로당이 파업을 획책하였을 때에는 파업이 성공했을 경우를 상정하는 기사를 게재한 신문을 인쇄했던 박두성朴斗星 등 7명을 7월 20일 경찰이 체포한 일도 있었다.[53] 1950년 1월에는 경남도 경찰국이 노력인민 15만 부 등을 압수했다는 발표도 있다.[54] 이 신문은 정부수립 후인 1948년 10월 30일 자로 발행된 제112호(통산 189호)까지 남아 있다.

---

51 「인민의 지도자」난에 게재된 인물들은 다음과 같다(괄호 안은 필자). 허헌(김오성), 박헌영(조두원), 김원봉(이현상), 홍남표(이태진), 이주하(김태준), 유영준(조원숙), 이관술(김광수), 이기석(송성철), 김창준(유영윤).
52 『동아일보』외 여러 신문, 1948.12.17.
53 『자유신문』, 1949.7.27.
54 『자유민보』, 1959.1.12.

## 6) 예술통신, 문화일보, 현대일보

1946년 7월 22일에 창간된 예술통신은 좌파 문인들의 활동무대를 제공했다. 프린트판으로 창간되어 1947년 3월 2일까지 412호까지 발행한 후에 3월 11일부터 문화일보로 제호를 바꾸고 예술통신의 지령을 이어받아 413호부터 발행하기 시작했다. 발행 겸 인쇄인은 이창선李昌漩, 주필 김영건金永鍵, 편집인(편집국장) 이용악李庸岳이었다. 편집고문으로 강성재, 설정식, 김남천, 정진석, 김기림, 김동석 등으로, 좌파 문인들이 모여 있었다. 이들은 후에 거의 월북하는 사람들이다.

이 해 7월 1일에는 지령 500호까지 발행했고 2개월 후인 9월 19일에는 주간 김영건과 편집국장 이용악이 물러났다. 이용악은 일본 상지대학에서 신문학을 전공한 시인이었다. 1939년에 대학 졸업 후 귀국하여 『인문평론』의 편집기자로 근무하다가 고향인 함경북도 경성으로 가서 청진일보 기자로 근무하다가 광복 후 상경하여 좌익 문인단체 조선문학가동맹 회원으로 좌익 문인으로 활동하면서 중앙신문의 기자를 거쳐 문화일보의 편집인이 되었다.

문화일보가 짧은 수명으로 폐간된 후에는 1948년 9월부터 농림신문 기자로 있으면서 문학가동맹의 지령에 따라 불온 삐라의 제작, 배포, 자금의 수수 등에서 중간 역할을 하다가 1949년 9월경 체포되어 1950년 2월 서울지방법원에서 징역 10년의 중형을 선고받았다.[55] 이용악은 약 9개월 동안 재판과 복역을 하던 중에 6·25전쟁 후에 출옥했다가 북한군을 따라 월북하였다. 전쟁 중에 그는 서울에서 발행되던 해방일보에 「원쑤

---

55　정영진, 「육탄시인 유진오의 비극」, 『통한의 실종문인』, 문이당, 1989, 57~106쪽.

의 가슴팍에 땅크를 굴리자」(1950.7.20)라는 시를 발표했다.

편집고문 김동석金東錫은 좌익계 문학평론가였다. 그는『순수의 정체 －김동리론』(1947)을 발표하여 광복 직후 민족문학의 방향을 논해 좌우 문단의 주목을 받았다. 경성제국대학 영문과 출신이었던 김동석은 전쟁 중에 월북하여 1951년 12월에는 북한 측 통역으로 판문점에 나타나 휴전회담을 취재하던 남한 기자들과 마주친 적도 있었다. 경향신문기자 이혜복李惠馥은 중앙중학과 보성전문에서 김동석에게 영어를 배웠던 사제관계였는데 서로 다른 입장이 되어 설전을 벌였다.[56]

문화일보에는 좌익 문인들의 글이 많이 실렸다. 이병철李秉哲도 이용악과 같은 사건으로 체포되었다가 북한군이 서울을 점령한 후에 출옥한 시인이었다. 그는 문화일보에「시인이 본 시인」이라는 제목으로 5회에 걸쳐 김기림, 정지용, 임화, 이용악, 오장환, 설정식, 김광균, 조벽암 등 주로 좌익 시인들에 대한 글을 썼다.(1946.4.22~26)

「민족의 원수를 제외한 정부를」(임화, 1946.6.6),「민족주의라는 연막－일종의 시단 시평」(오장환, 1946.6.6)과 같은 좌익 문인의 글과 박헌영을 찬양하는 시도 여러 편 실었다.「민족 대서사시의 영웅적 주인공 박헌영 선생」(김남천, 1946.6.13),「詩的 영감의 원천인 박헌영 선생」(오장환, 1946.6.14)과 같은 글과 박헌영을 찬양하고 그를 지도자로 모셔야 한다는 시를 다음과 같이 연달아 실었다.

 • 박헌영 선생이시어 우리에게로 오시라(임화, 1946.6.13)

---

**56**　「시달린 적색군상, 스승이 원수로」,『경향신문』, 1951.12.13;「영어선생의 말로, 개성에 다방 있다고 가짓말!」,『경향신문』, 1951.12.12.

- 위대한 민족의 수령(김상훈, 1946.6.14)

- 인민의 곁으로 도라오라(유운, 1946.6.17)

- 어서오라 인민의 벗이여!(조남령, 1946.6.24)

- 당신의 일홈을 불으면(유진오, 1946.6.25)

- 박헌영 선생을 모셔 와야 한다(김광현, 1946.6.28)


유진오兪鎭五는 열렬한 좌익시인이었다. 그는 1949년 2월 지리산으로 들어가서 잠시 빨치산을 따라 다니며 '문화공작대'로 활동하다가 체포되어 재판 끝에 사형선고를 받았다.[57] 법학자이면서 문인 겸 정치가였던 유진오兪鎭午와는 전혀 다른 인물이다.

현대일보(1946.3.25~1948.11)의 창간대표는 박치우朴致祐였고 주간은 소설가 이태준李泰俊, 편집국장은 시인 김기림金起林, 외보담임자 김영건金永健이었다. 박치우는 경성제대 철학과를 졸업(1933.3)한 수재였다. 그는 월북하여 남로당 중견간부학교인 강동정치학원 정치부원장이 되었다가 남한으로 내려와서 유격대로 활동하다가 사살 당했다.(제2부 「필사신문 조보」 참고) 주간 이태준은 1946년 여름에 북으로 올라가서 방소문화사절의 일원으로 소련을 방문하고 돌아온 후 평양에 눌러앉았다.[58] 그러나 후에 남로당 계열로 숙청되어 불우한 말년을 보냈다.

현대일보는 창간호부터 연속 3회의 사설(창간사)에서 「본보의 사명」을 제목으로 이 신문이 표방한 「자유조선의 소리」, 「세계민주주의의 전령」, 「새나라 건설의 거울」의 3대 사명을 게재했다. 그러나 창간 2개월

---

57  정영진, 『통한의 실종문인』, 문이당, 1989, 208쪽.
58  위의 책, 29쪽.

## 전조선신문기자대회 선언문

반세기 동안이나 우리 동포를 야만적으로 강압하고 착취하던 일본 제국주의의 철쇄는 마침내 절단되고 말았다. 그러나 일방으로 우리 동포의 살과 배속에는 아직도 그 악독한 쇄편(鎖片)이 얼마나 남아 있는지 모르며 타방으로 일본 제국주의자의 조선사정에 대한 기만적 선전은 연합국으로 하여금 조선의 현하 정세에 대한 정확한 판단을 곤난케 하고 있다.

이러한 일본제국주의의 잔재로서 남아있는 흔적은 우리의 힘찬 건설로써만 퇴치될 것이요 이에 대한 모든 지장이 완전히 배제되고서야만 씩씩한 건국도 있을 것이다. 우리들 붓을 든 자 진실로 우리의 국가건설에 대한 제 장애물을 정당히 비판하여 대중 앞에 그 정체를 밝힘으로써 민족진로에 등화가 될 것을 그 사명으로 한다.

단순한 춘추의 필법만으로서는 우리는 만족치 않는다. 때는 바야흐로 우리에게 필봉의 무장을 요구한다. 모든 민족적 건설에 한 개의 추진이 되고 다시 민중의 지향을 밝게 하는 거화(炬火)가 되지 못한다면 우리의 붓(筆)은 꺾어진 붓이며 연약한 붓이며 무능력한 붓이다. 민중이 갈망하는 바는 우리의 힘 있고 바르고 용감한 필봉일 뿐이다.


후인 5월 15일 미군정청이 조선정판사의 위조지폐 사건을 발표한 후, 동아일보는 5월 26일 자에 해방일보와 현대일보에 위조지폐가 흘러들어갔다고 보도했다. 이날 2면 머리에 실린 기사에서 동아일보는 공산

우리는 이러한 대중적 요망에 저버림이 없도록 진력한다. 민중의 진로에 대한 찬란한 거화(炬火)를 이루어 조선사정을 국제적으로 정확히 보도하는 침로(針路)가 되기를 기도한다.

역사적으로 우리에게 부여된 이러한 목표를 수행함에는 먼저 우리들의 결속이 필요하다. 그러므로 현재에 있어서 우리는 철석같은 단결된 힘을 가지려 한다. 그리고 참된 민족해방을 위한 역사적 정의를 발양하는 강력한 필봉을 가지기를 기도한다. 진정한 언론의 자주를 확보함으로서만 민족의 완전한 독립에의 길이 열릴 것이다.

신문이 흔히 '불편부당'을 말하나 이것은 흑백을 흑백으로써 가리어 추호도 왜곡치 않는 것만이 진정한 '불편부당'인 것을 확신한다. 엄정중립이라는 기회주의적 이념이 적어도 이러한 전민족적 격동기에 있어서 존재할 수 없음을 우리는 확인한다.

우리는 용감한 전투적 언론진을 구축하기에 분투함을 선언한다.

강 령

一. 우리는 민족의 완전 독립을 기한다.
一. 우리는 언론 자주의 확보를 기한다.

당 본부이면서 해방일보사 사옥으로 사용 중이던 조선정판사에서 900만 원의 위조지폐를 인쇄했는데 그 가운데 50만 원이 해방일보, 28만 원이 현대일보에 제공되었다고 보도했다. 이에 대해 현대일보는 사원 일동의 명의로 「마침내 미첫고나, 동아일보에 보내는 공개장」이라는 성명서를 발표하고 동아일보를 "친일 반동분자의 어용지"라고 공격했다.

6월 15일부터는 편집국장 김기림이 물러나고 이원조李源朝가 후임 국장에 취임했다. 김기림과 이원조는 일제 치하에는 조선일보에 근무했던 경력이 있었다. 김기림은 일본대학 문학예술과를 졸업하고 돌아와 1930년 4월 20일 조선일보 공채기자 1기로 입사했다. 그는 6·25전쟁 때까지 서울에 남아 있었는데 북한군에 연행된 후에 생사를 알 수 없다.[59]

이원조는 1935년 일본 호세이대학法政大學을 졸업한 후 조선일보 기자, 학예부 차장을 지냈고, 1944년 6월부터는 『조광』사에 근무했다.[60] 미군정은 1946년 9월 6일 현대일보, 조선인민보, 중앙신문의 3개 신문이 미군축출을 선동했다는 이유로 정간을 명하고 3사 편집국원과 주요 간부를 구속 수사했다. 이 정간으로 현대일보는 이듬해 1월까지 신을 발행하지 못하다가 1948년 1월 29일에 제166호로 속간되면서 판권이 서상천徐相天에게 넘어갔다.

현대일보는 마지막 남은 좌익신문이었다. 그러나 서상천이 인수한 후부터 논조는 우익으로 돌아섰다. 1948년 8월 말까지 발행된 뒤에는 휴간상태였던 것 같은데, 11월 23일 제호를 민국일보民國日報로 바꾸고 지령도 제1호부터 다시 시작했다. 1945년 10월 23일 서울 종로 중앙기독교청년회 대강당에서 개최된 전조선신문기자대회는 조선신문기자회를 결성하였다. 조선일보와 동아일보는 아직 속간되지 않았고, 매일신

---

59  조선일보 사료연구실, 『조선일보 사람들』(일제시대편), 랜덤하우스중앙, 2004, 455쪽 이하. 조영복, 『문인기자 김기림과 1930년대 '활자―도서관'의 꿈』(살림, 2007)은 '문인기자 김기림' 연구서이다.

60  위의 책, 470쪽 이하.

보는 좌경화한 자치위원회가 신문의 운영권을 놓고 발언을 강화하고 있던 때였다. 중요한 좌익신문으로는 조선인민보와 더불어 중앙신문도 있었다. 중앙신문은 조선상공신문의 사옥과 시설을 50만원에 매수하여 창간하였는데 발행인 김형수金亨洙를 중심으로 황대벽(인쇄인), 이상호(편집국장) 등의 진용으로 광복후 대판(타블로이드 배판)으로 발행된 최초의 신문이었다.

## 4. 우익을 향한 공격

### 1) 좌파 언론인의 무대 기자대회

좌익 성향의 신문들이 기선을 제압한 시기였으므로[61] 기자대회의 주도권은 좌익계 언론이 쥐었으나 이때까지는 좌우익이 첨예한 대립을 보이지는 않았다. 기자대회에는 우익계 신문과 언론인도 참석하여 전국의 24개사 150여 명의 현역기자와 아직 언론 현업에 복귀하지 않은 1백 여 명의 전직 기자가 모였다. 내빈으로는 미군정장관 아놀드 소장을 대리하여 '뿌스' 대령이 참석하였고, 뉴욕타임스, AP, UP 등의 외신기자와 각 문화단체 대표들도 나왔다. 2층에 마련된 방청석에는 방청객들로 초만원을 이루었다.[62]

대회는 조선통신사 이종모李鍾模의 사회로 양재하梁在廈(신조선보)의 개

---

61    송건호, 앞의 책, 23쪽.
62    『자유신문』·『매일신보』, 1945. 10. 25; 계훈모, 『한국언론연표』 II(1945~1950), 관훈클럽 신영연구기금, 1987, 18~19쪽.

회사에 이어 김진기金鎭基(해방통신)의 조선신문기자대회 준비 경과보고, 의장의 조선신문기자회 결성 선언 순으로 진행되었다. 정진석鄭鎭石(자유신문)이 강령 규약을 발표한 다음에 조선인민보 사장 김정도의 선언문 낭독이 있었다.

인민공화국 중앙인민위원회 허헌許憲과 조선공산당 김삼용金三龍의 축사가 있은 후 이승만이 등장하였다. 이날은 이승만이 각 정당 대표 2백여명과 회합하여 독립촉성중앙협의회를 결성한 날이다. 자유신문은 "만장의 우레 같은 박수와 환호를 받으며 이승만이 입장하여 약 15분간에 걸쳐 언론의 진정한 자유에 관하여 사자후를 토하니 일동 감명 깊게 경청하고 그의 강연은 서울방송국의 손으로 전 조선에 중계방송이 되었다"고 보도하였다. 이승만은 "지금으로부터 50년 전 내가 배재학당에 있을 때 협성회회보를 발행하여 당시의 부패한 관리와 무능력하고 완고한 정부를 탄핵하고 다시 매일신문으로 이름을 고쳐 정부의 압박을 물리치니 민중의 절대한 지지 아래 신문발행을 계속하던 기억이 새롭다"라고 자신이 초창기 신문에서 기자로 활동하던 시절을 돌이켜보면서 "그러나 이제 여러분은 이러한 곤란을 겪지 않아도 언론의 자유를 마음껏 발휘할 수 있다. 여러분은 이 신문의 자유를 공명정대하게 활용하여 사회의 진보발달에 공헌하여 주기를 빌어 마지않는다"고 말했다.[63]

이승만에 이어서 건국동맹의 여운형呂運亨과 여운홍呂運弘, 조선학술원의 윤행중尹行重, 조선문화건설중앙협의회 이원조李源朝 등의 축사가 있었다.

조선신문기자회는 신문이 지니는 불편부당과 엄정중립이라는 자세를

---

63    『자유신문』, 1945. 10. 25.

"기회주의"로 규정하고 "용감한 전투적 언론"을 지향하는 결의문을 채택했다. 제2일 대회에서는 조선인민공화국을 지지할 것을 결의하는 한편 매일신보 자치위원회를 격려하는 성명서를 발표하였다.[64]

조선일보와 동아일보는 기자대회가 열린 지 한 달 후인 11월 23일과, 12월 1일에 각각 속간되었다. 동아일보는 당시 언론계의 일반적 풍조인 진보적 민주주의와는 달리 반탁의 선봉역을 담당하여 정치적으로 우익에 섰으며, 이미 창간된 극우익지 대동신문과 더불어 반공언론의 역할을 맡았다. 후일 조선일보는 김구 노선의 대변지로, 동아일보는 한민당의 사실상 기관지로 되었다. 속간 당시 두 신문의 영향력은 별로 크지 못했다.[65]

조선신문기자회의 초대 위원장은 이종모였으나 이듬해 4월 28일에는 제2회 전국신문기자대회를 열고 '위원장단'으로 기구를 바꾸었다. 새 위원장단은 문동표(조선일보), 양재하(한성일보), 정진석(자유신문), 김기림(공립통신), 이상호(노력인민)였다. 사무국은 을지로(황금정) 2가 199번지 공립통신사에 두고 있었는데, 여러 좌익신문의 지상을 통하여 공산당이 영도하는 용공단체들을 지지하고 민족진영을 비방하도록 만드는 역할을 하였다. 조선신문기자회 사무국은 을지로(황금정) 2가 199번지 공립통신사였다. 한편 우익기자들이 결성한 조선신문기자협회(1947.8.10 창립)는 위원장 고재욱(동아일보), 부위원장 이헌구, 이건혁으로 사무국은 동아일보사에 있었다.[66]

64   최준, 『한국신문사』, 일조각, 1960, 348쪽; 『조선연감』(1947년판), 조선통신사, 1946, 279쪽.
65   송건호, 앞의 책, 17쪽.
66   『조선연감』(1947년판), 조선통신사, 1946, 337~338쪽; 『조선연감』(1948년판), 조선통신사, 1947, 449쪽.

## 2) 미군정의 규제와 언론사 테러

언론이 좌우익으로 나뉘어 그 대립이 침예화 되고, 언론에 대한 테러가 빈번하게 일어난 것은 1945년 12월 27일 모스크바 삼상회의三相會議에서 신탁통치 결정이 발표된 뒤부터였다. 12월 28일에 열린 독립촉성청년총연맹과 각 단체에서 신탁통치 배격을 결의하자 이튿날인 12월 29일 조선인민보가 가장 먼저 습격당하였다. 이날 신원을 알 수 없는 폭력단 약 20명이 침입하여 인쇄공장을 파괴하고 사원들을 폭행하자 국군준비대와 미군 헌병대가 출동하여 진정되었다.[67]

이때부터 보복적인 신문사 테러가 빈발하여 1월 한 달은 신문사 습격과 테러사건이 연달아 일어나는 살벌한 분위기였다. 12월 30일에는 동아일보 사장 송진우宋鎭禹가 암살당했다. 동아일보가 중간되고 송진우가 세 번째로 사장직을 맡은 지 1달 뒤의 일이었다.[68] 해가 바뀐 1월 2일에는 테러단이 신문사에 수류탄을 던지는 사건이 일어났다.[69] 서울신문과 중앙신문도 6일에 습격당했고, 7일 오후에는 대동신문사 인쇄공장에 50여 명의 테러단이 침입하여 시설을 파괴하고 배달부 1명을 데려간 사건이 일어났다. 8일 오후 7시에는 자유신문사 공장에 괴한이 침입하여 다이너마이트를 던지는 소동을 일으켰다. 인명 피해는 없었고 신문도 종전대로 발행되었지만 언론에 대한 테러와 협박, 위협, 공갈사건이 자주 일어난 것은 좌우익의 정치적인 대립이 언론에 파급된 것이다.[70]

---

67   『서울신문』, 1946. 1. 2.
68   김학준, 『고하 송진우 평전』, 동아일보사, 1990, 352쪽; 고하선생전기편찬위원회, 『독립을 향한 집념, 고하 송진우 전기』, 동아일보사, 1990, 481쪽 이하.
69   『동아일보』, 1946. 1. 10.

18일에는 반탁학생성토대회가 끝난 뒤에 시위군중이 또다시 조선인민보를 습격하였다.[71] 18일 밤 반탁학생총연맹이 주최한 반탁학생성토대회는 탁치 절대반대와 독립만세를 외치면서 시가행진을 벌였는데 무기를 휴대한 반대단체의 습격을 받아 40여 명이 중경상을 입는 유혈 참사를 빚었다. 시내 남녀 전문대학생, 중학생 약 1천여 명은 오후 5시경 성토대회를 마친 후 소련영사관을 방문하여 결의문과 성토문을 전달한 뒤 미국영사관을 방문하였으나 아무도 만나지 못하자 반도호텔을 거쳐서 조선호텔로 가서 미군 측에 결의문과 성토문을 수교手交하는 시위행진을 시작하였다. 학생들은 시위행진 도중에 을지로 1가의 조선인민보 편집국과 인민당 서울인민위원회를 차례로 습격하였다. 이들은 그 길로 임시정부를 방문하려고 서대문 쪽으로 행진하는 중 돌연 권총과 장총을 든 청년들의 습격으로 피를 흘리며 거꾸러졌다. 부상당한 학생은 판명된 숫자가 40여 명에 달하였다.

이같은 사태로 경찰관이 신문사 문 앞에서 호위하지 않으면 안 되는 지경까지 악화되자 테러를 근절해야 한다는 소리가 높아져 한동안은 과격한 테러는 일어나지 않는 듯도 했다.[72] 그러나 1946년 전반기의 여러 차례에 걸친 테러 사건 가운데서도 미소공동위원회가 휴회된 직후인 5월 12일 독립전취국민대회에 참가했던 군중들이 조선인민보, 자유신문, 중앙신문 등을 연달아 습격하여 인쇄시설을 파괴하는 대규모의 사건도 일어났다.[73] 언론 테러는 빈번히 일어나서 1946년 9월부터 1947년

---

70 「대동신문사, 자유신문사 등 습격파괴」, 『서울신문』, 1946. 1. 10.
71 『동아일보』, 1946. 1. 20.
72 『조선연감』(1947년판), 조선통신사, 1946, 279쪽.
73 『서울신문』·『독립신보』·『조선인민보』·『중외신보』 등, 1946. 5. 14.

8월까지 1년 사이에 테러단에게 습격, 파괴된 언론기관은 11개소, 피습 당한 언론인 55명, 당국에 검거된 언론인은 105명에 이르렀다.[74]

미군정 당국도 이러한 사태에서 언론에 대한 자유방임적 방침을 바꾸어 신문발행을 정지시키는 행정처분과 언론인 구속의 사법처분 그리고 언론규제의 법규강화 등으로 대처했다.


### 3) 홍증식 · 김오성 구속

1946년 4월 하순 군정청은 조선인민보 사장 홍증식과 편집국장 김오성을 군정포고를 위반한 혐의로 구속하였다. 문제된 기사는 ①『조선인민보』3월 26일 자(제186호) 사설「식량과 우리의 요구」, ② 4월 2일 자 사회면 쌀을 달라고 시청 앞에 모여든 군중 가운데 부인 한 사람이 총에 맞아 부상하였다는 기사(쌀 대신에 총뿌리 응수 / 어제 시청 앞에 유혈의 참극)와, ③ 인민위원회의 발표 기사, ④ 공산당 발표 기사 및 ⑤ 쌀 사건에 대한 서대문 우편소장 담화 등 5건이었다.[75]

문제가 된 3월 26일 자 사설은 "일본제국주의의 폭학暴虐도 능히 조선 민중에게 최소의 호구량을 보장할 수 있었나니 조선 해방의 은인이며 조선독립의 원군인 미군정 당국이 어찌 이에 무관심할 수 있으랴"라면서 미곡의 수집과 배급을 인민의 손을 통하여 실시할 것을 굳게 주장한다고 결론지었다. 미군정청 공보국장 뉴맨 대좌는 이 사설 가운데 과격한 부분에 대해서 편집국장 김오성에게 취소를 요구하였다. 조선인민보는

---

74  『조선연감』(1948년판), 조선통신사, 1947, 368쪽.
75  「인민보 책임자를 군정재판」,『해방일보』, 1946.5.6.

29일 자 지면에 "미군당국이 어찌 이에 무관심할 수 있으랴"라는 부분은 취소한다고 밝혔다.

이 무렵 폭등하는 물가고에 쌀 부족으로 생활에 위협을 받은 국민들은 큰 고통을 겪고 있었다. 남로당은 민생문제를 가장 좋은 공격대상으로 삼았다. 조선인민보는 연일 쌀을 달라고 시청에 몰려드는 시민들의 불만을 보도했다. 3월 20일 출판노동조합 서울지부는 식량대책위원회를 조직하여 조합원의 식량대책에 전력을 쏟기로 하였다. 군정장관 러취는 이같은 사태에 대해 난립한 언론이 사실무근의 허위보도로 치안을 교란하고 있다면서 언론계에 경고를 발했다. 그는 지난 2주 동안에 완전한 허위기사를 공포하여 치안을 교란한 두 가지 사건이 있기 때문에 현재 진상을 규명 중이며 범죄사실이 명백해지면 구속할 생각이라고 말했다.[76]

조선인민보는 식량문제를 가지고 우익과 임시정부까지 격렬하게 비난하는 자료로 삼았다. 2월 5일 자(제137호)의 경우 임시정부와 우익정당이 연합한 2월 1일의 국민회의는 "반민주주의적이고 정권획득의 정치적 투기"의 소산이라고 규정하고 국민회의는 식량부족으로 굶주리는 민중의 고통을 외면하고 있다고 공격했다. 삼척에서는 12월 26일에 5,600명의 절식자絶食者가 생겼고 이들은 석탄을 파던 삽을 가지고 초목뿌리를 캐러 산곡간을 헤매고 있으며 서울에서는 쌀 한말 값이 200원으로 폭등했고, 120만 시민은 쌀을 달라고 절규하고 있다면서 다음과 같이 임정계 인물들을 비난했다.

임정의 대감들은 하계(下界)의 한국 인민의 생활을 모르는가. 안다면 그

---

76  『서울신문』, 1946.3.21.

해결을 위하야 구체적으로 어떠한 해결책을 가지고 있고 또 구체적으로 활동하고 있는가. 모리배들을 동원하야 지방에 유세하고 공산주의자를 격렬분자라 하고 농민이 일을 안하고 있다고 애망한 농민을 모욕함으로써 해결할 방도를 강구할 수 있을까.

조선인민보는 임정을 비난하는 동시에 신탁통치를 찬성하는 주장을 폈다. 모스크바 삼상회의는 조선인민의 모든 경제적 사회적 난관을 해결할 가능성을 부여했는데 임정 중심의 반동세력은 삼상회의를 반대하여 조선의 참된 협력자인 미소를 배격하고, 국내에 있어서 민중과 접근하여 자주독립을 민주주의적으로 해결하려는 공산주의자에게 가장 모욕적인 악선전을 하고 있다고 주장했다.[77] 같은 날짜에 박헌영의 「신탁(후견)제와 조선」이라는 글도 실었다. 한편 좌익 또는 공산당과 동조하는 정치인은 1면에 싣는 고정란으로 「지도자 군상」을 마련하여 찬양하는 기사를 실었다. 1946년 4월 9일부터 「지도자 군상」에 실린 정치인은 다음과 같다.(괄호 안은 인용자)

呂運亨(李康國), 朴憲永(金午星), 金日成(徐重錫), 許憲(金桂林),
金若山(李如星), 金枓奉(李淸源), 李舟河(金台俊)

이같은 상황에서 미 군정청은 조선인민보의 홍증식과 김오성을 구속하여 재판에 회부했다. 5월 4일 10시 반 종로경찰서에서 열린 공판에서

77 「민중의 열망은 생활해결!! / 이 절규가 지도자를 심판 / 민족전선통일이 급무」, 『조선인민보』, 1946.2.5.

재판장 안도레리 대위는 두 사람에게 징역 90일과 벌금 3만원을 각각 언도하였다. 다만 형의 집행은 경기도지사를 경유하여 하지 중장의 최후 결정이 있을 때까지 유예하도록 단서를 붙였다. 공판이 열리기 전인 4월 25일 명동 천주교당에서 열린 제2회 전국신문기자대회는 두 사람을 재판에 회부한 사건에 대해 대책을 강구하기로 결의하였다.

사장과 편집국장의 유죄가 확정되었으나 수감되지는 않은 상태에서 조선인민보는 5월 12일 자(제232호) 「사고」를 통해 직제 개편을 발표하고, 편집 겸 발행인을 고재두高在斗로 바꾸었다. 직제 개편 이후에는 편집에 관한 일체 책임은 편집주간이 갖게 되었다. 홍증식은 명예사장, 김오성은 편집고문으로 물러앉고 고재두가 편집주간에 취임하였다. 고재두는 부사장이었는데 2월 말 일간신문 대표들이 독립선언기념행사 통일을 위한 교섭위원을 선임했을 때에 조선인민보의 대표로 출석했었다. 그는 9월 6일 이 신문의 정간으로 더 이상 발행이 불가능하게 될 때까지 발행인을 맡게 된다.


## 4) 임정 비난에 김구의 질책

임화가 조선인민보의 판권에 주필로 정식 기재된 날은 1946년 7월 1일(제282호)이었다. 그러나 판권에 이름이 기재되기 전부터 그는 이미 주필로 활동하고 있었다. 약 1달 전인 6월 9일 자 6·10만세운동 20주년 기념 좌담회에 주간 고재두와 함께 '주필'로 참석하였는데 이 좌담회는 6·10만세운동을 조선공산당이 투쟁한 결과라고 성격을 규정지었다. "자본가는 일제의 품안에 있었고, '조공朝共'만이 불굴의 투쟁을 전개했다"는 것이다. 홍남표가 집필한 「6.10 만세운동의 교훈」(6월 7, 8일 자)도 이 운동은 "불사신 조공이 총지휘"한 것이라고 주장했다.

판권에 임화가 주필로 기재된 날인 7월 1일 자 신문은 제1면에 조선 공산당 서기국이 발표했다는 「테로 괴수 이승만, 김구를 국외로 추방하라」는 기사와 사설 「이승만씨의 용렬하고 파렴치한」 등으로 임정과 우익을 격렬히 매도했다.

이 같은 논조에 대해서는 김구도 그냥 묵과할 수가 없었다. 김구는 귀국 후 아무런 공식적 견해를 표명하지 않고 침묵을 지켜왔으나 7월 4일 자로 「동포에게 고함」이라는 제목의 성명으로 조선인민보를 질책하였다. "애국자니 반역자니 左니 右니 하는데 있어서 먼저 말하고자 한다. 과연 무엇을 가리켜 좌라 하고 우라 하며 또 누구를 가리켜 애국자라 하고 반역자라 하는가?"라고 반문하면서 다음과 같이 공산당의 주장을 통박하였다.

7월 1일 공산당 서기국에서 조선인민보를 통하여 「분열 책임자를 추방하라」는 제하에 나를 괴수라 하였으니 나는 이것을 볼 때 과연 국중(國中)에 우국의 지사와 혁명의 투사가 얼마나 있는가를 십분 생각하여 보았다. 적이 납항(納降)하던 전석(前夕)까지 적의 진두에 서서 성전(聖戰)이라고 찬양하고 적의 전승을 위하여 맹서하고 청년학도를 일으켜 전지로 내몰고 적의 주구가 되며 적의 기관에 암약하여 적을 위하고 동포를 고압(高壓)하던 자와 적이 납항하고 연합군이 진주할 때까지 적의 통치기관인 총독부에 출입한 자는 모두 애국자이며 사상가이며 정치가이다.

적이 항복하던 전날 저녁까지 적의 진두에 서서 성전이라고 찬양하고 적의 전쟁 승리를 위하여 청년학도를 전쟁터로 내몰고 적의 주구가되며 적의 기관에 암약하면서 적을 위하여 동포를 압박하던 자가 누구인지 김구가 구체적으로 지칭하지는 않았다. 그러나 문맥으로 보아 조선인민보의 제작진 가운데 일제 때에 경성일보에 종사했던 사람도 포함되어 있음을 은연중에 지적한 것임을 짐작할 수 있다. 자신을 테러의 괴수라고 비난한 공산주의자들에 대해서 김구는 윤봉길과 이봉창 의사를 자신이 사주하였다는 것은 세계가 다 아는 사실이라고 말하고 이렇게 통탄하였다.

친애하는 동포여! 절역(絶域)에서 전전할 때에 고국의 산하를 바라보면서 그리운 동포를 연상할 때에 어찌 오늘과 같은 경우를 뜻하였으랴? 동포여 반성할지어다. 동포여! 단결할지어다.[78]

김구의 성명과 일맥상통하는 주장은 그 전해 10월 23일 전조선신문기자대회가 개최되던 날 '임시정부지지 조선청년단체'의 이름으로 살포된 「악덕 기자에게 경고함」이라는 전단에서도 나타난다. 전단은 "사기적인 소위 인민공화국은 배격하고 우리 혁명열사들의 혈투로써 수립된 대한민국 임시정부만을 유일의 우리 전통정부로서 지지"한다면서 인민대표회의를 소집한 인민공화국을 비판했다. 일부 악덕 기자와 신문사가 자칭 인민대표회의를 정당화하는 것은 정의를 옹호하는 신문기자의 양심을 잃어버렸을 뿐 아니라 인민공화국에 매수된 추악한 행동

78    『동아일보』, 1946.7.7; 국사편찬위원회, 『자료 대한민국사』 2, 1969, 846쪽.

이라고도 규탄했다.

오등(吾等)은 신문기자 중에 과거 일본제국주의의 주구로써 황도(皇道)주의를 선전하고 총독부 관리들의 공사충견이던 자로써 소위 공산주의를 찬양하고 인민공화국을 지지하는 자가 있음을 숙지한다. 여등(汝等)이 전비를 회개한다는 의미에서 인민공화국을 지지한다면 여등의 죄악은 일층 심할 것이다. 그러므로 여등은 속죄의 의미로서 공정한 필봉을 들어야 할 것이다. 불연이면 정의의 쾌도 너희를 분쇄할 것이다.[79]

임시정부의 요인들이 아직 귀국하기 전에 좌파가 정국을 주도하고 좌익언론이 기선을 잡고 있음을 경고한 내용으로 여러 단체의 이름이 나열되어 있었는데 앞으로 있을 언론의 대립을 예고하는 내용이었다. 좌익언론에 대한 성토문은 이듬해 3월 3일 대한독립촉성전국청년연맹의 명의로 살포된 것도 있는데 "일제시대에는 황민화 운동 제 일선 부대로 활동하여 오다가 의외에 8・15를 당하여 낭패한 나머지 자신의 호신책으로 공산계열에 가담하여 민중을 농락한다"고 주장했다.[80]

임화는 조선인민보 주필 취임 일주일 만에 서울 마포구에서 발생한 호열자(장티푸스) 기사가 사실과 다르다는 서울 시장의 고발로 종로경찰서에 잠시 유치되었다. 미군정은 7월 8일 조선인민보, 자유신문, 대한독립신문의 3사 간부를 구속했다. 구속된 언론인은 임화, 김경록(조선인민보), 정인익, 정진석(자유신문), 오장환・고영환(대한독립신문) 등이었는데 이들

79  국사편찬위원회, 『자료 대한민국사』 1, 1970, 458~459쪽.
80  위의 책, 168~169・517~519쪽.

은 이틀 후 5만 원씩의 보석금을 내고 석방되었다. 군정청 출입기자단은 군정장관 러치 소장과 하지 중장에게 이같은 언론간섭에 대하여 우려를 표명하는 건의문을 전달했다. 임화의 공식적인 주필 재임기간은 20일에 불과했다. 7월 20일 자(제302호)까지 판권에 주필로 기재되어 있다가, 22일 자(제303호)부터는 이름이 빠지고 정리위원 한상운만 남았다. 그러나 조선인민보의 운명은 다하고 있었다.

8월 8일 경찰은 홍증식을 또다시 검거하였다. 지난 5월 4일의 재판결과에 따라 90일간의 징역형을 집행하기 위해서였다. 편집국장이었던 김오성을 9월 1일에 구속 수감하였다. 김오성은 조선인민보를 떠나 여운형의 인민당 선전부장으로 활동 중이었다. 두 사람을 구속하여 서대문 형무소에 수감한 직후 군정당국은 9월 6일 자로 조선인

푸로레타리아 시인 임화. 서양 배우처럼 수려한 이목을 지닌 임화는 '조선의 발렌티노'(Rudolph Valentino; 검은 머리 갈색 눈을 가진 라틴 계통의 미국 미남배우)로도 불렸다. 조선일보, 1933.1.21.

민보를 비롯하여 현대일보, 중앙신문에 정간처분을 내렸다. 세 신문 정간의 이유는 미 태평양 점령군사령부 포고 제2호(1945.9.6)를 위반하여 주한미군의 안전을 위태롭게 했다는 것이다. 미군정은 조선인민보 편집인

고재두의 자택을 수색하여 「9월의 선전활동 급 투쟁계획」이라는 문건을 압수하였다. 9페이지 분량의 이 문서는 조선공산당의 상세한 일과日課 지령으로 포고 제2호에 저촉되는 내용이 들어 있었다. 정간 당하던 때의 조선인민보 발행부수는 3만 5천 부였다.[81] 이로써 조선인민보는 정확히 2일이 모자라는 1년 만에 종언을 고했다. 현재 볼 수 있는 지면은 8월 30일자 제342호까지이다. 조선인민보사에서는 『민주주의 조선의 건설』(이강국), 『지도자론』(김오성), 『민주주의 민족전선의 방향』(민전 사무국 편)과 같은 책도 출판하였다.

　미군정은 3신문사의 정간과 함께 신문 관계자 여러 명을 체포하고 수사를 계속했는데 조선인민보의 유중렬(사회부장), 이장영(보급부장), 정우식(서무부장) 3명과, 중앙신문의 이상호(편집국장), 황대벽(영업국장 또는 총무국장), 김용진(정치부), 유택규(사회부), 김덕규(사회부), 진수돈(사회부), 오재동(서무부장)이 구속되었다. 구속자 가운데 유중렬, 이장영, 유택규, 김덕규는 13일에, 진수돈, 김용진, 오재동은 20일에 석방되었으나 정우식, 이상호, 황대벽은 군정재판에 회부되었다. 경기도 경찰부는 7일 아침부터 시내 각 교통기관을 검색하여 통행인을 심문하는 등 비상 계엄망을 치고 공산당 책임비서 박헌영과 이강국李康國, 이주하李舟河에 대한 체포령도 내렸다.

　홍증식은 11월 8일 3개월의 징역을 마치고 석방되어 조선민주주의민족전선(민전)의 사무국장으로 활동하다가 1947년 8월 2일 또 다시 검거되었고, 김오성은 이에 앞서 1947년 1월 19일에 재차 검거되었다.

---

81　『대동신문』, 1946.9.25.

## 5. 좌익지의 몰락

### 1) 위조지폐 인쇄, 해방일보 폐간

해방일보는 1946년 5월 18일까지 150호를 발행한 후 폐간되었다. 3일 전인 5월 15일, 미 군정당국은 공산당 본부이자 해방일보사 사옥으로 사용되던 근택近澤빌딩 내에 있던 조선정판사에서 100원권 지폐 1,200만원의 위조지폐가 제조되었는데 그 가운데 50만 원이 해방일보 제작에 사용되었다고 발표했다.[82] 위조지폐의 제작은 공산당 재정부장 이관술李觀述의 지휘 아래 이루어졌고, 위폐는 현대일보에도 28만 원이 제공되었다는 것이다.

정판사의 위폐사건은 1945년 10월 20일부터 6회에 걸쳐 조선정판사 사장 박낙종朴洛鍾 등 조선공산당원 7명이 위조지폐를 발행한 사건이다. 위폐 발행의 목적은 남한에 공산정권을 수립하기 위한 당의 자금 및 선전활동비를 조달하는 동시에 경제를 교란시키려는 것이었다. 조선공산당은 일제가 조선은행권을 인쇄하던 근택빌딩을 접수하여 건물을 공산당 본부로 사용하면서 인쇄소는 조선정판사로 개칭하여 해방일보도 같은 건물에서 발행하였는데 여기서 위조지폐를 발행한 것이다. 공산당은 재정난으로 당 활동자금 조달방책을 모색하고 있던 중 조선정판사에 지폐 원판이 있다는 사실을 알고 당원인 사장 박낙종에게 위폐 발행을 지시했다. 박낙종은 당 재정부장 이관술과 당 중앙집행위원이며 해

---

82  「위폐 900만 원 어디갓나?, 먼저 신문사에 비화, ○○, 해방, 경리부장 취조」; 『동아일보』, 1946.5.30; 「진폐(眞幣) 못쟌은 위폐, 공산당원 위폐인쇄 감정결과」, 『동아일보』, 1946.5.24.

**위조지폐 900만 원의 행방은?** 해방일보의 위조지폐 발행 연루 의혹을 보도한 동아일보. 1946.5.24.

방일보사 사장인 권오직의 지령을 받고 정판사에 근무하던 공산당원 김창선에게 전달하였다.

이리하여 1945년 10월 20일 서울시 소공동 소재 근택빌딩 내 조선정판사 사장실에서 사장 박낙종을 비롯한 간부와 기술자 몇 명이 비밀리에 모여 위조지폐를 인쇄하여 공산당에 제공하기로 결의하였다. 그들은 공장 종업원들이 퇴근한 뒤 모두 여섯 차례에 걸쳐 위조지폐 1,200만 원을 위조하여 이관술에게 제공하였다. 출처불명의 위조지폐가 나돌아 경제를 혼란시키자 경찰은 수사에 착수하여 사건의 윤곽을 파악하고 범인체포에 나서 1946년 5월 4일과 5일 중부경찰서(당시 本町경찰서)

형사대가 관련자 7명을 체포하였다. 이어 그들의 자백에 의하여 5월 7일 관련 공산당원 중 간부 3명을 제외한 14명을 체포하였다.

권오직과 이관술은 사건이 일반에게 알려지자 5월 16일 자로 「삼천만 동포에게 소訴함」이라는 성명서를 해방일보 1면 머리에 실어 경찰의 혐의를 부인하였다. 이와 함께 「당 중앙서기국 앞」으로 다음과 같은 공개편지를 발표했다.

참으로 미안합니다. 우리 두 사람으로 인하여 여러 가지 곤란이 있는 것은 미안합니다. 그러나 사건은 너무나 명명백백하니 안심하시고 분투하소서. 작일 발표를 보고 별지와 같은 2종의 서류를 제출하오니 선처하여 주소서.

이 공개편지는 이미 사태가 돌이킬 수 없는 지경에 이르렀다는 사실을 내비치고 있다. 해방일보는 16일 호외를 발행하여 조선공산당중앙위원회 명의로 발표한 성명서를 게재하면서 공보부의 위폐사건 발표를 부인하였다. 경찰은 해방일보와 호외를 압수했다. 해방일보는 더 이상 발행될 수 없었다.

해방일보는 구속된 정판사 직원은 신문사와 관련이 없다고 주장했다. "지폐위조로써 건국과정에 있는 조선의 경제를 교란하야 민중생활을 파탄식히는 역도는 조선민족에 대한 최대의 죄악으로서 우리는 이들 역도를 가장 미워하는 자"라는 것이다. 이 사건을 "우익 반동파의 모략이며 음모"로 규정했다. 16일 자 1면 머리에는 권오직과 이관술 명의로 이같은 주장을 담은 「3천만 동포에게 소함」과 함께 같은 지면에 「이승만, 김구의 반동적 선동이 통일 달성에 장해다」라는 기사를 실었다.

해방일보는 17일 자까지 발행 후 폐간 당했고 18일에는 하지 중장의 명령으로 미군 헌병대가 출동하여 공산당 본부가 사용하는 부분을 제외하고는 사옥을 폐쇄하였다.

공판은 7월 29일 서울지방법원 제14호 법정에서 주심판사 양원일과 최영환·김정렬 두 판사의 배석으로 제1회를 연 후에 31회가 진행되었다. 공산당은 사건을 담당한 판사와 조재천·김홍섭 두 담당검사들을 협박하였을 뿐만 아니라, 공판 때 방청석과 판검사석과 서기석을 점령하는 소동을 벌였다. 특히 제1회 공판에는 새벽부터 정동 일대에서 수백 명의 공산당원들이 〈항쟁가〉를 부르며 소란을 피웠기 때문에 기마대와 수백 명의 경관이 동원되었다. 사태의 악화를 우려하여 경무부장 조병옥, 수도청장 장택상 두 사람이 법정에 나타나자 방청석에 있던 공산당원들은 소란을 피워 법정은 수라장으로 변하고 말았다. 재판은 개정되자마자 10여명에 달하는 좌익 변호사들의 재판기피로 폐정되었다. 그러나 그 해 11월 28일의 선고공판에서 이관술·박낙종 등 주범에게는 무기징역을 비롯하여 관련자들에게 징역 15년, 징역 10년을 각각 선고하였다.[83] 이 사건을 계기로 미군정당국은 공산당의 불법행동에 강력한 조처를 취하게 되어 공산당은 지하로 잠입하여 파괴공작을 벌이는 상황으로 몰리게 되었다.

---

**83**  조선정판사 위폐사건은 대검찰청 수사국이 편찬한 『좌익사건 실록』 1, 1965, 187∼220쪽에 당시 신문 기사를 정리한 것이 있다. 주로 『동아일보』 기사를 모은 자료이다.

## 2) 부정기 벽신문 건국

남로당의 또 다른 기관지 건국은 1946년 7월 9일에 창간되었다. 해방 일보가 폐간 된 후 남로당은 당원 강중학姜仲鶴이 등록만 해 두었던 주간 신문을 발행한 것이다. 발행 편집인 겸 인쇄인 강중학, 주간은 김광수金 光洙로, 타불로이드 2페이지의 주간발행으로 제호 앞에 "벽신문"임을 표기하였다.[84] 발행소는 서울 종로 2가 40번지였다. 전라도 지주의 아들인 김광수는 유명한 공산주의자 김철수의 동생이다. 그는 일제시대에는 조선일보 영업국장을 지낸 경력을 지녔다. 1933년 5월부터 조선일보 오사카 지국장에 임명되었다가[85] 1936년 8월에는 본사 영업국장, 9월부터는 광고국장을 겸임했고, 1938년 7월에는 인쇄부장을 겸했다가 8월에 퇴사한 후 고무공장을 경영했다.

김광수는 광복 후 공산당 중앙위원회 간부로 활약하면서 건국을 창간하였다. 이 신문은 현재 실물을 볼 수 없으나 당시 여러 신문에 보도된 기사들을 종합해 보면 '일간'이라는 기사도 있고(동아일보·조선인민보, 1946.7.17, '인사란'), '주간' 또는 '벽신문'이라고 보도한 경우도 있는데 부정기로 발행된 것으로 보인다.

정판사 위폐사건의 제1차 공판이 열리는 날인 7월 29일 공산당 관계자를 석방할 것과 공개재판의 탈을 쓴 음모를 분쇄하라는 등의 내용이 실린 건국 '호외'가 시내 각처에 배포되었다.[86] 검찰은 이 호외가 군정을

---

84  한국신문연구소,『한국신문 백년』, 1975, 459쪽.
85  박갑동, 앞의 책, 141~142·221쪽.
86  『대동신문』, 1946.8.1.

비난하고 재판관을 모욕했다는 등의 5가지 혐의로 8월 21일 김광수를 구속하여 기소했다.[87] 11월 11일 재판부는 김광수에게 신문지법 위반으로 징역 8개월에 집행유예 2년을 선고했다.

김광수는 이듬해 위폐사건으로 구속 중인 이관술을 찬양하는 글을 노력인민 7월 2일 자에 실어 또 다시 구속되었다. 그는 노력인민 제1면 칼럼 '인민의 지도자'란에 「민족해방 이외에 무사심無私心 혈투일관의 이관술李觀述 선생」을 집필하면서 이관술을 구적仇敵 일본과 과감하게 그리고 집요하게 싸워온 애국투사로 묘사하고 "이관술 선생에게 민족적 영예는 드리지 못할망정 허무한 사건을 날조하여 일제 이상의 박해를 가하고 있다"면서 다음과 같이 썼다.

오늘 이 선생은 철창에서 모든 활동의 자유를 강탈당하고 있거니와 오히려 이같은 진실한 애국자요 또 진실한 군자가 박해 당하고 있다는 사실이 적자신의 정체를 스스로 폭로하는 좋은 증거가 되어 있는 것으로 이러한 점으로서도 조선인민에게 위대한 교훈과 영향을 주고 있는 것이다.

김광수는 이 글이 나간 후 7월 21일 자로 발행된 건국 부록 제29호와 관련해서 포고 제2호와 광무신문지법 위반혐의로 구속 기소되었다. 건국 부록 발행과 노력인민 7월 2일 자에 실린 위의 글 두 가지가 문제되었는데 구속 이유 두 가지가 위조지폐 사건과 관련이 있었던 것이다.

김광수가 구속될 때에 민전 사무국장 홍증식과 민전 조사부장 오영吳英도 구속되었다. 김광수는 건국의 주간이면서 민전의 상임위원이었기

---

87　『서울신문』, 1946.8.22.

때문에 민전의 핵심 3명이 구속된 것이다. 김광수와 함께 구속된 홍증식의 혐의는 남조선과도정부 처장회의의 성명을 반박하는 담화를 노력인민에 게재한 것이 포고령 위반이라는 것이었다. 노력인민 8월 2일 자에는 「친일 한민당 계열의 준동이 공위共委 난관의 진원인」이라는 '민전 담화'가 실렸는데 이 글이 문제가 된 것이다. 홍증식은 9월 18일 무죄언도를 받고 서방되었으나 경찰은 즉시 그를 다시 검속하였다.

김광수의 재판은 이듬해 4월에 종결되었으나 이 판결은 광무신문지법이 유효한가라는 법적인 논쟁을 불러일으켰다. 그의 1심 재판은 9월 15일에 열렸는데 김광수는 노력인민에 실린 글은 자신의 명의로 발표된 것은 사실이지만 직접 집필하지는 않았다고 주장하면서 다만 정치적인 책임은 지겠다고 말했다. 건국의 호외 기사 내용 가운데 허위로 인정되는 부분에 관해서도 자신이 주간의 자리를 떠난 후에 일어난 일이므로 관여하지 않았다고 말했다.[88]

11월 11일 서울지방법원은 김광수에게 신문지법 위반으로 금고 10월을 언도했다. 김광수는 이에 불복 상고했는데, 정부수립 직전인 1948년 4월 7일 서울고등심리원(판사 김우설金又說)은 원심을 파기하고 포고 제2호 위반으로 벌금 3만 원 형을 선고하였다. 광무신문지법은 통감부시대인 광무 11년 7월에 제정된 것으로 8·15 직후 미군이 진주하여 공포한 미군정 포고 제1호에 따라 폐기된 것으로 보아야 하기 때문에 이 법을 적용한 것은 유죄가 될 수 없다는 판결 요지였다. 이 판결에 대해 검찰총장 이인李仁은 광무신문지법은 아직 존속한다고 주장하면서 대법원에 비상상고했다. 대법원은 5월 21일 김광수 사건을 계기로 야기된 광무신문

88 계훈모, 『한국언론연표』 II, 관훈클럽신영연구기금, 1987, 301쪽 참고.

지법에 관한 논쟁에서 이 법은 아직 존속하고 있다는 최종판결을 내렸다.[89] 이 법은 그 후 1953년에 국회에서 정식으로 폐기되었다.

건국은 격문과 같은 선동적인 기사를 실었다. 당시 북조선 임시위원회에서 발표한 「노동법령」을 대대적으로 환영한다는 등의 북조선 찬양 기사와 모스크바 발신의 공산당 선전문 등을 중점 게재하였고 호를 거듭하면서 김일성을 찬양하는 기사는 급증하였다. 7월 15일 자 제7호에는 「대중은 반동신문의 허위보도에 속지마라」는 제목 아래 "동아일보와 대동신문이 악질적 모략으로 거짓말을 보도하는 반동신문이란 증거가 또 하나 폭로되었다"는 등의 기사를 실었다.[90] 김광수는 1948년 9월 북한의 최고인민회의에 남조선 대의원의 일원으로 참석했고, 북한의 상업성 부상을 지냈으나 1953년 종파분자라는 죄명으로 숙청당했다.

서울중앙방송국에 침투했다가 1947년 8월에 검거된 '남로당 방송국 적화사건'도 있었다. 남로당원 김응환金應煥은 1946년 12월 방송국에 취직한 후 방송국원 23명을 포섭하여 조정기를 고장내거나 우익정당의 방송을 방해하면서 미군정을 비난하고 적화선전을 하였다는 혐의로 12명이 체포되어 9명이 재판을 받았다. 이 가운데 징역 1년(김응환)을 비롯하여 징역 8개월(김원식), 징역 6개월에 집행유예 2년(설창덕), 그리고 벌금 1만 원(6명), 벌금 2천 원(1명) 등의 유죄 판결이 났다.[91]

---

89  『한성일보』・『평화일보』, 1948.5.23.
90  『한국신문백년』, 459쪽.
91  대검찰청 수사국, 『좌익사건 실록』 1, 1965, 319~322쪽.

# 제2장

# 남침 전쟁에 동원된 언론인

## 1. 광복 직후 북한의 신문

### 1) 정보와 사상의 하향전달

광복 후 북한에는 노동당을 정점으로 정보와 사상을 하향적-일방적으로 전달하는 언론구조가 구축되었다. 남한에서는 사회·경제적인 여건에 비해 과다한 신문이 난립되어 있었으나 북한은 사정이 전혀 달랐다. 공산주의 정권은 일찍부터 전국의 신문을 일사불란한 조직체계로 정비하기 시작했다. 노동당 기관지 로동신문과 북한정부 기관지 민주조선이 최정상에 위치하고, 하부 구조의 신문으로 각 지방 도 단위 신문과 청년단, 직업동맹 등의 기관지가 발행되었다.

로동신문은 원래 정로正路라는 제호의 북조선노동당 중앙위원회 기관지로 1945년 11월 1일에 창간되었다. 창간 당시에는 소형 2면의 주간신문으로 1회 1,000부 정도씩 발간되었는데 이듬해 1월 26일부터 일간으로 발전하였고, 3월 14일부터는 타블로이드 4면이 되었다가 5월 28일에는 대판 2면으로 지면을 확장하였다.[1]

1946년 8월 북조선공산당과 신민당이 합당하면서 정로와 신민당 기관지 전위前衛를 통합하여 9월 1일부터 새롭게 출발하면서 제호를 로동신문으로 바꾸었다. 북한에서는 정로의 창간일인 11월 1일을 출판절出版節로 정하고 매년 기념행사를 치르고 있다. 로동신문은 '대중적 정치신문'으로 발행부수도 10만 부 이상으로 증가하였으며, 11월 5일부터는 대판 4면으로 체재를 일신하였다.[2]

각 도에서도 지방 당 기관지가 발행되었으나 로동신문이 창간된 후에는 모두 '도 로동신문'으로 이름이 바뀌었다. 지방에서 발행되던 바른말(평안북도 당 기관지), 정의(함경남도 당 기관지), 햇불(함경북도 당 기관지), 선봉(원산시 당 기관지) 등은 모두 로동신문이 되었다.[3] 북한 전역의 노동당 기관지가 로동신문이라는 제호 아래 통일된 것이다.

정부 기관지(북조선 임시인민위원회 기관지) 민주조선은 1946년 6월 4일에 창간되었다. 평안남도 인민위원회의 평양민보(1945.10.15)를 발전시

---

1   리용필, 『조선신문100년사』, 김일성종합대학 출판사, 1985(나남출판에서 1993년에 재출판, 209쪽). 북한의 공식 역사는 이 신문이 12월 17일부터 일간으로 바뀌어 5만 부를 발행한 것으로 기록하고 있다. 사회과학원 력사연구소, 『조선전사』 24, 현대편 과학, 백과사전출판사, 1981, 463쪽.
2   리용필, 위의 책, 209쪽.
3   사회과학원 력사연구소, 앞의 책, 24쪽.

켜 민주조선으로 제호를 바꾼 것이다. 민주조선도 지방행정기관이 발행하는 기관지의 정상에 자리 잡았다. 도 단위 기관지들은 모두 '시, 도 인민보'가 되었다. 지방에서 발행되던 새길신문(함북), 함남인민일보, 평북신보, 자유황해(황해도), 원산인민보 등은 모두 '인민보'로 이름이 바뀌었다. 민주조선의 역할이 높아짐에 따라 지방 행정단위의 기관지로 발행되던 신문에 대한 통일적인 지도를 강화하고 지방 행정기관의 신문과 중앙신문이 보다 밀접한 관계를 갖도록 한 조치였다.[4]

그밖에 조선민주당 기관지 조선민주보를 비롯하여 주간신문으로 로동자신문(직업총동맹), 농민신문(농민총동맹), 민주청년(민주청년총동맹)이 있었고,[5] 노동당의 이론잡지 『근로자』는 1946년 10월에 창간되었다. 이들 신문은 "항일혁명 출판물의 전통을 이어받아 그 토대 위에서 출발"하였다고 표방하며, 남에서 발간되는 우익신문들을 해방 전의 부르주아적 신문의 전철을 그대로 따른 것으로 규정했다.[6]

당과 행정기관이 신문을 직접 관장하면서 명칭을 통일하고 전국을 유기적으로 연결하는 체제로 만든 것이다. 이 시기에 창간된 북한의 당보 黨報들은 이른바 "당적 신문발전의 기초"를 축성하기 시작하였다. 이처럼 북한의 언론은 남한과는 완전히 상반되는 이데올로기 아래서 당의 노선을 선전하는 역할을 맡게 되었다. 남한에서는 정부 수립 이전은 물론이고 이후에도 좌익지가 발행되면서 정부와 남한의 체제를 비판하는 논조의 신문이 존재했던 사실과는 확연히 다른 언론환경이었다.

---

4   위의 책, 464쪽; 리용필, 앞의 책, 215쪽.
5   김정도, 「북조선 신문사정」, 『민성(民聲)』, 1947.1·2(합병호), 21쪽; 사회과학원 력사연구소, 앞의 책, 465쪽.
6   리용필, 앞의 책, 203쪽.

북한의 언론은 당의 노선을 추진하는 '선전자, 선동자, 조직자'이며 정책을 수행하는 도구이다. 정부와 권력을 비판하는 언론 자유를 추구하는 남한의 언론과는 근본적으론 다른 이데올로기 아래서 언론이 존재한다. 1946년 10월 25일 북조선로동당 중앙위원회 기관지로 창간된『근로자』는 북한 언론의 전형적인 논조를 보여주는 거친 문장이었다. "김구, 이승만 등 반동파들은 (…중략…) 조선인민의 총의와 이익을 말살하고 민주주의자 농민 지식분자 기타 애국자들을 갖은 음모와 책동으로써 폭압하고 검거, 고문, 부당재판, 투옥, 학살 등으로 야만적 흉행을 속행하고 있다. 그리하여 이 강도들은 (…후략…)"이라는 표현을 쓰고 있다.(『근로자』창간호, 6쪽) 북한의 공식 역사에 기록된 신문의 임무는 다음과 같다.

당의 로선과 정책의 집행자인 인민정권의 시책을 널리 선전하고 인민대중을 그 관철에로 조직동원하며 정권기관을 공고히 하고 그의 경제조직자적, 문화교양자적 기능과 역할을 높이는 데 적극 이바지하였다.[7]

조선인민보의 사장을 잠시 맡았던 김정도는 월북 후 1947년 1월「북조선 신문사정」이라는 글에서 "우리 북조선의 언론출판의 자유는 곧 우리 북조선의 발전을 위한 자유이며 새 조선의 민주주의적 발전을 위한 자유인 것이다. (…중략…) 북조선의 언론기관은 진실한 인민의 조직자이며 교육자인 것이다"라고 규정했다.[8] 이는 김정도 개인의 주장이 아니라 공산당의 신문이론을 그대로 옮긴 것이므로 새로울 것은 없다. 그

---

7    사회과학원 력사연구소, 앞의 책, 464쪽.
8    김정도, 앞의 글, 21쪽.

는 북한에는 기관지 이외의 신문은 존재하지 않는다고 말했다. 전 인민을 위한 진정한 신문은 기관지 이외에는 있을 수 없다는 주장이었다.

## 2) 초기 북한 신문의 주역들

로동신문은 책임주필이 최고책임자로 그 밑에 3~5명의 부수필 아래 편집국과 당역사교양부·당생활부·혁명교양부·공업부·농업부·과학문화부·남조선부·국제부·사진보도부·대중사업부·편집부·교정부 등 12개 부로 구성되었다. 책임주필은 신문발행 책임자 겸 편집위원회 위원장이고, 지위는 중앙당 부장급에 해당된다.

초기 로동신문의 편집국장은 짧은 기간 박팔양朴八陽(1905.8.2~1988.10.4)이 맡았다.[9] 그는 1924년에 동아일보 기자로 출발하여 조선중앙일보 사회부장, 만주에서 발행된 만선일보 편집부장과 문화부장을 지냈던 언론인이면서 시인이다. 북한의 『조선대백과사전』은 박팔양에 관해서 다음과 같이 기술하고 있다.

박팔양은 광복 후 평안북도 당위원회 기관지 『바른말』 편집국장을 맡았다가 "김일성의 크나큰 신임으로" 로동당 기관지 정로의 편집국장, 로동신문 부주필을 거쳐 김일성종합대학 어문학부 강좌장 등으로 일했다. 전쟁기간에는 종군작가로 활동하다가 대학으로 돌아가 교육사업을 계속하였고, 조선작가동맹 부위원장에 선임(1955.4)되었으며 노년에는 김정일의 신임과 배려 속에 현역작가로 일했다는 것이다. 1960년대

---

**9**   김정도, 앞의 글, 21쪽.

이후에 김일성에게 바치는 「헌시」(1981)와 당에 대한 열렬한 흠모와 충성의 감정을 노래한 헌시, 송시들을 내놓았다 한다. 『박팔양 선집』(1956)과 『박팔양 시선집』(1959)에 김일성에 충성하는 시를 썼고, 죽은 후에는 김정일이 베푼 "크나큰 은정"으로 또 다른 『박팔양 시선집』(문학예술종합출판사, 1992)을 출간했다.

1946년 10월의 판권에 나타나는 로동신문의 책임주필은 태성수太成洙였다. 북한에서 출판된 태성수의 저서는 다음과 같다.

> 『당의 정치노선 급 당사업 총결과 결정』(당문헌집 1), 1946.
>
> 『민주출판물의 발전을 위하여』, 로동신문사, 1947.
>
> 『교양론』(상), 로동신문사, 1947.

전쟁 전에 로동신문 책임주필이었던 태성수는 1956년 무렵부터 두 번째로 책임주필을 맡았다. 1948년 3월부터는 소련 출신 기석복奇石福이 책임주필이었다. 그는 1946년 8월 북조선로동당 중앙위원회 상무위원이었는데 로동신문 책임주필을 거쳐 1953년 7월에는 문화선전부상이 되었다. 그러나 박헌영이 1955년 12월 사형선고를 받은 직후였던 1956년 1월에 해임되었고, 작가동맹 중앙위원회와 평론문화위원회에서 제명되어 숙청된 것으로 보인다.

기석복은 1950년 말에 책임주필에서 물러났고, 북한군이 압록강까지 후퇴했다가 전세를 회복하고 있던 무렵인 1951년 1월부터는 박창옥朴昌玉이 잠시 '책임주필 대리'였다. 그는 북한체제 건설 초기에 소련계 제2인자로 1947년 초 노동당 중앙위원회 기관지 『근로자』의 주필이었던 인물이다. 1951년 3월부터는 이문일李文一이 책임주필이었다. 이문일은 1956년 4월 로동당 중앙위원회 후보위원이 되었다.

로동신문의 공식적인 책임주필은 초대 태성수太成洙에 이어 기석복奇石福, 박창옥朴昌玉, 이문일李文一, 현필훈玄弼勳, 허석선, 정준기鄭濬基, 이용익李用益, 김기남金基南, 이성복李成福, 주창준朱昌俊, 현준극玄峻極, 김철명金哲明으로 이어졌다.

민주조선은 비평가 안함광安含光이 잠시 임시주필을 맡았으나 초대 책임주필에 소설가 한설야韓雪野가 취임하였다가 9월에 북조선노동당 중앙본부 문화부장으로 자리를 옮기자 한효韓曉가 임시주필을 이어 받았다. 한효는 편집국장이었는데 한설야의 후임으로 임시주필이 되면서 김정도金正道가 국장이 되었다. 김정도는 광복 직후 서울에서 창간된 조선인민보의 사장을 잠시 맡았던 사람이다. 임시주필 한효가 조소朝蘇 문화협회 서기장으로 전출한 뒤에는 한재덕韓載德이 책임주필이었다.[10] 한효는 6·25전쟁이 일어나던 때에는 투사신문의 책임주필이 되어 있었다. 투사신문은 6월 25일 자 지령이 150호인 것으로 보아 이 해 초에 창간되었을 것이다. 1954년에는 장하일이 민주조선 책임주필에 임명되었다.

1954년 12월에는 로동신문과 민주조선의 책임주필 개인 명의로 발행되던 신문을 집체적 협의기관인 '편집위원회' 명의로 발행하기로 되었다.[11]

---

10  김정도, 앞의 글.
11  로동당 정치위원회 제25차 회의 결정서, 「로동신문·민주조선 편집위원회의 조직 운영 및 중앙방송위원회 조직에 관하여」(1954.12.4), 『북한관계사료집』 30 국사편찬위원회, 1998, 565~568쪽.

## 3) 평화공세에 동원된 작가, 문화인들

김일성은 남침 준비를 완료한 시점에서 평화공세를 펴면서 대남 선전을 강화하는 술책을 썼다. 남침 준비 단계부터 신문을 전쟁 수행의 도구로 활용하였다. 6월 7일 '조국통일민주주의전선 중앙위원회'는 남한을 상대로 평화적 조국통일을 추진하자고 제의했다. 전쟁 준비를 끝낸 상태에서 위장 평화공세를 편 것이다. 북한에 억류 중이던 조만식과 남한에서 체포된 남로당 간부 김삼룡·이주하를 교환하자고 제안하여 남한의 경계심을 풀어놓으려는 전술도 병행했다. 북한 내부적으로는 8·15 해방 5주년을 기념한다는 명분으로 '증산투쟁'을 독려하여 전쟁 물자를 비축하고 생산성을 높이고 있었다.

'조국통일민주주의전선의 평화적 조국통일방책 추진제의'라는 구호를 내걸고 저명한 문화인을 동원하여 집중적인 평화공세의 선전을 최대한으로 펼쳤다. 6월부터 로동신문과 민주조선에 게재된 문화인들의 글은 별표와 같다.

1950년 6월 전쟁이 일어나기 직전부터 1952년 1월까지 평양의 로동신문, 민주조선, 서울의 해방일보, 조선인민보를 조사해보면 이태준 16회, 한설야와 이기영이 각 8회로 세 사람이 가장 여러 차례 글을 실었다.

민병균은 「진격의 대오에서, 전선종군기」를 6회 연재(1950.8.26~8.31)했다. 조사할 수 있는 신문 자료가 충분하지 못하기 때문에 정확한 조사가 되지 못한 점을 감안하여 표를 읽어야 할 것이다. 한설야, 이기영, 이태준, 김사량, 김남천은 남북한에서 널리 알려진 소설가들이다. 한설야는 초기 북한 문단을 주도하면서 인민위원회 교육국장, 북로당 중앙

**1950년 6월 한 달 로동신문 - 민주조선에 실린 문인들의 평화공세 글들**

| 이름 | 신문명 | 날짜 | 제 목 |
|------|--------|------|-------|
| | | | 6 · 25전쟁 직전 6월 |
| 한설야 | 로동신문 | 6.5 | 우리의 손에는 평화통일의 정당한 방법이 쥐여져 있다. 그 실천을 위한 길로 힘차게 매진하자! |
| 리극로 | 로동신문 | 6.5 | 민족적 량심있는 인사들이라면 모두다 평화적 조국통일의 편에 가담하여 일어서라! |
| 리기영 | 로동 · 민주 | 6.6 | 평화적 조국통일을 촉진시키는 한길로 다같이 나가자! |
| 김남천 | 로동 · 민주 | 6.6 | 평화적 조국통일 실현을 위한 투쟁력량을 일층 확대강화하자 |
| 리태준 | 로동 · 민주 | 6.7 | 민족적 량심 있는 인사들은 모두 다 평화적 조국통일을 위하여 나서라! |
| 허헌 | 로동신문 | 6.11 | 조국통일민주주의전선은 평화적 통일을 위하여 투쟁한다 |
| 김사량 | 로동신문 | 6.11 | 평화적 조국통일에 나의 모든 힘을 다하겠다 |
| 리극로 | 로동 · 민주 | 6.14 | 6월 19일에 소집되는 남조선 '국회'에서 조국전선의 평화적 통일 추진제의가 상정 채택되여야 한다 |
| 홍명희 | 민주조선 | 6.14 | 인민의 힘은 크다 평화적 조국통일을 실현시키고야 말 것이다 |
| 김남천 | 민주조선 | 6.14 | 평화사절과 신문기자의 불법체포는 문명인에겐 있을 수 없다 |
| 리기영 | 로동 · 민주 | 6.18 | 남조선 '국회'의 소위 무소속 중간파 의원은 평화적 조국통일을 지지하여 투쟁하라! |
| 한설야 | 로동 · 민주 | 6.19 | 남조선 '국회' 내에서도 량심 있는 자라면 애국적 행동을 인민 앞에 표시하여야만 한다 |
| 리태준 | 로동신문 | 6.21 | 평화적 조국통일을 방해하는 민족반역자들의 죄상, 미제를 구세주로 모시고 반인민 반민족의 죄악을 쌓은 친일역도 김성수 |
| 오기영 | 민주조선 | 6.22 | 매국노들의 죄악상, 인민의 피에 젖인 인간 백정 신성모 |

* '로동 · 민주'로 표시된 글은 로동신문과 민주조선에 동시에 실린 경우임.
* 전쟁 직후부터 발표된 문인들의 글은 111~113쪽 표 〈6 · 25전쟁 기간 북한 문인들의 전쟁 동원〉 참고.

위원회 위원 및 문화부장을 맡아 북한정권에 참여하고 있었다. 전쟁 중에는 조국통일민주주의전선 상임위원, 조선문학예술총동맹 중앙위원장(1951.3, 1955.1 재선), 조선평화옹호전국민족위원회 위원장(1953.4, 1958.5 재선)을 맡는 등 1950년대에는 북한 정권의 문화 관련 요직을 맡아 김일성의 오른팔 노릇을 하면서 박헌영 일파 제거에 앞장섰다. 한설야와 박헌영은 경성제일고보 재학 때의 절친한 친구였고, 두 사람이 같은 시기는 아니었지만 조선일보 기자를 지낸 경력도 있었다. 한설야도 1963년에는 숙청되어 노동교화소로 가는 신세가 되었다.[12]

이극로는 조선어학회 회장을 지낸 한글학자로 1948년 9월 제1차 내각의 무임소상無任所相에 임명되었던 인물이다. 허헌은 1921년 9월부터 동아일보 감사역과 취체역을 거쳐 1924년 4월부터 5월까지 짧은 기간 사장 직무대리를 맡았던 적이 있었다. 광복 후 건국준비위원회 부위원장(1945년), 남조선노동당 초대 위원장(1946년)으로 활약했고, 남로당이 지령한 조선정판사 위조지폐사건 공판 때에는 피고들을 위한 특별변호를 한 적도 있었다.[13] 1948년에 월북하여 최고인민회의 제1기 대의원에 선출되었고 이어 최고인민회의장에 올랐으며 김일성종합대학 총장직도 맡았으나 1951년 8월에 사망했다.

남침이 임박한 때에 문화인들을 평화공세의 선전에 동원한 것은 전쟁을 준비하는 낌새를 드러내지 않는 동시에 장차 전쟁의 책임을 남한에 전가하려는 의도도 있었다. 이처럼 북한은 평화를 갈망했음에도 불구하고 남한이 먼저 침략했다는 인상을 심어 주려는 것이었다.

전쟁 직전에 북한정권에서 문인들이 차지했던 서열은 홍남표洪南杓의 장례위원 명단을 참고로 할 수 있다. 홍남표는 일제 치하 시대일보 지방부장을 지냈던 공산주의자로 광복 후에는 극좌논조를 폈던 남로당 기관지 노력인민(1947.6.19 창간)의 발행인을 맡았던 사람이다. 1946년 11월 남로당 중앙위원에 피선되었다가 월북하여 1948년 8월 남조선인민

---

12  조선일보 사료연구실, 앞의 책, 481~486쪽.
13  「위폐공판 특별변호 허헌씨만 허가」, 『동아일보』, 1946.8.28.

대표자회의 대의원에 선출되었다. 6월 5일 자 로동신문에 실린 장의위원 26명의 서열은 다음과 같다.

김일성, 김두봉, 허헌, 박헌영, 김책, 홍명희, 최용건, 김달현, 허가이,
박일우, 리승엽, 홍기주, 리영, 류영준, 허성택, 김원봉, 박정애, 강진건,
최경덕, 김창준, 강량욱, 리구훈, 리기석, 리기영, 한설야, 김남천

명단 가운데 언론인 또는 문인이었던 인물은 허헌, 박헌영, 홍명희, 이기영, 한설야, 김남천 등이다.

## 2. 전쟁 직후의 신문과 언론인들

### 1) 서울 함락 직전까지 발행된 서울의 신문

북한은 6·25 남침전쟁을 일으킨 후 3일 만에 서울을 함락시켰다. 서울에서 발행되던 주요 신문은 북한군이 서울 점령 전날인 6월 27일까지 급박한 전황을 보도하고 호외로도 알렸지만, 28일부터는 모든 신문의 발행이 중단되었다. 예상치 못했던 전쟁이 일어난 직후부터 적이 서울에 접근했던 27일까지 신문이 발행된 것이다. 당시에는 석간신문을 다음 날짜로 발행하는 관행이었기 때문에 마지막 날 신문인 6월 28일 자는 27일 오후에 발행된 지면이다. 마지막 날인 28일 자 신문은 27일에 발행된 조선일보가 유일하게 보존되어 있다. 다른 신문도 27일까지 발행되

북한군의 서울 점령 하루 전의 오보. 국군이 해주를 점령하였으며 총 반격으로 승리를 거두고 있다는 국방부의 발표를 믿었던 국민들이 사태를 잘못 판단하여 많은 희생을 불러왔다. 동아일보, 1950.6.27.

었지만 지면이 남아 있지 않다. 당시 발행되던 4대 신문이 전쟁 후 발행을 중단하였다가 속간되는 시기의 지면을 표로 만들면 다음과 같다.

**경향신문, 동아일보, 서울신문, 조선일보 전쟁 후 발행 상황**

| | 보존지면 | 지령 | 결 호(지령) | 속간과 결호 | 보존지면(지령) |
|---|---|---|---|---|---|
| 경향신문 | 6월 25일 | 1201호 | 26~28일(1202~1204) 없음 | 10월 1일(3호 결) | 10월 4일(1208) |
| 동아일보 | 6월 27일 | 8308호 | 28일 지면(8309) 없음 | 10월 4일 | 10월 4일(8310) |
| 서울신문 | 6월 27일 | 15715호 | 28일 지면(15716) 없음 | 10월 1일 | 10월 1일(15177) |
| 조선일보 | 6월 28일 | 8375호 | 28일까지 지면 있음 | 10월 20일(3호 결) | 10월 23일(8379) |

네 신문 가운데 동아일보와 서울신문은 마지막 날인 28일 자가 보존되지 않았고, 경향신문은 26일부터 28일까지 3일치 지면이 없다. 서울이 함락되자 언론인들은 황급히 지하에 숨거나 피난길을 떠났다. 당시 상황을 각 신문의 『사사社史』와 남아있는 지면을 토대로 다시 구성해 본다.

경향신문은 6월 25일 편집국 차장 이시호李始鎬가 일본 마이니치신문每日新聞의 전화를 단서로 긴급히 군과 요로에 확인한 후 우선 소공동에 있던 신문사 앞과 명동 입구에 속보를 써 붙였다. 오전 9시 30분이었고, 북한의 남침을 알리는 신문사 최초의 속보였다고 경향신문 사사는 기록하고 있다. 이날 이혜복李蕙馥을 동두천으로 특파했고, 호외도 발행했다.[14] 현재 남은 지면은 6월 25일 자(지령 1201호)가 마지막인데 28일 자 지령은 1,204호였을 것이다.

동아일보는 27일 오후 4시경에 외근기자들이 모여 이미 텅 빈 공장으

---

14 『경향신문 사십년사』, 경향신문사, 1986, 101~104쪽.

로 내려가 호외를 준비했다. 마침 정인영鄭仁永 기자가 일본 유학시절에 문선으로 아르바이트한 경험이 있어 간신히 문선을 끝냈으나 조판할 공무국 직원이 없었다. 할 수 없이 공무국장 이언진李彦鎭이 손수 판을 짜서 300장가량의 호외를 수동기로 찍어냈다. 「적, 서울 근교에 접근, 우리 국군 고전 혈투 중」이라는 호외를 마지막으로 발행하고 무교동에 있는 '실비옥'에서 이별의 술잔을 나누었다.[15] 남은 지면은 6월 27일 자 (지령 8,308호)가 마지막이다. 28일 자는 남아 있는 지면이 없는 데 지령은 8,309호였을 것이다. 동아일보는 많은 사원이 납북되었다.

서울신문은 26일 2시까지 본지 발행을 비롯하여 무려 6차례나 호외를 발행했다. 27일 자 지면은 호외 내용을 재수록한 것이다. 27일 오후 4시까지 다시 5차례의 호외를 더해서 모두 11차례까지 찍어냈다. 간부들은 27일 밤 9시까지 버티다가 막 신문사를 나서려는데 정훈국장 이선근李瑄根이 헐레벌떡 달려와서 "28일 미명을 기해 유엔군 비행기가 전투에 참가하게 되었다"는 호외 10만장을 인쇄해 달라고 요청해서 3시간이나 걸려서 12번째 호외를 찍었다.[16] 이때가 밤 11시 반이었다. 그리고 신문사를 떠났던 사장 박종화朴鍾和와 주필 오종식吳宗植은 적 치하 3개월을 간신히 살아남았다. 사장 비서 이승로李昇魯는 적탄을 맞아 순직했다. 그런데 28일 아침에(또는 29일 아침이라는 설도 있다) 인민군을 환영한다는 서울신문 호외가 발행되었다. 좌익 언론인들이 재빨리 호외를 발행한 것이다.[17] 서울에 침입한 북한군은 가장 완벽한 인쇄시설을 갖추었던 서울신문을

15  『동아일보 사사』 2, 동아일보사, 1978, 110~112쪽.
16  『서울신문 사십년사』, 서울신문사, 1985, 226~229쪽; 『서울신문 50년사』, 1995, 204~211쪽.
17  『서울신문 사십년사』, 서울신문사, 1985, 221쪽; 『서울신문 50년사』, 1995, 212쪽, 당시 사원 김영상의 증언.

접수하여 7월 2일부터 조선인민보를 발행하기 시작한다.

조선일보는 6월 27일에 발행한 마지막(지령 8,375호) 지면까지 보존되어 있다. 그러나 피난을 떠나지 않았던 사장 방응모가 납북되어 신문사 가운데 가장 심각한 타격을 입었다. 언론인의 납북에 관해서는 다음에 살펴보겠다.

## 2) 방송국과 통신사 북한군이 장악

북한군은 서울에 진주한 후 방송국을 제일 먼저 장악했다. 국방부 정훈국 보도과장 김현수金賢洙(대령)는 6월 27일 밤 12시 방송국 주요 시설을 영등포 전신국에 옮겨놓은 후 28일 새벽 2시 30분에 지프차를 몰고 정동에 있던 방송국으로 다시 돌아갔다. 북한군이 서울 시내에 진주하였던 때였다. 탱크부대가 방송국을 점령했던 시간인 오전 5시 경 방송국으로 들어가자 아나운서 윤영로尹英魯와 직원 김주선金柱善을 억류하고 있던 북한군이 누구냐, 하자 보도과장이라고 말하면서 북한군을 향해서 권총을 쏘았으나 북한군이 쏜 다발총에 맞아 그 자리에서 전사했다. 그 직후에 방송국 직원 이중근李重根이 현관 문 앞에 떨어져 있는 김 중령의 권총을 줍는 순간에 북한군이 그를 쏘아 숨지게 했다.[18]

이중근은 7월 5일 피살로 알려지기도 했으나, 국방부 정훈국이 11월 9일 발표한 자료를 보도한 당시 신문 기사에 의하면 김현수 대령이 피살된 직후인 6월 28일이 확실하다. 같은 때에 국방부 군속 이승현李升鉉

---

18 『경향신문』·『동아일보』·『조선일보』, 1950.11.10. 거의 동일한 내용이었는데 『동아일보』는 11일까지 2회 상세히 보도했다.

(23)도 방송국 문 앞에서 피살되었다. 그는 방송국 경비임무를 수행 중이었을 것이다.

북한군은 김현수의 시체를 발로 차서 방송국에서 17~18미터 아래 덕수초등학교 운동장에 떨어뜨렸다. 약 1주일이 지난 뒤인 7월 3일까지 시체는 그대로 방치되었는데 이날 덕수초등학교 교장 전경준이 교비로 시체를 처리했다. 이 때 소식을 듣고 이중근의 부인과 아들이 달려와서 시체를 싣고 화장터로 가는 차를 따라가서 남편의 유골을 받아 가지고 돌아갔다(김현수 대령의 피살은 당시 신문이 국방부 발표를 기사화하였다). 방송국은 완전히 북한군의 손에 들어갔고, 남하하지 못한 방송인들은 북한군에 협조하거나 납북되는 비운에 처했다. 기술과장서리 민병설閔丙卨이 그런 경우였다. 그는 8월 25일 오전 8시경 연희방송소 사택에 정체불명의 청년 2명이 와서 동행한 후 소식이 끊어졌다. 그 후 서울중앙방송국에 근무하는 어떤 사람이 평양방송국 출근부에 민병설의 이름이 기재되어 있었고, 날인한 것을 보았다고 가족들에게 알려주었다. 기술요원으로 납북하여 평양방송국에서 활용한 것이다.[19]

북한은 서울 점령 4일 후인 7월 2일부터 두 개의 일간지 해방일보와 조선인민보를 발행하기 시작했다. 광복 직후에 발행하던 두 신문의 제호를 살린 것인데 이전에 발행된 지령은 무시하고 새로 창간하는 형식을 취했다. 신문을 이렇게 빨리 낼 수 있었던 것은 북한이 서울 점령 후의 남한 통치를 위해 치밀한 대비를 하고 있었다는 확실한 증거였다. 점령 지구의 토지개혁을 일사천리로 진행했던 것도 사전 준비 없이는 불가능했을 것이다.

---

19   정진석, 『6·25전쟁 납북』, 기파랑, 2006, 25쪽.

평양에서 발행되던 로동신문과 민주조선도 남침에 대비한 사전준비가 완벽했다. 두 신문은 6월 27일 자 1면에 똑 같은 기사를 실었다. 「전체 조선인민들에게 호소한 조선민주주의인민공화국 내각수상 김일성 장군의 방송연설」이라는 제목이었다. 1면 전체를 김일성의 연설문으로 완전히 채우고 중앙에 김일성의 사진을 크게 배치한 편집이었다. 서울의 조선인민보와 해방일보도 첫 호에 같은 기사를 실었다. 조선작가동맹 기관지『문학예술』(1950.7, 6~14쪽)에도 연설 전문을 그대로 실었다.[20]

평양과 서울의 네 개 신문과 작가동맹의 기관지가 제목과 내용을 한 자도 다르지 않게 만들었는데 북한에서 발행된 모든 신문과 잡지가 마찬가지였을 것이다. "매국역적 리승만 괴뢰정부의 군대는 6월 25일에 38선 전역을 걸쳐 38 이북지역에 대한 전면적 진공을 개시하였다"고 주장하면서 "역도들이 일으킨 동족상잔의 내전을 반대하여 우리가 진행하는 전쟁은 조국의 통일과 독립과 자유와 민주를 위한 정의의 전쟁"이라는 선전이었다. 김일성은 "도처에서 반역자들을 처단"하라고 선동하면서 남한의 문화인과 인텔리들에게는 대중적 정치 선전대열에 적극 참가하여 대중적 폭동조직의 선동자적 역할을 다하라고 요구했다.

### 3) 친북 언론 단체등록

전쟁 전에 월북했거나 전쟁 후 북한에 동조하였던 언론인들은 누구였을까. 서울 점령 직후 서울시인민위원회는 '고시告示 제3호'를 공포하여 정당 사회단체의 등록을 지시했다. 등록대상은 정당과 사회단체에 국한

---

20  『문학예술』은 1953년 10월에 제호를『조선문학』으로 바꾸어 창간했다.

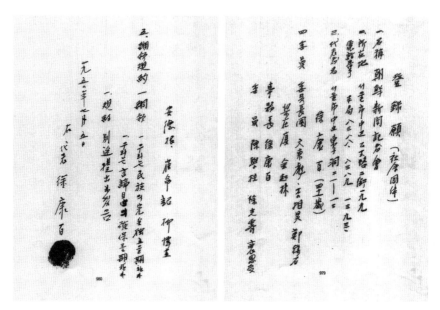

**조선신문기자회 등록서류.** 북한군 점령 직후 급조된 언론단체였다. 대표 서강백은 서울 수복 후 북한군을 따라가던 중 사망했다. 1950년 7월 5일 등록.

되지 않고 학술, 문화, 체육, 종교, 기술 등 모든 분야가 망라되었다.

등록 단체의 기록은 당시의 서류가 남아 있다. 『1950・9 서울시인민위원회 정당・사회단체등록철』(한국안보교육협회, 1990)이라는 제목으로 영인한 자료이다. 여러 분야 등록 단체 가운데 '조선신문기자회'와 '남조선문학가동맹', '조선문화단체총연맹'에는 언론인이 포함되어 있었다. 당시에는 문인이 언론인을 겸한 경우가 많았기 때문이다.

조선신문기자회가 7월 5일 자로 제출한 등록 서류는 해방일보와 조선인민보의 편집국장을 중심으로 급조된 단체였던 것으로 보인다. 아직 제대로 된 조직이 갖추어지지 않은 상태였지만 대표는 서강백, 위원장단은 문동표, 이상호, 정진석, 양재하, 김기림이었다. 위원은 진학주,

서광제, 배은수, 안덕근, 최명소의 이름이 들어 있다. 그러나 이들 가운데는 사태의 급변으로 신변보호를 위해 하는 수 없이 명단에 이름을 올린 사람도 있을 것이다.

**서강백**徐康百 조선신문기자회 대표. 일제 강점기에 『조선중앙일보』 정경부 기자로 출발하여 매일신보 정치부 기자(1939.10)를 거쳐 1942년에는 정치부(창씨명 利川康百) 소속이었고, 1943년 무렵에는 정리부 차장 겸 논설부에 근무하였다. 광복 후 서울신문 편집부장과 편집국차장을 지냈다. 전쟁 후 해방일보 창간 당시에는 정치면 편집 담당이었는데 편집국장 이원조가 주필로 승진하면서 편집국장이 되었다.[21] 9·28 서울 수복 직전에 서울을 떠나 평양에서 며칠 동안 평남 도당 기관지 발행에도 참여하였으나 북으로 쫓겨 가던 중 평안남도 북단에 있는 개천价川에서 국군에 포위당했을 때에 아내와 아들 딸 가족을 모두 잃어버렸고,[22] 자신도 고장古場과 풍장豐場 사이에서 비행기 폭격에 맞아 사망했다.[23]

**이상호**李相昊 전쟁 중 조선인민보 편집국장. 6·25 전에 중앙신문과 남로당 기관지 노력인민의 편집국장을 지내다가 월북하였는데 전쟁이 터진 후에 서울로 내려온 것이다. 대구 출생으로 니혼대학日本大學과 호세이대학法政大學 문과를 졸업했다. 1930년 중외일보 기자로 입사하였고, 중앙일보를 거쳐 조선일보 사회부장을 지냈다. 광복 후 중앙신문(1945.11.1 창간) 편집국장 재직 때인 1946년 9월 6일 중앙신문, 조선인민보, 현대일보가 동시에 발행정지 당할 때에 구속되었다가 13일 일단 석방되었다. 9월 26일 재판에 회부되어 1년 6개월형이 언도되었다가 하지 중장의 특명으

---

21   김가인, 『패주 5천리』, 태양문화사, 1952, 39~40쪽.
22   위의 책, 78쪽.
23   위의 책, 135쪽.

로 집행유예로 석방되었다.[24] 그 후 남로당이 발행한 대중신보 편집인이었다가 이 신문이 노력인민으로 바뀌면서 편집국장을 맡았다. 시인 장영창張泳暢은 조선인민보를 발행하던 서울신문사에서 "좌익의 극렬분자로 알려진" 편집국장 이○○를 만났다고 썼는데[25] 바로 이상호였을 것이다. 1947년에 월북하여 1948년 최고인민회의 대의원에 선출되었고, 1951년 6월에는 로동당 중앙위원회 선전선동부 부장에 임명되었지만 1953년 8월 남로당 계열로 숙청되었다.

**문동표**文東彪 민족사학자로 일제 강점기 조선일보 편집고문이었던 문일평文一平의 장남. 문동표는 일제 때 방응모 장학금을 받아 교토제대 법학과를 나왔다. 그의 아버지 문일평은 문동표가 일본 유학 중이었다가 조선일보에 입사했던 시기인 1934년부터 1939년까지 조선일보 편집고문으로 재직하고 있었다.[26] 문동표는 1936년 조선일보에 입사하여 서무부, 출판부, 정치부, 편집부 등에 근무했으며 폐간 당시에는 조사부장이었다. 폐간 후『조광』에도 근무했다. 광복 후 1947년 3월에 창간된『대중신보大衆新報』편집국장이었다가 두 달 뒤 조선일보 편집국장으로 자리를 옮겼다. 조선일보 편집국장을 맡은 후 좌익을 지지하는 단체였던 조선신문기자회 위원으로 활동했다.[27]

1947년 5월부터 이듬해 말까지 조선일보 편집국장으로 근무하다가 1948년 12월 하순 갑자기 자취를 감췄다. 그의 월북 사실이 드러난 것은

---

24　『자유신문』, 1946.10.4;『조선일보』, 1946.10.2・4;『서울신문』1946.10.5;『동아일보』, 1946.10.5.

25　장영창,『서울은 불탄다』, 동지사, 1978, 65~66쪽.

26　이한수,『문일평 1934년』, 살림, 2008 참고.

27　조선일보 사료연구실, 앞의 책, 230~234쪽.

한참 후였다. 방응모 장학금을 받은 학생들이 모여 만든 단체 이심회以心會의 회보는 그에 대해 "온순한 가운데 예직한 이론과 성벽이 있는 것은 틀림없다"고 평가했다.

**정진석**鄭鎭石 일본 주오대학中央大學 출신으로 광복 직후 1945년 10월 5일 창간된 자유신문 발행 겸 편집인이었다. 예술통신을 계승한 문화일보의 편집고문으로 참여하면서 연희대학 강사로 조선신문학원의 강의를 맡기도 했다. 6·25 이전에 월북하여 송도정치경제대학장을 지냈고 1956년 10월 문화교류계획에 따라 조선교육시찰단 단장으로 중국을 방문한 일도 있다.

**양재하**梁在廈 1930년 조선일보 기자로 출발하여 1933년 10월 동아일보로 옮긴 뒤 1940년 8월 폐간 때까지 경제부와 사회부에서 근무했다. 광복 후 10월 5일 신조선보新朝鮮報를 창간하여 주간을 맡았다가 1946년 2월 한성일보의 편집인 겸 발행인으로 편집국장에 취임했다. 그는 외근 기자, 논설 기자, 편집 기자 등 어느 분야나 능통했던 재사형이었다. 광복 후 많은 잡지가 원고를 청탁할 정도로 그의 글은 인기가 있었다. 한국마사회 부회장을 역임했는데 1950년 5월 경북 문경에서 제2대 국회의원에 당선되었으나 9월 16일 납북되었다. 당시 그는 제2대 국회의원이었기 때문에 그의 이름이 조선신문기자회에 올라 있는 것은 납북 전에 신변보장을 위한 방편이었을 가능성도 있다. 납북 후 1956년에는 재북평화통일촉진협의회 집행위원이었다.

**김기림**金起林 1930년 4월 조선일보 공채 기자로 입사하여 사회부를 거쳐 1940년 학예부장을 맡았다. 기자 생활과 시인 활동을 병행하면서 주지주의主知主義 문학론을 도입하여 문단에 새로운 시와 시론을 가지고 모더니즘 운동의 기치를 올렸다. 1946년 3월 25일 현대일보가 창간될 때에 편집국장을 맡았다가, 공립통신 편집국장이 되었다. 1950년 7월 21일 을지로 4가 도로상에서 인민군 정치보위부원 2명에게 연행되어 정치보위부와 서대문형무소에 수감되었다가 납북 후 생사를 알 수 없게 되었다.

**진학주**陳學柱 일제 강점기에 동맹통신 기자로 출발하여 광복 후 해방통신을 거쳐 공립통신 편집국 차장이 되었다. 본격적인 성악가 못지않은 테너의 명수였다. 〈볼가강의 뱃노래〉, 〈오 솔레미오〉 같은 가곡과 〈천안삼거리〉도 잘 불렀다.(슬포산인, 「현역기자 100인평」)

**서광제**徐光霽 광복 후에 발간된 독립신보 편집국장. 이 신문은 1946년 5월 인민당 당수 여운형과 신민당 서울시위원회 위원장 백남운白南雲을 고문으로 하여 1947년 3월 제주폭동 때에는 격렬한 좌익 논조로 기울었다. 서광제는 원래 영화인이었는데 일약 신문사의 국장이 된 사람이다.(나절로, 「신문인 100인 촌평」)

**배은수**裵恩受 일제시대 매일신보 사회부에 근무했고, 광복 직후 자유신문(1945.10.5 창간) 사회부장이었다. 사장은 정인익鄭寅翼, 발행 겸 편집인·주필은 정진석이었다.

**안덕근**安德根 후쿠오카福岡 일일신문 기자로 근무하다가 광복 후 독립신보 편집국장을 지냈다. 신문문장이 우수한다는 정평이 있었다.(나절로)

**최명소**崔命韶 일제 말기에 형무소에서 복역 중 광복 후에 풀려났다. 조선통신에 근무하다 고려통신 정경부장을 지냈다.(슬포산인)

## 6·25전쟁 기간 북한 문인들의 전쟁 동원

| 이름 | 신문명 | 날짜 | 제목 | 분야 |
|---|---|---|---|---|
| | | | 6 · 25전쟁 이후(1950) | |
| 리태준 | 로동신문 | 6.27 | 인민해방전쟁의 승리를 위하여 전국문화인들은 총궐기하자! | |
| 리태준 | 민주조선 | 7.6 | 미제의 여하한 살육적 침공도 그 주구들의 최후적 멸망을 '구원'하지 못한다 | |
| 홍정린 | 민주조선 | 7.6 | 조선에서 손을 떼여라! | 시 |
| 한설야 | 로동 · 민주 | 7.7 | 전세계 진보적 인민들은 우리 조국에 대한 미제의 야수적 침공을 반대 궐기하고 있다 | |
| 리기영 | 로동신문 | 7.8 | 트루맨은 조선인민의 도살자이다 | |
| 림화 | 해방일보 | 7.8 | 전선에로! 전선에로! 인민의용군은 나아간다 | 시 |
| 홍명희 | 민주조선 | 7.8 | 공화국 남반부 지역에 토지개혁을 실시함에 제하여 | |
| 리태준 | 로동신문 | 7.10 | 인민군대와 함께 정의의 전쟁에서 ―옹진 해방지구에서 | |
| 백남운 | 민주조선 | 7.10 | 트루맨은 피묻은 발톱으로써 조선인민을 도살하고 있다 | |
| 리태준 | 로동신문 | 7.11 | 미국식 자비심과 리승만식 애족사상 ―옹진 해방지구에서 | |
| 한설야 | 로동신문 | 7.14 | 히틀러 후계자 미제 강도들은 우리 농촌과 도시들을 무차별적으로 폭격하고 있다 | |
| 리기영 | 로동신문 | 7.20 | 피는 피로써 갚자! | |
| 리용악 | 해방일보 | 7.20 | 원쑤의 가슴팍에 땅크를 굴리자 | 시 |
| 리태준 | 해방일보 | 7.21 | 해방 서울에서 | |
| 한설야 | 로동신문 | 7.24 | 트루그베 · 리―는 우리 조국에 대한 미제의 무장침범의 공모자이다 | |
| 림화 | 해방일보 | 7.24 | 서울 | 시 |
| 리태준 | 조선인민보 | 7.24 | 증오하자! 구축하자! 원쑤를 미워할 줄 알아야 나라를 사랑할 줄 안다 | |
| 김사량 | 로동신문 | 7.25 | 종군일기, 서울서 수원으로 | |
| 리태준 | 로동신문 | 7.27 | 서울에서 | |
| 오장환 | 민주조선 | 7.27 | 영웅의 시대―영웅 중에서도 영웅이신 김일성장군에게 드리는 노래 | 시 |
| 남궁만 | 조선인민보 | 7.30 | 도하작전―대전전선에서(8.1까지, 상―하, 2회 ) | |
| 박팔양 | 해방일보 | 8.2 | 진격의 밤 | 시 |
| 박팔양 | 조선인민보 | 8.5~10 | 종군기(8.10까지 4회 연재) | |
| 한효 | 로동신문 | 8.2 | 한강전선에서 | |

| 이름 | 신문명 | 날짜 | 제목 | 분야 |
|---|---|---|---|---|
| 남궁만 | 민주조선 | 8.5 | 현지보고 미군 격멸기, 천안 전선에서 | |
| 민병균 | 민주조선 | 8.12 | 우리의 최고사령관이시여 | 시 |
| 김사량 | 로동신문 | 8.18 | 우리는 이렇게 이겼다—대전공략전 금강 라인에서(8.23까지 6회) | |
| 림 화 | 로동신문 | 8.19 | 원쑤와의 싸움에 더욱 용감하라! | 시 |
| 리기영 | 로동신문 | 8.19 | 침략자는 누구냐! | |
| 민병균 | 로동신문 | 8.27 | 진격의 대오에서 전선종군기(8.31까지 6회 연재) | |
| 김사량 | 로동신문 | 9.2・4 | 낙동강반 전호 속에서 (상, 하) | |
| 박웅걸 | 해방일보 | 9.3・4 | 루포루타쥬, 락동강 적전 도하기 | |
| 리태준 | 로동신문 | 9.5 | 전선으로 | |
| 양명문 | 민주조선 | 9.5 | 영웅송가, 김두섭 땅크 중대장에게 | 시 |
| 김남천 | 해방일보 | 9.5・13 | '종군수첩에서'(부제를 달리하여 9.13까지 6회 연재) | |
| 림화 | 로동신문 | 9.6 | 전진이다! 진격이다! | 시 |
| 리태준 | 로동신문 | 9.6・7 | 전선은 대구를 향하여(상, 하) | |
| 박웅걸 | 민주조선 | 9.7 | 잔학한 미 침략군들이 패주하면서 감행한 야수적 만행 | |
| 박웅걸 | 민주조선 | 9.11 | 전선일기, 영동에서 김천까지 | |
| 백남운 | 로동신문 | 9.11 | 조선인민은 전쟁의 승리를 위하여 더욱 힘차게 전진하고 있다 | |
| 한설야 | 조선인민보 | 9.13 | 미공군의 범죄적 행동을 평화옹호자들의 이름으로 규탄한다 | |
| 리태준 | 로동신문 | 9.15 | 전선으로, 김천에서(8월 5일 김천에서) | |
| 리기영 | 조선인민보 | 9.15 | 안보를 악용하여 세계평화와 안전을 위협하는 미군의 범죄적 행위를 용납할 수 없다 | |
| 림화 | 로동신문 | 9.18 | 한번도 본일 없는 고향땅에 | 시 |
| 한설야 | 해방일보 | 9.19・20 | 미국 식인종의 말로(확인 못함) | |
| 김사량 | 로동신문 | 9.29・30 | 지리산 유격지대를 지나며 (상, 하) | |
| 민병균 | 로동신문 | 12.7 | 두 전사 | 시 |
| | | | 1951년 | |
| 박웅걸 | 로동신문 | 1.14 | 보복의 불길을 더욱 높여 | |
| 림화 | 로동신문 | 1.15 | 눈덮인 폐허 속에서 불사의 새는 날아난다 | |
| 민병균 | 로동신문 | 2.5 | 당신은 우리와 함께 우리의 진두를 걸어가십니다—김책 부수상의 크신 은공을 추모하며 | 시 |

| 이름 | 신문명 | 날짜 | 제목 | 분야 |
|------|--------|------|------|------|
| 홍명희 | 로동신문 | 2.9 | 조선인민군 창건 3주년 기념축사 | |
| 리태준 | 로동신문 | 2.10 | 조선인민군대는 2중의 영예에서 싸운다 | |
| 리기영 | 로동신문 | 2.13 | 침략자 미제는 자기의 정체를 다시 한번 백일하에 폭로 | |
| 리태준 | 로동신문 | 2.13·21 | 조국의 자유와 세계평화를 위하여, 제2차 평화옹호 세계대회 참석기'(모스크바) ①~⑨ | |
| 한설야 | 로동신문 | 4.16~18 | 전별(3회 연재) | 단편 |
| 리기영 | 로동신문 | 5.9 | 위대한 쏘베트 군대의 독일 팟쇼 타도 6주년 | |
| 리태준 | 로동신문 | 5.9 | 누가 굴복하는가 보자 | |
| 리병철 | 로동신문 | 5.9 | 승리의 날 쏘베트 군대에게 드림 | 시 |
| | | | 1952년 | |
| 리태준 | 로동신문 | 1.2 | 위대한 새 중국 5억만 인민이 우리와 같이 싸우고 있다 | |
| 리용악 | 로동신문 | 1.2 | 바로 여기가 전선 | |
| 민병균 | 로동신문 | 1.2 | 서정 서사시 '고향' ②, 1.2부터 시작되었을 듯. | 시 |

## 4) 좌익 문인들의 전쟁독려

'남조선문학가동맹'(1950.7.5 등록)의 대표(제1서기장)는 안회남安懷南이었다. 1933년에 개벽사에 입사하여 『제일선』, 『별건곤』의 편집을 맡은 적이 있고, 1946년에 결성된 조선문학가동맹 소설부 위원장과 농민문학 위원회 서기장을 겸했다. 1948년 8월경 월북했다가 전쟁 후 서울에 돌아와 남조선문학가동맹을 결성했으나 그 후의 행적은 알려지지 않았다. 1954년 숙청설과 1966년 숙청설이 떠돌 뿐이다. 이 단체의 선전부장 이용악李庸岳과 사업부장 이병철李秉哲은 제1장에서 소개한 바 있다.

'조선문화단체총연맹'은 위원장 이름이 나오지 않고 부위원장에 시인 임화林和, 서기장은 김남천金南天이었다. 김남천은 1935년 조선중앙일보 사회부 기자로 근무하던 중 이듬해 신문의 정간으로 그만두게 되었고 1939년에는 『인문평론』의 편집장으로 일했다. 광복 후에는 임화와 함께 '조선문학건설본부'를 설립했고, '조선문학가동맹' 중앙집행위원회 서기국 서기장으로 활동했다. 1947년 3월 예술통신의 지령을 계승하여 창간된 문화일보의 편집고문을 맡았으나 1947년 이태준, 임화, 안회남 등 남로당 계열 문인들과 함께 월북하여 이듬해 8월 해주에서 열린 남조선인민대표자회의에서 최고인민회의 대의원으로 선출되었다. 6·25전쟁 때에는 서울로 내려와서 활동하다가 낙동강 전선에서 취재 겸 종군했으며 이듬해에는 남북한의 문화예술 단체가 통합된 '조선문학예술동맹'의 서기장이 되었으나 1953년 남로당 계열로 숙청되었다.

전쟁 중에 문인과 언론인들이 쓴 글은 전쟁을 독려하고 대한민국과 국군을 증오하는 내용이다. 북한의 로동신문, 민주조선, 서울에서 발행되던 해방일보, 조선인민보에 실린 글을 찾아볼 수 있는데, 북한 신문의 지면을 빠짐없이 조사할 수는 없기 때문에 가능한 대로 남아 있는 자료를 모아서 표를 만들어 보았다. 문인들의 연구와 전쟁기간의 상황을 살펴볼 수 있는 자료이다.(111~113쪽 표)

## 3. 전쟁 중의 신문과 언론인들

### 1) 선전에 동원된 저명인사들

서울이 함락된 후에 시민들은 정확한 정세를 파악할 길이 없었다. 북한의 선전매체였던 신문과 방송이 내보내는 일방적인 정보에만 의존하는 수밖에 없었다. 북한의 매체는 생사의 기로에 선 위급한 순간에 처했던 개인이 어떤 판단을 내려야 할지 처신에 도움이 될 수 있는 정보를 제공하지 않았다. 정확한 소식과 공정한 논평을 게재하는 매체가 없었기 때문에 많은 사람들이 잘못된 길로 들어서는 운명에 처했고, 이로 인한 비극은 영원히 끝나지 않았다.

북한군이 방송국을 장악한 후 서울중앙방송은 아침저녁 평양방송을 중계하는 지방방송으로 격하되었다. '인민군 총사령부의 보도'를 내보내고 '자수'한 명사들의 전향 성명을 방송하도록 강요했다. 지하에 숨어 있거나 협조하지 않는 사람들을 심리적으로 위협하는 선무공작宣撫工作의 일환이었다. 조선인민보(1950.7.3, 제2호)는 김규식金奎植이 민족자주연맹 주석 자격으로 북한군을 환영한다는 서한을 보내왔다고 보도했다. 조선인민보와 해방일보는 저명인사가 과거를 뉘우친다거나 인민군을 환영한다는 방송을 했다고 주장하는 기사를 실었다.

김효석(金孝錫, 제2대 내무부장관) : 조선인민보 7월 7일, 해방일보 7월 8일
오세창(吳世昌, 독립촉성국민회의 위원장 - 서울신문 초대사장)
: 조선인민보 7월 13일.

안재홍(安在鴻, 국회의원 – 한성일보 사장) : 조선인민보 7월 16일.

김규식(金奎植, 민족자주연맹 주석) : 해방일보 7월 18일.

조소앙(趙素昻, 국회의원) : 조선인민보와 해방일보 7월 29일.

김용무(金用茂, 미군정 대법원장 – 2대 국회의원) : 해방일보 8월 2일.


저명 정치인들이 신문에 보도된 내용 그대로 방송을 했는지는 알 수 없다. 조선인민보와 해방일보는 그들이 방송했다는 기사와 함께 국회의원들은 7월 20일까지 자수하라는 기사를 실었다. 국회 프락치사건에 연루되어 복역 중에 출옥한 제헌국회 국회부의장 김약수金若水는 국회의원들에게 과거를 청산하고 자수하라는 성명을 발표했다고 해방일보는 주장했다.

미군정 시기 민정장관을 지낸 한성일보 사장 안재홍은 "나는 미제의 주구였다"며 자신의 민정장관 재직이 미제 침략의 도구로 이용된 것을 고백한다고 말했다. 이어서 "민족주의자로서 지조를 지키지 못하고 1950년 5·10선거에 출마하여 국회의원이 됨으로써 괴뢰도당이 된 것"에 대해서도 사과했다고 조선인민보는 보도했다. 본인이 양심에 따라 자발적으로 이같은 방송을 하지 않았을 것임은 명백하다.[28] 인민보와 해방일보는 그들이 방송했다는 기사와 함께 국회의원들은 7월 20일까지 자수하라는 기사를 실었다.

이 해 5월 30일에 실시된 총선거에 당선되어 전쟁이 터지기 1주일 전인 6월 19일에 개원한 제2대 국회의원 210명 가운데 27명이 납북 또는 피살되었다. 1948년에 선출되어 임기가 끝난 제헌의원 200명 가운데는

---

28  박명림, 『한국 1950년 전쟁과 평화』, 나남출판, 2002, 245~246쪽.

50명이 납북되었다. 4명 가운데 한 사람이 끌려간 것이다. 판사, 검사, 변호사 등의 법조인, 교수, 의사, 과학자, 문인 등 수많은 전문직 종사자들이 살해되거나 북으로 끌려갔고 행방불명이었다.[29] 방송을 직접 들었던 서울대학교 교수이자 역사학자 김성칠金聖七은 전쟁 기간에 쓴 일기[30](1950.7.27)에서 이렇게 평했다.

> 모두들 원고를 마음대로 쓸 수 있는 건 아니겠지만, 그래도 전에 대한민국 내무장관을 지냈다는 김효석의 그 지나치게 비굴하고 치사스러운 주책 덩어리의 내용에 비기어 안재홍, 조소앙 씨 등 소위 중립파들의 방송이 오히려 김효석보다는 대한민국을 덜 욕하고 인민공화국에 덜 아첨하여서 듣기 좋았다. (…중략…) 김규식 박사의 방송은 그 어조조차 침통하였고, (…중략…) 폐부에서 우러나오는 불만의 폭발인 것 같아서 듣는 이로 하여금 감개무량하게 하였다.

## 2) 해방일보·조선인민보 발행 전후

북한은 3일 만에 서울을 점령하고 4일 후인 7월 2일부터 두 개의 일간지 해방일보와 조선인민보를 현재의 프레스센터(언론진흥재단) 자리에 있던 구 경성일보(당시 명칭은 서울공인사)와 서울신문에서 발행하였다. 일간지의 발행에는 편집진과 인쇄시설 및 인쇄기술자를 비롯한 업무 지원 인력과 용지, 잉크 등의 물자가 필요하다. 평시가 아니라 생사가

---

29    정진석, 『6·25전쟁 납북』, 기파랑, 2006, 21쪽 이하.
30    김성칠, 『역사 앞에서』, 창작과비평, 1993, 137~138쪽.

## 서울에서 발행된 조선인민보·해방일보

| | 1차(해방공간) | 2차(6·25전쟁 초기) | 3차(1·4후퇴 시기) |
|---|---|---|---|
| 조선인민보 | 1945.9.8(1)~1946.9.6(324) | 1950.7.2(1)~1950.9.21(82) | 1951.2.23(90) 한 호만 남음 |
| 해방일보 | 1945.9.19(1)~1946.5.18(150) | 1950.7.2(1)~1950.9.23(84) | 1951.2.22(90)~1951.3.6(114) |

① 2차 발행시기는 제1호부터 시작.
② 3차 발행시기는 2차부터 시작하여 연속된 지령으로 계산.
③ 3차 발행시기 『조선인민보』는 시작된 날과 끝을 알 수 없음. 지령 제90호밖에 남아 있지 않음.

갈리는 긴박하고 혼란스러운 전쟁의 와중에는 매우 어려운 일인데도 불과 4일이라는 짧은 기간에 준비를 마치고 신문을 발행한 것이다.

조선인민보는 "인민정부 기관의 모든 정책과 노선을 올바르게 반영시킴으로써 각급 인민위원회의 정당한 운영에 이바지하고자 한다"고 창간사에서 밝혀 북한의 정책수행에 기여하겠다는 입장을 분명히 했다.

북한은 두 신문을 점령지의 통치를 효율적으로 수행할 수 있는 수단으로 활용하였다. 전쟁수행을 지원하면서 적대세력을 타도하는 무기로 삼은 것이다. 두 신문은 미군이 노획하여 미국으로 보냈던 것을 한림대 아시아문제연구소에서 영인하여 1996년에 『빨치산자료집』6, '신문편' 1로 발행하였다. 조선인민보는 9월 21일 자까지 해방일보는 23일 자까지 지면이 남아 있다. 9월 28일 국군이 서울을 수복할 때까지 몇 호 더 발행되었을 것이다.

로동신문과 민주조선은 평양에서 조판한 지형紙型을 서울로 보내어 서울에서 인쇄 배포하였다고 북한의 언론사는 기록하고 있다. 로동신문과 해방일보는 한글전용이었으나 조선인민보는 국한문 혼용이었다.

조선인민보와 해방일보는 평양의 로동신문에 비해서 편집체제가 훨씬 세련되었다. 전쟁 전 서울에서 신문을 편집하던 인력이 제작에 참여

북한 점령기간 서울에서 판매된 북한 신문

| | 제호 | 값 | 발행기관 |
|---|---|---|---|
| 1 | 민주조선 | 20 | 북한 정부기관지 |
| 2 | 로동신문 | 20 | 로동당 기관지 |
| 3 | 조선인민보 | 20 | − |
| 4 | 해방일보 | 20 | − |
| 5 | 로동자신문 | 15 | 직총 기관지 |
| 6 | 농민신문 | 15 | 농맹 기관지 |
| 7 | 투사신문 | 20 | 투사신문사 |
| 8 | 민주청년 | 15 | 민청 기관지 |
| 9 | 조국전선 | 40 | 조국전선 기관지 |
| 10 | 공고한평화를위하여 | 25 | 수개국공산당보도국 기관지 |
| 11 | 쏘베트신보 | 20 | 쏘련대외문화협회 기관지 |
| 12 | 문화전선 | 10 | 문예총 기관지 |

했기 때문일 것이다. 로동신문은 문인들을 동원하여 전쟁을 독려하고 이승만과 미국을 매도하는 글을 실었음은 앞에서도 살펴보았다.[31]

평양에서 발행되던 로동신문과 민주조선도 남침에 대비한 사전준비가 치밀했음을 보여준다. 두 신문은 6월 27일 자 1면에 똑 같은 기사를 실었다. 「전체 조선인민들에게 호소한 조선민주주의인민공화국 내각수상 김일성 장군의 방송연설」이라는 제목이었다. 1면 전체를 김일성의 연설문으로 완전히 채우고 중앙에 김일성의 사진을 크게 배치한 편집이었다. 서울의 조선인민보와 해방일보도 첫 호에 같은 기사를 실었다. 평양과 서울의 네 개 신문이 제목과 내용을 한 자도 다르지 않게 만들었다. "리승만 역도들이 일

---

31 북한군이 정령 지구 남한에서 발행한 여러 신문과 신문·방송·통신을 이용한 선전, "선동적 거짓말을 과장해서 보도한 수단적 존재"였다는 사실은 다음 논문이 상세히 고찰하였다. 김영희, 「한국전쟁 기간 북한의 대 남한 언론활동」, 『한국언론정보학보』 40, 한국언론정보학회, 2007, 287~320쪽.

**북한 점령기간 서울에서 판매된 북한 잡지**

| | 제호 | 값 | 발행기관 |
|---|---|---|---|
| 1 | 인민 | 320 | 북한 정부 기관지 |
| 2 | 태풍 | 300 | 태풍사 |
| 3 | 조쏘친선 | 400 | 조쏘문협 기관지 |
| 4 | 조선여성 | 250 | 민주여성동맹 기관지 |
| 5 | 내각공보 | 160 | — |
| 6 | 조국보위 | 320 | 조국보위후원회 기관지 |
| 7 | 어린동무 | 160 | 어린이 대상 잡지 |
| 8 | 활쌀 | 300 | 만화잡지(어린이) |
| 9 | 로동자 | 300 | 직총 기관지 |
| 10 | 농림수산 | 200 | 농업성 농맹농민수산협회 기관지 |
| 11 | 문학예술 | 400 | 문예총 기관지 |
| 12 | 과학세계 | 320 | 과학지식 보급을 위한 잡지 |

* 조선인민보, 1950.7.20 · 22 · 8.27; 해방일보, 1950.7.21 · 22에 실린 광고 종합.

으킨 동족상잔의 내전을 반대하여 우리가 진행하는 전쟁은 조국의 통일과 독립과 자유와 민주를 위한 정의의 전쟁"이라는 선전이었다. 김일성은 연설에서 "도처에서 반역자들을 처단"하라고 선동하면서 남한의 문화인과 인텔리들에게는 대중적 정치 선전대열에 적극 참가하여 폭동조직의 선동자적 역할을 다하라고 요구했다. 서울을 점령한 북한군은 각 직장과 지역별로 세뇌사업과 '미제구축 총궐기대회'를 열었다. 신문 방송 통신사의 전평(조선노동조합전국평의회 : 1945년 11월 5일 결성한 조선공산당 산하의 노동운동단체) 선전부가 7월 6일에 작성한 '미제 완전구축 련합 총궐기대회' 동원 인원은 다음과 같다. (괄호 밖은 열성자 대회 참가인원, 안은 의용군 지원자)

• 방송국(KBS) 197(97) · 서울신문 25(1) · 조선일보 15

**김일성의 방송 연설.** 김일성은 남침전쟁을 일으키면서 '방송연설'을 통해 "도처에서 반역자들을 처단하라"고 선동했다. 로동신문, 1950.6.27.

• 서울공인사(후에 대한공론사) 30(3) · 자유신문 18(4) · 문성출판 6(1)[32]

7월 6일 현재 해방일보 종업원은 166명이었는데, 열성자 대회 참가자는 70명이었다. 창간 4일 뒤였던 당시 참가인원 가운데는 편집계통, 업무계통과 공무국 종업원들도 포함되어 있었을 것이다. 부녀신문은 34명 가운데 9명 참가, 정판사(조선정판사)는 259명 가운데 120명 참가에 2명 의용군 지원이었다.[33]

해방일보와 조선인민보의 편집과 제작에 참여한 사람들은 누구였을까. 책임자는 북한에서 파견된 공산주의자들이었지만 서울의 기존 언론사에 종사하던 언론인들도 있었다.[34] "해방지구의 신문사 설비들을 정비하고 현직 일군들을 인입하여 새로운 민주주의적 신문보도기관들을 창설"하였다고 북한의 언론사는 기록하고 있다.

북한군이 서울을 점령한 후에도 이전에 다니던 직장에 나가지 않을 수 없는 사람이 많았다. 자신의 신상문제가 어떻게 될 것인지 궁금했고, 전쟁의 경과와 사회의 변화 추이 등을 판단할 수 있는 정보를 얻기 위해서는 직장에 나가 보는 것이 가장 빠른 방법이었기 때문이다. 절박한 문제는 통행증의 확보였다. 북한 당국이 발급하는 신분증명서가 있어야 거리를 나다닐 수 있었다. 생존에 직결되는 먹을거리를 구하려면 신분을 확인해 줄 통행증을 지니는 일이 급선무였다.

서울대학교 사학과 교수 김성칠의 일기는 당시의 정황을 기록한 가장 신빙성 있는 자료다. 그는 6월 30일에 처음 학교에 나갔다가 이병기,

---

32  『북한관계사료집, X(1946~1951)』, 국사편찬위원회, 1990, 481쪽.
33  위의 책, 476~477쪽.
34  김영희, 앞의 글 참고.

이병도, 최윤식, 김구경, 성백선 등 문리대 교수들을 만났고, 이튿날도 피난 못간 교수들이 나왔다고 기록하였다. 집집마다 북한기를 달아야 하는 분위기였으므로 김성칠도 내키지 않았지만 인공기를 그려서 달지 않을 수 없는 처지가 되었다. 생존을 위한 방편이었다.

시인이면서 언론인으로 일제 치하에 대중잡지『삼천리』를 발행했던 김동환金東煥은 처음 한동안은 숨어 지냈지만 자수하면 자유로운 활동을 보장해 주겠다는 말에 속아서 사실상의 아내였던 소설가 최정희崔貞熙와 함께 국립중앙도서관(현재 롯데백화점 자리)에 있던 정치보위부로 갔다가 북으로 끌려가고 말았다. 식량을 구하거나 바깥정세를 알아야 했기 때문에 다니던 직장에 나가고, 협조를 하는 시늉이라도 하지 않을 수 없는 것이 북한군에 점령당한 후의 사정이었다.

언론인 가운데도 전쟁 전에 근무하던 언론사에서 어쩔 수 없이 북한의 선전 매체 제작에 참여한 경우가 있었다. 북한은 국군이 완전히 패퇴하여 부산까지 점령하는 날이 임박했다고 선전하고 여러 저명인사들을 방송에 출연시켜 김일성의 침략을 옹호하는 발언을 강요했다. 이런 상황이 되자 올바른 판단능력을 상실하고 공황상태에 빠져 협조하는 사람도 있었다. 강제 동원되었던 기자들은 서울 수복 이후에 부역혐의 등으로 조사를 받았으나 대체로 관용의 대접을 받아 신문사에 복직했다. 공산 치하의 불가피했던 여러 정황을 감안한 것이다.

## 3) 해방일보 참여 인물들

전쟁 중에 발행된 해방일보의 편집과 제작에 참여한 인물은 해방일보 여기자 김가인金佳仁의 수기 『패주 5천리』가 가장 현실감 있는 자료이다. 수기는 1951년 태양신문에 연재했던 내용을 이듬해 2월 태양문화사에서 단행본으로 발행하였다. 전쟁이 치열하던 때에 신문에 연재하면서 해방일보 관련자들의 실명을 밝힌 수기이므로 신빙성이 있는 자료로 평가할 수 있다. 김가인의 수기를 바탕으로 해방일보에 종사했던 인물을 정리해 본다.

**장하일**張河一 6 · 25전쟁 직후 해방일보 책임주필. 전쟁 전에는 평양의 로동신문 편집국장을 지냈던 경력이 있다.[35] 함경북도 출신이었고 아내는 작가 강경애姜敬愛(1906. 4. 20~1943. 4. 26)였다. 장하일은 1931년 6월 간도로 가서 조선일보 간도지국을 경영하면서 용정의 동흥중학교東興中學校에서 교편을 잡고 있었다.[36] 간도로 갈 때에 화요파의 일원이었던 공산주의자 김경재와 상의했고, 김경재는 장하일을 동흥중학교 교사로 소개했다.[37]

광복 후 장하일은 북조선로동당 창립대회(1946. 8. 28~30) 때에 황해도 대표로 참석했고, 로동신문 편집국장이었을 것으로 추정된다. 로동신문은 책임주필이 최고책임자로 그 밑에 주필, 부주필, 편집국장 등의 서열로 되어 있는데 1946년 10월의 판권에 나타나는 책임주필은 태성수太成洙였다. 1948년 3월부터 책임주필은 소련 출신 기석복奇石福이었으므

---

35  김가인, 『패주 5천리』, 태양문화사, 1952, 39쪽.
36  홍기돈, 『근대를 넘어서려는 모험들－일제 말기의 문학사상 연구』, 소명출판, 2007, 123쪽.
37  김경재, 「최근의 북만(北滿) 정세, 동란의 간도에서(속)」, 『삼천리』, 1932. 7.

로 장하일은 그 아래 편집국장이었을 것이다.

기석복은 1950년 말 책임주필에서 물러나고 후임으로 1951년 1월 박창옥朴昌玉이 잠시 '책임주필 대리'를 맡았다. 기석복은 북한체제 건설 초기에 소련계 제2인자로 1947년 초 노동당 중앙위원회 기관지『근로자』의 주필을 맡았던 인물이다. 1951년 3월부터는 이문일李文一이 책임주필이 되었다. 이문일은 1956년 4월 장하일과 함께 로동당 중앙위원회 후보위원이 되었다.

장하일은 전쟁 이틀 뒤인 6월 27일 자 로동신문에「조국의 통일독립을 위한 전쟁에 모든 사업을 복종시키자!」를 실었다. 그 직후 서울에 와서 해방일보의 책임을 맡았던 것 같다. 그는 8월 말 중앙당에 소환되어 평양으로 돌아가서 잠시 로동신문 주필로 영전하였으나 평양에서 후퇴할 때에 사업태만이라는 이유로 민주조선 논설위원으로 격하되었다는 설도 있다. 전쟁이 끝나기 전이었던 1953년 2월에는 로동신문에 '쏘련 방문기'「평화의 성새」를 4회 연재했다.(2.19~22) 장하일은 1954년 4월에는 민주조선의 주필과 조선기자동맹 위원장에 선임(1955.7)되었고, 1956년 4월에는 노동당 중앙위원회 후보위원이 되었을 정도로 북한 언론의 실세였다. 하지만 1957년에는 반당분자라는 이유로 숙청되었다.(제3장 2~3 참고)

**이원조**李源朝(1909.6.2~1955?) 처음에는 해방일보 편집국장이었다가 장하일이 평양으로 올라간 후 주필을 맡았다. 경상북도 안동 출신으로 시인 이육사李陸史의 동생이다. (이원조에 관해서는 제3장 1~3 참고).

언론인이자 소설가였던 김팔봉金八峰(본명 金基鎭; 1903.6.29~1985.5.8)은 인민재판을 받는 도중에 군중 속에 서 있던 이원조를 보았다.[38] 그 날은

---

38   김팔봉,「인민재판 이후」,『나는 이렇게 살았다』, 을유문화사, 1988, 143~149쪽.

**인민재판 받는 김팔봉.** 소설가, 언론인이었던 김팔봉은 1950년 7월 1일에 체포되어 이튿날 지금의 서울 시의회 앞에서 사형선고를 받고 몽둥이에 맞아 실신하였으나 7월 6일 오후 기적적으로 깨어났다.

7월 2일로 해방일보가 창간되던 날이었다. 해방일보는 인민재판이 열리던 바로 길 건너편 현재의 언론회관 자리에 있던 서울공인사(일제시대 『경성일보』)에서 발행되었는데 이원조가 이 재판을 우연히 보게 되었는지, 취재를 위한 참관이었는지 알 수 없다. 이원조는 '남반부 해방지구 총 정치보위부 부책임자'였다는 증언도 있다.[39]

이원조는 1953년 남로당의 대거 숙청 때에 징역 12년형을 선고받고 수감 중 1955년에 사망한 것으로 전해진다. 이때 이승엽, 임화 등은 간첩 혐의로 사형이 선고되었으나 기소된 12 명 가운데 징역 15년형이 선고된 윤순달과 이원조는 사형을 면했다.

---

39    손기정, 「운동장에 숨어서」, 『나는 이렇게 살았다』, 을유문화사, 1988, 30쪽.

**서강백**徐康百 해방일보 편집국장.(서강백에 관해서는 제2장 2절 3항 「친북 언론 단체등록」에서 설명했다)

**이주영**李周榮 전쟁 전에는 평화일보 사회부장이었다. 일제시대에는 동아일보 조치원지국장(1931.4~1932.6)을 지냈다. 1949년 8월 1일부터 3일 사이에 경찰이 남로당 관련혐의로 여러 신문사 기자 22명을 검거했을 때에 구속되었다. 경찰은 관련 기자들 가운데는 남로당 중앙특수조직부 정보국원으로 기자의 신분을 이용하여 군과 경찰, 정당·사회단체·국회·정부 등의 기밀을 탐지하여 남로당과 북로당에 제공하는 스파이 행동을 해 온 자가 있다고 말했다. 이주영은 중간 책임자급으로 분류되어 9월 6일 보안법 위반으로 기소되었다. 유엔군의 서울 수복 직전에 북으로 도주하던 중에 11월 2일 희천과 강계 사이에서 기총소사에 맞아 사망했다.

**김제영**金濟榮 북한 최고인민회의 의장 김두봉金枓奉의 사위로 해방일보 논설위원이었다. 일제 치하에는 동아일보 서무부와 사회부에 근무했다. 광복 후 1945년에는 신조선보에 참여했다가 1946년 4월에 창간된 독립신보의 영업국 차장, 안재홍의 한성일보 사회부장을 지냈다. 해방일보에는 8월 말경까지 근무하다가 사라졌는데, 중국 길림성의 매화구梅花口역에서 해방일보 기자 일행과 마주쳤다. 북한군복을 입고 북한군 제8군단 본부가 있는 연길延吉로 가는 기차를 기다리던 중이었다.

**송진근**宋珍根 일제 치하 서울중앙방송국 아나운서. 개성 출신으로 보성전문 법과를 졸업했고, 1936년 무렵에 아나운서가 되었다. 1943년 단파방송 청취사건으로 구속되어 징역 1년이 언도되었다. 전쟁이 일어난 후에는 해방일보 취재부 기자로 활동했다. 해방일보 8월 12일 자 2면 머리에는 송진근이 고양군 숭인면에서 취재한 「토지 찾은 농민들의 환호는

**획일적인 북한 신문 편집.** 평양에서 발행된 로동신문, 민주조선과 서울의 조선인민보, 해방일보는 판에 박은 듯이 같은 내용과 편집이다. 로동신문은 북한정권의 공식 의견을 반영하는 권위를 지닌다. 로동신문, 1950.8.15.

**스탈린의 초상화가 먼저 실린 조선인민보.** 스탈린은 언제나 김일성보다 상위에 받든다. 김일성 우상화를 철저히 지키면서도 소련의 위성국이라는 사실이 지면에 드러난다. 포항을 완전해방했다는 기사가 실렸다. 조선인민보, 1950.8.15, 1면.

고조」 기사가 실려 있다. 그는 '야간주필'로 승진했고, 서울 함락 전인 9월 24일 작은 별小星 4개를 다는 벼락감투를 얻어 썼을 정도로 열성적이었다. 그러나 북으로 쫓기는 신세가 되어 만주까지 갔을 때에는 서울에서 가지고 온 털외투의 속을 떼어 팔기도 했다.

**이근영**李根榮 취재부장. 보성전문 출신으로 1934년 4월부터 동아일보가 폐간되던 1940년 8월까지 사회부에 근무했다. 1935년에는 '금송아지'로 창작활동을 시작했던 소설가였다. 1946년 2월에 서울신문 정리부장이 되어 이 해 4월 전조선신문기자대회 준비위원회 선전부장을 맡았다. 같은 해 10월경에 서울신문을 사임했다. 그 후 1947년 말에서 1948년 사이에 월북한 것으로 알려졌다. 조덕송은 해방일보 취재부장은 남한출신 이영근李榮根(프로문학 작가)이었다고 썼는데,[40] 이근영을 이영근으로 잘못 기억한 것으로 보인다.

해방일보 사원 42명이 9월 26일 북으로 도주할 때에 이근영을 중심으로 8명이 한 조를 이루고 있었다.

**홍두원**洪斗元 해방일보 편집부장. 광복 후 조선중앙일보 기자였다.


김가인의 수기에 나오는 인물로 해방일보에 종사하다가 북으로 도주한 사람들은 다음과 같다.


직책이 확인된 인물

조병찬(趙炳贊, 논설위원), 김희갑(金喜甲, 논설위원), 최용봉(崔龍奉, 교정부장), 김종환(金宗煥, 총무부)

---

40    조덕송, 「김현제」, 『한국언론인물사화』(8 · 15 후편 상), 대한언론인회, 1993, 227쪽.

### 언론인 경력자

이녹영(李祿榮, 전 자유신문 기자), 이용진(李龍振, 전 서울신문 기자), 김광수(金光洙, 전 국도신문 교정부), 윤일모(尹一模, 전 서울신문 사회부 기자)

### 전직이 확인되지 않는 인물

이신영(李信榮), 이연희(李蓮姬), 후환(張厚煥), 곽재석(郭在石), 상호(張虎, 빨치산 출신), 이호섭(李浩燮)

전쟁 중에 발행된 해방일보에는 김현제金賢濟와 조덕송趙德松도 근무하였지만 수복 후 법적 절차를 밟아 언론계에 복귀하여 활동했다. 김현제는 연합신문, 한국일보, 자유신문, 서울경제신문, 서울신문, 경향신문의 편집국장을 역임했다. 조덕송은 전쟁 전에는 조선통신 기자(1947년)로 언론계에 입문하여 국도신문 기자였던 때에 구속되어 서대문 형무소에서 재판을 기다리는 중에 전쟁이 일어났다. 북한군이 형무소 문을 열어주는 바람에 감옥에서 나온 후 해방일보에 근무하였으나[41] 수복후 언론계에 복귀했다.[42] 연합통신 사회부 기자, 평화신문 사회부장, 자유신문 취재부장을 거쳐 1960년부터 조선일보 문화부장, 사회부장, 기획위원, 논설위원, 편집부국장으로 활동했다.

---

41  조덕송, 「책머리에」, 『머나먼 여로, 언론외길 반세기의 증언』, 다다, 1989.
42  조덕송, 「김현제」, 『한국언론인물사화』(8·15 후편 상), 대한언론인회, 1993, 227쪽.

## 4) 조선인민보 제작진

조선인민보에 참여한 인물이 누구였는지 참고할 자료가 없기 때문에 단편적인 기록을 엮어서 살펴본다. 편집국장은 이상호李相昊였다.(이상호에 관해서는 제2장 2절 3항 「좌익 언론 단체등록」 참고)

시인 장영창張泳暢이 조선인민보를 발행하던 서울신문사에 찾아갔을 때에 편집국에는 머리를 짧게 깎은 사람들이 많았고 인상은 대부분 출옥한 사람들로 보였다. 조선인민보 참여 인물 가운데는 전평全評 산하 출판노조원이 많았다는 설도 있지만, 편집 계통에 어떤 사람이 있었는지 확실한 기록은 없다. 조선인민보 기자였던 이영찬李永燦이 만주의 통화通化까지 쫓겨 온 것을 보았다고 김가인의 수기에 잠시 언급되었다. 이영찬은 전쟁 전에 조선통신 기자로 근무한 적이 있었다.

김가인의 수기에 의하면 조선인민보 편집국장은 주련朱鍊이었다. 주련은 친일단체 대동민우회의 이사였고, 1937년 무렵부터 매일신보 경제부 기자, 논설부를 거쳐 광복 직전까지 정경부에 근무했다. 광복 후 1946년 12월에는 중외경제신보의 편집국장을 잠시 맡았다가 남로당 기관지 노력인민(사장 홍남표)의 사회부장이 되었다. 노력인민의 사회부장이었던 경력으로 보아 조선인민보 편집국장을 맡았을 가능성도 있다.

중앙일보가 발행한 『민족의 증언』(권2, 83쪽)에는 전쟁 전에 월북했던 오기영吳基永이 이끄는 7~8명의 기간요원이 서울에 와서 조선인민보와 해방일보를 발행하였다고 기록되어 있다. 하지만 오기영이 두 신문에 간여했는지 확실하지 않다. 오기영은 1928년 동아일보에 입사하여 10여 년간 기자로 활동하다가 1937년 수양동우회 사건으로 퇴사했고, 이듬해 8월 조선일보 기자가 되었다. 광복 후에는 경성전기주식회사에 근무하면서 조선일보에 「팔면봉」을 집필하는 한편으로 서울신문이 발행한 『신천지』를 비롯하여 여러 신문에 글을 썼다. 그런 글들을 모아 『민족의 비원』(1947), 『자유조국을 위하여』, 『사슬이 풀린 뒤』, 『삼면불』(이상 3책 1948)의 저서를 출간했다. 1949년 초에 월북했는데, 6월 25일부터 평양 모란봉극장 회의실에서 열린 조국통일민주주의전선 결성대회에 남조선언론협회 대표자격으로 참가하여 중앙위원 99명의 한 사람으로 선출되었다. 그는 전쟁 3일 전인 6월 22일 자 민주조선에 「매국노들의 죄악상, 인민의 피에 젖인 인간 백정 신성모」를 실었다.

김가인은 압록강 연안 만포滿浦에서 오기영이 애인 이은희李恩姬(서울방송국 근무, 잡지사 기자)와 함께 피난하는 모습을 보았다. 그러나 김가인의 수기에는 오기영이 해방일보나 조선인민보에 관계했다는 말은 없다. 오기영은 북한에서 조국통일민주전선 중앙위원(1949, 1956년), 『조국전선』 주필(1958년), 과학원 연구사(1962년)를 역임했다. 월북하기 전에 출간했던 오기영의 책은 성균관대 출판부에서 3권으로 묶어 2002년에 다시 출간했다.

해방일보 복간에 정태식鄭泰植이 참여했다는 설도 있으나(강만길 · 성대경 편, 『한국사회주의운동인명사전』, 창작과비평사) 확인할 근거는 없다. 정태식은 광복 직후에 발행되던 해방일보의 편집국장을 지냈던 공산주의자였는데 1950년 4월에 국가보안법 위반으로 검거되어 징역 20년을 선고받고 복역 중 6 · 25전쟁 때 석방되어 해방일보를 복간하였다는 것이다. 1953년 박헌영朴憲永의 남조선노동당 종파사건에 연루되어 숙청당했다.

경력이 확인되는 인물 가운데는 고흥상高興祥이 있다. 그는 다니던 직장인 신문사에서 부득이 조선인민보 제작에 참여했을 것이다. 수복 후 연합신문 사회부장, 세계통신과 합동통신의 편집국장, 합동통신 출판 국장, 상무, 전무(1960~1972), 한국신문회관 사무국장(1980)을 역임했다.

월북한 김영룡金永龍(1930년 조선일보 長湍 지국장), 김종윤金鍾崙(1947년 광 명일보 기자), 인주현印柱賢(1945년 서울신문 사회부, 1948년 전라신보 편집장)도 조선인민보에 이름이 나온다. 경력을 알 수 없는 인물로는 석관영, 엄 재풍, 정용직, 윤내길, 최준철, 림병하, 림병철, 이영준, 김일순의 이름 이 지면에서 발견된다.

신문지면에 기자 또는 특파원으로 나타나는 인물 가운데 김문규는 7 월 15일 자에 「초토화한 평택 안성 시가지」에 관한 기사 등이 있고, 전 욱은 민주조선 특파원이었는데 해방일보 7월 4일 자(제3호)와 7월 13일 자(12호) 등에 종군기가 실렸다. 조선인민보에 종사한 인물 가운데 서울 신문 출신이 많았던 것은 조선인민보를 서울신문에서 발행했던 원인도 있었을 것이다. 고흥상, 인주현, 윤일모와 전쟁 전에『신천지』편집인 (출판부장)을 지낸 화가 정현웅鄭玄雄, 해방일보의 서강백이 서울신문 출 신이었고, 납북된 사원이 11명으로 중앙 언론사 가운데는 동아일보에 이어 두 번째로 많은 희생자가 났다.

## 4. 전쟁 종군기자들

### 1) 전쟁 전의 종군기자 훈련

남북한 양측에서 '종군기자'들도 전장에 나가 취재하고 전황을 알리는 활동을 벌였다. 남한의 종군기자 훈련은 1949년 7월에 시작되었다. 7월 7일 시내 각 신문 종군기자 32명이 육군사관학교에 입대하여 1주일간 훈련을 받은 후 14일에 수료식을 가지고 최초의 종군기자가 탄생한 셈이었다(평화일보, 1949.7.15).

같은 해 10월 11일에는 제1기 종군기자훈련을 받은 기자 21명에게 국방부에서 수료식을 갖고 '종군기자증'을 수여했다. 첫 종군기자 훈련은 7월에 실시되었지만 공식적으로는 10월에 태릉 육군사관학교에서 훈련받은 기자를 1기 종군기자로 불렀던 것이다. 이는 당시 경향신문, 서울신문 등 여러 신문이 보도했다. 훈련받았던 기자 가운데는 김진섭(동아일보), 박성환(경향신문), 이지웅(연합신문), 이혜복(자유신문), 임학수(대동신문), 한규호(서울신문) 등이 있었다.[43] 종군기자단과 국방부 출입기자단은 항공기 기금 2만 820원을 헌납했고, 국방부 보도과장 이창정 대위는 종군기자 훈련을 받은 기자들을 안내하여 강릉, 원주, 그리고 38선 접경지대 군 부대를 순회시찰 했다. 제2기 종군기자는 1950년 2월 14일에 육사에서 입교하여 27일에 수료식을 가졌다.[44] 5월 8일부터 18일까지는 부산시내 일간신문 군 출입기자 8명이 10일간 육군 제5729부대에 입대

---

43  이혜복, 「6 · 25 종군기자의 현주소」, 『신문과 방송』, 한국언론진흥재단, 1984.6.
44  『경향신문』, 1950.2.15; 『한성일보』, 1950.2.26.

하여 종군기자 군사훈련을 받았다는 기사도 있었다.[45]

기자들이 종군하면서 작전상황을 보도한 시초는 1948년 10월 중순의 여순반란사건 취재를 비롯하여 지리산, 태백산, 팔공산 지구와 제주도의 공비토벌작전 때였다. 군 당국은 국방부 출입기자들도 군에 대한 확실한 지식을 가져야 하며, 최소한의 군사훈련을 익혀두는 것이 공비토벌부대 종군에도 유익할 것으로 판단하였던 것이다.[46]

종군기자가 본격적으로 활동했던 시기는 6·25전쟁이 일어난 후였다. 그러나 전쟁 발발 직후에는 기자들이 전쟁터로 달려가서 취재할 여유도 없이 서울이 3일 만에 함락되고 말았다. 전쟁보도 첫 번째 기사는 모든 신문이 한결같이 국방부 정훈국장 이선근 대령이 25일 정오에 발표한 담화를 그대로 실으면서 서울의 민심은 평온하다(동아일보, 1925.6.26)고 보도했다. 27일 자 신문은 「국군 정예 북상 총반격전 전개」라는 제목으로 역시 국방부 보도과의 발표를 1면 머리에 크게 실었다. 동아일보는 김진섭 특파원이 개성방면에서 보낸 기사에서 「적 주력부대 붕괴, 공비 임진 도강 수포화」를 곁들였다. 27일 오후에 28일 자로 발행한 마지막 신문도 국방부 보도과가 27일 오전 10시에 발표한 내용을 그대로 보도하여 「제공권 완전 장악, 국군 의정부를 탈환」을 톱으로 실었다(조선일보, 1925.6.28).

전쟁 후 국방부가 주는 자료에 의존하여 전황을 보도했던 신문들은 본의 아니게 오보를 하게 되어 국민들에게 큰 피해를 입히는 결과가 되었다. 기자들은 뿔뿔이 흩어져 살 길을 찾아야 했다. 치밀한 전쟁준비를 한 다음에 침략했던 북한은 사전에 선전에 활용할 종군기자를 대비하고 있었다.

---

45  『자유민보』, 1950.5.20.
46  이혜복, 앞의 글.

## 2) 종군기자들의 활동

종군기자들의 취재 활동은 전쟁 직후 부산에서 시작되었다. 국방부는 부산지구 계엄사령부 출입기자를 종군기자로 인정하고 이들에 대해서는 군경을 막론하고 부산지구 계엄사령부 보도부장의 사전 승인 없이는 문초하거나 구속할 수 없도록 하는 특혜를 부여했다.[47]

종군기자들은 서울 수복 후에 중앙지들이 다시 발행되면서 실질적인 종군활동을 할 수 있었다. 9월 28일 국군이 서울을 탈환한 후 서울에는 다시 우리의 신문이 발행되기 시작했다. 제일 먼저 발행된 신문은 10월 1일 자 서울신문이었다. 서울신문은 가장 완벽한 시설을 갖추고 있었으므로 속간도 타 신문에 비해 수월했다.

주요 신문은 시설과 인적손실이 막심했다. 조선일보는 사장 방응모方應謨가 북으로 끌려갔고, 경향신문 편집국장 신태익申泰翊, 동아일보 편집국장 장인갑張仁甲도 납북되었다. 동아일보는 10월 4일 을지로 2가에 있던 서울공인사대한공론새의 별관에서 속간 첫 호를 발행했다. 속간호에는 행방을 알 수 없는 사원들의 가족은 즉시 본사로 연락해 주기 바란다는 「사고」를 게재했을 정도였다.

각 사는 종군기자를 파견하여 전황을 보도하였다. 국군의 북진을 따라가면서 종군기자들은 감격적인 기사를 송고했다. 당시에는 기자의 이름을 밝히는 경우가 드물었지만 종군기자가 보낸 대표적인 기사는 다음과 같다.

---

47  『부산일보』, 1950.8.17~18.

이혜복(경향신문) 10월 19일 평양 대동강에서 보낸 기사 「세계 전사상(戰史上)에 경이적 작전! 국군 정예선착도하」, 21일 자 1면.

김진섭(동아일보) 10월 19일 평양에서 「괴뢰 질서 없이 패주, 김일성 도당은 희천에 도망」, 21일 자 1면.

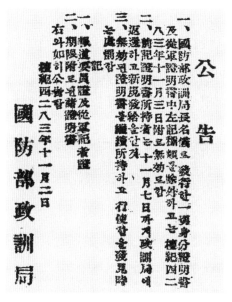

**종군기자증 재발급 공고.** 국방부 정훈국장이 발급한 보도요원증과 종군기자증은 무효로 하고 재발급한다는 신문 공고.

모든 신문이 타블로이드 2페이지의 빈약한 분량이었으나 전쟁의 참담한 상황을 생생히 알려 주고 있다. 국군과 유엔군은 북으로 진격을 계속하여 3·8선을 돌파하고 원산, 함흥, 흥남으로 진격하는 동시에 평양에 진격하는 승전보를 숨가쁘게 전하고 파괴된 시설과 건물의 복구에 관한 밝은 소식도 많이 다루었다.

전선을 따라 종군하던 기자들은 서울 시공관에서 보고대회를 열어 전황을 직접 알리기도 했다. 10월 30일 국방부종군기자단 주최로 정훈국장 이선근 준장을 비롯한 5명이 '평양지구 종군기자 귀환보고대회'를 연 것이 그런 행사였다. 경향신문은 10월 1일부터 서울에서 신문을 발행하면서, 10월 30일에는 평양에서 '전선판前線版'을 발행하기 시작하였으나 7호를 마지막으로 중단했다.[48] 중국의 침략으로 전세가 불리했기 때문이다. 평양 발행 전선판은 남은 실물이 없다.

---

48 『경향신문 사십년사』, 경향신문사, 1986, 104~106쪽.

종군기자는 종군기자증을 지니고 가슴과 모자에 종군기자 표시를 부착했다. 서울 수복 후인 1950년 10월에는 이전의 모든 증명서와 기장紀章을 무효로 하고 정훈국 보도과에서 다시 발급했다. 종군기자를 정비하기 위한 조치였다. 그러나 3개월 후 서울이 또다시 적의 수중에 떨어지자 신문 발행은 중단될 수밖에 없었다. 1월 4일 후퇴를 앞두고 네 신문 모두 1월 3일까지 신문을 발행하였을 것으로 짐작되는데 1월 초의 지면이 남은 신문은 조선일보의 1일 자와 2일 자밖에 없다.

1·4후퇴 후인 1월 10일에는 '군보도취급규정'(국방부훈령 제5호)을 공포했다. "군보도에 관한 취급기준을 확립하여 군보도의 정확과 통일을 기함으로써 군보도의 임무를 완수함을 목적으로"(제1조) 제정된 규정은 군 보도를 '작전보도', '행정보도', '일반보도'의 3종으로 구분했다. 이 규정은 군사관련 공식담화 또는 기자단 회견시 발표를 요하는 사항은 "국방부장관이 발행한 종군기자증의 교부를 받은" '군 출입기자'를 통하여 발표하도록 하였다.(11조) 종군기자를 포함한 국방부 출입기자로 한정한 것이다. 그 직후 2월에는 국방부 정훈국장 이선근이 발행한 증명서 가운데 종군기자증, 보도요원증, 종군작가증 등을 제외한 각종 증명서는 다시 검인을 받도록 하고 검인받지 않은 증명서를 계속 소지한 자는 엄중처벌 하도록 하여 혼란한 전시에 군 관련 증명서의 정비를 실시하였다. 종군기자는 군복착용이 허용되었고, 종군기자 기장을 달도록 되었다.

이런 가운데 가짜 종군기자도 횡행했다. 6월에는 PRESS라는 표시를 단속했다. 정훈국장 이선근은 길거리에 PRESS라는 마크를 달고 다니는 가짜 종군기자가 민폐를 끼치며 국군과 UN군을 현혹시키는 자가 많은데 종군기자의 위신을 보장하기 위하여 가짜 기자의 횡행을 관계당국

과 연락하여 엄중단속 할 것이라고 경고했다.[49] 그러나 가짜 종군기자
는 근절되지 않았고, 단속은 10월에도 실시되었다. 종군기자를 가장한
불법 군복 착용으로 군기 확립에 막대한 지장을 초래하기 때문에 군 당
국에서 철저한 단속을 할 것이라고 밝혔다.[50]

마침내 10월에는 종래의 종군기자단을 해체하고 새로운 종군기자단
을 결성하기로 되어 15일에 열린 발기총회에서 국방부장관 이기붕은
이혜복(경향신문) 등 21명에게 표창장, 현역 종군기자 58명에게는 감사
장을 수여했다.[51]

종군기자의 일선취재 '보고강연회' 또는 '귀환보고대회'는 국방부 정
훈국 주최로 여러 차례 열렸다. 최신 뉴스 영화를 상영하고 군악대의 주
악연주, 이화여대 합창단의 합창 등을 곁들여 기자들의 종군 실황을 보
고하는 강연으로 국민의 사기를 진작하고 선전을 겸한 목적이었다.[52] 종
군기자 보고대회는 서울에서 1952년에도 개최되는 등으로 계속되었다.

종군기자에 대한 표창도 여러 차례 있었다. 1955년 1월 15일에는 국
방부장관 명의로 종군기자 26명과 종군작가 4명에게 금성화랑훈장을
수여했다.[53]

종군기자　崔慶德·崔元珏(동아일보), 金禹鎔·鄭順觀·李蕙馥(서울신문),
　　　　　張明德(합동통신) 李志雄·成澤雲(동양통신), 趙龍河(경향신문),

49　『동아일보』, 1951.6.10.
50　『경향신문』, 1951.9.12; 『동아일보』·『서울신문』, 1951.9.25.
51　『부산일보』, 1951.10.17; 『국제신보』, 1951.10.12.
52　『경향신문』, 1951.2.27, '광고'; 『부산일보』, 1951.3.8, '광고'..
53　『조선일보』, 1955.1.16. 기자들의 소속사는 훈장 수여 당시와 전쟁 중과 달라진 경우가 많음.

沈鍾求·卞兢植(평화신문), 尹宗鉉·崔起德·李月俊(연합신문), 金鎭燮·朴聖煥·朴重任(중앙일보), 芮庸海(한국일보), 金君瑞(국도신문), 金喜鍾·趙昌燮(시사통신), 鄭承奎(자유신문), 林學洙(종군기자단), 文濟安·全東天·方樂榮(조선일보)

종군작가　崔象德, 金八峰, 具常, 朴榮濬

　세계 각국의 외국 종군기자가 취재하여 6·25전쟁 중에 17명이 순직하였다. 전쟁 중에도 일본 기자들에 대한 반감은 거세었다. 1951년 7월 개성에서 열리는 정전회담 취재를 위하여 2백여 명의 외국기자들이 몰려온 가운데 이승만 대통령의 특명으로 국내기자 16명이 문산汶山에 도착해 보니 일본기자 18명이 종군기자 마크를 달고 회담장에 나타나 취재하고 있는 것을 보고 흥분하여 항의했고, 유엔군사령부는 18명 가운데 허가받지 않고 온 일본 공동통신 특파원 2명에 대하여 도쿄귀환을 명령했다.[54]

　정부는 일본기자 가운데 유엔 종군기자 자격으로 한국에 입국한 자라도 정부의 정식 입국허가를 받지 않은 자는 체포 또는 추방할 것이라고 언명[55]하여 반일감정이 높았던 당시의 분위기를 보여주었다.

　1952년 10월에는 친일작가로 일본에 귀화한 장혁주張赫宙(일본명 노구치 미노루野口 稔)가 일본 여성지『부인구락부』소속 UN 종군기자 자격으로 한국에 와서 취재하고 돌아갔다는 사실이 알려져 물의를 빚었다. 조선일보는「검은 안경으로 변장한 장혁주張赫宙, 노구치野口로 개명하여 극비의 '조국' 여행」이라는 3단 기사를 실었다. 수난의 조국을 배반하고

---

54　『조선일보』, 1951.7.16·22.
55　『서울신문』, 1952.10.13.

스스로 일본에 귀화한 작가 장혁주가 10월 19일부터 28일까지 10일 동안 유엔 종군기자로 극비밀리에 왔다갔다는 사실을 일본신문이 보도했다는 것이다.

장혁주는 10일 동안 서울과 부산 거제도까지 여행하여 한국의 그릇된 인상을 일본 요미우리신문에 게재하였다는 것이다.[56] 요미우리 기사에 의하면 장혁주는 이 여행을 극비밀리에 계획하여 검은 안경을 쓰고 유엔군 기자 패스포트로 돌아다녔다는 것으로 이 여행에서 두개의 장편소설 소재를 얻었다고 말하고 한국인으로서 듣기 거북한 여러 말을 늘어놓았다고 조선일보는 보도했다.[57]

### 3) 북한의 종군작가와 종군기자

북한은 신문의 성격상 종군기자와 종군작가의 구분이 없었다. 직업적인 언론인에 비해 문인들의 종군기가 많은 것이 북한 신문의 특징이다. 전쟁 준비를 사전에 갖추었던 북한은 전쟁을 일으키면서 재빨리 6월 26일에 문학예술총동맹이 제1차 종군작가단을 전선으로 보냈다. 김사량金史良, 김조규金朝奎, 한태천韓泰泉, 전재경田在耕, 박세영朴世永, 이동규李東珪, 김북원金北原, 박웅걸朴雄傑 등이었다.[58] 이들 외에도 이름 있는 문인들이 종군작가로 북한군을 따라 종군했다.

종군기자들도 전쟁 발발 직전에 출발 준비를 갖추었다. 종군기자로 선발된 몇 명을 6월 24일 밤에 당으로 데리고 가서 군복을 입히고 소위

---

56  『동아일보』, 1952. 10. 24.
57  『조선일보』, 1952. 11. 2.
58  정영진, 『통한의 실종문인』, 문이당, 1989, 193쪽.

계급장을 달아주었다. 그리고 집에는 연락할 사이도 없이 전방으로 데리고 갔다. 그들은 전투부대와 함께 서울에 들어오게 되었다.[59]

김일성은 전쟁에서 문인들의 역할과 창작방법에 관한 교시를 여러 차례 내렸는데 이는 곧 당의 문예정책으로 반영되고 작가들은 이 정책에 따라 창작활동에 임했다. 전쟁기에 당의 문예정책 가운데 중요한 내용은 첫째, 인민의 고상한 애국심과 민족적 자부심을 정당히 형상할 것, 둘째 영웅을 형상할 것, 셋째 원쑤들의 만행을 철저히 폭로할 것, 넷째 프로레타리아 국제주의 사상을 반영할 것, 다섯째 자연주의적 요소를 숙청하고 사회주의적 사실주의에 기초할 것, 여섯째 작가들은 위대한 무기, 문학예술의 창조자로서 애국주의적 세계관을 부단히 제고할 것 등을 요구했다.[60]

소설가 이태준은 전쟁 후 옹진을 거쳐 서울에 왔다가 낙동강 전선까지 종군했다. 시인 임화, 극작가 박웅걸도 낙동강 전선까지 종군하였고, 시인 박팔양, 이용악, 소설가 김사량, 극작가 남궁만의 종군기도 신문에 실려 있다.

임화는 낙동강까지 종군하여 「전진이다! 진격이다! / 락동강전선 ○○지점에서」(로동신문, 1950.9.6)와 「한번도 본일 없는 고향땅에 / 오득천 소대장 이하 6명의 돌격조 용사들을 위하여…」(로동신문, 1950.9.18)를 평양으로 보냈다. 9월 6일 자 로동신문에 실린 「전진이다! 진격이다!」는 곧 부산까지 진격할 감동을 노래한 시 였다.(제3장 북으로 간 언론인들의 말로 참고)

북한이 대표적인 종군 작가로 내세우는 소설가는 김사량(본명 金時昌)

---

59  문정식, 『펜을 든 병사들, 종군기자 이야기』, 전국언론노동조합연맹, 1999, 281쪽.
60  사회과학연구소, 『조선문학통사』, 인동, 1988, 242~245쪽; 신영덕, 『한국전쟁기 종군작가연구』, 국학자료원, 1988, 11쪽, 각주 14.

이다. 그는 4편의 오체르크(실화문학) 종군기를 남겼다. 종군기는 전쟁 기간에 로동신문에 게재했던 글을 묶어 그의 사후 북한에서 출간한『김 사량 작품집』에 수록되어 있다. 「서울에서 수원으로」(7월 4일부터 7월 6일 까지의 종군기) , 「우리는 이렇게 이겼다 / 대전공략전」(로동신문 1950.8.18~ 23), 「락동강반의 전호 속에서」(로동신문 1950.9.2~9.4), 「바다가 보인다 / 마산 진중에서」(문학예술, 1951.5)가 그의 종군기다. 「지리산 유격구를 지 나며」(로동신문, 1950.5.29~30)는 이 책에 수록되지 않았다.

한설야는 "전선 루뽀르타쥬와 아울러 선진 쏘베트 문학에서 생동적 인 쟌르로 널리 리용되고 있는 오체르크가 우리 문학에 광범히 리용되 었으며 또 리용되고 있는 사실을 반드시 이야기할 필요가 있다"고 말했 다.[61] 북한의 오체르크 종군기는 객관적 보도기사 형식이 아니라 주관 적인 문학 서술의 특징을 지니고 있다. 오체르크는 "소설문학에 비해 상대적으로 허구가 적게 쓰이며 흔히 아직 널리 알려져 있지 않은 사실 들을 사람들에게 제때에 알려 줌으로써 대중을 교양하는 데서 의의가 있다"고 평양에서 발행된『조선말대사전』에 설명되어 있다.


그렇다. 놈들의 항공대는 똥파리떼에 틀림없다. 토이기, 호주, 카나다 이런 똥파리와도 흡사한 나라들의 국기를 표식한 비행기를, 심지어는 장 개석의 청천백일마ー크와 일장기까지 떠다니니 이 어찌 앙천대소하지 않 겠는가? 트루맨과 맥아더는 조선상공을 미국항공발달사를 전시하는 박람 회장으로 아는 모양이다. 비행기란 비행기종류는 헌것, 늙은것, 중고품, 적은것, 큰것, 할 것없이 있는대로 모두 떠다닌다. 제각기 정도 맞추어 유

---

61  「전국 작가 예술가대회에서 진술한 한설야 위원장의 보고」,『조선문학』창간호, 1953.10, 115쪽.

엔 노예국들의 마—크를 달게 한뒤 공중에 띄워놓고 미국표식을 단 날쌔고
도 좋은 비행기가 쉬파리처럼 그것들을 거느리고 다니면서 소위 련합국
참전을 위조하는 것이다. 비행기중에는 하늘에서 조으는놈도 있고 중풍에
걸렸는지 후들부들 떠는놈도 있고 곧은목인지 바로 돌리지도 못하는놈까
지 섞였다. 대개 이런것들은 그 잘난 장개석 아니면 토이기의 마—크를 달
았다. (띄어쓰기, 맞춤법은 원문대로. 김사량, 「우리는 이렇게 이겼다」)


김사량은 서울에 왔을 때에 별이 달린 장군복을 입고 있었다는 목격담
도 있지만 공산주의자는 아니었다.[62] 북한군과 함께 후퇴하던 1950년 1
0~11월 사이에 강원도 원주 부근에서 심장병으로 낙오한 뒤에 소식이
끊어졌다. 강원도 원주를 불과 20여 리 앞둔 남한강 나루가에 이르러 고
질의 심장병이 도져 더는 걸을 수 없게 되었다. 이곳에 떨어진 김사량은
병이 좀 차도가 있게 되어 그 후 적후에서 활동하는 인민유격대에 참가하
여 싸우다가 36살에 장렬한 최후를 마쳤다고 북한 책은 기록하고 있다.[63]
『문학예술』 1951년 5월 호는 「바다가 보인다 / 마산 진중에서」를 게재
하면서 김사량의 소식이 없다면서 다음과 같은 전문前文을 붙였다.


작년 6월 25일 반격이 시작되자 씨는 종군작가로서 미제침략군대와 리

---

62  정영진, 위의 책, 194쪽. 김사량이 '장군복'을 입고 서울에 왔다는 증언은 『주간 每經』에
    실린 황산덕의 「교우기」(1988.5.10)를 인용한 것이다. 그러나 6・25전쟁 후 38년 세월이
    흐른 뒤에 황산덕이 기억으로 쓴 글이었다. 기억의 착오이거나 북한군의 계급장을 잘 몰
    랐기 때문에 '소좌' 복장을 '장군복'으로 잘못 안 것은 아닐지? 북한의 종군기자들은 인민
    군 '소좌'의 계급을 받았다는 증언을 참고 할 수 있다. 이철주, 『북의 예술인』, 계몽사,
    1966, 54쪽.
63  장형준, 「작가 김사량과 그의 문학」, 『김사량 작품집』, 평양 : 문예출판사, 1987, 21~22쪽.
    그의 최후에 관한 또 다른 해석은 정영진, 위의 책, 197쪽 참고.

승만괴뢰군을 격파하면서 진격하는 영웅적 인민군대와 가치 마산전선까지 참가하였다. (…중략…) 본 원고는 작년 9월 17일 진중에서 집필한 것이 최근에 도착된 것이다. 씨의 소식은 아직 없으나 이 루뽀루따-쥬는 2중영웅 칭호를 받은 방호산 부대의 마산전선의 생생한 기록인 것이다.

북한의 종군기자가 군대의 어떤 직급의 계급을 부여받았는지를 참고할 수 있는 기록을 보자. 북한의 『백과전서』(과학. 백과사전출판사)는 "위대한 수령님께서는 종군기자들에게 종군활동방향과 방도도 가르쳐주시고 취재차와 호위병을 배속시켜 주시였으며 친히 자신께서 서명하신 신임장까지 안겨주시는 크나큰 신임과 배려를 돌려주시였다"고 기록하고 있다. 『조선문학사』는 "어버이 수령님께서는 작가들이 최전선에서 활동하는데 불편을 느끼지 않도록 종군하는 모든 작가들이 인민군군복을 입고 군인들과 함께 생활하도록 해주시였으며 그들의 신변을 잘 보호해주고 군사행동과 전투상식도 배워주도록 해주시였다"[64]고 기술하고 있다. 김일성은 "전쟁의 불바다 속에서도 종군한 우리 작가들을 잊지 않으시고 군사칭호를 수여하도록 배려"했다는 것이다.

이처럼 종군작가(종군기자)를 우대하여 "현지에서 각종 문학 예술활동을 통하여 그들(인민군 전사)의 전투적 사기를 북돋아주고 최후의 전투승리에로 고무추동"(백과전서 및 북한 『문화예술사전』)하도록 독려했다. 『백과전서』에는 대표적인 '종군기' 세 편을 들었는데 「바다가 보인다」(김사량), 「해방된 서울」(이동규), 「강철청년부대」(김남인)이었다.

북한군 서울 점령 당시에 전선과 지방취재로 파견된 해방일보 특파

---

64  『조선문학사』 12, 평양 : 사회과학출판사, 1999, 23쪽.

원으로는 김달수, 리연호, 박영호, 고석, 김전이 있다. 박웅걸은 해방일보에 「락동강 적전 도하기(루포루타쥬)」를 2회 연재(9.3~4)했다. 그는 '종군작가'라는 직책으로 민주조선에 「잔학한 미 침략군들이 패주하면서 감행한 야수적 만행」(9.7)과 「전선일기, 영동에서 김천까지」(9.11)를 실었는데 특정 신문에 소속된 기자가 아니라 종군작가였던 것 같다. 박웅걸은 1946년 3월에 창간된 『적성赤星』의 편집인으로 올라 있던 사람이다. 김달수는 해방일보와 로동신문 종군기자로 이름이 나온다. 작가들의 종군기와 전쟁을 독려하는 글을 쓴 작가들이 많았던 것은 북한의 언론관이 반영된 것이다.

1951년 4월 26일 북한 최고인민회의 상임위원회는 '정령'으로 문학·예술인들에게 국기훈장과 군공메달을 수여했다.

국기훈장 제2급(7명)   이기영(작가), 이태준(작가), 임화(시인), 조기천(시인), 최승희(무용가), 한설야(작가), 황철(배우)
국기훈장 제3급(23명) 김조규(시인), 박웅걸, 신고송(작가), 김순남(작곡가).
군공메달(34명)       김북원, 이원우(시인), 남궁만(작가).
공로메달(38명)       김남천, 이북명(작가), 민병균, 박팔양, 황하일(시인).[65]

이밖에 배우, 사진가, 미술가, 촬영사, 연출가, 가수, 조각가, 무용가 등도 국기훈장 제3급과 군공메달, 공로메달을 받았다. 가장 높은 훈장을 받은 임화, 이태준과 공로메달을 받은 김남천은 2년 뒤에 무자비한

---

[65] 「국기훈장 및 군공메달 공로메달을 수여받은 문예술인들」, 『문학예술』, 1951.5, 38~39쪽.

비판을 받으면서 숙청되어 북한의 문학사에서 이름이 사라지고 말았다. (252쪽 이하 '훈장 받은 문화 예술인들'에 상세한 명단 참조)

### 4) 남한의 종군작가단

남한은 종군작가 조직이 정부 주도가 아니었고, 시기적으로도 늦었다. 전쟁 발발 이튿날인 6월 26일 전국문화단체총연합회(문총) 간부들이 문예사 사무실에 모여 비상사태대책을 논의하고 27일에는 '비상국민선전대'를 조직하여 국방부 정훈국의 발표문을 기안하는 활동을 시작했다. 하지만 정부와 군의 공식적인 뒷받침 아래 이루어진 조직이 아니었으므로 체계적으로 움직일 형편이 아니었다. 더구나 3일 만에 서울이 함락되어 문인들은 뿔뿔이 흩어진 상황에서 북한의 종군문인과 같은 수준의 활동을 벌이기는 어려웠다.

9·28 서울 수복 후인 10월 22일에야 공보처는 기자, 문인, 예술인으로 '종군문화반' 3개반을 구성하여 25일 서울에서 출발하여 전선을 둘러보도록 했다. 공보처장 김활란도 수복된 평양을 시찰하고 돌아와서 선전계몽이 시급하다는 소감을 밝히던 시기였다.[66] 공보처 파견 종군문화반은 제1대 동부전선(서울-원산-성진-나진), 제2대 중부전선(서울-원산-평양) 제3대 서부전선(서울-개성-평양)으로 떠났는데 각 대는 기자, 문인, 음악가, 화가 각 1명과 공보처 소속 사진반 2명을 합쳐 6명씩으로 구성되었다.[67] 그러나 전쟁이 발발하는 그날부터 군대를 따라다니면서

---

66 「선전계몽이 시급, 김 공보처장 시찰소감」, 『서울신문』, 1950.10.24.
67 「공보처 파견 북한종군 문화반 각 전선에 향발」, 『동아일보』, 1950.10.26.

종군기와 시 등을 써서 사기를 북돋우던 북한의 종군기자, 종군작가에 비해서는 너무도 초라한 단발의 '행사'에 그치고 말았다.

대구와 부산에 피난했던 문인들은 1951년 3월 9일이 되어서야 처음으로 공군의 지원을 받아 대구에서 종군문인단 창공구락부를 조직하였다. 단장은 마해송, 부단장은 조지훈과 김동리, 사무국장 최인욱으로 구성되었다. 명칭은 '공군종군문인단'으로 하되 내외의 통상명칭은 창공구락부였다.

'육군종군작가단'은 1951년 5월 26일 대구의 '아담' 다방에서 결성되었다. 단장 최상덕, 부단장 김송, 상임위원 최태응, 박영준, 이덕진 등을 선임하고 사무실은 영남일보사에 두었다. 육군종군작가단은 기관지 『전선문학』을 (1952.4)을 창간하여 이듬해 12월까지 7호를 발행하였다. 작가단은 국군 사병을 위하여 편집된 사병문고 『국민문고, 걸작소설 10인집』(청구출판사, 1952)도 발행했다.

'해군종군작가단'은 부산에서 5월에 결성되었다. 해군종군작가단은 처음에는 단장도 없이 박계주가 간사 역할을 맡았다가 나중에는 박연희가 이어받았다. 해군의 경우 윤백남, 염상섭, 이무영이 당시 현역 장교로 근무 중이었는데 "종군이라는 말은 당치 않으니 작가단원에 가입시킬 수 없다"고 하여 이들을 빼고 작가단을 결성하였을 정도로 군과 정부와는 거리를 두고 민간 신분의 작가들만으로 구성하였다. 북한은 종군작가, 종군기자에게 소위 또는 그 이상의 계급장을 달아 주고 군인과 함께 종군하였으나 한국의 종군작가들은 민간인 신분을 고집하였던 것이다.

윤백남, 염상섭, 이무영은 1950년 11월 초에 현역 종군작가로 입대했다. 이들은 손원일 제독과의 교섭 끝에 진해 해군사관학교에서 3개월

가량 특별훈련을 받은 뒤 윤백남은 중령, 염상섭과 이무영은 소령으로 특별 임관된 경우였다. 윤백남과 염상섭은 부산의 해군정훈감실에서 각각 공보과장과 편집과장으로 근무했고, 이무영은 진해 해군통제사령부 정훈실장으로 근무하다가 해군본부 정훈감으로 승진했다.[68]

사회적 분위기도 종군 작가에게 그다지 호의적이지 않았다. 문인들 가운데는 군에 복무하는 것을 권세에 아부하는 하는 행위로 인식하여 경원하는 경향도 있었고, 신문사나 출판사에서 종군기를 잘 실어주지 않는 경향도 있었다. 종군작가를 마치 '어용작가'로 여기고 그 작품은 예술성이 떨어지는 것으로 인식하는 경향도 있었다. 그러나 문인들은 종군작가단에 가입하여 봉급과 쌀 등 배급받았기 때문에 어려운 피난 생활에 큰 도움이 되었다. 창공구락부의 경우 군복과 구두, 쌀 광목 등을 배급받았다.[69]

---

68  정영진, 「종군작가, 그 자기투척의 궤적」, 『문학사의 길찾기』, 국학자료원, 1993, 265쪽.
69  종군작가단은 위의 책과 신영덕, 『한국전쟁기 종군작가 연구』(국학자료원, 1988)를 참고하였다.

# 제3장

# 북으로 간 언론인과 문인들

## 1. 자진 월북파

### 1) 다양한 동기와 월북 사연

월북 언론인은 크게 두 부류가 있다. 시기적으로 간단히 분류하면 6·25전쟁 이전에 자진 월북한 사람과, 전쟁 이후에 후퇴하는 북한군을 따라 월북한 부류이다. 전쟁 전 월북자 가운데는 8·15해방 전부터 북한이 거주지였던 사람도 있다. 이들은 월북이 아니라 원래 북한에 살던 사람이다. 해방 전부터 북한에 거주했던 한설야와 만주에서 살았던 장하일이 이에 속한다.

편의상 '월북 언론인'으로 부르지만, 개별적으로 살펴보면 북으로 간 언론인들의 사연은 다양하다. 좌익 문인을 연구한 정영진은 월북 시기와 동기에 따라 월북 문인을 다음과 같이 구분했다.[1] 문인의 경우이기는 하지만 당시 문인은 대부분 언론과 관련이 있었기 때문에 언론인의 경우도 이에 해당한다.

① 처형 수난 문인. 남한에서 빨치산 활동을 하거나 전쟁 중 북한군에 협조하였다가 사형당한 사람들이다. 김태준(金台俊, 국문학자·문학사가), 유진오(兪鎭五, 시인), 박치우(朴致祐, 철학자·비평가·언론인), 이인수(李仁秀, 영문학자·비평가)가 그들이다.

② 도피 월북 문인. 남한에서 '혁명활동'을 하다가 전쟁 전에 월북한 사람들. 임화, 이원조, 김남천(金南天, 소설가·비평가), 오장환(吳章煥, 시인), 지하련(池河連, 소설가이며 임화의 처), 박승극(朴勝極, 소설가·비평가) 등이다. 이 가운데 임화와 이원조는 다음에 살펴볼 것이다.

③ 지향 월북 문인. 북한의 체제와 이념에 동조하여 월북한 사람들. ① 구 카프(KAPF)계열 신념파들이다. 언론과 관련 있는 인물로는 박팔양(시인·일제 치하 中央日報의 사회부장), ② 환상적 좌익 동정파. 홍명희(소설가, 시대일보 사장), 홍기문(국어학자, 조선일보 학예부장, 조선일보·합동통신 전무이사).

④ 자의 입북 문인. 6·25 이후 9·28 서울수복의 기간 38선과 같은 현실적인 장애선이 없는 상황에서 북의 세력권에 합류하여 북행한 사람들이다. 이 가운데도 순수하게 자의로 입북한 경우와 북의 점령기간에 생존하기 위해

---

1    정영진, 「월·입북의 동기와 실종의 배경」, 『통한의 실종문인』, 문이당, 1989, 17~47쪽.

협력(부역)한 것이 허물이 되어 일시 피신의 길로 북행한 것이 영원히 돌아올 수 없게 되었던 경우로 나뉜다. 이용악(李庸岳, 시인)을 들 수 있다.

⑤ 타의 입북 문인. 시인 설정식(薛貞植, 시인, 번역문학가), 양미림(楊美林, 본명 楊濟賢, 일제시대 경성방송 PD) 등이 있다.

이들은 작품 발표의 무대가 언론이며 언론과 많은 관련이 있는 문화인들이다. 1951년 10월 서울시경은 작품발매를 금지하는 월북 작가의 명단을 관하 각 경찰서에 시달했다. 상부의 지시에 의하여 작성한 명단은 ① 전쟁 이전 월북 작가, ② 전쟁 이후 월북 작가, ③ 자진 월북 여부가 애매하여 내용을 검토 중인 작가로 대별했다. 명단에는 언론인이 다수 포함되어 있지만 언론인이 아닌 문인과 예술가도 있었다.

△ 6·25 이전 월북자

林和 金南天 安懷南 朴贊謨 玄德 李源朝 李泰俊 朴世永 李秉珪 金史良 李北鳴 許俊 韓雪野 李箕永 李燦 安含光 韓曉 洪命憙 洪起文 趙碧岩 吳章煥 池河蓮 吳基永 朴八陽 徐光堤 朴牙枝 宋影 林仙圭 咸世德 申鼓頌 金兌鎭 金順男 李冕相 朴英鎬 李善熙 崔明翊 閔丙均 金朝奎

△ 6·25 이후 월북자

洪九 李庸岳 李秉哲 薛貞植 朴泰遠 文哲民 裵皓 任西河 金東錫 金二植 朴啓明 朴商進 安基永 鄭玄雄 金晩炯 朴文遠 李範俊 李建雨 鄭鍾吉 김영식 姜亨求 朴魯甲 金沼葉 鄭鍾汝

△ 내용 검토 중의 저자

鄭芝溶 蔡廷根 朴露兒 金燦承 鄭人澤 金哲洙 崔永秀 金起林 全弘俊 [2]

6·25 이후 월북 인물 가운데는 어쩔 수 없는 상황에서 북으로 끌려간 사람인데도 '자진월북'으로 분류된 경우도 적지 않을 것이다. 세월이 흐르면서 월북 작가들에 대한 규제를 완화하는 단계를 거쳐 1987년 6·29 선언 이후에는 이들의 작품의 규제를 대부분 해제하는 조치를 취했다. 1988년 10월 27일 정부는 납북 또는 월북 예술인의 작품 가운데 1948년 8월 15일 이전에 발표된 순수 예술작품의 해금을 발표했고, 현재는 거의 모든 규제가 풀린 상태다.(이 책 258쪽 이하 '월북 작가에 대한 조치' 참고)

## 2) 남로당계 거점 해주제일인쇄소

월북한 언론인 가운데는 서울의 좌익 신문에서 활동한 사람이 많았다. 앞 장에서 살펴본 조선인민보와 해방일보를 포함하여 일간 예술통신(1946.11.5~1947.3.2), 문화일보(1947.3.11~9.24), 대중신보(1947.3.21~6.18), 노력인민(1947.6.19~8.17)이 있다.

좌익신문에 직접 참여하지는 않았지만 좌경 문필활동을 한 문인들도 적지 않았다. 언론인으로 활동하는 문인이 많았던 시기였다. 서울의 대표적인 좌익 언론인으로는 조선인민보의 김정도金正道(사장), 홍증식洪璔植(사장) 김오성金午星(편집국장), 임화林和(주필)가 있었고, 남로당 기관지 해방일보에는 권오직權五稷(사장), 조두원(주필, 조일명), 정태식鄭泰植(편집국장), 해방일보의 후신 노력인민의 홍남표洪南杓(사장), 이상호李相昊(편집국장), 윤형식尹亨植(편집국장), 정진섭鄭鎭燮(편집국차장), 『건국』을 발행하던

---

2    「서적단속을 강화, 월북작가 저서는 판금처분」, 『조선일보』, 1951.10.7. 문화공보부가 1987.8.12에 국회문공위원회에 제출한 자료도 있다. 『경향신문』, 1987.8.13; 『한국일보』, 1987.8.13.

## 북한 언론인 자료

월북, 납북을 막론하고 북으로 간 언론인의 소식은 거의 알려지지 않았다. 북한 언론인에 관한 종합적인 자료도 없다. 참고 할 수 있는 자료 가운데는 일본의 『현대조선인명사전』(世界ジャーナル社, 1962)이 있다. 사전은 1, 2부로 나누어 1부는 한국(1,589명), 2부는 북한(827명)의 인물을 실었는데 북한의 인물 가운데 언론인과 언론 경력이 있는 인물이 포함되어 있다. 이 사전은 다음 이유로 자료적 가치를 평가할 수 있다.

첫째, 1960년 이전에 생존했거나 북한에서 활동하던 인물에 관해서 중요한 참고자료로 활용할 수 있다. 둘째, 이 시기에 일본은 북한과 제한된 교류가 있었으며, 일본에는 조총련이 활동 중이었으므로 이를 통한 간접적인 교류도 가능했다. 반면에 한국은 북한과 대화가 완전 단절된 상태였다. 따라서 일본은 한국에 비해 북한 관련 자료가 정확했던 것으로 볼 수 있다. 셋째, 일본 외무성 아시아국 감수로 사전이 편찬되었기 때문에 일본 외무성이 수집한 자료를 활용하였을 것으로 판단된다. 한국에서 발행된 북한 인명사전은 1981년에 중앙일보 부설 동서문제연구소에서 펴낸 것을 자료로 참고했다. 대한적십자사의 『이산가족백서』(1976)에도 납북 언론인이 일부 수록되어 있다. 통일부가 출간한 『북한주요인사 인물정보』(2012)에는 해방공간에서 전쟁기간에 활동한 인물은 거의 수록되지 않았다. 『조선향토대백과』(평화문제연구소, 2004). 이 책은 남북한 공동편찬위원회 편찬으로 제17권(사회·문화·체육)에 언론과 문화 인물이 수록되어 있지만 전쟁 이후 숙청된 사실 등은 생략되어 있다.

김광수金光洙 등이 있다.

북으로 갔던 열성 남로당계 언론인들은 해주의 제일인쇄소를 근거로 6・25전쟁 전까지 대남 비방과 공산주의 선전활동을 펼치다가 전쟁 후에는 서울로 와서 해방일보와 조선인민보 발행에 주역을 맡았던 인물도 있었다. 이같은 사실은 1953년 8월 이승엽 등 12명 재판과정에서도 확인되었다. 박헌영은 1946년 10월에 월북하여 자신은 평양에 있으면서 남로당을 지휘하기 위해 38선과 가까운 해주에 제일인쇄소를 두고 전초기지 성격의 선전기구 겸 남로당 지도거점으로 활용하였다.

제일인쇄소는 황해도 해주시 해운동 북한로동당 황해도당 본부 옆에 있었는데 『인민의 벗』, 『민주조선』, 『인민조선』, 『노력자』 등 각종 좌익 선전물을 만들어 육로와 선편으로 서울로 밀송하는 한편 공작자금과 지령문도 내려 보냈다. 이 건물에는 무전기가 설치되어 있어서 평양의 박헌영과 서울의 남로당과는 항상 무전연락이 가능했다.

제일인쇄소의 편집국장은 김남천에 이어 박승원이었다. 박승원이 주필로 승진한 후에는 편집국 차장이던 이원조가 국장을 맡았다. 임화는 1947년에 모스크바 고급당학교에 입교 추천을 받았으나 성분과 경력이 불순하다 하여 취소당했기 때문에 이원조와 함께 제일인쇄소에 근무했는데[3] 어떤 직책이었는지 알 수 없다. 그밖에 주요 인물은 모두 박헌영의 직계였던 권오직, 박치우, 정재달, 이태준, 박승원, 이원조, 임화 등이었다.[4]

1953년 8월에 평양에서 열렸던 남로당 재판 과정의 진술을 토대로 좌

---

3  김남식, 『남로당연구』, 돌베개, 1984, 358쪽.
4  위의 책, 359쪽.

익 언론인의 전쟁 전과 후의 경력을 요약해 본다.

① 해방일보 사장 권오직權五稷(1906)

권오직은 1945년 9월 19일에 창간된 조선공산당 중앙위원회 기관지 해방일보의 사장이자 남로당 핵심 인물이었다. 그는 재판에 회부 되지는 않고 숙청되었다.

② 모스크바 유학 골수 공산당원 조일명趙一明(본명 趙斗元)

조일명은 서울에서 해방일보 편집국장, 노력인민 주필을 지냈고, 월북 후에는 북한 문화선전성 부상이었다. 강원도 양양군 현남면 후포매리에서 토지 약 1만 5천 평을 소유한 부유한 지주의 장남으로 태어났다. 연희전문 문과 졸업. 1926년 6·10 만세운동과 관련하여 평양에서 고려공산청년회에 간여하여 일제경찰에 잡혔다가 소련으로 도피하여 모스크바동방노력자공산대학에 다녔다. 1929년 코민테른으로부터 김단야 金丹冶(일명 泰淵)·김정하金鼎夏와 함께 조선공산당 재조직의 명을 받고 귀국하여 한동안 원산에서 이주하李舟河와 함께 활동하였다. 1929년에는 김단야 및 뒤따라 입국한 권오직權五稷 등과 함께 조선공산당재조직준비위원회를 결성하고, 서울에서 학생운동을 적극적으로 조직화하려 하다가 1929년 12월 일제경찰에 체포되어 3년 6개월의 징역형을 언도받아 복역하다가 1933년 10월에 만기 출옥하였으나 같은 해 12월에 다시 체포되어 1934년 4월에 석방되었다. 그 뒤 고향에 돌아와 지내다가 1938년 서울로 올라와 술장사 등으로 공산주의 활동에서 이탈하였다.

1944년 2월부터는 대화숙大和塾 인쇄소 주무원으로 근무하면서 "일제의 조선 식민지화 정책을 적극 방조하였다"고 재판정에서 진술했다. 같은 기간 3개월간 대화숙 야간학교 일본어 교사를 지냈으며, 7월에는 대화숙 기관지 『사상보국』에 "황국 신민이 되기 위해서는 일본말을 배워야 한다"는 내용의 '반역적 논문'을 발표했다. 대화숙은 일제 말기 1941년에 조직된 이른바 사상교양 단체이다.

1945년 광복 직후 9월에 창간된 공산당 기관지 해방일보의 편집국장으로 근무했고, 이듬해 5월 해방일보가 폐간된 후에는 남로당 간부부 부부장, 해방일보의 후신 남로당 기관지 노력인민 주필을 역임했다. 해방공간의 좌파 언론인을 대표하는 인물의 하나였다. 1947년 12월(박헌영 재판 증언 때는 11월 초에 월북했다고 말함)에 월북하여 1949년 12월 조선노동당 중앙본부 서기로 승진하였으며, 북한군이 서울을 점령 중이던 1950년 8월 서울시인민위원회 계획위원장이었다. 1951년 1월부터 민주조선 부주필을 맡았다가, 1951년 11월에는 문화선전성 부상으로 활동하였는데 재임 중인 1953년 초에 체포되었다.

조일명은 박헌영과는 동서간이라는 인연도 있었다. 1955년 12월 박헌영의 재판에 증인으로 출정하여 "저의 처남인 동시에 박헌영의 처남인 윤대현"을 6・25전쟁 서울 점령기간에 의용군 본부 내에 '특수부'라는 살인단체를 설치하여 그 책임자로 임명했다고 말했다. 박헌영의 첫 아내는 주세죽朱世竹인데 북한에서 1949년에 재혼했던 젊은 아내 윤례나가 윤대영의 여동생이자 조일명의 처제였다. 평양에서 치러진 박헌영과 윤례나의 결혼식에서 김일성이 꽃다발을 건네며 축하하는 장면이 있다.[5]

---

5    임경석, 『이정 박헌영 일대기』, 역사비평사, 2004.

### 3) 언론인 문인으로 유격대 활동도

③ 서울신문 정치부장 출신 유격대 박승원朴勝源(일명 박일철)

박승원은 서울신문 정치부장이었고, 월북 후 노동당 중앙위원회 연락부 부부장을 지냈다. 경북 영주군에 2만평의 토지를 소유한 지주 가정에서 성장했다. 보성전문 상과 재학 중 1932년 학생운동 사건으로 일본에 건너갔다. 공산당사건으로 몇 차례 체포된 경력이 있다. 1937년에 전향하여 매일신보기자로 입사했다가 일제 말에 퇴사했다.[6] 광복 후 서울신문 창간 때에 정치부장이었는데, 곧 그만두고 1946년 1월부터는 남로당 선전부장 대리를 맡았다. 같은 해 6월에 월북하여 박헌영의 지시로 해주 제일인쇄소의 편집국장으로 근무하다가 1948년 말부터 부주필, 주필을 맡았다. 1949년 7월에 로동당 연락과장으로 근무하던 중 1950년 3월부터는 유격대로 참가하였다가 5월에 북으로 올라갔다. 6월에는 전라북도당 조직 임무를 맡고 다시 남한에 잠입해 있는 사이에 전쟁이 일어나서 북한군이 광주를 점령했을 때에는 그곳에 있었다. 경기도지사에 해당하는 직책인 경기도인민위원회 위원장을 지냈고, 1951년 5월 중앙당 연락부 부부장 재임 중에 체포되었다.

공판기록에 나타나지는 않았지만 박승원은 북한군이 패퇴했던 1950년 11월 초에는 유격지대遊擊支隊의 제1지대 정치부지대장政治副支隊長으로 임명되어 1951년 1월 하순에 강원도 오대산지구로 남하했다. 지대원은 약 1천 명 규모로 서울·경기도 출신으로 편성되었는데 국군과의 전투

---

6   1941년 매일신보 사원명부에는 박승원(창씨 개명 龍元勝夫)이 조사부 근무, 1942년에는 사회부 기자로 되어 있다.

에서 대부분 사살되어 일부 병력은 북으로 도주했다.[7] 박승원도 이 때 북으로 다시 올라간 것이다. 박승원은 신문제작에 참여하여 선전활동을 펼치기도 했지만 남북한을 넘나들며 유격대로 참가하였던 행동파였다.

### ④ 이육사의 동생 문학평론가 이원조李源朝

6·25전쟁 중 해방일보 주필, 일제치하 조선일보 기자를 지냈던 문인 겸 언론인이었다. 조선노동당 중앙위원회 선전선동부 부부장. 경상북도 안동 출신으로 시인 이육사李陸史의 동생이다. 이육사는 1931년부터 조선일보 대구지국 기자로 근무한 적이 있었다. 이원조는 조선일보 편집고문을 지낸 귀족 출신 이관용李灌鎔의 사위였다. 동생 이원창李源昌도 일제 강점기에 조선일보 인천주재 기자로 근무하다가 광복 후에는 인천신문 창간에 참여하여 사회부장을 지내기도 했다.[8] 세 형제가 언론과 인연이 있었던 집안이다.

이원조는 니혼대학日本大學 전문부와 호세이대학法政大學에서 불문학을 전공했다. 1930년대 초반 조선프롤레타리아 예술가 동맹KAPF에 참여하여 활발한 평론활동을 폈고 대학 졸업하던 해인 1935년에 귀국하여 조선일보 학예부 기자, 차장이었다가 1939년 7월 대동출판사 주간대리로 옮겼다. 1944년 6월에는 조선일보가 발행하던 『조광』에 입사했다. 광복 후에는 임화, 이태준, 김남천과 함께 조선문화건설중앙협의회를 조직하여 서기장을 맡았고, 공산당에 입당했다. 1946년 4월부터 9월까지는 현대일보 편집국장으로 재직하면서 민전(민주주의민족전선) 사업에도

---

7    김남식, 『남로당연구』, 돌베개, 1984, 462쪽. 김남식의 『실록 남로당』(한국승공연구원, 1979)도 같은 내용이다.
8    조선일보 사료연구실, 앞의 책, 2004, 230~234쪽.

참여했다. 현대일보에 미군의 정책을 반대하는 내용을 실었다가 체포령이 내리자 1947년 초에 월북하여 이듬해부터 해주 제일인쇄소 편집국 차장으로 근무하던 중 국장 박승원이 그 인쇄소의 부책임자(주필)로 승격하자 국장으로 승진하여 6·25전쟁 전까지 그 자리에 있었다. 전쟁 후에 서울에서 발행된 해방일보의 주필이 되었다. 1951년 4월 초에는 중앙당 선전선동부로 옮겨 6월부터 선전선동부 부부장 재임 중에 체포되었다. 재판에 회부된 언론인 가운데는 유일하게 징역 12년형을 받아 일단 목숨을 건졌다.

⑤ 시인, 번역문학가 설정식薛貞植

조선인민군 최고사령부 총정치국 제7부 부원. 중국 요령성 제3고급 중학교에서 공부했고, 연희전문을 거쳐 일본 메지로상업학교 졸업 후 연희전문 문과 졸업, 미국 오하이오주 마운트유니언대학 영문과 졸업, 뉴욕 컬럼비아대학 연구생 등 다양한 학력을 거친 엘리트였다.

설정식은 언론인 설의식의 동생인데 광복 후 동아일보 재건을 위한 교섭에 미군과 접촉했다고 재판과정에서 말했다. 탁월한 영어 실력으로 광복 후 미군정청 공보처 여론국장으로 근무했고, 1946년 좌익 문인 단체인 조선문학가동맹에서 외국문학위원장을 맡았다. 1947년 1월에는 남조선과도입법의원의 부副비서장에 임명되었다. 그 직후인 2월 1일 자 동아일보에는 「태양 없는 땅」이라는 시를 발표했다.

> 곡식이 익어도 익어도 쓸데없는 땅
> 모든 인민이 등을 대고 도라선 땅

설정식은 남한의 현실을 "태양 없는 땅"으로 묘사한 것이다. 광복 후 1947년에서 1948년 사이에 시집 3권(『종종鐘』, 『포도葡萄』, 『제신諸神의 분노』)과 장편소설 『청춘』(1946)을 출간했던 문인으로 셰익스피어의 작품들을 번역했다.

설정식은 1948년 2월경에는 영문일간 『서울 타임스』의 주필겸 편집국장에 취임했으나 10월 초에 사임했고, 신문 폐간과 함께 체포령이 내렸다. 6·25전쟁으로 북한군이 서울을 점령하자 9월 10일부터 인민군 전선사령부 문화훈련국 제7부에 들어갔다. 휴전회담 초기인 1951년 7월에는 연락장교로 북한군 소좌 계급장을 달고 문산에 나타났다.[9] 이때부터 정전위원회 북한군 대표단 통역으로 근무하던 중에 남로당 사건으로 체포되었다.

## 4) 박헌영을 추종했던 임화

임화는 일제 강점기에 시인, 문학평론가로 활약했고, 광복 후에는 조선인민보 주필을 지냈다. 임화는 평양에서 진행된 북한 군사재판정에서 자신이 빈농 출생이었다고 진술했는데 서울의 소시민 가정에서 성장했다. 재판정에서 임화는 4~5세 때에 가정은 소상업을 경영하였고, 17~18세까지는 소시민적 가정환경에서 자랐다고 말했다. 1921년 보성중학교 입학하여 시를 쓰기 시작하였다. 이기영, 한설야 등과 같이 조선공산당의 영향 하에 조직된 카프KAPE, Korea Proletarian Artist Federation에 1926년 12월경 가담하여 프로시인으로 활동하였다. 1928년 7월경에는 카프 중

---

9 「시인 설정식 괴뢰군 소좌로 개성체류」, 『동아일보』, 1951.7.19.

앙위원, 1932년 4월 무렵에는 카프 서기장을 맡았다. 1934년 4월과 5월 사이에 카프의 지도자였던 이기영, 한설야를 비롯한 대부분의 간부들이 전라북도 경찰부에 검거되었으나 임화는 병중이었기 때문에 체포되지는 않았다.

광복 후 월북하기 전까지 임화는 박헌영, 이강국 노선의 민전(민주주의민족전선) 기획차장으로 활동하였으며, 노력인민이 창간될 때에는 박헌영을 극찬하는 시를 썼다. 좌익신문 문화일보에 실었던 「박헌영 선생이시어 우리게로 오시라」는 이런 구절이 있었다.(문화일보, 1947.6.13)

또다시 조국을
짓밟는 민족의 원수들을 향하여
우리들이 일어났던 저 3월 22일[10]


박헌영 선생은
서울, 부산, 광주
남조선 방방곡곡에 있었다.


민족의 앞길에
돌을 던지던
민족의 원수들을 물리치고
민주정부가 서려는 오늘

---

10  1947년 3월 22일 총파업 날을 말한다. 서울, 부산, 광주 등지에서 일어난 파업은 박헌영 체포령 취소, 좌익지 조선인민보, 조선중앙일보, 해방일보의 정간 취소 등의 요구를 내걸었다.

임화

박헌영선생이시어

우리게로 오시라

우리에게 군림하시라 (1947.6.12)

임화의 시가 실린 같은 날짜 문화일보에는 김
남천의 「민족 대서사시의 영웅적 주인공 박헌영
선생」이라는 글도 실렸다. 1947년 6월 19일에 남
로당 기관지 노력인민이 창간될 때에 임화는 「박
헌영 선생이어 '노력인민'이 나옵니다」라는 시를
박헌영에게 바치기도 했다. 김윤식은 해방공간에서 임화가 시인으로 존
재했던 기간은 1945년 '9월 22일'까지였다고 평가했다. 이 기간을 지나면
서 그는 시인이면서 시인이 아니었다. 박헌영의 대변인에 지나지 않았다
는 것이다.[11] 북으로 올라간 후 1948년에는 박헌영에게 바치는 헌시를 지
어 김순남을 시켜 해주에서 열린 대표자대회에서 낭독케 한 일도 있었다.
(이원조의 재판과정 증언. 재판문헌, 321쪽)

월북 후 임화는 1947년에는 해주 제일인쇄소에서 남한을 향한 선전
활동을 하다가 6·25전쟁으로 북한군이 서울을 점령했던 기간에는 조
선문화총연맹을 조직하여 부위원장을 맡았다.[12] 6·25전쟁 후 서울에
서 발행된 해방일보와 북한의 로동신문에 임화는 「전선에로! 전선에로!
인민의용군은  나아간다」(해방일보, 1947.7.8), 「서울」(해방일보, 1947.7.24),

11   김윤식, 『임화연구』, 문학사상사, 1989, 608쪽.
12   서울 함락 직후 1950년 7월 4일 자로 작성된 등록서류에는 위원장은 없고 부위원장 임화,
     서기장 김남천으로 되어 있다. 『1950·9 서울시임시인민위원회 정당 사회단체등록철』,
     사단법인 한국안보교육협회, 1990, 639~642쪽.

「원쑤와의 싸움에 더욱 용감하라!」(로동신문, 8.19)와 같은 시를 발표하면서 북한군을 따라 낙동강 전선까지 내려와서 종군하였을 정도로 열렬한 공산주의자였고, 행동하는 평론가 겸 시인이었다.

낙동강 전선에서는 「전진이다! 진격이다! / 락동강전선 ○○지점에서」(로동신문, 1950.9.6)와 「한번도 본일 없는 고향땅에 / 오득천 소대장 이하 6명의 돌격조 용사들을 위하여…」(로동신문, 1950.9.18)를 써서 평양으로 보냈다. 로동신문에 실린 시 「전진이다! 진격이다!」(후에 「밟으면 아직도 뜨거운 모래밭 건너」로 제목을 바꾸었다)는 부산까지 진격할 태세를 갖춘 북한군의 진지에서 체험한 긴장과 감동을 묘사했다.

밟으면 아직도 뜨거운 모래밭 건너
그림자 아득한 저 산마루가
우리들이 맨 먼저 탈취할 자랑스런 고지
그 아래 산구비를 돌아

서남으로 뻗어간 저 공로가
우리의 사랑하는 탱크대가
우렁우렁 용감한 심장을 울리며
왜관으로 돌진할 승리의 길

진격명령은 어느 때나 내리는 것이냐

귀 기울이면 들려오는

전우들의 가쁜 숨결 소리

(…중략…)

앞으로 앞으로
낙동강을 건너 왜관을 지나
나아가자 동무들아 다만 앞으로
앞에는 대구 그 다음엔 부산
또 그 다음엔 원쑤들이 처박힐
현해탄의 물결 높고 험한 바다
그 위로 떠오르는 찬란한 아침과 태양과 더불어
우리의 영광스런 깃발을 휘날리기 위하여
전우들아! 전진이다. 진격이다.

거기가 끝이었다. 임화는 패주하는 북한군을 따라 북으로 쫓기는 신세가 되었다. 전쟁이 터진 후 그와 전처 이귀례와의 사이에 낳은 딸 혜란이는 북한군에 입대하여 전라도 쪽으로 내려갔다. 서울을 점령한 북한군이 거칠 것 없이 파죽지세로 남진하던 때였다. 아버지와 딸은 이렇게 헤어졌다.

우리는 간단 말조차
나눌 사이도 없이
너는 전라도로
나는 경상도로

떠나갔다.

낙동강 전선을 뚫고 당장이라도 왜관을 점령하고 대구와 부산을 거쳐 승리를 노래할 날을 고대했던 임화는 처량한 패잔부대를 따라 북으로 쫓겨 갔다. 임화는 여군에 입대하여 전라도 쪽으로 내려간 딸의 안위를 걱정하면서 12월의 어느 날 "삼동 긴 밤의 살을 어이는 한기가 뼛속 깎아 스며들어 참을 수 없는 밤"에 「너 어느 곳에 있느냐 / 사랑하는 딸 혜란에게」를 썼다.

> 불타고 허물어진
>
> 숱한 마을과 도시를 지나
>
> 우리들의 사랑하던
>
> 서울과 평양을 거쳐
>
> 절벽으로 첩첩한 산과
>
> 천리 장강이 여울마다 우는
>
> 자강도 깊은 산골에 와서
>
> 어디메에 있는가 모를
>
> 너를 생각하며
>
> 이 노래를 부른다

'자강도 깊은 산골'은 압록강에 맞닿은 북한의 끝자락이다. 소식을 알 수 없는 딸의 안위를 걱정하는 아버지의 마음을 읊으면서도 "경애하는 우리의 수령" 김일성의 말대로 "너의 전력을 다하거라 / 원쑤가 망하고

우리가 / 승리할 때까지 싸우라"고 딸에게 당부했다.[13]

　김윤식은 "시인이면서 시를 버렸던 임화로 하여금 마침내 시인이게끔 만든" 것이 6 · 25였다고 평가했다.[14] 임화가 「너 어느 곳에 있느냐」를 쓰던 1950년 겨울 무렵에는 로동신문도 정상적으로 발행될 형편이 아니었다. 이 때 이후에 쓴 시는 1951년 12월에 발행된 임화의 전선문고 시집 『너 어느 곳에 있느냐』에 담을 수밖에 없었다. 그러나 "완전한 금자탑적 작품"으로 칭송받던 임화의 열정적인 시는 남로당 숙청 시기에는 "염전厭戰 사상을 전파시키는 가증스러운 작품"으로 비판받는 증거물이 되었다.[15] 북한의 사회과학원 문학연구소는 「너 어느 곳에 있느냐」와 「바람이여 전하라」가 "영웅적 투쟁에 궐기한 우리 후방 인민들을 모욕하고 그들에게 패배주의적 감정과 투항주의 사상을 설교 하였다"고 비난하고 이미 사형당한 임화를 문학적으로 또한번 단죄했다. 임화의 작품에 대한 사후의 비판은 뒤에서 살펴보겠다.

　1953년 8월에 열린 재판 기록에 나오는 임화의 직업은 '전 조쏘문화협회 중앙위원회 부위원장'이었다. 이 단체는 북한체제의 이데올로기로 채택된 소련의 공산주의 사상 보급에 가장 중요한 역할을 담당했다. 소련군 진주 초기인 1945년 11월에 결성되었는데 1950년 이 단체의 구성원은 160만 명이었고, 1953년에는 230만 명에 달했을 정도로 영향력이 막강했다. 이 단체의 장으로는 북한의 중요한 공식작가였던 이기영이 선

---

13　인민군에 입대하여 전라도 방면으로 내려왔던 임화의 딸 혜란은 북으로 올라가지 못하고 남한에서 신분을 숨긴 채 살다가 미군과 결혼하여 이민을 떠났을 것이라는 주장도 있다. 정영진, 『바람이여 전하라』, 푸른사상, 2002.
14　김윤식, 앞의 책, 626쪽.
15　조영복, 『월북 예술가 오래 잊혀진 그들』, 돌베개, 2002, 41쪽.

발되었다. 이 단체가 전개했던 다양한 활동 중에는 북한의 작가와 문화인들을 소련에 여행 보내는 프로그램도 있었다.[16] 임화는 이 단체의 부위원장이라는 유력한 위치였다. 임화 자신도 소련 대외문화연락협회 초청으로 1951년 4월 22일 5·1절 경축 조선 대표단 일행이 모쓰크바를 방문했을 때에 조쏘문화협회 부위원장 자격으로 방문단에 참가했다. 그때 지은 시 「모쓰크바」에서 임화는 공산주의 수도 모스크바를 세계에서 가장 아름답고 평화로운 '수도 가운데도 수도'인 도시로 이렇게 찬양했다.

나는
오월에 아즉도
눈비 뿌리던 태백산 골짝
원쑤의 뜨거운 탄환을
맨몸으로 막으며
이 도시를 노래하던
슬기로운 조선인민유격대의
이름으로 모쓰크바를 노래한다.

도시 가운데도 도시인
모쓰크바
수도 가운데도 수도인
모쓰크바

---

16  안드레이 란코프, 김광린 역, 『소련의 자료로 본 북한 현대정치사』, 도서출판 오름, 1999, 317쪽.

아름다운 것 가운데도 아름다운 것인

모쓰크바

평화로운 것 가운데

평화로운 것인

모쓰크바

위력한 것 가운데

위력한 것인 모쓰크바


그러나 임화는 월북한 남로당 출신들과 함께 1953년 3월 5일에 체포되어 군사재판소에서 사형선고를 받아 처형된다.


## 2. 두 갈래 운명


### 1) 납북 언론인들

6·25전쟁 중에 많은 언론인들이 납북되거나 살해당했다. 피살 언론인은 36명이고 납북 249명에 이른다. 합쳐서 285명의 언론인이 죽거나 납북되어 영원히 돌아오지 못한 채 생을 마쳐야 했다. 언론계의 규모가 지금에 비해 훨씬 적었던 시기였으므로 피해의 정도는 매우 심각했다.

납북 언론인 가운데는 신문사 사장, 편집국장 등이 여러 사람이었다. 방응모方應謨(조선일보 사장), 안재홍安在鴻(한성일보 사장), 백관수白寬洙(일제시대 동아일보 사장), 언론인이면서 소설가였던 이광수, 방송인 겸 시인 김억金億, 방송인 겸 수필가 김진섭金晉燮 등 신문과 방송계의 많은 거물들이 포함되어 있었다. 현대일보 사장 서상천徐相天, 한국통신의 김승식金承植(전 사장), 김용채金容采(당시 사장), 대한통신의 이중희李重熙가 납북된 사장들이다.

5개 일간지의 현직 편집국장도 납북되었다. 경향신문의 신태익申泰翊, 동아일보의 장인갑張仁甲을 비롯하여 한성일보의 양재하梁在廈, 자유신문의 마태영馬泰榮, 태양신문의 남국희南國熙가 중앙지의 납북된 현직 편집국장이었다. 강원일보 편집국장 남궁태南宮珆를 비롯한 지방지 사장과 편집 간부도 있다. 일제 강점기부터 활동하던 많은 원로 언론인과 언론사의 현직 주필, 국장급과 부장, 기자들이 본인의 의사에 반해서 납치되어 영원히 돌아오지 못하는 길을 떠났다.[17]

북한은 1956년 7월 2일 6·25전쟁 때에 납북 또는 월북한 인사들을 불러내어 노동당 통일전선부의 외곽단체인 '재북평화통일촉진협의회'를 결성하여 선전용으로 활용하였다. 안재홍, 백관수, 김억, 양재하, 김동환金東煥(시인, 월간『삼천리』사장), 현상윤玄相允(고대 총장, 전 동아일보 감사), 김용무金用茂(동아일보 취체역), 김용채, 이중희가 포함되어 있는 것으로 보아 이들이 이때까지는 북한에 생존해 있었던 것으로 확인되었다. 그러나 북한에서 어떤 생활을 하고 있었는지 정확한 내용은 알 수 없다. 이 같은 단체에 관계했던 인물들이 월남하여 남긴 증언에서 납북 후 이들의 행적을 엿볼 수 있을 뿐이다.

명제세明濟世는 블라디보스토크외국어학교에서 중국어를 공부한 후 1906년 대한매일신보 평안북도 지사장을 지냈고, 일제시대에는 물산장

---

17  정진석,『6·25전쟁 납북』, 기파랑, 2006, 참고.

언론사별 남북 희생자

| 소속사 | 인원 | 사장 | 국장 | 주요인물 |
|---|---|---|---|---|
| 피살언론인 | 36 | | | 이종린 신일용 고영환 한오혁 손상보 |
| 저명언론인 | 13 | | | 이광수 최 린 김형원 이성근 김동환 |
| 조선일보 | 9 | 방응모 | | 김기림(학예부장) 이 윤(전무) |
| 동아일보 | 16 | 백관수 | 장인갑 | 이길용(체육전문기자) 백운선(사진부장) |
| 서울신문 | 11 | | | 김진섭(출판국장) 박종수(편집부국장) |
| 경향신문 | 9 | | 신태익 | 최영수(출판국장, 만화가) 정지용(초대주필) |
| 자유신문 | 7 | 정인익 | 마태영 | 이정순(전 편집국장) 최영준(사회부장) |
| 대동신문 | 3 | | | 최태규(전 기자, 제헌국회의원) |
| 한성일보 | 7 | 안재홍 | 김찬승 | 양재하(발행인) 김기천(주필) |
| 현대일보 | 7 | 서상천 | 임서정 | 박상학(정치부장) |
| 민주일보 | 4 | 안병인 | | 유근창(주필) |
| 부인신문 | 4 | 황기성 | | 전희복(문화부장) |
| 연합신문 | 5 | | | 안찬수(편집부국장) 김보민(논설위원) |
| 태양신문 | 5 | | 남국희 | 유남진(전무) |
| 서북신문 | 7 | | | 이영녕(부사장) |
| 2명남북 | 10 | | | 김용찬(평화신문전무) 황대벽(중앙신문전무) |
| 지방신문 | 5 | | | 남궁태(강원일보 편집국장) |
| 기타신문 | 14 | | | |
| 통신사 | 11 | 김승식 | | 김용채(한국통신부사장)이중희(한국통신사장) |
| KBS | 28 | 홍양명 | | 이정섭(조선방송협회회장) 김억 한덕봉(技監) |
| 잡지출판 | 19 | | | 박영랑(문화정보 사장) 심언정(을유문화사) |
| 소속불명 | 55 | | | 소속사는 알 수 없고, '기자', '언론인'으로 표시 |
| 계 | 285 | \* 이 책 231쪽(269명)과 차이가 있음 | | |

려운동에 참여하여 기관잡지 『조선물산장려회보』, 『자활』, 『신조선』(또는 실생활)의 편집을 맡았다. 광복 후에는 정계에서 활동하다가 6 · 25전쟁 때 납북되어 1956년 7월 재북평화통일촉진협의회 집행위원으로 이름이 올라 있다.

자의로 월북한 언론인과 원래 북한에 있던 언론인 가운데는 공개적인 활동을 통해 그들의 행적이 알려진 사람들이 있었다. 로동신문(노동당 기관지), 민주조선(내각 기관지), 조선중앙통신과 같은 관영매체에 종사하거나 학계 등 북한사회에서 활동한 인물들이다.

## 2) 살아남은 월북 언론인들

월북 언론인 가운데 남로당 계열로 처형되지 않고 활동한 인물은 누구일까.

**김광수**金光洙 전라도 지주의 아들이며 유명한 공산주의자 김철수의 동생. 일제 강점기에는 조선일보 영업국장, 1933년 5월부터 조선일보 오사카 지국장, 1936년 8월에는 본사 영업국장, 9월부터는 광고국장 겸임, 1938년 7월에는 인쇄부장을 겸했다가 8월에 퇴사한 후 고무공장을 경영했다. 광복 후 공산당 중앙위원회 간부로 활약하면서 『건국』을 창간했다. 1946년 8월 검찰에 구속되어 신문지법 위반으로 징역 8개월에 집행유예 2년이 언도되었다. 1948년 제1기 최고인민회의 대의원(남조선대표)으로 참석했고, 상업성 부상을 지냈으나 1953년 종파분자라는 죄명으로 숙청당했지만 1958년 11월 조선민주청년동맹 중앙위원회 국제부장에 김광수라는 인물이 있었다. 같은 이름의 다른 사람인지 여부는 알수 없다.

**오기영**吳基永 오기영은 북한에서 『조국전선』 주필(1958) 등을 지냈다. (제2장 3절 4항 「조선인민보 제작진」 참고)

**이갑섭**李甲燮 전 조선일보 주필. 1933년 경성제대 졸업 후 조선일보 기자로 출발하여 광복 후에는 조선일보 주필을 지냈다. 전쟁이 일어난 후에 월북했으나 북한에서 무슨 일을 했는지는 알려진 것이 없다. 그러나 북한 기자동맹 기관지 『조선기자』 1957년 9월 호에는 이갑섭이 연재한 「조선신문사(5)」가 실려 있다. 『조선기자』는 1957년 9월 호의 지령이 제7호인 것을 보면 같은 해 3월에 창간되었을 것이다.

이갑섭은 5월부터 신문사를 연재한 셈인데 그는 아마도 김일성대학에서 신문학을 강의하고 있었던 것 같다. 1958년 10월에 출간된 『력사논문집』(제2집, 과학원출판사)에 실린 「조선신문의 원형原型으로서의 기별지에 관하여」라는 논문에 '김일성종합대학 신문학강좌'라는 표시가 붙어 있지만 이 논문은 이갑섭이 쓴 것이 확실하다. 200자 원고지로 계산하면 약 300매에 달하는 긴 분량이며 깊이 있는 연구 결과였다. 이갑섭은 학벌과 언론 경력으로 보아 북한에서 중요한 역할을 맡았을 수도 있는데 그런 흔적은 보이지 않는다.(제4부 제2장 「이갑섭의 조보 연구」 참고)

**정진석**鄭鎭石 광복 후 연희대학 강사, 자유신문 주필, 문화일보 편집고문. 1948년 월북, 김일성대학 교수, 1953년 송도정치경제대학장, 1964년 3월 로동신문 부주필.

**정현웅**鄭玄雄 화가. 일제 치하 동아일보, 조선일보 삽화 담당. 도서 장정가. 광복 후 서울신문 출판부장, 서울신문이 발행한 『신천지』 편집인. 1948년 좌익계열의 미술인 단체 조선미술동맹 간부로 활동하다 6・25 전 이 단체의 서기장을 맡았다. 1950년 9월 26일 후퇴하는 인민군을 따라 북으로 갔다. 1956년 10월 조선물질문화보존위원회 제작부장으로 10여 년 동안 고구려 고분 벽화 재현 사업을 주도했다. 안악고분과 강서고분 등 그가 모사模寫한 벽화는 조선미술박물관과 조선력사박

물관에 전시되어 있다. 그는 일제 말기에 친일적인 그림을 그렸다하여 한 때 친일파로 분류되었으나 아들 정지석의 적극적인 노력으로 친일인명사전에서 제외될 수 있었다.[18] 아들 정지석은 정현웅기념사업회를 설립하여 『정현웅전집』(도서출판 청년사, 2011), 『만화가 정현웅의 재발견』(현실문화, 2012)을 출간하였다.

**허정숙**許貞淑 허헌의 딸. 일제시대 동아일보 여기자. 최창익(후에 북한 부수상)과 결혼했다 헤어지는 등 사생활 문제로 화제를 뿌렸다. 월북 후 제1기와 제2기 최고인민회의 대의원, 문화선전상, 사법상, 최고재판소 소장 등 북한의 요직을 맡았다.

**허헌**許憲 일제시대 동아일보 사장 직무대리, 보성전문학교 교장. 월북 후 1948년 8월 제1기 북한최고인민회의 대의원, 9월 최고인민회의 의장, 김일성대학 총장 등 북한 고위요직을 맡았다. 1951년 8월 사망. 여기자 허정숙의 아버지.

**홍기문**洪起文 조선일보・합동통신 전무이사. 1935년 조선일보 학예부장, 1937년 9월 동 논설위원, 1938년 학예부장 겸 사업부장, 해방직후 1945년 11월~1946년 4월 서울신문 고문, 동 주필겸 편집국장, 감사를 맡았고, 합동통신 전무취체역(1946.11~1948.4), 1948년 11월 조선일보 전무이사가 되었다가 월북했다.

홍명희의 아들이며, 국어학자로서 신라 향가연구의 권위자였다. 월북 후 김일성대학 교수, 사회과학원장, 최고인민회의 대의원 등 요직을 맡았다. 홍기문은 북한에서 『리조실록』 번역 작업을 총괄하여 1975년

---

18  정진석, 「친일오명에 묻힌 항일언론인 진실 밝혀내, 서훈과 언론 후손들의 업적찾기」, 『신문과 방송』, 한국언론진흥재단, 2011.6, 102~110쪽.

에 번역본 첫 권을 내놓았고, 1991년에 완간했다. 총책임은 홍기문(원사, 박사, 교수)과 번역성원(58명), 교열성원(22명), 심사성원(6명), 편집성원(14명), 교정성원(25명), 편성 및 발행성원(10명)으로 구성된 여러 '성원' 가운데는 박사, 준박사, 교수, 부교수 등이 많았다.

**홍남표**洪南杓 시대일보 지방부장, 노력인민(47.6.19 창간) 사장. 1946년 11월 남로당 중앙위원에 피선되었고 월북 후 1948년 8월 제1기 북한최고인민회의 대의원, 동 상임위원회 부위원장 역임. 1950년 6·25전쟁 직전 사망했을 때의 장의위원은 김일성, 김두봉, 허헌, 박헌영의 순으로 26명이었다.

**홍명희**洪命熹 동아일보 주필 겸 편집국장, 시대일보 사장. 홍기문의 아버지. 1948년 4월 남북연석회의에 남한대표로 참가했다가 북한에 남아 동년 8월 최고인민회의 제1기 대의원, 9월에는 부총리, 1953년 9월 과학원장 등 요직을 맡았다. 소설가로서 1928년 11월부터 1939년 3월 사이에 조선일보에 연재했던 대하소설 『임꺽정』이 유명하다.

**홍증식**洪璔植 일제시대 동아일보와 조선일보 영업국장. 광복 후 조선인민보 사장. 월북하여 1948년 8월 북한의 최고인민회의 제1기 대의원, 1957년 6월에는 제2기 대의원 등 요직 역임.

## 3) 북한 거주 언론인들

광복 이후 1960년 이전까지 북한에서 활동한 주요 언론인은 어떤 인물일까.

**기석복**奇石福 광복 후 소련에서 입북한 문학평론가. 1946년 8월 북조선 노동당 중앙위원회 상무위원으로 1948년 3월 로동신문 책임주필. 1953년 당시 문화선전부상. 1956년 1월 문화선전부상 해임. 한설야는 기석복을 "부르죠아 반동사상과 결탁하여 당에 막대한 해독을 끼친" 인물로 매도했다. "로동신문 주필로 있었던 기석복 동무에 의하여 당보가 림화, 리태준, 김남천 도당의 반동적인 작품들에 많은 지면을 제공"하였던 사실도 비판했다. 한설야는 1956년 1월에 행한 보고에서 기석복을 신랄하게 비판하면서도 '기석복 동무'로 호칭한 것을 보면 이때까지는 완전 숙청되지는 않았던 것 같다.(「보고」, 『근로자』, 1956. 2, 68쪽)

**유문화**柳文華 광복 전에는 연안에서 활동했고, 1948년 9월 민주조선 책임주필. 1956년 4월 노동당 중앙검사위원회 위원. 같은 해 7월 국립출판사 사장을 지냈다.

**박웅걸**朴雄傑 1946년에 창간된 『적성赤星』 편집인. 월북 시기는 확실하지 않으나, 6・25전쟁 때에는 종군작가로 활동했다. 평양의 내각기관지 민주조선에 실린 「잔학한 미 침략군들이 패주하면서 감행한 야수적 만행」(1950. 9. 7)을 비롯하여 「전선일기 - 영동에서 김천까지」(1950. 9. 11), 「루포루타쥬, 락동강 적전 도하기」(해방일보, 1950. 9. 3~4), 「보복의 불길을 더욱 높여」(로동신문, 1951. 1. 14) 같은 글을 실었다. 전쟁 후 출세의 길을 달려 1960년에는 작가동맹 서기장, 이듬해 1월에 문화성을 신설하면서 문화상에 올라 1966년 9월까지 재임하는 동안 여러 요직에서 활동했다.

**박팔양**朴八陽 해방 전 조선일보와 중앙일보의 사회부장. 1937년 만선일보에서 해방이 되던 무렵까지 근무했다. 해방 후 신의주에 머무르다 조선공산당에 입당했고 1946년 로동신문 편집국장.(북한에서 활동한 경력

**이문일**李文一 1953년 3월 로동신문 주필. 1956년 4월 노동당 중앙위원회 후보위원.

**이여성**李如星 만주에서 독립운동. 동아일보와 조선일보 조사부장, 조선일보 편집 차장. 1948년 8월 제1기 최고인민회의 대의원(남조선대표). 1956년 조선역사가민족위원회 중앙위원, 1957년 8월 김일성대학역사학 강좌장. 제2기 최고인민회의 대의원(함경남도 이원) 당선.

**이찬**李燦 1925년 와세다대학 영문학과 졸업 후 중앙고보 교사, 1948년 11월『조쏘특보』책임주필. 1954년 5월 문학예술총동맹(문예총) 중앙위원. 1962년 2월 아시아·아프리카 작가대회(카이로) 작가대표 단장으로 참석.

**이창수**李昌洙 1952년 로동신문 기자, 1956년 3월 동 편집국 부장. 1957년 4월 기자동맹 대표단 단장으로 국제신문기자특별위원회(북경) 참석. 1959년 2월 교육문화성 부상副相, 1964년 평양농업대학장, 1969년 사리원농업대학장.

**장하일**張河一 6·25전쟁 전에는 평양에서 로동신문 편집국장을 지냈던 경력이 있다는데,[19] 전쟁 후 서울에서 해방일보를 발행할 때에 책임주필이었다.(제2장 3절 3항「해방일보 참여 인물들」참고) 1954년 4월 내각 기관지 민주조선의 주필이 되었고, 1955년 7월 기자동맹전국위원회 위원장, 1956년 4월 노동당 중앙위원회 후보위원까지 올라 북한 언론의 실세였지만 이듬해에는 반당분자라는 이유로 숙청되었다.

**정준기**鄭濬基 노동당 중앙위원, 정치국 후보위원, 정무원 부총리, 최고

---

19  김가인,『패주 5천리』, 태양문화사, 1952, 39쪽, 김가인의 수기에는 장하일이 "중앙로동신문 편집국장"이었다고 쓰고 있는데, 평양에서 발행된『로동신문』을 지칭했을 것이다.

인민회의 대의원. 전력은 알 수 없지만 1962년 1월 노동당 중앙위 선전
선동부 부부장, 1962년 2월 로동신문 책임주필, 1964년 2월 기자동맹 위
원장, 노동당 출판사 사장. 북한의 기자동맹 대표단장, 로동신문 대표
단장, 또는 김일성특사 자격으로 여러 나라에서 열리는 국제대회에 참
석했고, 언론계를 대표하는 실세 권력으로 활동했다.

휴전협정이 체결된 후 북한의 언론인과 문인들의 운명은 두 갈래로
갈라졌다. 한쪽은 체제에 적극적으로 순응하고 김일성의 우상화에 몸
을 바쳐 출세하는 사람들이었고, 다른 한쪽은 숙청의 무자비한 광풍에
휩쓸려 비참한 최후를 맞이했거나 어떻게 되었는지 소식을 알 수 없게
된 사람들이다. 남한에서 미군정을 결사적으로 반대하고 공산주의를
옹호하다가 구속되거나 체포령이 내리는 위험을 무릅쓰고 투쟁을 전개
하던 남로당계 좌익들은 북한으로 올라가서는 숙청되는 운명에 처했
다. 홍남표는 북한 최고인민회의 대의원(1948.8)과 동 상임위원회 부위
원장을 지냈고, 1949년 6월에는 조국통일민주주의전선 중앙위원을 역
임하다가 1950년 6·25전쟁 직전에 사망했다.

공개적인 숙청 대상은 박헌영 중심의 남로당 계열 언론인들이었다.
중심인물 박헌영은 남로당 숙청작업이 시작된 1953년 봄에 체포되어
북한 정권의 성명 또는 평양방송에 이름이 등장하지 않았다. 박헌영을
추종하던 남로당 계열 핵심 인물들도 체포되어 가혹한 고문에 시달리
면서 수사를 받고 있었다.

# 제4장

# 정치재판과 피의 숙청

## 1. 연출된 재판, 예정된 결말

### 1) 남로당 12명 기소, 김일성의 동생이 재판 참여

김일성은 1953년 7월 27일에 체결된 휴전협정을 자신이 싸워 이긴 승리로 포장하여 선전했다. 미 제국주의 침략전쟁에 맞서 '영광스러운 승리'를 거두었다면서 국가적인 축제 분위기를 조성했다. 휴전 당일인 7월 27일에 발행된 로동당 기관지 로동신문과 내각기관지 민주조선에는 김일성과 팽덕회(중국인민지원군 사령관)가 공동명의로 발표한 「정전명령」이 실려 있다.

조선인민군과 중국 인민지원군은 침략을 저항하며 평화를 보위하는 영용한 전쟁을 3년이나 경과하였고 조선문제의 평화적 해결을 쟁취하는 정전 담판을 2년이나 견지하였다. 현재 벌써 조선정전의 영광스러운 승리를 얻었고, 련합국군과 조선 정전협정을 체결하였다.

두 신문은 28일에도 호외를 발행하면서 김일성의 방송연설을 전체 지면을 할애하여 대대적으로 보도했다. 김일성은 조국 해방전쟁에서 강대한 적에게 엄중한 타격을 가하여 빛나는 승리를 쟁취하였다고 주장했다. 전쟁의 군사기술은 승리의 유일한 요인이 아니며 승리를 획득하기 위해서는 군대와 전체 인민의 도덕적 상태, 전선과 후방 인민들의 전투적 정신이 중요하다고 말했다.[1]

문학 예술계의 최고 실세였던 한설야는 「승리의 노래 온 세계에 울려 가라」는 글을 민주조선(7월 28일 자)에 실었다. "한치의 땅을 피로써 지키라!"고 말한 김일성이 고지에 함께 계시는 것만 같았다고 썼다. 7월 30일 자 로동신문은 1면 머리를 가로지르는 배너 제목으로 '수령의 이름과 함께 우리는 위대한 승리를 쟁취하였다 / 수령의 이름은 조선인민의 승리의 상징이다'라는 구호를 내걸고, 「수령에게 전 인민적 영예와 축하를 드린다」는 사설을 실었다.

승리를 축하하는 분위기였던 휴전협정이 체결된 지 1주일 뒤인 8월 3일부터 6일까지 나흘 동안 평양의 북한 최고재판소 군사재판부는 남로당 출신 이승엽을 비롯하여 12명에 대한 재판을 진행했다. '조선민주주의 인민공화국 정권 전복음모와 반국가적 간첩 테로 및 선전선동행위'를

---

1    로동신문과 민주조선, 1953.7.28, 호외.

했다는 혐의를 적용하여 박헌영 중심의 남로당 세력을 공개적으로 일망 타진하기 위한 재판이었다. 몇달 동안 치밀하게 준비해 왔던 재판이었 으나 일반인들에게는 이때 처음으로 공개되었다. 당과 내각의 기관지는 피고들에게 돌이킬 수 없는 치명적인 타격을 주는 지면을 제작했다.

민주조선은 북한의 역사상 최대의 정치재판[2]이 열린 사실을 8월 5일 자에 조선중앙통신이 4일 자로 제공한 기사를 전재轉載하는 형식으로 보도했다. 「리승엽 도당들의 공화국 전복 음모와 간첩사건에 대한 공 판개정」이라는 제목으로 실린 기사는 다음과 같은 리드로 시작되었다.

조선민주주의 인민공화국 최고재판소 군사재판부가 심리하는 리승엽 도당들에 대한 공판은 최고재판소 소장 김익선을 재판장으로 하고 판사 박경호, 판사 박룡숙을 성원으로 하여 군관 김영주 립회 하에 3일 평양시 특별 군사법정에서 개정하였다. (…중략…) 조국과 인민을 배반하고 미제 침략자들의 앞잡이로 전락된 인간쓰레기들에게 준엄한 심판을 내리는 공 판정은 방청자들로 립추의 여지없는 초만원을 이루었다.

기사에 '군관 김영주'로 이름이 올라 있는 인물은 김일성의 동생이다. 북한이 출판한 공식 재판기록에는 신문보도와는 달리 김영주가 '입회 서기'로 되어 있다.[3] 그는 재판의 모든 과정에 직접 간여하였다. 군사재

---

2 안드레이 란코프, 김광린 역, 『소련의 자료로 본 북한 현대정치사』, 도서출판 오름, 1999, 114~186쪽.
3 김영주(金英柱, 또는 金永柱, 1920년생)는 일제 강점기에는 일본 관동군 통역으로 근무했 다. 1945년부터 모스크바대학 유학, 1954년 로동당 중앙위원회 지도원을 시작으로 초고속 승진, 1961년 9월 로동당 중앙위원, 로동당 중앙위원회 조직지도부장으로 1970년대에는 남북 관계에서 북측을 대표하는 인물로 활동. 1972년 남북적십자회담 때에는 남북조절위

김일성은 휴전협정이 침략자를 물리치고 승리를 거둔 것으로 선전했다. 김일성에게 전 인민적 영예와 축하를 드린다는 사설이 실린 로동신문 지면. 1953.7.30.

판부가 재판에 회부한 피의자 12명은 다음과 같다.

리승엽(李承燁, 1905년 2월 8일생 : 조선로동당중앙위원회 전 비서겸 인민

검열위원회 전 위원장)

원회의 북측 대표였고, 7·4공동성명에 이후락과 함께 서명하고 이를 동시 발표. 1974년
에는 정무원 부총리에 올랐으나 그 후 정계에서 물러났다가 1993년 조선노동당 정치국원
및 부주석으로 복귀.

조일명(趙一明, 1903년 12월 1일생 : 문화선전성 전 부상)[4]

림화(林和, 1908년 10월 13일생 : 조쏘문화협회 중앙위원회 전 부위원장)

박승원(朴勝源, 1913년 2월 28일생 : 조선로동당중앙위원회 연락부 전 부부장)

리강국(李康國, 1906년 2월 7일생 : 전 북조선인민위원회 외무국장, 체포 직
　　전에는 무역성 일반제품수입상사 사장)

배철(裵哲, 1912년 1월 6일생 : 조선로동당중앙위원회 연락부 전 부장)

윤순달(尹淳達, 1914년 1월 16일생 : 조선로동당중앙위원회 연락부 전 부부장)

리원조(李源朝, 1909년 6월 2일생 : 조선로동당중앙위원회 선전선동부 전
　　부부장)

백형복(白亨復, 1917년 10월 24일생 : 전 리승만 괴뢰정부 내무부 치안국 사찰과
　　중앙분실장)

조용복(趙鏞福, 1909년 5월 21일생 : 인민검열위원회 전 상급 검열원)

맹종호(孟鐘鎬, 1911년 8월 10일생 : 전 조선인민유격대 독립 제10지대 대대장)

설정식(薛貞植, 1912년 9월 18일생 : 전 남조선 미군정청 공보처 여론국장,
　　체포 전에는 조선인민군 최고사령부 정치국 제7부 부원)


앞의 제3장에서 살펴보았지만 재판받는 12명 가운데 조일명, 임화,
박승원, 이원조, 설정식은 언론인이거나 문인이었다. 피고인들은 일제
치하에서 한국 공산주의 운동을 주도했던 인물들이었고, 광복 후에는
남한의 공산주의 운동에 핵심적인 역할을 수행했던 경력을 지니고 있
었다. 체포될 당시에는 북한의 고위 지도층 인물들이었다. 이승엽은 6

---

4　조일명이 일제 강점기와 광복 후 서울에서 좌익활동을 벌이던 때에 사용한 이름은 조두
　원(趙斗元)이었다.

·25전쟁으로 북한군이 서울을 점령하고 있었을 때에 서울시장에 해당하는 인민위원장을 맡았으며, 남한의 빨치산 및 지하활동을 책임지는 위치였다. 배철은 남한의 비합법 활동을 조직 지도하는 특수분과인 조선로동당 중앙위원회 연락부 부장이었고, 박승원은 그 부부장이었다. 조일명은 선전부 부부장이었다. 조용복은 전쟁 전에 남북한을 넘나들며 게릴라 활동을 했지만 '이중간첩'으로 보는 관점도 있다.[5]

재판에 회부되지는 않았지만 주중대사였던 권오직權五稷과 주소대사였던 주영하朱寧河도 숙청되었다. 권오직은 1945년 9월 19일 서울에서 창간된 조선공산당 중앙위원회 기관지 해방일보의 사장이자 남로당 핵심인물이었음은 앞에서 살펴보았다. 권오직의 숙청 사실은 8월 12일 평양방송의 보도로 알려졌다.[6] 2년 뒤인 1952년 12월 15일에 열린 박헌영 재판에 증인으로 출석했을 때에 권오직의 직업은 '로동자'였다. 숙청된 뒤에 어딘가에서 노동자로 연명하고 있었던 것인데, 평안북도 삭주의 한 농장에 추방되었다가 곧 행방불명 된 것으로 알려졌다.

북한정권의 초대 교통상이었다가 소련 주재대사로 근무 중이었던 주영하도 이때 숙청되었다.[7] (주영하에 관해서는 제3부 2장 「단파방송 수신사건」 참고)

재판에 회부된 12명의 '범죄'는 크게 다음 세 가지였다.

① 미 제국주의를 위하여 감행한 간첩행위.
② 남반부 민주역량 파괴 약화음모와 테러 학살행위.

---

5   박명림, 『한국 1950년 전쟁과 평화』, 나남출판, 2002, 200쪽; 박명림, 『한국전쟁의 발발과 기원』, 나남출판, 1996, 370쪽.
6   「소위 주 중공대사 권오직도 숙청」, 『조선일보』, 1953.8.15.
7   「북한집단 내분 격화」, 『조선일보』, 1953.8.16.

③ 공화국 정권의 전복을 위한 무장폭동의 음모행위.(1955년 12월의 박헌영 재판에는 세 번째 항목의 제목이 '공화국 전복 음모행위'로 약간 바뀌어 있다.)

이승엽 등 12명이 언제 체포되어 조사를 받아왔는지 이전까지 어떤 내용도 보도된 적이 없었다. 박헌영의 이름은 1953년 2월 12일 자 로동신문에 보도된 기사가 마지막이었다. 월남 민주공화국 외무상이 외교관계 설정 3주년을 맞아 보내준 축전에 대한 답전을 외무상 박헌영 명의로 2월 5일에 보냈다는 내용이었다.

## 2) 사법절차, 로동당 결정, 언론을 동원한 정적 제거

김일성은 남로당 숙청을 ① 사법절차, ② 로동당 중앙위원회의 결정, ③ 언론을 통한 여론조성이라는 세 방면의 수단을 입체적으로 동시에 구사하면서 진행했다. 세 가지 수단은 권력을 쥔 독재자의 입장에서는 별개로 분리 독립된 기능이 아니었다. 한 사람 권력자의 손에서 유기적으로 통제되는 강력한 무기였다.

이승엽 등 남로당 출신 핵심 인물들이 체포되어 조사를 받기 시작한 날은 3월 5일이었다. 박헌영은 3월 11일에 체포되었다.[8] 체포 후에 적어도 5개월 동안 조사를 진행하고 있었지만 재판이 열리는 날까지 이에 대한 보도는 한 번도 없었다. 조선중앙통신이 보도한 첫 번째 기사는 민주조선이 8월 5일 자에 「리승엽 도당들의 공화국 전복 음모와 간첩사

---

8 『이정 박헌영전집』7, 역사비평사, 2004, 436쪽.

건에 대한 공판개정」이라는 제목으로 전재했다. "천추에 용서 못할 리
승엽 도당의 반역적 죄악은 기소장의 랑독과 함께 그 추악하고 비렬한
전모를 백일하에 폭로하였다"라면서 피고들의 유죄를 기정사실화 했
다. 기사는 "미 제국주의자들의 고용간첩으로서 그들의 사수(使嗾·사주)
하에 조선민주주의 인민공화국 정권 전복 음모와 반국가적 간첩, 테로
행위를 감행"한 '침략자들의 앞잡이로 전락된 인간쓰레기들'이라는 욕
설을 담은 문장이었다. 조국과 인민에 대한 참을 수 없는 반역행위를
증오하는 방청자들의 분격은 더욱 커졌다고 재판의 분위기를 전했다.
지면 상단에 자리잡은 사설의 제목은 「간악한 인민의 원쑤들에게 준엄
한 처단을 내리라」였다.

관보의 권위를 지닌 노동당과 정부 발행 신문에 기사가 실리는 순간
피의자들은 재판결과와는 상관없이 유죄가 확정되었고 사형선고를 받
은 것이나 다름없는 처지가 되었다. 로동신문과 민주조선은 같은 날짜에
'피심자'(피의자) 12명에 대한 기소장 전문을 실었다. 7일 자에는 8월 4일
에 열린 이틀째 재판 기사를 역시 조선중앙통신을 전재하여 보도했다.
"사실 심리에서 더욱 명백히 폭로되는 피소자들의 악랄한 범죄적 행위는
만장 방청객들의 극도의 증오심을 불러일으켰다"고 기사는 결론지었다.

재판 진행 중인 때인 5일부터는 로동당 중앙위원회 제 6차 전원회의
가 열렸다. 9일까지 나흘 동안 계속된 회의는 당 중앙위원회 위원을 필
두로 후보위원, 검사위원, 당과 국가의 지도 일꾼, 인민군 장령 및 지휘
관들이 참석한 대규모 집회였다. 김일성을 선두로 주석단에는 김두봉,
박정애, 박창옥, 김일, 최창익, 정일룡, 박영빈, 김광협 등 최고 실세들
이 자리 잡았다. 회의 안건은 3개였다.

1. 정전협정 체결과 관련하여 전후 인민경제 복구발전을 위한 투쟁과 금후 당의 임무.

2. 최근 당 내에서 발로된 리승엽, 배철, 박승원, 윤순달, 조일명, 이강국 등 반당, 반국가 간첩 도당들의 사건과 허가이 자살사건에 관하여

3. 조직문제.

첫 번째 안건에 관한 보고에서 김일성은 「모든 것은 민주기지 강화를 위한 전후 인민경제 복구 발전에로!」라는 제목으로 연설했고, 두 번째 안 건의 보고는 박정애가 맡았다. 박헌영의 조종과 비호 아래 이승엽 등이 반당 반국가적 간첩행위를 했으며 자살한 허가이가 비열한 반역행위를 했다고 '폭로'하고 앞으로 혁명적 경각성을 일층 제고할 것을 주장했다.

두 번째 안건에 대해서 로동당 중앙위원회 전원회의는 박헌영과 이 승엽 일당이 해방 직후 남한에서 전개된 당 사업의 지도부에 교묘하게 가장하고 기어들어 당내의 적극적 열성당원들을 타격하고 모해하며 배 제하면서 지도부 내에서 자기들 일파의 배신적 범죄적 그룹(그루빠)을 형성했다고 규정했다. 그들은 종파분자, 혁명의 변절자들, 투항분자들, 과거 일제의 충복들, 계급적 이색분자들, 우연분자들, 출세주의로 규정 했다. 중앙위원회는 그들의 '범죄'를 규탄하고 다음과 같이 결정했다.

1. 박헌영의 비호 하에서 리승엽 도당들이 감행한 반당적 반 국가적 범죄 행위를 적발 숙청한 우리 당 중앙위원회 정치위원회의 결정적 대책들을 정당한 것으로 적극적으로 지지한다.

2. 리승엽 등 제국주의 스파이 변절자들의 암해공작과 파괴행위를 비호 조

## 리승엽 도당 사건에 대한 공판정에서

### 피소자들 자기 범죄 행동을 진술

피소자 조일명의 진술 （요지）

피소자 박승원의 진술 （요지）

피소자 림화의 진술 （요지）

**임화 등 남로당 숙청 재판.** 휴전협정 체결 1주일 뒤에 평양에서는 남로당을 숙청하는 '정치재판'이 열렸다. 로동신문과 민주조선은 피고 12명이 자신들의 '죄과'를 자백했다는 기사를 대대적으로 실었다. 로동신문, 1953.8.7.

종했으며 당과 국가를 배반한 박헌영을 출당시키고 재판에 회부한다.

3. 조국의 가장 준엄한 시기에 자살한 허가이의 행위는 정당한 투쟁의 길에서 물러서는 비겁자의 행동이며 당 내부를 혼란시키려는 시도이며 당과 조국과 인민에 대한 변절적 행동이다.[9]

박헌영과 남로당 계열을 옹호하는 발언은 감히 어떤 사람도 할 수 없는 분위기였다. 조선중앙통신과 로동신문은 이렇게 보도했다.

많은 토론자들은 박헌영의 조종과 비호 하에 감행된 리승엽 도당을 두목으로 한 미제의 간첩 무리들과 당과 혁명을 배신하고 자살한 허가이의 반역행위에 대하여 증오 격분을 표시하면서 당의 의지, 행동통일과 단결을 눈동자와 같이 수호하기 위하여 앞으로 더욱 경각성을 제고하며 당의 사상, 의지 통일을 위하여 김일성 동지와 당 중앙위원회 주변에 집결된 강철의 대오를 더욱 굳게 할 결의들을 표명하였다.

회의 참가자들은 박헌영을 출당시키고 재판에 회부하도록 결정하였다. 로동당 중앙위원이었던 주영하, 장시우, 박헌영, 김오성, 안기성, 김광수, 김응빈 등도 당 중앙위원에서 제명하고 출당시키며 후보위원이던 권오직도 제명과 출당을 결정하였다. 재판에 회부되지 않은 남로당 계열 인물도 당적을 박탈한 것이다. 반면에 김일성, 김두봉, 박정애, 박창옥, 김일 다섯 명을 신설된 '당 중앙정치위원회' 위원으로 추대하여

9   로동당 중앙위원회 전원회의 제6차 회의 결정서, 「박헌영의 비호 하에서 리승엽도당들이 감행한 반당적 반국가적 범죄적 행위와 허가이의 자살사건에 관하여, 1953년 8월 5일 ~9일」, 『북한관계사료집』 30, 국사편찬위원회, 1998, 386~397쪽.

최고 핵심 권력으로 선임하였다. 이로써 김일성의 권력은 더욱 확고부동하게 구축되었다.

안건 가운데 이름이 나오는 허가이許哥而(1908.3.18~1953.7.2)는 남로당 출신은 아니었다. 그는 일제 강점기의 독립운동가였고 노동운동가, 공산주의자였다. 함경북도에서 태어나 어렸을 때 부모를 따라 소련으로 이주하여 로모노소프대학 졸업 후 우즈베키스탄에서 살았으며 8·15 광복 후 북한에 파견되어 소련파의 거물로 활동하였다. 1946년 6월 북조선로동당과 신민당이 합당하여 북조선노동당이 탄생하였을 때에 허가이는 정치국원이 되었고, 1948년 9월 북조선로동당 제1부위원장이 되어 김일성과 김두봉에 이어 북한의 당과 국가 서열 3위에 올랐다. 1951년 11월부터는 당의 직책은 박탈당하여 권력이 약화된 상태로 농업담당 부수상에 임명되었다. 그는 박헌영을 위시한 남한 출신 지하운동 지도자들을 매우 존경하였으며 그들과 좋은 관계를 유지하고 있었다.[10]

김일성은 확고한 독재체제를 구축하는 과정에서 소련파의 대표적 인물인 허가이를 가장 큰 장애요인으로 보았던 것이다. 허가이는 7월 2일에 소집되는 당 정치위원회에 출석하라는 요구를 받았는데 회의소집 직전에 자살했다는 것이다. 여러 정황과 간접증언을 종합하면 자살이 아니라 김일성 일파의 암살이라는 의혹을 란코프는 강력하게 주장한다. 이승엽 재판이 진행 중인 때에 열린 로동당 중앙위원회 토론 내용을 보면 허가이가 박헌영 간첩사건을 적발하는 과정에서 하등의 관심을 가지지 않고 방관적 태도를 취했다는 것이다. 허가이의 죽음은 박헌영 등 남로당 제거와 깊은 연관이 있었던 것이다.

---

10  안드레이 란코프, 김광린 역, 앞의 책, 174~186쪽.

## 3) '제국주의 스파이 변절자'로 매도

남로당 재판에 내세운 핵심적인 죄목은 '공화국 정권의 전복을 위한 무장폭동의 음모행위'였다. 박헌영을 두목으로 한 남로당 계열이 무력으로 정권을 장악하려 획책했다는 혐의를 씌운 것이다. 재판에서 진술한 '범죄' 사실은 다음과 같다. 재판기록에서 본인이 진술한 언론 관련 경력과 '범죄' 내용을 요약한다.(재판 심문 순)

**검찰의 기소.** 7월 30일 자로 최고검찰소 검사총장 리송운李松雲[11] 명의로 기소장이 작성되었다. 기소된 12명은 예심에서 통고된 자신들의 범죄행위를 시인했으며 상호진술과 증인들의 진술 및 대질신문으로 확증되었다는 것이다.

**공판심리**(1953.8.3~6). 최고재판소장 김익선金翊善을 재판장으로 판사 박룡숙, 박경호를 성원으로 하여 서기 김영주가 입회한 가운데 공개 재판으로 진행되었다. 검사 부총장 김동학, 검사 김윤식, 리창호가 참석했다. 공선 변호인은 지영대(이승엽), 김문평(임화, 이원조, 설정식), 리규홍(조일명, 백형복, 윤순달), 정영화(배철, 조용복, 박승원), 길병옥(이강국, 맹종호)이었다.

재판장이 피소자들을 한 사람씩 진술대에 불러내어 경력과 '죄과'를 진술하도록 진행하는 방식의 재판이었다. 피소자들은 자신의 경력을 객관적으로 말하는 것이 아니라 가정환경과 성장과정 등을 통해서 자신의 잘못을 스스로 주관적으로 고백하는 형식을 취했다.

---

11  리송운은 검사총장(1952.6~1956.1), 로동당 중앙위원(1956.4), 평양시 위원장(1956.5), 주소련대사(1960.2)의 요직을 역임한다.

첫날 재판에 먼저 불려 나온 조일명(다른 이름은 趙斗元)은 강원도에서 토지 약 1만 5천평을 소유했던 지주의 장남으로 부유한 가정에서 자랐다는 사실과 1929년 12월에 일제 경찰에 체포되어 1930년 4월에 3년 6개월의 징역형으로 복역하는 과정에 사상적으로 약화되고 비겁해졌으며 1934년에 석방되던 때에는 사상적으로 여지없이 타락하여 국제공산당으로부터 받은 과업을 포기하고 일신상 안락을 도모하기 위하여 변절하여 반역적 길에 들어서게 되었으며 1938년 봄까지 본적지에 머슴을 두고 농사하였다는 식으로 묻지도 않는 사실을 자진하여 고백했다. "1944년 2월부터는 대화숙 인쇄소 주무원主務員으로 일제의 조선식민지화 정책을 적극 방조하였습니다"라고도 말했다. '공화국 정권의 전복을 위한 무장폭동의 음모행위'에 관한 죄상에 관해서는 다음과 같이 진술했다.

저희 도당은 무장폭동으로써 현존하는 공화국 정부를 전복하고 저희들 반혁명적 도당으로써 자본가 지주의 정권을 수립하려고 하였습니다. 저희 반혁명적 그루빠[그룹]의 이 음모는 8·15 해방직후부터 계속되어 온 것입니다. 8·15 해방 직후 박헌영의 「현 정세와 우리의 임무」라는 소위 '8월 테제'에 근거하여 이 음모 활동을 개시하였습니다. 1951년 1월경에 들어서서 리승엽을 두목으로 하는 우리 그루빠는 매우 초조 불안하였습니다.

박승원은 두 번째로 진술대에 올라가서 자신의 죄과를 자백했다. 그는 전라북도 영주군(영주군은 경상북도 소재인데, 북한 자료에 전라북도로 되어 있다.)의 중농 가정에서 출생하였는데 10살 때부터는 가세가 늘어나 2만평의 토지를 가진 봉건 지주의 가정에서 성장하였다. 소년시절의 이같은 가정환경으로 인해서 "오늘과 같은 범죄의 발단에로 나를 인도하는 근거가 되었다"고 진술했다.

박승원은 13살 때에 보성고보에 입학하여 재학 중인 14살 때에는 6·10만세 사건으로 약 10일간 구류당한 이후 여러 차례 체포되었다. 1937년에는 일제에 굴복하여 공판정에서 전향을 성명하였는데 그때 이후 친일로 변절하였다. 그 후로 총독부 기관지 매일신보 기자로 입사했다가 1944년에 사직했다. 광복 후에는 매일신보가 제호를 바꾼 서울신문에 입사하여 정치부장을 잠시 맡았다.(박승원의 매일신보와 서울신문 경력은 제3장 참고)

1946년 10월에는 월북하여 박헌영의 지시로 해주 제일인쇄소 편집국장, 1948년 말에는 부주필, 주필로 승진했다. 1949년 7월에는 중앙당 연락과장으로 임명되어 유격운동에 참가했다. 박승원은 자신이 해주 제일인쇄소 부주필로 있을 당시부터 "이승엽, 조일명 일당과 야합하여 공화국의 당 및 정부의 주요기밀을 계통적으로 미국 상전에게 제공하였다"고 자백했다. 특히 박헌영, 이승엽의 지시로 무장폭동을 일으킬 음모를 꾸몄다는 사실을 강조하는 진술을 많이 했다.

### 4) 임화의 친일 고백과 자아비판

세 번째가 임화였다. 임화는 구류장에서 자살하려고 안경알을 깨어 오른 팔 동맥을 끊었기 때문에 많은 출혈로 인사불성에 이르렀으나 수혈로 생명은 구했지만 신체가 쇠약했기 때문에 앉아서 진술하도록 변호사가 요청하여 재판장이 허용하였다.

임화는 자신의 성장배경을 먼저 진술한 다음에 일제 강점기 자신의 친일 행적에 관해서 이렇게 말했다. 1936년 6월 하순 경에 경기도 경찰부 고등계 주임이었던 사이가齋賀七郞를 신설동 절간 탑동승방에서 만나 카프 해산선언서를 제출하였다고 진술했다.[12] 그 후로 계급적 입장을 떠나 순수문학을 주장하면서 친일적인 행로를 걷기 시작했다고 말했다. 일어신문 경성일보와 국민신보(매일신보 자매지로 1939년 4월 3일 창간한 주간 일어 신문)에 일본어로 평론과 수필을 실었다고 말했다. 1939년 8월 16일부터 20일까지 4회 연재했던 「말을 의식한다言葉お意識する」는 "조선인 작가들에게 일본정신을 고취시켰다"는 것으로 친일행위를 하였다고 고백했다.[13] 판사와 검사가 묻기 전에 자신의 '죄과'를 상세히 고백한 것이다. 임화만이 아니라 모든 피고들도 같은 태도였다.

임화는 1937년 10월경부터 서울에서 민족해방투쟁에서 변절한 자들의 집단인 서울시 보호관찰소에 가담하였으며, 한편 금광 기업주 최남주崔南周가 자본을 출자한 '학예사'를 경영하였다.[14] 1939년 4월경에는 학예사를 대표하여 총독부 도서과 주최로 서울 부민관 식당에서 개최되었던 각 출판 대표자들과 문단 주요 작가들의 회의에 참가하여 이 좌석에서 용산에 주둔하고 있던 조선군사령부 보도부 대표인 소좌 정 씨의 호소인 「시국협력」에 호응하였고,[15] 같은 해 6월경에는 소위 '국민총

---

12  사이가(齋賀七郞)에 관해서는 제3부 「3. 일제 고등경찰 사이가의 최후」 참고.

13  『경성일보』에 게재된 임화의 일본어 논문은 「言葉を意識する, 'よき言葉'と'よくない言葉'」(1939.8.16~20, 4회 연재)였다. 임화는 그밖에 「初冬雜記」(1939.12.5~10, 4회 연재)도 『경성일보』에 발표했다.

14  최남주는 조선영화주식회사를 창립한 사업가였다. 동아일보 1939년 12월 9일 자에는 최남주가 10만원 주식회사 '학예사'를 설립한다는 기사가 실렸다.

15  여기서 少佐 '정' 씨로 표기된 인물의 일본 이름은 가바(蒲動)였고 본명은 정훈(鄭勳)이다. 제3부 「김진섭의 반전(反戰)기사 필화와 문인들」 참고.

**체포되어 자살을 시도하였던 임화.** 재판정에서 친일행적과 간접행위를 자백하는 치욕스러운 '연기'를 하지 않을 수 없었다. 총력연맹 문화부장 야나베 에이자부로(矢鍋永三郎)와의 대담 사진. 『조광』, 1941.3.

력연맹' 문화부장이던 일본인 야나베矢鍋永三郎를 그의 사무실에서 만나
약 30분간의 회담을 진행하면서 앞으로 조선문학가들이 시국에 협력하
여 '내선일체'의 강화와 '국민정신' 배양에 노력하겠다는 결의를 표명하
였다. 이 때 회담에는 조광사朝光社 소속 사진사가 회담장면을 촬영하여
잡지에 발표함으로써 많은 문단 일꾼들과 조선인민들로 하여금 일제를
위하여 충실하도록 유인하였다고 말했다.[16] 법정 진술에는 언급하지

---

16  1939년 6월 30일 오후 2시부터 6시까지 부민관에서 총독부 도서과 주최로 문인 및 출판업
    계 대표들이 모인 간담회. 古川(도서과장) 井手(도서과 사무관), 森(보안과 사무관), 清水
    (도서과 이사관), 西村(도서과 통역관), 張斗萬(도서과 屬), 蒲勳(조선군사령부 보도부장)
    이 참석. 문인들로는 이광수, 이태준, 이기영, 유진오, 김남천, 임화, 임학수, 정지용, 김용
    제, 최재서, 김문집, 박영희, 함대훈. 문인 또는 출판인으로는 강의영, 김동진, 노성석, 한
    규상, 고경상, 엄흥섭, 이관구, 김동환, 송봉우, 이영구, 이창용, 이재명. 이 간담회는 언론

않았지만 1941년 1월 15일에 임화가 야나베와 총력연맹에서 가진 대담이『조광』에 실린 일도 있었다. 연맹과 문화단체 가맹문제, 문화의 직역職域 봉공, 정치와 문화, 조선문화의 특수성, 언어문제, 농촌오락 등을 토론했다.[17]

그밖에도 임화는 일제 말기에 썼던 친일적인 글과 영화사 '고려영화사'에 근무하는 등 여러 친일행적을 남겼다고 고백했다. 문인보국회에도 참여했으며, 광복 직후인 1945년 8월 18일경에는 "부르죠아 순수문학 제창자들"인 김남천, 이원조, 이태준 등과 함께 조선문화건설중앙협의회를 조직했다고 말했다. 김남천과 이태준은 재판에 기소되지 않았지만 임화의 진술로 보아 이때 이미 매장된 것이나 다름없었다.

임화는 1946년 2월 조선공산당 외곽단체 조선문학가동맹의 결성을 주도하여 실질적인 지도자로 활약하였고 1946년 7월 무렵에 조선인민보의 주필로 활동했다는 사실은 언급하지 않았다. 자신이 비난 받을 행위는 상세히 진술하면서도 월북 전 남한에서 남로당으로 활동하면서 미군정과 우익을 상대로 투쟁한 사실은 말하지 않은 것이다.

박헌영 일파의 무장폭동에 대해서 임화는 "저와 같은 추악한 간첩분자들이 미제 침략자들을 배경으로 하여 무장폭동을 조직하는 것은 당연히 있을 수 있는 일"이라고 말하고 "이와 같은 정치적 모략운동은 해방 전후를 통한 나의 반당적 문화운동으로부터 또 개인 영웅주의와 출세주의 이데올로기로부터 출발하여 감행하게 되었다"고 덧붙였다. 목숨을 끊어 수모를 면하려 했던 임화였지만 기력이 떨어진 몸으로 재판

출판의 규제에 관해서 구체적이고 상세한 지침을 시달한 자리였다.「도서과 주최 문인간 담회」,『조광』, 1939.9, 158~160쪽.
17　「총력연맹 문화부장 矢鍋永三郎・임화 대담」,『조광』, 1941.3, 142~155쪽.

정에 끌려 나와서 이처럼 자신을 매도하는 말을 하지 않을 수 없는 처지가 된 것이다.

임화의 법정진술 가운데 상당부분이 객관적 사실이었다 하더라도 그가 기소되었던 혐의와 직접적인 관련은 없는 내용이었다. 재판이 열리기 전에 얼마나 많은 고문과 협박이 있었기에 사건과는 직접 관련도 없고 자신에게 불리하도록 주관적인 평가를 덧붙여 진술하였을 것인가라는 의혹을 불러일으킨다. 판사나 검사가 묻지도 않는 과거의 일을 스스로 털어놓아서 재판의 성격을 드러내고 있다.

북한정치를 연구한 소련 출신 안드레이 란코프 교수는 피고들이 해방 전에 일본 경찰에 협력했다고 진술하도록 강요한 것은 여론을 움직여 피고인들을 사회로부터 매장시키려는 목적이었던 것이라고 지적했다. 그는 이렇게 점잖은 표현으로 말했다.

재판 집행자들이 이전에 적지 않은 용기를 갖고 있던 기소자들로부터 이러한 소극적이며 공손한 태도를 얻어내기까지 상당한 노력을 기울였다고 하는 점은 충분히 짐작할 만한 것이다.

그리고 기소자 모두가 재판이라는 연극에 적극적으로 참가하였고 자신들의 배역을 능숙하게 연기演技하였다는 것이 란코프의 평가였다. 이 같은 재판은 당시 공산주의 국가에서 흔히 있었던 형태였다. 그 원형은 1930년대에 모스크바에서 열린 재판이었고, 1950년대 초 여러 사회주의 국가들에서 자행되었다. 이 요란한 재판 연극을 모의한 자들의 목적은 잠재적 불안정 요소와 불만세력을 제거하려는 것이었다.[18]

임화에 대한 신문은 오후 5시 30분에 시작되어 7시 20분까지 진행되었다. 오전 10시에 시작된 첫날 공판은 점심시간과 잠시 동안의 휴정이 있었지만 저녁 8시까지 강행되었다. 임화는 이튿날도 재판정에 나왔으나 그에 대한 신문은 없었다. 오후 7시까지 재판정에 대기하고 있었는데 자살하려고 동맥을 끊었던 후유증 때문이었는지 건강상태가 좋지 못하니 치료하도록 허락해 달라는 변호인의 요청을 재판부가 받아들여 먼저 퇴정했다.

## 5) 이승엽의 '새 정부' 망상 고백

2일째인 8월 4일 재판은 오전 9시에 시작되었다. 피고 조용복은 형이 조선일보 밀양지국을 경영하고 있었기 때문에 1933년 8월 이후에 잠시 지국기자로 일한 적이 있다고 말했다.

지위가 가장 높은 이승엽에 대한 심문은 12시에 시작되어 2시 10분까지 진행되었다. 이승엽은 북한 정권의 초대 사법상(1948.9~1951.12)을 지냈고, 국가검열상(1952.5~1953.3), 북한군이 서울을 점령했을 때에는 서울시장 격인 서울시인민위원장을 맡았던 거물이었다. 일제 강점기에는 여러 차례 공산당 운동으로 투옥되었던 경력이 있었다.

하지만 재판정에 끌려나온 이승엽은 과거의 공산주의 투사나 북한정권의 고위직에 올랐던 풍모는 보이지 않았다. "저는 자기의 죄과로 인하여 미제의 간첩으로 전락되어 그들에게 이용되었고, 만일 기회가 있어 정권을 얻는다면 좀 살아보고 못되면 죽든지 할 수밖에 없었습니다.

---

18  안드레이 란코프, 김광린 역, 앞의 책, 118쪽.

새 정부를 망상은 하였으나 구체적 계획도 없는 최후의 발악이었고, 설혹 정권을 잡는다면 소부르주아의 이익을 대표하는 정권으로 되었을 것입니다"라고 말했다.

이원조는 마지막 날인 8월 5일에 재판심리가 열렸다. 자신이 저지른 범죄의 출발점은 사상적 근원이 소부르주아적인 소위 순수문학을 제창한다는 데 있었다고 자신을 비판했다. 월북 후 1948년 10월부터 해주 제일인쇄소에 근무하면서 박헌영의 전집을 발간할 계획으로 자신이 검토한 원고를 임화가 조일명에게 제출하여 최후 교열까지 하였으나 출판하지는 못했다고 말했다. 이원조는 『문화전선사』의 책임자였던 김남천이 약 20만 원을 낭비한 사실을 발견하고도 비호한 일이 있었다고 말했다. 김남천은 1947년 말에 월북하여 해주 제일인쇄소의 편집국장으로 남조선노동당의 대남 공작활동을 주도하였다. 김남천은 재판 때에 증언 과정에 이름이 나오는 데 재판에 회부되지는 않았지만 이 때 숙청된 것이 확실하다.

설정식은 12명 가운데 마지막으로 불려나왔다. 그는 임화를 미국인 로빈슨과 연결시켜 간첩활동을 할 수 있도록 했다고 말했다. 그는 자신과 관련된 진술 외에 임화를 고발하는 발언까지 했다. 임화가 남한의 문화계 중요 기밀을 미국 측에 계통적으로 전달한 사실이 있는데도 재판과정에서 모두 자백하지 않았으며 거짓말까지 하고 있다고 주장했다. 3일째 재판은 오후 8시에 끝이 났다.

## 2. 피고는 사형, 가족은 알거지로

### 1) 검사의 논고와 변호사의 변론

제4일째인 8월 6일 열린 마지막 공판에는 검사 부총장 김동학이 '이승엽 도당'의 "추악하고 음흉한 범죄행위"에 대해서 논고했다. 이승엽 도당의 배후에는 조선에 대한 미제의 침략계획을 직접 실천하는 미국대사관 정치고문이며 이승만의 고문인 노블Harold Noble(미국대사관 참사관)을 두목으로 하고 군정장관 하지의 부하 버치Leonard Bertsch(미 24군단 헌병사령관) 등 미국에서 가장 음흉한 탐정 테러배들이 있다고 주장했다. 그는 이승엽을 비롯하여 조일명, 임화, 박승원의 순으로 피소자 개개인의 죄상을 하나씩 열거했다. 그리고 피소자 10명에게 사형, 이원조, 윤순달에게는 각각 15년 내지 20년의 징역형을 구형했다. 12시에 시작된 논고는 오후 2시에 끝이 났다.

2시 15분부터 변호인들의 변론이 시작되었다. 변호인들은 공판과정에서 검사와 마찬가지로 피고들을 변호하는 역할이 아니라 오히려 죄를 들추어내는 역할을 맡기도 했다. 마지막 변론에서 피고들이 죄상을 인정했기 때문에 범죄에 대해서는 이의를 제기하지 않고, 그들의 성장환경과 처했던 상황 때문에 범죄를 저질렀다는 사정을 판결에 참작해 달라는 요지로 변론했다.

피소자들은 최후 진술에서 한결같이 피의사실을 전적으로 시인하고 자신들의 극악무도한 범죄에 대해서 국가가 주는 어떠한 형벌이라도 감수하겠다고 말했다. 이승엽은 "씻지 못할 엄중한 죄악을 범한" 극악한 범죄분자들임에도 불구하고 사소한 인권 유린도 없이 인간으로서 극진한 대우를 하여 준 데 대해서 감사한다고 말했다. 공판 과정에서도 자유롭게 진술할 수 있는 기회를 줌으로써 인민 앞에 자기의 죄행을 자백 폭로할 수 있게 하였다는 것이다.

임화는 자신의 가족도 미제의 폭격에 죽었다고 말하고 "내 가족을 죽인 것은 미제보다도 자기 자신"이었다고 말했다. "제 나라 제 조국 제 육친을 죽인 범인은 용서받지 못할 것입니다. 죽음으로써만 죄악에 충당할 수 있을 것입니다." 자살을 시도했던 행위는 자신이 평소에 가지고 있던 공명심과 허영심에서 일어난 일이며 "저는 인민의 심판이 두려워 죽으려고 한 것이므로 저의 행동은 더욱 간악하고 추악한 것입니다"라고 말했다. 온갖 추악한 죄악을 인민 대중 앞에 내놓기보다는 차라리 죽겠다는 생각이 예심을 곤란하게 하였고, 공판에서는 질서를 문란케 했는데도 자신을 인간답게 대해주었다고 진술했다.

"최고 재판소 판사 여러분, 엄중한 죄를 범한 저에게 모든 것에 만족하고 조국에 대하여 영광을 축원할 수 있으며 만족하게 죽을 수 있는 조건을 지어준 데 대하여 감사를 드립니다"라고 끝을 맺었다. 순교자의 유언처럼 들리는 이 최후 진술이 과연 진실일까.

완벽한 연출로 이루어진 재판이었다. 피의자들은 자신의 죄를 될 수 있는 대로 축소하려고 애를 쓰는 것이 인지상정이다. 검사는 피의사실을 입증하려고 노력하고 변호인은 피의자를 보호하기 위해 변론을 한다. 더구나 이같은 정치적인 재판에는 검사, 피의자, 변호사 사이에 심문, 반대심문, 그리고 치열한 논쟁이 일어나야 마땅하다. 그러나 이 재판은 검사의 심문이 필요 없는 법정이었다. 피의자가 스스로 자신의 과거 행적을 드러내 주었다. 변호인도 피의자의 무죄를 주장하거나 죄를 경감할 아무런 역할을 하지 않았다.

시인은 죽은 후에도 이름을 남긴다. 임화는 시인이면서 공산주의자였고 열렬한 투사였다. 사형이 구형된 처지이고 자살을 기도했던 사람이 이름을 스스로 욕되게 하면서 김일성 정권을 위한 순교자와 같은 발언을 했다는 사실은 어떻게 해석해야 할 것인가. 재판기록을 액면대로 믿어야 할지 강한 의혹을 품게 된다.

더욱 기이한 현상은 재판에 회부되어 최후를 맞이할 운명에 처한 모든 피의자가 일관되게 자신의 죄과를 자진해서 진술하는 태도로 나왔다는 사실이다. 이들은 재판 이후에 필연적으로 예상되는 고문, 비인간적인 학대와 모멸의 협박에 굴복하고 공포심을 견디지 못한 것은 아닐지? 남아 있는 가족을 염려하는 마음이 가장 컸을 것이다.

## 2) 사형 10명, 12명 전원 재산몰수

재판부는 12명 가운데 10명은 사형과 전 재산 몰수 판결을 내렸다. 하나의 법 조항을 적용한 사형이 아니라, 여러 조항을 중복한 사형선고였으므로 피고들은 세 차례 또는 네 차례에 걸쳐 사형을 당하는 것이나 마찬가지였다. 사형을 면한 이원조는 징역 12년, 윤순달 징역 15년이었는데 두 사람도 재산 몰수 처분을 받았다. 이원조는 박헌영을 수상으로 하는 신정부 조직에 가담하지 않았고, 간첩행위에도 가담하지 않았다는 정상이 참작되어 목숨을 건졌다. 그러나 곧 옥사한 것으로 알려졌다.

사형을 당한 10명과 목숨을 건진 두 명도 전 재산몰수 처분이 내려졌

**이승엽 등 12인에 대한 판결**

| 이름 | 형법78조 | 형법65-1 | 형법76-2 | 형법68조 | 형법72조 | 기 타 |
|------|---------|----------|----------|----------|----------|-------|
| 이승엽 | 사형 | 사형 | 사형 | 사형 | 사형 | |
| 조일명 | 사형 | 사형 | 사형 | 사형 | 사형 | |
| 임화 | 사형 | 사형 | 사형 | 사형 | | |
| 박승원 | 사형 | 사형 | 사형 | 사형 | | 1) 형법 제68조에 의한 '사형', 또는 '징역'형은 형법 제50조1항에 의하여 집행하는 것으로 판결했다. |
| 이강국 | | | 사형 | 사형 | | |
| 배철 | 사형 | 사형 | 사형 | | | |
| 윤순달 | 징역15년 | 징역15년(65-2) | 징역15년(76-1) | | | |
| 이원조 | 징역12년 | 징역12년(65-2) | 징역12년(76-1) | | | 2) 피고에 속한 전 재산 몰수 |
| 백형복 | 사형(79조) | | | | 사형(71조) | |
| 조용복 | | | | 사형 | | |
| 맹종호 | 사형 | 징역20년(65-2) | 사형 | 사형 | 사형 | |
| 설정식 | 사형(79조) | | | | | |

기 때문에 피의자 12명의 가족들은 알거지가 되어 비참한 생활을 하지 않을 수 없는 처지가 되었다. 결국은 목숨을 부지하기 어려웠을 것이다. 잔인한 연좌제 처벌이 아닐 수 없었다.

8월 10일 자 로동신문과 민주조선에는 「리승엽 도당들의 반역적 범죄에 전체 인민들 극도의 격분을 표시」라는 제목의 조선중앙통신 발 기사를 실었다. 13일에도 역시 조선중앙통신 발 「리승엽 도당들에 대한 처단을 전폭적으로 지지」기사를 통해서 이승엽 일당의 반역적 죄악을 규탄하며 이들에 대한 특별군사법정에서의 처단을 지지하는 군중집회들이 각처 공장, 기업소와 농촌, 가두들에서 광범위하게 열리고 있다고 보도했다. 사형이 확정된 이승엽 등은 북한의 어느 곳에서도 동정 받을 수 없는 신세가 된 것이다.

재판 끝난 지 3일 째 되는 날인 1953년 8월 9일 평양에서는 김일성을 비롯하여 정권의 핵심권력 인물들의 대대적인 훈장 수여식이 거행되었다. 최고인민회의 상임위원장 김두봉은 김일성에게 영웅칭호와 함께 국기훈장 제1급 및 금별 메달을 수여했다. 김두봉과 2명의 로동당 중앙위원회 부위원장(박정애, 박창옥), 3명의 부수상(정일룡, 최창익, 박의환) 그리고 당과 정부의 요인, 인민군 고위 장성들에게도 국기훈장, 노력훈장, 자유독립훈장을 수여했다.

휴전협정 체결 2주일 후의 국가적 '승전축하' 행사였다. 전쟁을 '빛나는 승리'로 이끈 공로로 영웅칭호를 받은 김일성은 권력을 철벽같이 받들어 줄 실세들에게 훈장을 안겨주고 앞으로의 충성을 다짐 받았다.

전쟁에서는 승리를 거두지 못한 상태로 휴전협정을 체결하였지만, 내부의 권력투쟁에서 김일성은 저항세력을 완벽하게 제거하는 확실한 승리를 거두었다. 이제 어떤 세력도 감히 김일성을 비판하거나 도전할 엄두를 낼 수 없는 상황이 되었다. 이 날의 훈장수여 행사는 남로당 계열 적대세력을 철저히 제거했다는 사실을 널리 알리는 동시에 소련으로부터는 거액의 원조를 받아 전후 복구사업을 진행하기로 되어 있다는 희망을 안겨주고 그 공적 또한 김일성이 이룩한 것임을 선전하는 행사였다.

8월 11일 자 로동신문은 군복에 금별 메달을 단 김일성의 대형 사진과 함께 「김일성 원수에게 영웅 칭호를 수여하는 수여식과 당 및 정부의 지도간부들에 대한 훈장 수여식 거행」이라는 제목의 기사로 보도했다. 김일성은 같은 해 2월 7일에 '공화국 원수 칭호'와 함께 '원수 별'을 받았는 데도[19] 6개월 후에 또다시 영웅칭호와 금별 메달을 받는 호사를 누리게 된 것이다.

　로동신문의 훈장수여 기사가 실린 같은 지면 아래에는 「조선로동당 중앙위원회에서」라는 기사를 배치하여 김일성이 남로당 일파의 정적들을 얼마나 잔인하고 철저하게 소탕했는지 보여주고 있었다. 승리를 자축하는 김일성의 육중한 몸집이 기사 위에 올라타고 앉은 형상이다. 나흘에 걸친 재판과 닷새 동안 열린 로동당 중앙위원회에서 정적을 무자비하게 난도질하고 뿌리 뽑았음을 알려주는 지면구도의 편집이었다. 이날 1면 맨 위에는 「위대한 쏘련 인민에게 전 민족적 감사를 드린다」라는 사설과 「위대한 쏘련에 대한 인민들의 감사, 10억 루블리의 거대한 원조」라는 기사도 같은 지면을 장식했다.

　김일성은 권력투쟁에 패배한 정적들이 당에서 축출되어 처참한 운명에 놓인 사실을 알리면서 대조적으로 자신의 승리와 영광을 선전하는 공식 기관지를 발행한 것이다. 그 전날 8월 10일에는 소련이 복구 원조금 10억 루불을 제공할 것이라는 호외를 발행했다. 김일성이 소련의 원조로 전쟁을 승리로 마무리 지었으며 소련의 원조로 북한의 재건이 이루어질 것이라는 선전이었다.

---

19　「정령, 조선인민군 최고사령관 김일성 동지에게 조선 민주주의 인민공화국 원수칭호를 수여함에 관하여」, 『로동신문』, 1953.2.7, 1면.

**확고부동의 독재체제 구축.** 김일성은 피의 숙청을 통해서 정적을 완전 제거하고 '영웅칭호'를 받았다. 소련으로부터 전후 복구 원조 10억 루블을 받기로 된 것도 김일성의 공적임을 과시했다. 남로당 세력을 척결한다는 로동당의 결의를 같은 지면에 실었다. 로동신문, 1953.8.11.

## 3) "쭈구리고 앉아 있는 피소자 박헌영"

박헌영 재판은 1955년 12월 15일 오전 10시부터 진행되었다. 최고검찰소 검사총장 리송운이 기소장을 제출한 날은 12월 3일이었고, 12월 14일에는 최고인민회의 상임위원회가 최고재판소 특별재판부 5명을 임명했다.

재판장 최용건(崔庸健 : 인민군 차수, 조선인민군 총사령, 민족보위상 역임)
　　　　김익선(金翊善 : 국가검열상)
　　　　림해(林海 : 로동당 검열위원회 위원장)
　　　　방학세(方學世 : 내무상)
　　　　조성모(趙性模 : 최고재판소 소장)
담당검사 리송운(최고검찰소 검사총장)
서기　　　박경호(朴景浩)

재판관들 가운데 직업적인 정치인들이 있었던 것은 의미심장했다. 재판장 최용건은 부수상으로 사법제도와는 아무런 관계가 없었던 인물로 김일성의 오랜 전우였다.[20] 박헌영은 재판 이틀 전에 자필로 변호사가 필요 없다는 다음과 같은 각서를 제출했다.

나의 사건 재판에 변호사의 참가를 나는 요구하지 않함니다. 변호사의 변론의 여지가 없기 때문이라고 생각함으로 그의 참가를 희망하지 않하는

---

20　안드레이 란코프, 김광린 역, 앞의 책, 119쪽.

것입니다. 1955년 12월 12일 피소자 박헌영

　박헌영은 이미 결론이 내려진 재판의 연극 무대에서 필요 없는 변론을 받지 않기로 결심했던 것이다. 재판은 12월 15일 오전 10시부터 진행되었다. 2년 전에 사형이 언도되었던 이강국과 조일명이 증인 9명 가운데 포함되어 있었다. 이강국과 조일명은 박헌영의 재판에 대비하여 사형집행을 유예했던 것이다. 임화 등 다른 사형수들은 확실하지 않지만 언도 직후에 처형되었을 것이다. 재판에 회부되지 않고 숙청되었던 권오직(해방일보 사장, 북한 주중 대사)도 증인으로 나왔다.

　재판 기사는 이틀 뒤인 12월 17일에 조선중앙통신이 보도한 기사를 로동신문이 18일 자에 전재했다. 「미제의 고용간첩 두목인 조국 반역자 박헌영에 대한 공화국 최고재판소 특별재판 진행」이라는 제목으로 2면에 3분의 2를 차지하는 분량이었다. 기사는 조국 반역도당의 두목인 박헌영에게 인민의 준엄한 심판을 내리는 공판정은 방청자들로 들어찼다고 보도했다.

　　조선민주주의인민공화국 최고재판소 특별재판은 장기간에 걸쳐 미제국주의자들의 고용간첩두목으로서 미제의 조선침략에 충실히 복무하고 조국의 자주독립과 민주화를 반대하며 공화국 주권을 전복할 목적 밑에 간첩, 파괴, 암해, 살인, 테로 등 방법으로 조국 반역의 극악한 범죄를 감행한 피소자 박헌영의 죄행에 대한 심리를 12월 15일 최고재판소 특별법정에서 진행하였다.

**박헌영과 김일성.** 김일성은 휴전협정 직후에 남로당 출신 박헌영 주변 인물을 숙청했고, 1955년 12월에는 박헌영에게 사형을 선고하여 이듬해에 처형했다.

입회서기 박경호가 기소장을 낭독하는 것으로 재판은 시작되었다. 기소장은 크게 세 개 부문으로 구성되어 있었다. ① 미제국주의자들을 위하여 감행한 간첩행위, ② 남반부 민주역량 파괴 약화 행위, ③ 공화국 정권 전복음모 행위. 조선중앙통신은 "기소장의 마디마디는 흉악한 반역자의 머리 우에 내려진 저주와 증오와 격분에 찬 인민의 억센 철추와도 같았다"고 보도했다.

박헌영은 경력과 범죄사실을 '자백'하고 피소 사실을 모두 시인했다. 1919년 3월 경성제1고등보통학교를 졸업한 후에 여성계몽잡지 『여자시론』의 편집원으로 근무할 때에 언더우드를 만나면서 미국을 숭배하는 사상(숭미사상)을 품게 되었다고 말했다.[21] 미국에 의존하지 않고는 조선문제를 해결할 수 없을 뿐만 아니라 세계문제를 해결할 수 없다고 생각하게 되었기 때문이라는 것이다. 월북 후에는 강동학원과 해주 제일인쇄소를 이용하여 하지가 지령한 대로 남북대립과 불신임, 분열사상을 조성하는 것과 북한 당내에 세력을 부식하고 확장하는 범죄행동을 감행했다고 말했다.

증인 권오직은 박헌영이 "조선인민의 수령으로 자처해왔다"면서 해

---

21  『여자시론』은 1920년 1월 24일에 창간된 여성잡지로 통권 5호까지 발행되었다. 박헌영은 동아일보 판매부 서기와 기자(1924.4~1925.5), 조선일보 기자(1925.8~10)로 짧은 기간 근무한 적이 있다.

주 제일인쇄소의 대남 출판물을 악용하여 주로 자기의 공명을 선전하도록 하였다고 말했다. 자신이 중국대사로 임명되어 가던 때에도 중국에서는 아무런 배울 것이 없다고 말하였으며, 그들과 교섭할 때 속을 털어놓고 할 수 없다고 말하였다고 증언했다. 박헌영은 외무상으로 있으면서 소련과 중국을 비롯한 여러 나라 대사들과 외교관들을 멸시하고 반동선전을 한 사실이 있다는 증언이었다.

조일명은 1946년 초부터 박헌영이 미국 간첩이라는 사실을 알고 있었다고 말했다. 자신은 해방일보, 노력인민의 주필로 있다가 박헌영의 지시로 월북하였으며 제일인쇄소에서 임화, 박승원 등을 조종하여 출판물에 박헌영을 조선인민의 지도자인 것같이 선전하였다고 증언했다. 1951년 9월 초순에는 중앙당 이승엽의 사무실에서 공화국 전복의 무장폭동을 일으키려는 음모를 토의했는데 이승엽을 총사령으로 하고 참모장 박승원, 군사조직책임 배철, 폭동지휘책임 김응빈, 정치 및 선전선동책임은 임화와 조일명으로 하는 무장폭동 지휘부를 결성했다고 말했다.

이강국은 박헌영의 비호 보장에 의하여 자신이 북한 인민위원회 외무국장으로 등용되었으며 박헌영의 지시에 따라 간첩활동을 수행하였다고 말했다. 재판장은 박헌영에게 과거의 심복들이 위와 같이 자신의 죄과를 증언하는 내용에 대해 논박하거나 혹은 부정확한 점이 있으면 말하라고 그때마다 물었는데 박헌영은 모두 틀림이 없다고 대답했다. 과거의 동지이자 부하들이 재판에서 자신을 매장시키는 증언을 하고 있는 모습을 보는 심정은 참담했을 것이다.

오후 6시까지 진행되던 공판은 잠시 휴정하였다가 10분 후에 계속되었다.

검찰총장은 긴 논고에서 "전체 조선인민의 끝없는 증오와 저주로 회상하는 리승엽 간첩 도당들이 감행한 매개 범죄행위가 저기에 쭈구리고 앉아 있는 피소자 박헌영의 지도와 직접적 참가에 의하여 감행되었다는 사실을 피소자 본인의 진술과 일체 사건 재료들에 의하여 다시한 번 똑똑이 확증되었습니다"라고 말했다.

박헌영은 최후 진술에서 자신의 마수에 걸려 많은 사람들이 추악한 범죄를 범하고 불행하게 되었으며 그 모든 책임은 자기에게 있다고 말했다. 오전 공판에서는 '신정부', '새 당'의 조직 음모와 무장폭동 음모는 자신이 모르는 사이에 있었던 일이지만 책임은 자신에게 있다고 진술한 부분도 한 개 궤변으로 잘못된 것이기에 취소한다고 말했다. 자신이 알고 있었다는 뜻으로 수정한 것이다. 그 사이 이 문제에 관해서 강한 협박을 받았을 것으로 짐작된다.

끝으로 제가 과거에 감행하여 온 추악한 반국가적, 반당적, 반인민적, 매국역적 죄악이 오늘 공판에서 낱낱이 폭로된 바이지만 여기 오신 방청인들뿐만 아니라 더 널리 인민들 속에 알리여 매국 역적의 말로를 경고하여 주십시오.

오후 7시 35분에 재판관들은 판결을 평의 표결하기 위해 일단 퇴정하였다가 8시에 개정하여 재판장의 위임에 따라 재판관 조성모가 판결문을 낭독했다. 박헌영의 사형과 전 재산의 몰수였다. 재판장은 최고인민회의 상임위원회에 특사를 청원할 수 있다고 통고하면서 공판이 끝났음을 선언했다. 오전 10시에 시작되었던 공판은 10시간에 걸쳐 진행된 것이다. 박헌영은 1956년 7월 19일 김일성의 지시로 방학세가 총으로 쏘아 죽였다 한다.[22]

### 4) 동지의 잘못까지 자백

1953년에 열렸던 12명의 재판과 1955년 12월의 박헌영 단독 재판에서 피의자들이 발언한 내용은 상식으로는 이해하기 어려울 정도이다. 피의자들은 하나 같이 자신의 '죄과'를 스스로 고백했다. 어릴 때의 환경부터 자신의 '반동적', '소부르주아적'인 성향까지 검사가 심문하지 않은 내용까지 모두 자진해서 털어놓았고, 진술에서 빠뜨렸던 내용이 있으면 나중에 다시 올라와서 추가할 정도였다. 은밀한 종교적인 고해에서나 있을 수 있는 행위였다.

과거의 동지가 저지른 잘못을 법정에서 밝혀내기도 했다. 검사의 심문에 대답하는 경우가 아니라 묻지도 않는데 자진해서 고발하는 형식이었다. 사형에 처해질 사람들이 최후의 순간에 동지의 잘못을 들추어내고 자신의 죄과를 신앙의 간증처럼 고백한 이유는 무엇이었을까. 재판 이전의 심문과정에서 피의자들을 완전히 정복하여 그들로 하여금 재판에 적극적으로 협조하도록 하는 데 성공했던 것으로 볼 수 있다. 정적을 은밀한 방법으로 비밀리에 숙청하는 것이 관례였던 북한사회에서는 지극히 예외적인 재판이었다.[23]

---

22  『이정 박헌영전집』9, 역사비평사, 2004, 442쪽.
23  안드레이 란코프, 김광린 역, 앞의 책, 119쪽.

## 남로당 숙청 재판 진행 과정 일지

| | |
|---|---|
| 1953.3.5 | 사회안전부, 임화·조일명·이강국·이승엽·박승원·조용복·배철 등 7명 체포. 이어서 윤순달·이원조·맹종호·설정식·백형복 등 체포. 이후 4월까지 약 40명 내외의 남로당 출신 간부들 체포. |
| 1953.7.30 | 검사총장 리송운, 이승엽 등 12명 기소. |
| 1953.8.3~6 | 최고재판소장 김익선(金翊善)을 재판장으로, 서기 김영주(김일성의 동생) 등이 4일 동안 재판 진행. |
| 1953.8.5 | 민주조선 2면과 3면 전체에 기소장 게재. 1면 머리에 실린 논설 「간악한 인민의 원쑤들에게 준엄한 처단을 내리라」 |
| 1953.8.5~9 | 로동당 중앙위원회, 주영하(전 소련 대사), 장시우, 박헌영, 김오성, 안기성, 김광수, 김응빈 당 중앙위원회에서 제명하고 출당 결의. |
| 1953.8.7 | 로동신문, 민주조선, 「리승엽 도당 사건에 대한 공판정에서 피소자들 자기 범죄 행동을 진술」이라는 제목으로 조일명, 박승원, 임화, 백형복의 '진술 요지' 게재. |
| 1953.8.8 | 민주조선, 공판정에서 피고들이 진술한 '범죄내용' 게재. |
| 1953.8.10·13 | 로동신문, 민주조선, 「리승엽 도당들의 반역적 범죄에 전체 인민들 극도의 격분을 표시」라는 제목의 조선중앙통신발 기사게재. 13일에도 조선중앙통신 발 「리승엽 도당들에 대한 처단을 전폭적으로지지」 기사로 이승엽 일당의 반역적 죄악을 규탄하며 이들에 대한 특별군사법정에서의 처단을 지지 |

하는 군중집회들이 각처 공장, 기업소와 농촌, 가두들에서 광범위하게 열리고 있다고 보도.

1954.2 『근로자』(로동당 중앙위원회 기관지) 「당 대렬의 통일과 순수성을 위한 우리 당의 투쟁」(신철) 게재. '종파분자 미제 스파이' 박헌영·이승엽 등을 처벌한 이유 열거.

1954.9.5 일본어 번역 『폭로된 음모/ 아메리카의 스파이 박헌영 이승엽 도당 공판기록』(동경, 현대조선연구회 역편) 발행.

1955.12.3 최고검찰소 검사총장 리송운, 박헌영의 기소장 제출.

1955.12.12 박헌영, 자신의 재판에는 변호사의 참가를 요구하지 않는다는 각서 제출.

1955.12.14 최고인민회의 상임위원회, 최고재판소 특별재판장 최용건 등 재판관 5명 임명.

1955.12.15 박헌영 재판. 증인으로 권오직(전 해방일보 사장, 주중 대사 −현 노동자), 조일명(전 해방일보, 노력인민 주필, 1953년 8월 사형언도), 이강국(1953년 8월 사형언도) 출석. 이날 박헌영에게 사형 언도.

1956.2 한설야 「평양시 당 관하 문학 예술 선전 출판부문 열성자 회의에서 한 보고」를 『근로자』에 게재.

1956.6.10 『미 제국주의 고용간첩 박헌영 리승엽 도당의 조선민주주의인민공화국정권 전복음모와 간첩사건 공판문헌』(조선민주주의인민공화국 최고재판소 편, 국립출판사) 발행.

두 가지 추측이 가능하다. 첫째는 북한이 공개한 재판의 내용이 사실일까 하는 의혹이다. 북한이 발표한 그대로 피의자들이 진술했는지 여부를 믿기 어렵기 때문이다. 북한은 재판 내용을 얼마든지 조작해서 발표할 수 있는 정권이다. 법정에서 자신의 과오를 뉘우치는 사람은 있다. 하지만 12명의 피의자들이 조금도 다르지 않게 자신들의 죄과를 스스로 고백하는 모습은 도저히 이해할 수 없을 정도이다.

두 번째는 피의자들이 혹독한 고문, 협박, 세뇌를 당한 결과로 그런 진술을 하지 않을 수 없었을 것이라는 추측이다. 대부분의 피의자들은 일제 강점기와 미군정 치하에 공산주의 운동을 했던 사람들이고, 투옥된 경력도 있었다. 그와 같은 투쟁 경력을 쌓은 인물들의 자발적인 법정 진술로 보기는 어렵다. 인내의 한계를 넘어선 특수한 고문을 낭했을 수 있다. 지신은 참을 수 있었다 하더라도 남은 가족들까지 장래 또는 그 당시에 동일한 고문을 당하거나 집단형무소에 보내겠다는 협박을 받으면 무너지지 않을 수 없을 것이다. 자신에 대한 고문은 견딘다 하더라도 가족에 대한 보복이 더 두려웠을 것이다. 임화의 아내 지하련池河連은 소설가였다. 임화가 사형당한 후 지하련도 평북 회천 근처 산간 오지로 끌려가 교화소에 격리 수용되어 있던 중 1960년 초에 병사한 것으로 알려졌다.[24]

무자비한 숙청을 본 사람들은 김일성 독재를 비판하거나 감히 저항할 엄두를 내기 어려운 공포 분위기에 휩싸일 수밖에 없었다. 북한은 1953년과 1955년의 두 차례 남로당 계열 공판을 진행한 다음에 그 기록을 공개했다. 1953년의 공판에 관해서는 재판이 진행되던 당시에 국가의 공식 언론매체인 로동신문과 민주조선에 게재하여 주민들에게 피의

---

24    정영진, 「비운의 작가 지하련의 삶과 문학」, 『문학사의 길찾기』, 국학자료원, 1993, 206~247쪽.

자들의 '죄상'을 널리 알렸고, 1955년의 박헌영 공판은 이듬해에 국립출판사에서 단행본으로 출판했다. 모든 국가적인 기록을 비밀로 다루는 북한 정권이 재판 기록을 신속하고도 상세하게 공개하여 재판을 선전 목적으로 활용하려는 의도였다.

### 5) 재판기록을 선전용으로 출판

1953년에 열렸던 재판기록은 일본에서 현대조선연구회 역편譯編으로 『폭로된 음모-미국 스파이 박헌영, 이승엽 도당 공판기록暴かれた陰謀/ アメリカのスパイ 朴憲永 李承燁 一味の公判記録』(동경, 駿台社, 1954)이라는 제목으로 일어로 번역 출판되었다. 일본에서도 재판의 정당성을 선전하고 남로당 계열 문인들을 매장하기 위해서였다.

김일성정권은 박헌영 재판이 끝난 뒤에는『미제국주의 고용간첩 박헌영 리승엽 도당의 조선민주주의인민공화국정권 전복음모와 간첩사건 공판문헌』(조선민주주의인민공화국 최고재판소 편, 국립출판사, 1956)이라는 제목의 공판기록을 출판했다. 1953년의 이승엽 등 12명 재판과 1955년의 박헌영 재판기록을 한데 묶은 자료였다. 공판문헌은 438쪽 분량으로 1만부를 인쇄하였고 정가는 92원이었다. 박헌영 일당의 '죄상'을 일반에게 알리기 위한 선전 자료로 판매했던 것이다.

김일성은 남로당을 숙청하면서 대외 선전과 함께 대내적으로는 반대파에게 심리적 공포심을 불러일으키는 한편으로 남아 있는 동조 세력을 완전 무력화하는 동시에 무자비한 숙청사실을 정당화하는 선전 목적으로 공개한 것이다. 북한 내부만 아니라, 일본에 있는 남로당계열에도 선전의 자료로 활용되었다. 일본에서 마쓰모토 세이쬬松本淸張라는 추리소설 작가가 일본어로 쓴『북의 시인』(1974)도 이같은 선전의 영향을 강하게 받은 책이었다.[25] 국내에서 박헌영과 임화를 연구한 책과 논문 가운데도 재판기록을 비판 없이 그대로 인용하여 자신도 모르는 사이에 북한의 선전에 이용되고 있는 현상은 주의해야 할 것이다. 그러나 정영진은『북의 시인』의 '왜곡과 날조'를 21개 조목을 들어 상세히 논증하였다.[26]

임화가 미국의 간첩이었다면 광복 후 전쟁기간에 쓴 「너 어느 곳에 있느냐」, 「바람이여 전하라」, 「전진이다! 진격이다!」와 같은 시를 쓸 수는 없었을 것이다. 그리고 〈빨치산 행진곡〉, 〈인민항쟁가〉 같은 여러 편의 가사를 지을 수 있었을까. 신변에 불안을 느꼈는지 임화는 1952년 4월 「40년, 김일성 장군 탄생 40년에 제하여」라는 찬양시도 바쳤다.


비참한 감옥이었던 우리 세상을

즐거운 노력의 공화국으로 만들었으며

자유를 위한 투쟁의 햇불을 던져

조선 사람으로 하여금 영웅의 족속 용사의 겨레로 만들었다.

(…중략…)

우리의 자유와 행복의 창조자인 당신의

오늘 이 날을 무엇으로 기념하며 어떻게 감사할 것인가

---

25  『북의 시인』을 쓴 마쓰모토 세이쬬는 정확한 자료에 근거해서 쓴 실화소설이라고 했지만 북한의 선전에 영향을 받아 여러 오류가 많다는 점은 한국어 번역판『북의 시인 임화』(김병걸 역, 미래사, 1987)의 「주」(289쪽 이하)에 실려 있다.
26  정영진,『바람이여 전하라』, 푸른사상, 2002, 84~90쪽.

김일성을 향한 노골적인 구애였다. 시가 아니었다. 임화는 이같은 글을 쓰고서도 목숨을 건질 수 없었다. 북한의 모든 시인과 작가는 김일성을 찬양하는 시와 소설을 쓰면서 충성경쟁을 벌이던 때에 임화의 노력은 아무런 소용이 없었다. 결국은 무자비한 권력 투쟁의 희생물이 되고 말았다.

### 6) 부관참시

남로당 계열 언론인－문인들은 처형된 뒤에도 부관참시를 당했다. 이승엽, 임화 등이 사형선고를 받은 다음 달인 1953년 9월 26일과 27일 이틀에 걸쳐 전국 작가예술가대회가 개최되었다. 김일(로동당 중앙위원회 부위원장), 한설야(조선문학예술총동맹 위원장), 이기영(조쏘문화협회 위원장), 정률(문화선전성 부장) 등이 참석한 가운데 한설야는 "박헌영, 이승엽, 임화, 조일명, 이원조 등의 조종을 받은 이태준, 김남천, 김순남, 박찬도 등 악당들"이라면서 실명을 거론하여 비난의 강도를 높였다.

**북한 문단의 실세 한설야.** 임화, 이태준, 김남천을 비판했지만 말년에는 자신도 숙청되는 운명에 처했다.

미제의 간첩이며 반역적 파괴분자인 림화 도당들은 해방 전후 시종일관하게 자기 작품을 통하여 우리 인민을 절망과 영탄의 세계에 처넣으려고 시도하였으며 우리의 영웅적 현실을 파렴치하게 비속화하였으며 (…중략…) 림화를 비롯하여 리원조, 김남천, 리태준 등 파괴종파 도당들은 제국주의 침략자들에 대한 굴종과 투항을 권고했으며 미국과 서구라파에 대한 아첨을 설교하였으며 개인주의와 에로찌즘을 전파하기 위하여 광분했으며 우리리의 문학적 전통을 파렴치하게 말살하려고 시도하였습니다. 한마디로 요약하여 림화 도당은 문학에서 당성과 계급성을 거세하여 우리 문학의 사상적 무장해제를 획책하였으며 현실을 의곡 비방하는 것을 주안으로 하는 자연주의 및 형식주의를 백방으로 부식시키려고 기도하였습니다.

한설야는 작곡가 김순남도 '종파분자'로 규정하고 "서구라파 부르죠아 음악의 광신자"로 낙인찍으면서 "자기의 반동 음악을 통하여 우리 인민들의 혁명성을 거세하며 부르죠아 반동 이데올로기의 독소물을 전파시키려는 의식적인 행동"을 했다고 매도했다.[27] 한설야는 박헌영, 이승엽, 임화, 조일명 등 '반당적 스파이 분자들'이 「문화로선」을 내세우면서 "계급적인 민족문학이어서는 아니 된다"고 주장하였다고 비판했다.

임화, 이태준, 김남천은 박헌영이 처형된 다음 해에 또 한번 문학적으로 공식 매장되었다. 비판의 화살을 쏜 인물은 이번에도 한설야였다. 로동당 중앙위원회 기관지 『근로자』 1956년 2월 호에는 한설야의 「평양시 당 관하 문학 예술 선전 출판부문 열성자 회의에서 한 보고」가 실렸다. 1월 13일과 14일 이틀 동안 열린 회의에서 행한 한설야의 보고문은 22페이지에 걸친 긴 글이었다. 이 '보고' 역시 2년 반 전 1953년 10월

---

27  한설야, 「전국 작가 예술가대회에서 진술한 한설야 위원장의 보고」, 『조선문학』 창간호, 1953.10, 121~122쪽.

호『조선문학』(조선작가동맹 기관지)에 실린 한설야의「전국 작가예술가 대회에서 진술한 한설야 위원장의 보고」와 같은 논조였다.

한설야의「보고」가 있은 닷새 뒤인 1956년 1월 18일에 열린 로동당 상무위원회도 똑같은 내용의 '결정'을 채택하였다. 상무위원회는 "림화, 리태준, 김남천 등 '일련의 반동작가들'이 북한의 예술과 문학 분야에 끼쳐 놓은 부르죠아 사상독소들을 폭로 숙청하는 군중적 사상운동을 광범히 조직 전개"한다는 것이었다. 임화, 이태준, 김남천 등 몇몇 분자들이 결성한 '조선문화건설중앙협의회'는 반혁명적 문학예술단체라고 규정하고 이를 반대하는 남조선의 진보적 작가와 예술가들을 박해 탄압했다고 주장했다. 로동당 상무위원회는「문학·예술분야에서 반동적 부르죠아 사상과의 투쟁을 더욱 강화할 데 대하여」라는 결정에서 이렇게 말했다.[28]

이 시기에 박헌영 도당은 자기들이 날조한 소위 '문화로선'에서 "우리가 건설하는 민족문화는 계급문화여서는 아니 된다"고 표방함으로써 우리 문학예술의 당성 계급성을 부정하고 미제에 복무하는 부르죠아 반동 문학예술의 길로 나가야 한다는 것을 제창하였다.

이 결정은 한설야가 평양시 당 관하 문학 예술 선전 출판부문 열성자 회의에서 했던 연설과 내용은 물론이고 문장도 거의 동일했다. 한설야는 로동당 상무위원회가 결정할 내용을 미리 보고하는 형식을 취했던 셈이다.

한설야는 "9인회는 카프를 반대할 목적으로 조직된 부르주아 반동문

---

28  로동당 상무위원회 결정,「문학·예술분야에서 반동적 부르죠아 사상과의 투쟁을 더욱
    강화할데 대하여」(1956.1.18)『북한관계사료집』30, 국사편찬위원회, 1998, 819~828쪽.

화의 조직체로서 리태준이 조직자이며 지도자"라고 비난했다. 그는 이태준이 월북한 후에 창작한 작품들도 격렬하게 비판했다.[29] 한설야는 "우리당과 혁명에 막대한 해독을 끼친 박헌영, 리승엽 간첩도당은 문학 예술분야에서도 반혁명적 파괴행위를 장기간에 걸쳐 감행하였으며 문학 예술을 미 제국주의자들의 침략도구로 전락시키며 그를 통하여 반동적 부르죠아 사상을 인민들 속에 전파할 것을 시도하였다"고 주장했다.[30]

> 미 제국주의자들의 지시 밑에 박헌영, 리승엽 간첩도당은 우리 당의 문예정책을 반대하기 위하여 반역자 림화, 김남천, 리원조 등과 부르죠아 반동 문학가 리태준 등을 규합하여 반혁명적 문화단체를 조직하는 동시에 계급적 립장을 고수하여 온 량심적이며 사상적으로 건실한 작가, 예술가들을 배제함으로써 문학 예술 부면의 조직을 분렬시켰습니다.

한설야는 임화와 이태준 도당이 로동당의 "당적이며, 계급적이며 인민적인 올바른 문예 로선"을 반대하는 「문화로선」을 내세워 "우리가 건설할 민족문화는 계급문화여서는 안 된다"고 선포하여 예술의 당성, 계급성을 부정하였다고 비판했다. 1953년에 전국 작가 예술가대회에서 연설한 「보고」내용과 거의 같았다. 다른 점이 있다면 이번에는 비판의 대상으로 삼은 작가를 한 사람씩 열거하여 구체적인 작품을 들어 비판한 것이다.

이태준은 이름난 부르죠아 반동작가로 중편소설 「동토」는 과거의 농

---

29   조영복, 『월북 예술가 오래 잊혀진 그들』, 돌베개, 2002, 284~285쪽.
30   한설야, 「평양시 당 관하 문학예술 선전출판부문 열성자 회의에서 한 보고」, 『근로자』, 1956. 2, 56~78쪽.

민생활을 왜곡했고, 단편 「호랑이 할머니」는 인민정권을 무시하고 인민민주 제도를 비방했다는 것이다. 임화는 카프를 일제에 팔아먹은 흉악한 반역자이며 미제의 간첩이라면서 그의 작품을 비판했다.

림화는 그의 시 「너 어느 곳에 있느냐」에서 전선에 간 자식을 생각하여 한정없이 초조하여진 아버지의 마음과 '종이장처럼 얇아진' 어머니의 가슴, 그리고 온 집안이 전선에 간 자식을 생각하여 잠 못 이루는 광경을 그렸으며 「바람이여 전하라」에서 '머리 더욱 희고 가슴 더욱 얇아진' 어머니를 그렸으며 「흰 눈을 물들인 나의 피 우에」에서 우리의 마뜨로쏘브[31] 영웅의 애국주의를 파렴치하게 의곡하면서 영웅의 어머니를 아무도 돌보는 사람이 없는 듯이 외로운 어머니로서 절망적으로 뵈여주었습니다.

그는 우리의 어머니들을 무기력하고 초조에 떨고 고독에 잠겨 절망과 영탄과 통곡으로 세월을 보내는 그러한 어머니로 모욕하였으며 우리 후방 인민들의 영웅적 투쟁 모습을 가련한 고역자의 모습으로 묘사함으로써 후방의 공고성을 파괴하였습니다.

한설야의 「보고」가 발표된 후에 임화와 김남천, 이태준을 향한 비판이 뒤를 이었다. 3월 호 『조선문학』에는 「림화에 대한 묵은 론죄상」(송영)[32]

---

31 마뜨로쏘브(1924~1943. 2. 23) 소련의 전쟁 영웅. 독일과의 전투에서 적의 화점을 막고 희생되어 그가 배속된 분대의 공격을 보장하였다. 전사 후 소련 영웅칭호가 수여되었다.
32 송영(본명 송무현, 1903~1979) 서울 출신. 소설과・극작가. 일제 강점기부터 소설, 평론, 희곡 등을 썼는데 광복 후 월북하여 북조선연극인동맹 위원장을 맡았고, 전쟁 중에는 종군작가로 참가하면서 「그가 사랑하는 노래」(1952), 역사극 「강화도」(1953)등의 희곡을 썼다. 전쟁 후에는 대외문화연락위원회 위원장, 최고인민회의상임위원, 조선작가동맹중앙위원회 상무위원 등 역임.

**엄호석.** 임화 비판에 앞장섰다.

을 싣고 임화가 공화국과 인민에게 중대한 배신행위를 했다는 증거로 카프 이래 임화의 '수상한 행적'을 나열했다. 「리태준 문학의 반동적 정체」 (엄호석)도 같은 호에 실렸다.[33] 엄호석은 이태준이 북한에서 기석복, 전동혁, 정률 등과 사상적으로 결탁하고 문예총에 대한 파괴적 행동을 노골적으로 감행했다고 주장했다. 엄호석은 로동신문에도 「리태준의 반혁명적 문학활동을 폭로함」을 발표하여 문단과 북한사회에서 이태준을 확인 사살하고 완전히 매장했다. 박헌영과 임화 도당은 자기들의 반동적 「문화테제」를 북한에서 실현하기 위하여 그 선발대로 파견한 자가 이태준이라는 것이다.[34] 엄호석은 "리태준은 우리 제도의 원쑤로써 조국 해방전쟁의 패배를 바라면서 중국 인민지원군이 조선전선에 참전하는 것을 싫어하였다"고 주장했다. 그리고 로동당 제5차 전원회의 문헌토의 과정에서 이태준의 반혁명적 죄상은 임화, 김남천 등의 그것들과 함께 폭로되었다고 말하고, 그들의 영향력과 잔재는 남아 있으므로 뿌리를 뽑아야 한다고 주장했다.[35]

실지에 있어서 림화, 리태준 도당이 숙청된 이후에도 그들과 사상적으

---

33　엄호석(1912.2.22~1975.12.5) 함경남도 홍원 출신, 광복 후 함경남도 문예총 기관지 『예술』지 주필을 지냈고, 1947년부터는 평양에서 『문화전선』, 『문학예술』 등 문예총 기관지를 비롯한 출판부문에 종사. 1960년대에는 작가동맹 평론분과위원장이었다.

34　엄호석, 「리태준의 반혁명적 문학활동을 폭로함」, 『로동신문』, 1956.3.7. 이 글은 『로동신문』 3면과 4면 하단에 실렸다.

35　위의 글.

로 결탁한 일부 사람들의 문학 예술 분야에서의 비당적 행동이 계속 허용되었다. 이는 문학예술분야에서 부르죠아 사상의 여독을 청산하는 사업에서 저해로 되였다.

4월 호『조선문학』에는 무명의 평론가 김명수가「흉악한 조국 반역의 문학·림화의 해방 전후 시작품의 본질」로 임화를 재차 매도했다. 『조선문학』은 김남천의 반동성을 강조하는 글도 실었다. 5월 호에는 윤시철의[36]「인민을 비방한 반동문학의 독소·김남천의 8·15 해방 후 작품을 중심으로」와 황건의「리광수의 문학의 매국적 정체」가 실렸다.[37] 북한 문단의 논객들이 앞을 다투어 임화와 남로당 계열 문인들에 대한 비판을 한 것이다. 소련에서 입북한 평론가로 로동신문의 책임주필이었고, 문화선전성 부상을 역임한 기석복도 함께 거론하며 집중적으로 비난의 화살을 퍼부었다. 임화는 이미 사형 당했을 시기였다 하더라도 살아 있는 기석복, 이태준, 김남천은 감히 한마디 변명이나 한 줄의 반론조차 펼 수 없는 분위기였다.

임화, 이태준, 김남천은 북한에서 이처럼 철저히 매장 당했다. 북한 문화권력의 최고 지위에 올라 있었던 한설야도 1962년에는 비판의 대상으로 추락하여 권력의 자리에서 추방되었다. 하지만 그는 처형되지

---

36  윤시철(1919.8.14~1981.12) 중국 길림성 연길 출생. 외국에서 대학을 마쳤으나 귀국 후 노동을 하면서 문학수업을 했다. 전쟁 기간에는 종군작가로 참가했고, 전후에는 작가동맹 중앙위원회 소설분과위원장, 황해북도 지부장 역임.

37  황건(본명 황재건, 1918.4.28~1991.1.19) 양강도 풍서군 출생. 보성고보와 전주사범 졸업 후 전북 무주와 중국 장춘에서 교사와 기자 생활을 했다. 광복 후에는 평양에서 신문기자, 작가로 활동했다. 전쟁 중에는 종군작가로 참가하면서 종군기, 실화문학 등을 창작했고, 전후에는 조선작가동맹 소설분과위원장을 맡았다.

는 않았고, 1976년에 사망한 것으로 알려졌다. 북한의 『조선대백과사전』(백과사전출판사, 2001)에도 한설야의 이름은 올라 있지 않다. 한설야에 비하면 비중이 훨씬 떨어졌던 엄호석, 송영, 황건 등의 이름은 백과사전에 등재되어 있는 것과는 대조적이다. 이태준은 해주의 황해도일보사 인쇄공으로 추방되었다. 그가 전쟁 전에 월북하여 제일인쇄소에서 편집국장을 맡았던 곳이 해주였다.[38]

임화와 박헌영의 이름은 북한의 역사에서 완전히 사라졌다. 김일성은 "임화 도당의 종파주의적 책동을 폭로 분쇄한 다음에도 문학예술분야에서 놈들이 뿌린 사상 여독을 청산하기 위한 투쟁을 벌리도록" 지시하였다고 북한의 문학사는 기술하고 있다.[39] 그러나 그들이 버리고 떠났던 남한, 목숨을 걸고 타도의 대상으로 삼았던 대한민국에서는 그들을 추모하고 업적을 평가하는 작업이 진행되고 전집이 출간되었다.

『이정 박헌영전집』 전9권(역사비평사, 2004)이 완간되었고, 『임화문학예술전집』 전8권(소명출판, 2009) 예정 가운데 5권이 먼저 출간되었다. "역사의 무덤에 그냥 잠들게 할 수 없는 지상의 별 하나로 임화를 선택했다"는 것이 임화전집 편찬의 목적이었다. 문학평론가 조영복은 말한다. "임화의 삶은 짧았고, 죽음의 그림자는 길었다. 임화의 혼은 검은 광채를 지닌 흑진주처럼 번득였다. 그의 혼은 음울해서 비극적이었지만, 그 예리함은 시간이 흘러도 무디어지지 않았다."[40] 『설정식 문학전집』(산처럼, 2012)도 그의 탄생 100주년을 맞아 발행되었다.

---

38  조영복, 앞의 책, 288쪽
39  『조선문학사』 11, 평양 : 사회과학출판사, 1994, 21쪽.
40  조영복, 앞의 책, 42쪽.

제
2
부

**월북─납북
문화인과
언론의 기능**

납북과 월북 문화인들

김일성에서 시작된 북한 언론역사

북한의 보도 문장과 용어

# 제1장

# 납북과 월북 문화인들

## 1. 국회의원, 법조인, 의사, 교수

'문화인'의 사전적 의미는 두 가지다. "높은 문화생활을 누리고 있거나 문화적 교양이 있는 사람"이라는 넓은 의미가 있고, 범위를 좁히면 "학문, 예술 따위의 분야에 종사하는 사람"으로 한정된다. 여기서 살펴보려는 '문화인'은 물론 두 번째 범주의 인물들이다. 문학, 미술, 음악, 배우, 연출가를 비롯하여 다양한 문화 관련 분야 종사자 가운데 전쟁 중에 납북되었거나 전쟁 전과 전쟁 중에 월북한 사람들이다.

두 번째 범주를 규정하기도 쉽지는 않다. '학문분야만 보더라도 구체적으로 규정하기는 애매하다. 정치인을 어떻게 규정할 것인가라는 문제와 마찬가지로 획일적인 기준을 정하기 어렵다. 정치가의 대표적 직책은 국회의원이지만, 정치활동에 종사하는 정당인, 정치에 관여하는 사회단체에 가입한 사람도 있고, 개인적으로도 정치활동을 하는 사람들이 많기 때문이다. 공무원 가운데도 장차관이나 고위 공직자는 정치와 관련되는 직책이 많다.

학문분야 종사자도 광범하다. 우선 대학교수를 대표적으로 지목할 수 있다. 언론인, 법조인(판사, 검사, 변호사), 의사도 학문적으로 전문화과정을 이수하여 자격을 인정받은 사람들이니 문화인의 범주에 포함될 수 있다. 예술인으로 분류되는 인물은 당연히 문화인의 범주에 포함된다.

전쟁 중에 8만 3,000명, 또는 그 이상의 민간인이 북으로 끌려갔다. 통계에 따라 차이가 있지만, 많게는 12만여 명이 넘는다는 기록도 있다. 북으로 끌려간 사람은 이름과 주소를 확인할 수 있는 사람이 8만 2,959명이다.[1] 개인별 명단이 밝혀지지 않았지만 피납자가 12만 8,936명(남 9만 7,680명, 여 3만 1,256명)이라는 통계도 있다.[2] 국군으로 전사하거나 포로가 된 군인을 제외한 민간인의 희생자만 이처럼 엄청난 숫자에 달한다. 이 글을 쓰기 위해서 나는 먼저 문화인에 속할 수 있는 몇 분야의 명단을 만들어 보았다.

① 아래 분야별 인원은 '한국전쟁납북자료원'이 6·25전쟁 기간에 납북된 민간인의 명단 5종을 종합하여 작성한 데이터베이스를 저자가 직업별로 추출 정리했다.

---

1 「6·25 납북자 82,959명/6·25 사변 피납치자 명부」(『월간조선』, 2003) 참고. 피랍자의 개별 명단은 인터넷 www.kwari.org에서 확인할 수 있다.
2 국방부 전사편찬위원회, 『한국전쟁사』 4, 국방부 전사편찬위원회, 1977, 760쪽.

② 국회의원은 '한국전쟁납북자료원'의 자료와는 다른 자료로 저자가 집계하였다.

③ 언론인은 저자의 『6·25전쟁 납북』(기파랑, 2005)과는 차이가 있지만 '한국전쟁납북자료원'의 숫자를 인용했다.


① 납북 또는 월북한 전 현직 국회의원

　· 제헌국회의원 50명(200명 정원의 25%)

　· 제2대 국회의원 27명 납북, 2명 피살(210명 정원의 12.8%)

② 법조인 165명

　· 판사 49명

　· 검사 21명

　· 변호사 95명

③ 교수 125명

④ 의료분야 167명

　· 의사 153

　· 치과의사 8명

　· 한의사 5명

　· 수의사 1명

⑤ 언론분야 269명(이 책 172쪽 참고)

　· 기자·언론인 185명

　· 지방언론인 37명

　· 방송인 19명

　· 출판인 18명

⑥ 문학 예술분야 73명

　　· 문필 저술가 17명

　　· 무용인 2명

　　· 미술가 3명

　　· 배우 16명

　　· 영화인 14명

　　· 음악인 14명

　　· 화가 7명

## 2. 전쟁 이전 월북 문화인들

### 1) 문화를 이데올로기 전파의 도구로

좌익계열은 광복 직후에 재빨리 '문화'를 내세운 활동을 시작하였다. '문화'를 선점하여 정치 이데올로기 투쟁의 도구로 활용하는 전략이었다. 일제 패망 소식이 전해진 다음날인 8월 16일 임화, 김남천, 이원조, 이태준, 김영건 등의 좌익 문인들은 조선문화건설중앙협의회를 결성하였다. 이 단체는 산하에 문학, 미술, 음악, 연극, 영화, 체육 등 각 부문별 '건설본부'를 조직했다. 9월 30에는 조선푸로레타리아예술동맹이 결성되었는데 두 단체는 1946년 2월 24일에 통합하여 '조선문화단체총연맹'이 되었다. 강령은 다음과 같다.

민주주의 민족문화의 건설을 위하야

① 고유문화의 정당한 계승 급 세계문화의 비판적 섭취

② 진보된 과학의 수입 연구 및 그 이론의 확립

③ 인민의 민주주의적 교육 급 과학적 계몽

④ 비과학적 반민주적 문화경향의 배제


1945년 12월에는 조선과 소련의 문화교류와 국제친선을 추진한다는 목표를 내건 '조소문화협회'도 결성되었다.[3] 학계 문화계 법조계 언론계와 각 방면 인사가 발기인으로 출범했는데 남북한의 왕래가 끊어지고 분단이 고착되면서 남한에서는 공개적인 활동을 할 수 없는 상황이 되었다. 하지만 북한에서는 체제의 이데올로기로 채택된 소련의 공산주의 사상 보급에 가장 중요한 역할을 담당하는 단체로 성장하였다.

소련군 진주 초기인 1945년 11월에 평양에서 결성된 조쏘문화협회는 1950년에는 구성원이 160만 명에 이르렀고, 1953년에는 230만 명에 달했을 정도로 영향력이 막강했다. 단체의 장은 북한의 중요한 공식작가였던 이기영이 선발되었다. 이 단체가 전개했던 다양한 활동 중에는 북한의 작가와 문화인들을 소련에 여행 보내는 프로그램이 있었다.[4] 조쏘문화협회 부위원장인 시인 임화는 소련 대외문화연락협회 초청으로 1951년 4월 22일 5·1절 경축 조선 대표단의 주요 인사로 모스크바를 방문했다.

지리산 빨치산에 합류한 문인 가운데 '문화공작대'라는 이름으로 활

---

3　「조소문화협회 결성」, 『동아일보』, 1945.12.16.
4　안드레이 란코프, 김광린 역, 『소련의 자료로 본 북한 현대정치사』, 도서출판 오름, 1999, 317쪽.

이기영. 북조선문학예술총연맹 위원장

동한 사람이 있을 정도로 문화는 좌익의 선전 무대로 활용되었다. 좌익시인 유진오俞鎭五는 1949년 2월 지리산으로 들어가서 빨치산과 동행하며 문화공작대로 활동하다가 체포되어 재판 끝에 사형선고를 받았다.[5] 북한은 1948년에 정권을 수립하면서 '문화선전성'을 두었다가 1957년 8월에 교육성과 통합하여 교육문화성으로 명칭을 바꾸었다. 북한이 문화를 정치적으로 활용한 구체적인 사례였다.

### 2) 문인들의 세 단계 월북

6·25전쟁 이전에 월북한 문인은 시기별로 세 단계로 나눌 수 있다.[6] ① 제1차 월북 광복 직후 1945년 12월에 이기영 한설야 등이 조선문학건설본부와 조선푸로레타리아문학동맹을 통합하여 조선문학가동맹으로 출발하는 과정에 조직의 주도권을 상실한 채 월북한 사람들이었다. 이들은 북한지역에 거주하고 있던 남궁만, 김북원 등과 합류하여 평양에서 또 다른 문단 조직을 결성하였다. 뒤이어 월북한 송영, 안막, 박세영 등도 1차 월북 문인들이다. 1946년 말 무렵 북한에서 활동 중이던 월북 문화인은 『민성』(고려문화사, 주간 또는 월간 발행) 1947년 1·2 합병호에 실

---

5  「살육면(殺戮面)이 창작재료」,『동아일보』, 1949.9.30.
6  김영민,『월북문인연구』, 문학사상, 1989, 17쪽 이하 참고.

린 「북조선의 문화의 전모/본사주최 현지 좌담회」에 실린 명단이 정확한 자료로 판단된다.

金史良　소설가, 북조선문학동맹 서기장, 김일성대학 강사

金善煥　북조선사진동맹

金元均　음악가, 북조선음악동맹

金仁植　북조선사진동맹

金日善　북조선문화전○동맹 위원장(이하 ○표시는 판독 불가)

羅雄　연출가, 중앙예술공작단장

李箕永　소설가, 북조선문학예술총동맹 위원장/ 조쏘문화협회 위원장

朴石丁　시인, 북조선노동당중앙본부 ○○○○

朴世永　시인, 북조선문학예술총동맹 출판부장

鮮于澹　양화가, 북조선미술동맹 위원장

宋影　극작가, 북조선연극동맹 위원장

申鼓頌　연출가, 북조선연극동맹 부위원장

安漠　평론가, 북조선노동당중앙본부 문화인부 부부장

安含光　평론가, 북조선문학동맹 부위원장

兪恒林　소설가, 북조선문학예술총동맹 출판부

田在耕　소설가, 평양방송국장

崔明翊　소설가, 북조선문학예술총동맹 평남도위원회 위원장

崔貞國　북조선문학예술총동맹 선전부장

秋民　영화평론가, 북조선영화동맹 위원장

韓雪野　소설가, 북조선노동당중앙본부 문화인부장

韓載德　신문인, 민주조선 사장

韓泰泉　극작가, 중앙예술공작단

黃景燁　북조선문학예술총동맹 조직부장

李燦　시인, 북조선문학예술총동맹 서기장


　좌담회는 1946년 11월 20일 오후 3시~7시 30분 사이에 평양시 '신영新迎' 예술가 후원회식당에서 열렸고, 『민성』측 기자는 박찬식朴燦植이었다.

　② 제2차 월북 1947년부터 1948년 대한민국 정부수립 수립 때까지 공산당의 정치활동이 규제되면서 박헌영 등의 남로당 조직이 월북할 때에 조선문학가동맹 중심인물인 이태준, 임화, 김남천, 이원조 등이 북으로 갔고, 뒤를 이어 여러 문인들이 월북했다.

　③ 제3차 월북 6·25전쟁 기간의 월북과 납북이다. 정부는 전쟁이 일어나자 월북 문인과 예술인의 작품의 출판과 판매를 엄격히 규제하는 조치를 실시했다. 1951년 10월 서울시경은 발매를 금지하는 월북 작가의 명단을 관하 각 경찰서에 시달했다. 상부의 지시에 의하여 작성한 명단에 의하면 ① 전쟁 이전에 월북한 작가, ② 전쟁 이후에 월북한 작가, ③ 자진 월북 여부가 애매하여 내용을 검토 중인 작가로 대별했다.

(이 책 제1부 제3장 「북으로 간 언론인과 문인들」 참고)

### 3) 북조선문학예술총동맹 임원

#### 문화단체 임원

1945년 12월 13일 조선문학건설본부와 조선푸
로레타리아문학동맹이 통합하여 조선문학가동
맹을 결성하면서 이듬해 12월 8일과 9일 이틀 동
안 제1회 전국 문학자대회를 열고 「조선문학가동
맹 규약」을 채택했다. 대회에서 선출된 중앙집행
위원은 다음과 같다.

**홍명희**. 조선문학가동맹중앙집행위원장

① 조선문학가동맹 임원(1946.12.8)

　　중앙집행위원장 : 홍명희

　　부위원장 : 이기영, 한설야, 이태준

　　서기장 : 권환

　　위원 : 이원조, 임화, 김태준, 김남천, 안회남, 한효, 김기림, 윤기정,

　　　　　정지용, 이병기, 김오성, 안함광, 박세영, 조벽암, 김광섭,

　　　　　홍규, 이동규[7]

이듬해인 1946년 11월 15일 북한에서 발행된 『문화전선』 제2집에는
「북조선문학예술총동맹 각 동맹 상임위원 급 부서」가 실려 있다. 이 명
단은 광복 직후 북한에서 활동한 문화 예술인의 가장 확실한 자료로 볼
수 있다. 명단은 다음과 같다.

7　　『북한 문화예술총람』, 문화체육문화정책국, 1993, 33~34쪽.

② 북조선문학예술총동맹

　　위원장 : 이기영

　　부위원장 : 안막

　　서기장 : 이찬

　　중앙상임위원 : 이기영, 한설야, 안막, 이찬, 안함광, 한효, 신고송,

　　　　　　　　　　한재덕, 최명익, 김사량, 선우담

　　중앙검열위원

　　　위원장 : 박팔양

　　　　　　　전재경, 박석정, 윤묵, 김승구

　　　출판부장 : 박세영

　　　선전부장 : 최정국

　　　조직부장 : 황천엽

③ 북조선문학동맹

　　위원장 : 이기영

　　부위원장 : 안함광, 한효

　　서기장 : 김사량

　　중앙상임위원 : 이기영, 한설야, 안막, 안함광, 김사량, 한효, 이찬,

　　　　　　　　　　윤세평, 최명익, 이동규, 박석정, 김조규, 박세영

④ 북조선연극동맹

　　위원장 : 송영

　　부위원장 : 신고송 김승구

　　서기장 : 강호

　　중앙상임위원 : 송영, 신고송, 김승구, 강호, 한태천, 남궁만, 마완

영, 라웅, 이석율, 김일룡

　　총무부장 : 김치근

　　조직선전부장 : 방광초

　　공연부장 : 김득창

⑤ 북조선음악동맹

　　위원장 : 김동진

　　부위원장 : 김태연, 이면상

　　서기장 : 우철선

　　중앙상임위원 : 김동진, 김태연, 이면상, 김연성, 임하순, 우철선,

　　　　　　　　강효득, 김유성, 김완우, 백운복, 박한민

⑥ 북조선미술동맹

　　위원장 : 선우담

　　부위원장 : 문석오, 황헌영

　　서기장 : 최연해

　　중앙상임위원 : 선우담, 문석오, 황헌영, 최연해, 정관철, 문학수,

　　　　　　　　유석중, 김학수, 장진원, 윤중식, 정○영

⑦ 북조선영화위원회

　　위원장 : 송인규

　　서기장 : 신두희

　　상임위원 : 주인규, 신두희, 김승구, 윤묵, 윤재영, 정준채, 박연삼


⑧ 북조선무용위원회

　　위원장 : 최승희

⑨ 북조선사진위원회

　　위원장 : 이문빈[8]


북조선문학예술총동맹 중앙위원

한설야, 이기영, 이찬, 김사량, 최명익, 안막, 안함광, 한효, 한재덕,

신고송, 선우담, 송영, 이동규, 윤기정, 박세영, 김창만, 라웅, 이면상,

김태연, 최승희, 신두희, 주인규, 한식, 김북만, 안용제, 서순구, 김우철,

최인준, 김조규, 조종건, 윤세평, 이문빈, 이북만, 이소진, 정관철 (35명)


북조선문학동맹 중앙위원

한설야, 이기영, 김사량, 최명익, 안막, 안함광, 한효, 한재덕, 박팔양,

이찬, 전몽수, 박석정, 전재경, 이동규, 한덕선, 김영혁, 윤세평, 윤기정,

박세영, 민병균, 김조규, 정청산, 한봉식, 백인준, 엄호석, 안용만,

김嵐인, 석인해, 김상오, 서순구, 현경준, 김우종, 한식, 홍순철, 최인준

박순득 (36명)


　　전쟁 중인 1951년 12월 정부가 처음 발표한 월북문인은 세 부류인데,
① 6 · 25 이전 월북자(38명), ② 6 · 25 이후 월북자(24명), ③ 내용 검토
중의 저자(9명)로 세 부류를 합하면 72명이다.[9] 6 · 25 이후 월북으로 분
류된 인물 가운데는 어쩔 수 없는 상황에서 북으로 끌려간 사람도 자진
월북으로 분류된 경우가 없지 않았다.

---

8　　각 위원회 명단은 『문화전선』 2, 1946. 11. 15, 50쪽.
9　　제1부 제3장 「북으로 간 언론인과 문인들」 참고.

## 3. 전쟁 전 북한의 문학예술 잡지

### 1) 문화건설중앙협의회 발행 『문화전선』

**'문화의 해방', '문화의 건설', '문화의 통일'**

일제 패망 소식이 전해진 다음날인 8월 16일 임화, 김남천, 이원조, 이태준, 김영건 등 좌익 문인 중심 단체로 결성된 조선문화건설중앙협의회(문협)는 '문화의 해방', '문화의 건설', '문화의 통일'을 기치로 내걸었다.

문협은 문학, 미술, 음악, 연극, 영화, 체육 등 각 부문별 '건설본부'를 조직했다. 같은 날에 결성된 '조선문학건설본부'는 문협의 산하 기구로 중심적인 축을 형성하였다. 9월 30일에는 문협과 별개의 좌익단체 조선푸로레타리아예술동맹이 결성되었다. 두 단체는 1946년 2월 24일에 통합하여 '조선문화단체총연맹'이 되었다. 1947년 12월 현재 문화단체총연맹의 임원(중앙위원)은 다음과 같다.

> 김양하(金良瑕), 박극채(朴克采), 임화(林和), 김남천(金南天), 김한주(金漢周), 이승기(李升基), 윤일선(尹日善) 외 88명.[10]

문화단체총연맹은 "민주주의 민족문화의 건설을 위하야"라는 구호 아래 다음과 같은 목표를 내걸었다.[11]

---

10  『조선연감』(1948년판), 조선통신사, 449쪽. 위의 조선문학가동맹 임원(1946.12.8) 참고.
11  『조선연감』(1947년판), 조선통신사, 291쪽.

① 고유문화의 정당한 계승 급 세계문화의 비판적 섭취

② 진보된 과학의 수입 연구 및 그 이론의 확립

③ 인민의 민주주의적 교육 급 과학적 계몽

④ 비과학적 반민주적 문화경향의 배제.


두 좌익단체가 통합하여 문화단체총연맹이 결성되기 3개월 전인 1945년 11월 15일에 조선문화건설중앙협의회가 창간한 신문이 『문화전선』이다. 타블로이드 4면으로 월 2회 발행 계획이었는데 12월 15일경에 제2호를 발행할 것으로 예고되기도 했지만[12] 창간호 이후에는 발행실적이 없다. 『문화전선』 1면 중앙에 실린 「문화활동의 기본적 일반방책에 관하여」는 다음 요소와 그 잔재의 척결을 선언하였다.


① 봉건적 문화의 요소와 잔재

② 특권 계급적 문화의 요소와 잔재

③ 반민주적 지방주의적 문화의 요소와 잔재.


1면 전체와 2면의 절반에 걸쳐 임화의 「현하의 정세와 문화운동의 당면과제」가 실려 있다. 이 글은 문화건설중앙협의회의 성격을 규명할 수 있는 문건인 동시에 광복 후 임화의 활동 연구에 활용될 수 있는 자료이다.

임화는 "우리는 문화운동이 현하 전개되고 있는 민족통일전선의 일익이라는 원칙을 운동의 기본방침으로 삼지 아니하면 아니 된다"고 말한다. 그가 제시하는 문화운동의 방향은 정치에 있어서와 같이 모든 분

---

12 「출판소식」, 『아동문학』.

문화전선 창간호. 1945.11.15. 오영식 제공.

열주의와 분파행동과 싸우는 것을 첫째의 임무로 삼아야 한다는 것이다. 문화반동에 대한 가차 없는 투쟁을 전개하고 문화에 있어서의 철저적인 인민적 기반을 완성하려면 "노동자 계급을 중심으로 한 인민만이 차등此等의 요소에 대한 혁명적 투쟁자일 수가 있다"고 말한다. "문화의 봉건적 잔재로부터 해방되기 위한 투쟁과 더부러 부패기 시민문화의 침윤浸潤에서 자유롭기 위하여 우리 문화의 기초를 인민 속에 수립해야 할 건설적 임무가 따르는 것이다"라고 규정한다.

2면과 3면 사이의 빈 공간에는 큰 글자로 '모든 권력을 인민에게로!'라는 슬로건을 내걸었다. 2면 머리에는 군정장관 아놀드 소장의 담화에 대한 비판이 실려 있고, 오장환의 시 「지도자/전국청년단체대회 대표자 동무들에게」는 비행기를 타고 온 '지도자'를 향해서 비아냥대는 내용이다. 누구라고 명시적으로 지칭하지는 않았지만 미국에서 귀국한 이승만을 비판하는 글이 확실하다.

3면에는 김남천의 「문학의 교육적 임무」와 임화의 「해방전사의 노래」(안기영 작곡: 조선문학건설본부·조선음악건설본부 撰定), 4면에는 김영건의 「세계문화의 동향」이 실려 있다. 8·15 광복 2개월 20일 정도의 시간이 흐른 시점에 발행된 이 신문은 좌파 문인들의 시국을 바라보는 시각과 이데올로기 정치 논리가 반영된 자료라는 의미를 지닌다.[13]

---

13  정진석, 「해방기 문화단체와 좌익신문−조선문화건설중앙협의회 발행 '문화전선'과 '아동문학' 해제」, 『근대서지』 12, 2015, 162~169쪽.

## 2) 북조선예술총연맹 기관지

### 북조선예술총연맹의『문화전선』

서울의『문화전선』은 한 호밖에 발행되지 못했으나 같은 제호의 잡지가 평양에서 1946년 7월 25일 북조선예술총연맹 기관지로 창간되어 제호를 바꾸면서 발행되었다. (서울의『민성』1947년 1·2월 합병호에는『문화전선』이 북조선예술총연맹 기관지로 1946년 8월에 창간되었다고 밝히고 있다.) 평양의 잡지 형태『문화전선』은 서울의 문화건설중앙협의회가 발행한『문화전선』을 계승한 것으로 볼 수 있다.

창간호의 편집겸 발행인 한설야, 북조선예술총연맹 상임집행위원회 명의의 창간사「문화전선 발간에 제際하여」는 북한에 1만 명이 넘는 방대한 민주주의 문학자, 예술가들이 결집된 통일전선이 북조선예술총연맹이라고 말했다. 문학, 연극, 영화, 미술, 음악, 무용, 건축가 등 각 부문의 총력을 집중하고 있다는 것이다.

제2집은 1946년 11월 20일에 발행되었다. 편집 겸 발행인은 이기영(북조선예술총연맹 위원장)으로 바뀌었다. 1집은 북조선예술총연맹(예총)이었으나 북조선예술총동맹으로 단체의 명칭이 약간 달라졌다. '편집여언編輯余言'은 예총이 8·15 기념출판 돌격운동에 단행본 7종목 9만여 권을 발행하는 등으로 분주했기 때문에 발행이 지연되었다고 말했다. "앞으로는 어떠한 곤란이 있드라도 양은 적을지언정 반듯이 매 개월 1집씩輯式은 기어히 발간하려하는 바이다"라면서 결의를 다졌다.

하지만 제3집은 해를 넘겨 1947년 2월 25일에 발행되었다. 발행인은 이기영 그대로였으나 편집인은 시인 박세영(예총 출판부장)이었다.『문화전선』은 3집 발행 이후의 지면은 볼 수 없지만, 북한의 공식 출판물 『조선대백과사전』은 4집까지는 예총 발행이었고, 5집부터는 문화전선 사에서 계간(분기간)으로 발행되다가 1947년 9월부터『조선문학』으로 제호를 바꾸었다고 말한다.[14] 『문화전선』은 12권이 발행되었다는데[15] 상세한 발행실적은 알 수 없다.

그런데『조선문학』제2집(1947.12.30 발행)에는「북조선예술총동맹 기관지 문화전선 주간으로 발행」이라는 알림이 실려 있다. 그동안 월간 발행이었던『문화전선』이 2월 중순부터 주간으로 발행하게 된다고 발표했다. 1948년 2월에 주간 발행하려던 계획이 실현되었는지 확실하지 않다.[16]

### 『조선문학』에서 『문학예술』로

『문화전선』은 1947년 9월에 제호를『조선문학』으로 바꾸어 창간했다. 발행인 이기영, 주필 안함광, 인쇄소 민주조선출판사, 발행소 북조선문학예술총동맹 문화전선사로 되어 있다. 1947년 12월에 발행된 제2집에는 발행인과 편집인이 없고, 5명의 편집위원(安漠, 鄭律, 李泰俊, 閔丙均, 金斗溶)이 등재되어 있다. 발행소는 이전과 마찬가지로 북조선문학예술총동맹 문화전선사였다.

1948년 4월에는 제호를『문학예술』로 또 다시 바꾸었다. 1949년 5월

---

14  북한의『조선대백과사전』, 과학·백과사전출판사,「조선문학」항목.
15  김형찬,「조선문학을 찾아서」, 조선문학 영인본 11권.
16  "북조선문학예술총동맹 기관지 문화전선 (주간으로 발행) 그동안 월간으로 발행하던 문화전선은 이월 중부터 주간(週刊)으로 발간하게 되었습니다 이에 다라 편집내용을 확충하고 충실한 내용을 가추어 민주주의 문학예술의 창조적 성과를 충분히 반영시키며 보다 높은 수준으로 향상시키기에 로력하겠습니다." 정가 한 부 오 원.

제5호와 6월 제6호에 인쇄된 책임주필은 안함광安含光, 발행소는 문화전선사였다. 6·25전쟁 중인 1951년 4월 호(제4권 1호)는 책임주필 김조규, 발행소는 문학예술사로 되어 있다. 1951년 4월 발행『문학예술』에는 문화전선사가 발행한『승리는 우리에게』라는 '종합시집' 광고가 실려 있다.(62쪽) 언제까지 존속했는지 알 수 없지만, 전쟁 기간에 문화전선이라는 이름의 출판사가 있었던 것은 확실하다. '문화'를 이데올로기 전파와 전쟁의 도구로 활용하는 전술은 변함이 없었던 것이다. 『문학예술』은 1953년 10월부터는 조선작가동맹 중앙위원회 기관지가 되면서 다시『조선문학』으로 바뀌었다.

북한의 예총과 조선작가동맹 발행 잡지 변천을 다시 정리하면 다음과 같다.[17]

①『문화전선』(1946.7.25~1947.8) 편집겸 발행인 한설야, 제3집부터 편집인은 시인 박세영(예총 출판부장)

②『조선문학』(1947.9~1948.3) 발행인 이기영, 주필 안함광. 1947년 12월에 발행 제2집에는 발행인 편집인 없고, 5명의 편집위원 安漠, 鄭律, 李泰俊, 閔丙均, 金斗溶.

③『문학예술』(1948.4~1953.9) 책임주필 안함광, 1951년 4월 호(제4권 1호)는 책임주필 김조규.

④『조선문학』(1953.10~) 조선작가동맹 기관지.

---

17　조쏘문화협회 기관지 『조쏘문화』(1946.8 창간)도 있으나 전체 자료를 조사할 수 없어서 다루지 못했다.

**예술총연맹 출판사 '문화전선사'**

『문화전선』→『조선문학』→『문학예술』로 제호를 바꾸면서 발행된 예총의 기관 잡지 발행소는 문화전선사였다. 이 출판사는 1946년 9월 2일에 창립되었는데, 휴전 직후인 1953년 9월에 열린 전국 작가예술인대회를 계기로 각 예술동맹의 출판사들이 설립되었다. 기존의 조선작가동맹출판사를 비롯하여 여러 출판사가 나타난 것이다. 그러다가 1961년 6월 14일 로동당 중앙위원회 조직위원회의 결정에 따라 조선작가동맹출판사, 국립문학예술서적출판사, 조선음악출판사, 국립미술출판사, 조선예술사를 통합하여 조선문학예술총동맹출판사로 일원화 하였다.[18]

1968년 2월 22일에는 로동당 중앙위원회의 결정에 따라 조선문학예술총동맹출판사를 문예출판사로 명칭을 바꾸었고, 1992년 3월 18일에는 문학예술종합출판사로 다시 바꾸었다.

## 4. 6·25전쟁 이후 북한의 문학예술인들

### 1) 북조선문학예술총동맹 임원

6·25전쟁 직후 북한에서 활동한 문학 예술인들은 1951년 1월 호『문학예술』에 실린 조선문학예술총동맹 임원 명단에서 확인할 수 있다. 중공군이 서울을 점령하여 두 번째로 북한군 치하에 놓였던 시기에 활동한 문학 예술인들의 명단이다. 다음 전문을 보면 전쟁 중에 월북한

---

18  『조선대백과사전』, 과학·백과사전출판사, 「문학예술종합출판사」 항목.

인물이 포함되어 있다.[19]

　　북조선문학예술총동맹과 남조선문화단체총연맹 중앙위원회 연합회의
에서 선출한 조선문학예술총동맹 중앙지도기관과 산하 각 동맹 열성자 회
의에서 선출한 각 동맹 중앙지도기관은 다음과 같다.

　조선문학예술총동맹
　　· 상무위원회
　　　위원장 : 한설야
　　　부위원장 : 리태준, 조기천
　　　서기장 : 박응걸
　　　위원 : 리기영, 신고송, 림화, 김순남, 정관철, 김조규, 박영신, 김남천
　　· 검사위원
　　　위원장 : 안막
　　　위원 : 김북원, 리원조, 안회남, 리북명
　문학동맹
　　　위원장 : 리태준
　　　부위원장 : 박팔양
　　　서기장 : 김남천
　　　위원 : 리기영, 한설야, 림화, 최명익, 리원조, 조기천, 김조규, 안회남,
　　　　　　리용악, 안함광, 민병균, 현덕

---

음악동맹

　위원장 : 리면상

　부위원장 : 김순남

　서기장 : 리범준

　위원 : 박한규, 리건우, 김원균, 리경팔, 김완우, 김기덕, 박동실,
　　　　안기옥, 안기병, 박헌숙

미술동맹

　위원장 : 정관철

　부위원장 : 박문원

　서기장 : 탁원길

　위원 : 정현웅, 선우담, 리석호, 길진섭, 손영기, 문석오, 김만형, 문학수

연극동맹

　위원장 : 신고송

　부위원장 : 라웅

　서기장 : 김승구

　위원 : 송영, 조령출, 리서향, 배용, 박영신, 리단, 황철, 안영일

영화동맹

　위원장 : 심영

　부위원장 : 윤상렬

　서기장 : 윤재영

　위원 : 강홍식, 문예봉, 리재현, 박학, 장성원, 유경애, 최순홍, 정준채

무용동맹

　위원장 : 최승희

부위원장 : 장추화

서기장 : 박용호

위원 : 정지수, 리석예, 함귀봉, 림소향

사진동맹

위원장 : 김진수

부위원장 : 리태웅

서기장 : 김은주

위원 : 고룡진, 리창규, 리문민, 신진호

문화전선사

주필 : 김남천

문학예술사

주필 : 김조규

미술제작소

소장 : 선우단


『문학예술』 1951년 7월 호(제4권 제4호)에는 조선문학예술총동맹 부위원장 조기천의 장례위원 명단이 실려 있다. 7월 31일에 폭격을 맞아 39세에 '전사'했다는 조기천의 장례위원회를 조선민주주의 인민공화국 내각에서 다음과 같이 구성했다고 보도했다.


위원장 : 홍명희

위원 : 허정숙, 백남운, 박창옥, 김승화, 한설야, 리기영, 김찬, 정국록,
      리태준, 김남천, 신고송, 심영, 정관철, 리면상, 김북원, 박길룡,

리문일, 김조규, 최명익, 김동철

「조사」에 실린 명단은 다음과 같다.

홍명희, 기석복, 김남천, 김동철, 김북원, 김순남, 김승구, 김승화, 김오성,
김완우, 김재욱, 김조규, 김찬, 라웅, 리기영, 리면상, 리문일, 리북명,
리원조, 리태준, 림화, 문석오, 민병균, 박길룡, 박동초, 박영빈, 박영신,
박찬모, 박창옥, 배용, 백남운, 선우담, 송진파, 신고송, 심영, 안막, 안함광,
유도승, 윤묵, 정국록, 정관철, 정률, 최명익, 최승희, 한설야, 한효, 허정숙,
황철 (가나다 순)

## 2) 훈장 받은 문화예술인들

전쟁이 한창이던 1951년 5월 무렵 북한은 각 분야 문화인들에게 훈장
을 수여했다. 북한정권에 가장 많이 협조하고 전쟁 수행에 공을 세운
문화인들을 어떻게 평가했는지 알 수 있는 중요한 자료다. 『문학예술』
1951년 5월 호(제4권 제2호, 발행은 7월 20일)에 실린 수훈 예술인들의 명단
이다.[20]

4월 26일 조선민주주의 인민공화국 최고인민회의 상임위원회 정령으
로 조선민주주의 인민공화국 훈장 및 메달을 수여받은 문학 예술인들은
다음과 같다.

---

20  「국기훈장 및 군공메달 공로메달을 수여받은 문학예술인들」, 『문학예술』, 1951. 5, 38~39쪽.

△ 국기훈장 제2급 (7명)

리기영, 리태준, 림화, 조기천, 최승희, 한설야, 황철

△ 국기훈장 제3급 (23명)

고형규(촬영사), 김기덕(음악가), 김순남(작곡가), 김완우(가수),

김조규(시인), 리경팔(가수), 리단(배우), 리면상(작곡가), 문예봉(배우),

박영신(배우), 박웅걸(작가), 배용(배우), 신고송(작가), 신진호(사진사),

심영(배우), 안기옥(고전음악), 안성희(무용가), 유만준(촬영사),

정관철(미술가), 최순홍(촬영사), 최예선(배우), 홍성빈(촬영사),

홍일성(촬영사)

△ 군공메달 (34명)

강장일(가수), 고인길(촬영사), 김동규(배우), 김북원(시인),

김인완(사진사), 김진성(화가), 남궁만(작가), 리대영(사진사),

리원우(시인), 리응모(배우), 리재덕(배우), 리재현(배우), 문상조(배우),

문정복(배우), 민병선(배우), 박경원(촬영사), 박병수(촬영사),

박학(배우), 신응호(촬영사), 신창규(배우), 원대연(배우), 유경애(배우),

윤득종(촬영사), 장소동(배우), 정규완(촬영사), 최규형(배우),

탁원길(미술가), 태을민(배우), 한창해(촬영사), 홍윤걸(촬영사),

홍필선(연출가), 황금녀(배우), 황하일(시인), 황한조(촬영사)

△ 공로메달 (38명)

고룡진(사진사), 고정익(가수), 공기남(고전음악), 권원한(가수),

김남천(작가), 김순희(무용가), 김승구(작가), 김양춘(배우),

김익성(미술가), 김일영(장치가), 라웅(연출가), 리북명(작가),

리상남(조명가), 리용우(영화), 림소향(배우), 림홍은(화가),

문석오(조각가), 민병균(시인), 박팔양(시인), 선우담(화가),

안영일(연출가), 원정아(무용가), 유은경(가수), 윤상렬(장치가),

윤영자(무용가), 장진광(화가), 정남희(고전음악), 정시촌(시인),

정청파(화가), 조상선(배우), 지경순(배우), 천상인(연출가),

최연해(화가), 최창엽(배우), 한진섭(배우), 황국근(음악가),

황민(배우), 최석두(시인)

위의 명단은 북한 정권이 문화예술을 선전 선동에 활용하는 정책이 드러난다. 무대예술에 종사하는 배우, 가수, 무용가를 비롯하여 사진가의 활동을 중요시한다는 사실을 알 수 있다. 제일 많은 수훈자는 배우인데 29명으로 시인과 작가를 합친 숫자보다 많다. 3번째로 많은 수훈자인 시인은 10명, 4번째인 작가는 9명이다. 2위인 촬영사(14명)에 비해도 시인과 작가는 적은 숫자이다. 대중선동과 체제선전에는 글로 쓴 문학작품보다는 시각적인 영상예술이 효과적이라는 예술정책이다. 나치와 공산당의 수법이 그대로 전수된 것이다. 수훈자 102명을 분야별로 집계하면 다음과 같다.

① 배우                                               29명

② 촬영사                                            14명

③ 시인                                               10명

④ 작가　　　　　　　　　　　　　　　　　　9명

⑤ 가수, 화가　　　　　　　　　　　　　　각 6명

⑥ 무용가　　　　　　　　　　　　　　　　5명

⑦ 사진사, 연출가　　　　　　　　　　　각 4명

⑧ 고전음악, 미술가　　　　　　　　　각 3명

⑨ 음악가, 작곡가, 장치가　　　　　각 2명

⑩ 영화, 조각가, 조명가　　　　　　각 1명

　　　　　　　　　　　　　　　　　총 102명

1953년 9월 27일 전국작가예술가대회 연설에서 한설야는 "우리 문학 예술의 대오서 1,000여 명의 국가 수훈자 표창자를 내인 사실"이 있다고 말한 것을 보면 전쟁이 끝난 직후에 무려 1천여 명의 예술인들에게 훈장을 수여하였음을 알 수 있다.[21] 하지만 훈장 받은 문화인 가운데도 남로당 계열은 숙청되어 비참한 최후를 맞게 되었음은 제1부 4장에서 살펴보았다.

### 3) 휴전 직후의 작가동맹 개편

휴전직후 임화를 비롯한 남로당 계열 문인을 숙청하거나 공개 비판하던 때에 작가동맹은 한설야를 중심으로 개편되었다. 1953년 9월 27일

---

21 「전국작가 예술가 대회에서 진술한 한설야 위원장의 보고」, 『조선문학』 창간호, 1953.10, 112쪽.

에 열린 제1차 조선작가동맹회의는 작가동맹의 임원을 다음과 같이 선임했다.[22]

① 조선작가동맹 중앙위원회

한설야, 리기영, 안함광, 박팔양, 민병균, 한효, 홍순철, 김조규, 기석복, 신고송, 박세영, 윤두헌, 리북명, 황건, 한봉식, 정률, 김북원, 한태천, 송영, 조령출, 리종민, 정문향, 천세봉, 전동혁, 리정구, 홍건, 조벽암, 윤세중, 김영석, 한명천, 리원우, 김순석, 리찬, 남궁만, 안막, 김승구, 박웅걸, 조운, 신동철

② 조선작가동맹 상무위원회

한설야, 리기영, 박팔양, 정률, 홍순철, 김조규, 한효, 송영, 민병균, 윤두헌, 박세영

후보 김북원, 조령출

③ 분과위원장 및 분과위원

소설분과위원회 위원장 : 황건
　　　　　　위원 : 한설야, 리기영, 박웅걸, 김영석, 윤시철, 리춘진,
　　　　　　　　　리북명, 변희근, 윤세중, 한봉식

시분과위원회 위원장 : 민병균
　　　　　　위원 : 홍순철, 김북원, 김조규, 박세영, 김순석, 리용악,
　　　　　　　　　조벽암, 리찬, 홍종린, 동순래, 정동혁, 박팔양

---

22　『조선문학』 창간호, 1953.10, 143~144쪽.

국문학분과위원회 위원장 : 윤두헌

　　　　　　　위원 : 송영, 조령출, 신고송, 김승구, 한태천, 남궁만,

　　　　　　　홍건, 박태영, 서만일, 한성

아동문학분과위원회 위원장 : 김북원

　　　　　　　위원 : 송창일, 강효순, 리진화, 신영길, 리원우,

　　　　　　　윤복진, 박세영, 리호남

평론분과위원회 위원장 : 한효

　　　　　　　위원 : 정률, 김명수, 안함광, 엄효석, 기석복, 신구현

△ 작가동맹 위원장 : 한설야, 서기장 홍순철

△ 작가동맹 기관지 책임주필 : 김조규

△ 작가동맹 편집위원회 : 박팔양, 홍순철, 김조규, 민병균, 조령출, 황건,

　　　　　　　김순석, 서만일, 김명수

## 5. 월북 문화인의 작품 금지와 해금

　남한에서는 월북 문화인의 작품 사용을 금지했으나 세월이 흐르면서
문학사 복원 차원에서 월북 문인 연구가 진행되다가 행정적인 규제완
화의 단계를 거쳐 1987년 6・29선언 이후에는 거의 전면 해제조치가 취
해졌다. 1988년 10월 27일 정부는 납북 또는 월북 예술인의 작품 가운데
1948년 8월 15일 이전에 발표된 순수 예술작품에 한해서 해금을 발표했
고, 현재는 모든 규제가 해제된 상태다. 그 경위를 살펴본다.

## 1) 1950년대 월북 작가에 대한 조치

### '반역작가' 작품 금지

전쟁이 치열하게 전개되고 있던 1951년 10월 서울시 경찰국은 관하 경찰서에 월북 작가의 작품을 금지하도록 지시했다. 이미 출판된 간행물의 발매금지, 문필文筆 금지를 포함한 조치였다.[23] (명단은 앞의 제1부 3장, 「정부발표 월북 문인」)

1953년 12월 5일에는 내무, 국방, 법무부와 검찰청, 공보처가 합동회의를 열고 다음 사항 실행을 합의했다.[24]

① 6·25전쟁을 계기로 발표된 국방 내무 공보 3부처장 공동성명에 표시된 월북 반역작가 작품단속에 관한 건을 강력히 실시할 것.

② 언론 출판에 있어서의 사상전을 강화하고 공산분자 침투방지에 만전을 기할 것.

③ 전시하 국론통일을 달성하기 위하여 이적적인 결과를 초래하는 논조를 경계할 것.

1957년 3월, 문교부는 월북 좌익계열 작가의 저서를 출판 판매하지 못하도록 출판계에 주의를 촉구하는 동시에 관계당국에 엄중한 단속을 요청했다. 이 때 발표한 월북 작가는 1951년 10월의 서울시 경찰국 명단과 같다. 6·25전쟁 전에 월북한 A급 38명, 6·25 후 월북 B급이 23명인

---

23 「서적단속을 강화, 월북작가 저서는 판금처분」, 『조선일보』, 1951. 10. 7.
24 「사상전을 강화, 관계부처 합의」, 『동아일보』, 1953. 12. 7.

데 다만 B급이었던 박태원은 제외되어 있어서 명단 게재시의 실수였는지, 어떤 다른 이유가 있었는지 확실하지 않다.

같은 해 2월 4일 인간사 대표 박거영은 문교부장관에게 납북 시인 김기림의 시문학 관련 저서를 출판할 수 있는지 문의했다. 문의한 김기림의 저서는 시평론집 『詩論』(1947), 시집 『기상도』 두 권이었다. 하지만 자진 월북문인과 납북문인을 불문하고 저작물 출판에 관해서 당시 정부는 유권해석을 내리지 않으려 할 정도로 예민한 문제였다.

### 선우휘의 해금문제 제기 이후

납·월북 작가 작품 해금은 1977년 2월에 열린 국토통일원 고문회의에서 처음 거론되었다. 통일원 고문으로 조선일보 주필이자 소설가인 선우휘가 납·월북 작가의 작품 출판 문제를 제기하여 통일원이 이를 국회 내무위원회에 보고하였고, 관계기관 대책회의를 구성했다. 대책회의는 문공부, 안기부, 문교부, 통일원, 내무부(치안본부), 반공연맹, 문단대표로 구성되었다. 대책회의는 "출판은 문학사 연구에 한하여 반공법, 국가보안법에 저촉되지 않는 작품 중 근대문학사에 현저한 기여를 한 작품에 한한다. 출판할 경우 대중 시판은 불가하며 불온간행물 취급기관에 한해서 배포"한다는 방침을 발표하였다.

1982년 6월 정지용의 아들 정구관이 아버지의 저작물 출판을 허용해 달라는 진정서를 문화공보부에 제출하면서 납북 문인의 저작물 출간 문제를 정부 관련부처에서 논의하기 시작했다. 정구관은 정지용이 월북이 아니라 명백히 납북이라고 주장하면서 이를 뒷받침하는 증언과 정황을 제시하고, 북한에서 활동한 행적이 전혀 없다는 사실도 여러 자료를 첨부하여 증명했다. 진정서에는 문인과 사회 지도층 인사들의 서명도 첨부되어 있었다. 시인 박두진, 아동문학가 윤석중, 평론가 백철, 천주교 대주교 노기남, 국회의원이자 사상검사였던 정희택이 서명했다. 정구관은 진정서와 함께 문화계와 학술계를 대표하는 단체가 공동으로 제출한 또 하나의 전정서를 첨부했다. 문인협회(회장 조경희), 문화예술진흥원(원장 송지영), 학술원(원장 이병도), 국제펜클럽(회장 모윤숙), 예술원(원장 김동리), 국회의원(김춘수) 외 42명이 서명하였다.

진정서는 정지용의 문학사적인 중요성을 열거하고 6 · 25전까지는 각종 국어교과서에 그의 시가 실려 청소년의 정서교육에 크게 이바지했으며, 모든 작품 어디에도 좌경적인 색채가 없다는 점, 1930년대 우리 시사詩史에 주역이었던 사실 등을 들어 그의 작품은 널리 읽히고 교과서에도 수록되어야 한다고 건의했다.

하지만 문화관공부는 "시기적으로 적절치 않다"는 이유로 출판을 불허했다. 제5공화국의 언론기본법이 시행되고 있던 시기에 납북 문인의 작품을 해금할 상황은 아니었고, 1987년의 6 · 29선언 민주화 조치 이후까지 앞으로 6년을 더 기다려야 정식 해금은 이루어질 수 있었다.

1983년 2월 7일 도서출판 한길사도 서울대 교수 김윤식이 집필한『한국근대문학사상사』의 내용 가운데 정지용과 김기림론으로 인하여 책을 출간하지 못하고 있다면서 월북·납북 문인에 대한 준거기준을 마련해 달라고 문공부에 요청했다. 우리의 근대문학 내지 문학사를 다루다 보면 이들을 논의하지 않을 수 없을 뿐 아니라 비판적인 안목으로 이들을 극복하지 않고는 문학사 내지 문학사상사가 제대로 성립될 수 없는 것이 엄연한 사실이기 때문에 이를 다룰 수 있는 기준을 마련해 달라는 것이었다. 납북 또는 월북 문인의 작품을 공식적으로 해금하기 전에도 이미 학문적인 연구는 별다른 제약을 받지 않고 있었다.

## 2) 민주화 이후의 해금 과정

### 도서잡지윤리위의 검토의견 제시

대통령 후보였던 노태우 민주정의당 대표위원이 1987년 6월 29일 시국 수습을 위한 8개항의 특별선언을 발표했다. 대통령 직선제를 비롯하여 언론자유의 창달을 위해 관련제도와 관행을 획기적으로 개선하며 언론의 자율성을 보장하는 동시에 사회 각 부문의 자치와 자율을 행사하도록 한다는 내용이 포함되어 있었다.

5공화국의 언론기본법을 폐기하고 대체입법을 제정하는 움직임이 급속히 진행되던 시기인 1988년 1월 25일에는 월북작가 작품 해금문제가 또다시 제기되었다. 한국도서잡지주간신문윤리위원회는 '미해금 월북작가 작품집 20권'을 선정하여 구체적인 검토의견을 제시했다. 제시된 20권(시집, 소설 각 10권)에 대해서는 ① 시대구분(광복 전 작품), ② 작가의 성분 판별(납북, 월북, 재북), ③ 작품의 경향분석(순수문학 여부) 등 기준에 따라 검토한 것으로, 대부분 광복 이전 발표 작품이며 문학사적으로도 가치 있는 순수문학 작품이라고 평가했다.

시집 : 『현해탄』(임화, 1938), 『성벽』(오장환, 1937), 『헌사』(오장환, 1939),
『백록담』(정지용, 1941), 『정지용시집』(정지용, 1935), 『낡은집』(오
장환, 1938), 『오랑캐꽃』(오장환, 1947), 『분수령』(오장환, 1937),

『분향』(이찬, 1938), 『기상도』(김기림, 1935)

소설 : 『대하』(김남천, 1939), 『맥』(김남천, 1947), 『화관』(이태준, 1938), 『탑』(한설야, 1940), 『금은탑』(박태원, 1949), 『소설가 구보씨의 일일』(박태원, 1938), 『천변풍경』(박태원, 1938), 『남생이』(현덕, 1947), 『불』(안회남, 1947), 『고향』상·하(이기영, 1933)

윤리위원회는 제시된 작품이 한국문학의 총체성을 회복하는 의미에서 해금이 필요하다는 의견을 제시했다. 판매를 금지할 경우 문학사적 공백으로 인하여 정통성을 확립하기 어려우며, 문학유산이 사장되는 결과를 가져올 것이라고도 지적했다. 문학작품의 해금과 음악, 연극분야 월북작가 작품에 대한 대책도 검토해야 하는데, 작곡가 김순남, 극작가 함세덕을 고려할 대상의 예로 들었다. 문공부는 납북작가 5명(이광수, 김진섭, 김동환, 김억, 박영희)과 월북작가 38명을 합쳐서 43명의 명단을 정리했다.

김기림, 김남천, 김사량, 김영팔, 박노갑, 박세영, 박태원, 박팔양, 백석, 설정식, 안회남, 오장환, 이기영, 이북명, 이선희, 이용악, 이원조, 이찬, 이태준, 임학수, 임화, 정인택, 정지용, 조벽암, 조운, 최명익, 한설야, 함세덕, 허준, 현경준, 현덕, 홍명희.

이들의 해금에 대해 문공부가 전문가들의 의견을 들어본 결과 전면 해금 의견은 아직 소수였고, 조건별 단계별 해금을 주장하는 의견이 다수였다. 강제 납북된 5명의 작품은 작가의 성향이나 작품 내용상 문제가 없어 현재 중 고교 국어교재에 수록되고 있지만 월북으로 알려진 38명의 작품은 출판이 금지되고 있으며 1977년 2월 이후에 연구목적에 한해서 제한 출판이 허용되고 있었다. 납·월북 작가의 성향은 6개 부류로 나누었다.

① 월북인지 납북인지 불분명하고 월-납북 이전에 순수 문학활동을 한 작가.(김기림, 정지용)
② 광복 전에 북한에 있던 문인으로 좌익 문학활동을 하지 않았으며 광복 후 공산정권에 적극 참여하지 않은 작가.(백석, 최명익)
③ 좌익 문학활동을 전개하였으나 월북 후 공산정권에 적극 가담하지 않고 작품이 우리 문학사에 중요한 위치를 차지하는 작가.(박태원, 이태준, 오장환, 안회남, 현덕, 허준)
④ 좌익 문학활동을 적극적으로 전개하였으나 월북 후 북한 정권에 이용당하고 숙청된 작가.(김남천, 설정식, 이원조, 임화, 조운)
⑤ 좌익 문학활동을 전개하였고, 월북 후에도 공산정권에 적극 가담 활동한 작가.(김사량, 박세영, 박팔양, 이기영, 이북명, 이용악, 조벽암, 이찬, 한설야, 함세덕, 홍명희)

### 출판문화협회의 출판허용 건의

1988년 2월 25일 노태우 대통령이 취임하면서 제 6공화국이 출범하였다. 정치 사회적인 민주화 분위기가 고조된 상황에서 대한출판문화협회는 '월북 작가 작품 출판 허용에 관한 건의'(1988.3.15)를 했다. 1988년 초에는 아직 공식적으로 해금이 되지 않았는데도 정지용과 김기림의 작품은 이미 출간되기 시작했고 정부는 2월부터 관계기관 회의를 열어 해금문제를 논의 중이었다. 출협이 문화관광부에 「월북 작가 작품 출판 허용에 관한 건의」를 접수한 것은 이같은 상황이었다.

출협은 건의서에서 "국민의 민주화 여망에 부응하고 올림픽 개최를 앞두고 북방 외교를 적극 추진해 나가는 과정에서 월등한 대 북괴 우위의 방안을 내외에 과시하기 위한 방안의 하나로" 납북 및 재북 문인들의 작품에 대한 출판을 단계적으로 허용해 주도록 건의 했다. 그동안 출판계를 비롯하여 문단과 학계 등에서 줄기차게 요구해 왔음을 상기시키면서 납북 및 재북 문인에 대한 해금조치는 문화창달과 학문연구의 자유를 보장하고 출판의 자유신장과 출판 영역 확대의 획기적인 조치가 될 것이라고 지적했다. 정부의 유보조치에도 불구하고 일부 삭가의 작품은 납본필증을 발급받아 이미 출판되어 시중에 판매되고 있으며 이로 말미암아 납북 작가들의 일방적인 출판은 앞으로도 계속 확산될 전망이므로 정부의 유보조치는 사실상 실효성을 거두지 못하고 있는 실정이다. 이같은 상황이 계속 방치된다면 출판행정에 있어서 정부의 정책부재 현상만 드러내는 폐단이 될 것이라고 출협은 주장했다.

1988년 4월 1일 문공부는 김기림, 정지용 두 문인의 월북 이전 작품은 출판을 허용한다고 공식으로 발표했다. 하지만 두 사람을 제외한 다른 월북 및 재북 작가 작품 발행은 현 시점에서 시기상조로 판단한다면서 출판을 허용하지 않았다. 출판이 허용되지 않은 월북 및 재북 작가는 대부분 북한 정권에 현저히 협력하여 활동한 사실이 밝혀졌기 때문에 그들의 작품을 이해하는 데 일반인들의 인식상 야기될 수 있는 혼란을 우려하여 남북관계의 실질적 변화가 없는 현 시점에서의 출판은 시시

상조로 판단되었다는 설명이었다.

## 올림픽 앞둔 시기에 대폭 해금

1988년 7월 7일 노태우 대통령은 통일 관련 6개항의 「민족자존과 통일번영을 위한 특별선언」을 발표했다. ① 남북 동포간의 상호교류 및 해외동포의 자유로운 남북한 왕래, ② 이산가족들 간의 생사확인 및 상호방문, ③ 남북간 교역 문호개방, ④ 비군사적 물자에 대한 우방의 북한 교역 용인, ⑤ 남북간 대결의 종결, ⑥ 북한의 미국 일본 등과의 관계개선 협조를 천명했다. 노 대통령의 선언은 지금까지의 남북한 간에 있었던 체제 우위적 대립관계를 탈피하여 선의의 동반자관계로 발전시키려는 의지를 담고 있었다.

문화공보부는 7·7선언 직후인 7월 19일, 월북 작가의 광복 이전 발표 작품의 대폭적인 출판 허용조치를 취했다. 정한모 문공부장관은 그 전해 10월의 출판활성화 조치 때에 유보된 월북 작가 100여 명의 광복 이전 문학작품의 출판을 허용한다고 발표했다. 이에 따라 한국문학사 정립의 주요 인물로 거론되어 온 박태원, 이태준, 현덕, 임화, 백석 등의 작품이 해금되었다.[25] 북한 부수상과 최고인민회의 대의원을 지낸 홍명희를 비롯하여 전 현직 고위직 역임자인 이기영, 한설야, 조영출, 백인준 5명은 해금에서 제외되었다.[26] 하지만 이 해금조치 이전에 월북 작가의 주요 작품은 이미 공공연히 출판되고 있는 실정이었다.

1988년 9월 17일부터 10월 2일까지 88서울올림픽 개최를 앞둔 시점

---

**25**   「월북작가 백여 명 해방 전 작품 해금」, 『조선일보』, 1988.7.20, 1면.
**26**   「해금 제외 5명, 왜 빠졌나―부수상서 문화협 위원장까지 월북 후 고위직 대부분」, 『조선일보』, 1988.7.20, 8면.

에서 정치 경제 문화 전반에 걸쳐서 북한에 대한 우월성을 확신하고 자신감을 가진 상황에서 과감한 해금 조치의 태세가 무르익었다. 6·29민주화 선언의 후속조치로 출판활성화 정책이 발표되는 등의 여러 상황도 작용하였다. 정부의 공식적 유보조치에도 불구하고 이태준 전집 등 42종은 이미 발행이 되었으며, 임화 전집 등 20여 종은 발행을 계획 중이었다.

### 3) 미술 음악인 작품 해금

1988년 8월 5일에는 월북 미술인, 음악인의 작품해금 문제가 제시되었다. 이전까지 문학작품 해금이 주로 논의되었으나 이제부터는 미술, 음악의 해금이 검토되기 시작한 것이다. 이리하여 미술인 약 20명, 음악인 약 40명의 광복 이전 제작된 작품을 8월에 해금하기로 되었다. 납북·월북 음악인의 명단과 작품 활동을 다음과 같이 정리되었다.

납북/월북 음악인 26명

강장일(성악), 공기남(창악), 김순남(작곡), 김영길(성악),
김재훈(바이올린, 작곡), 김태연(첼로), 문학준(바이올린, 평론),
박영근(평론), 박은용(성악, 평론, 작곡), 신 막(성악, 평론),
안기영(작곡, 성악), 안기옥(가야금산조, 창악), 안성교(바이올린),
윤낙순(비올라, 작곡), 이강렬(첼로), 이건우(작곡), 이범준(평론),
이유성(트럼본), 이인형(피아노), 임동실(창악), 임소향(창악),
정남희(가야금산조, 창악), 정종길(작곡, 성악), 조상선(창악),

진학주(평론), 최옥산(가야금산조), 최창은(성악).

노랫말을 만들었거나 프롤레타리아 음악운동에 참여한 납/월북 문인. 15명.

정리된 월북 음악인 67명은 6개 부류, 미술인 42명은 3개 부류로 분류했다.

음악인

① 작곡 4명 : 김순남, 이건우, 안기영(가곡), 이면상(대중가요)

② 성악 17명 : 박은용, 정종길, 신막, 강장일, 권요한 등.

③ 기악 20명 : 박현숙, 이인영, 이강렬, 안성교 등.

④ 국악 7명 : 공기남, 정남희, 안기옥, 박동실 등.

⑤ 작사 7명 : 조영출, 박영호, 윤복진, 신고송 등.

⑥ 평론 1명 : 박영근.

월북 음악인의 작품은 267곡, 음반 167개로 집계되었다.

미술인

① 동양화 6명 : 이석호, 이팔찬, 정종녀 등.

② 서양화 32명 : 길진섭, 최재덕, 윤자선, 배운성, 김주경, 이쾌대 등.

③ 조각 4명 : 조규봉, 김정수, 이국전, 이성.

1988년 10월 27일부터 대한민국 정부수립(1948.8.15) 이전에 발표된 월·납북 작가의 순수한 음악·미술작품의 규제를 해제하기로 되었다.

88서울올림픽(1988.9.17~10.2)이 개최된 직후였다. 해금조치에 따라 음악인 김순남, 이건우, 안기영의 작품과 미술인 길진섭을 포함하여 월·납북 음악인과 미술인 100여 명이 1948년 8월 15일 이전에 발표한 작품은 공연과 음반제작 및 전시가 허용되었다. 다만 같은 해 7월 19일에 월·납북 문인의 문학작품 출판을 허용했을 때에 제외되었던 조영출의 음악작품은 해금에서 제외되었다. 그는 북한 문화성 부상을 지냈고, 해금조치 당시에도 조선문학예술총동맹 부위원장에 재임 중이었다. 김일성 우상화 전문 시인이라는 이유도 있었다. 그러나 1992년 6월 이후 언젠가 해금이 되었다. 2003년에 시 전집이 발간되었고, 2013년 11월에는『조영출전집』3권(소명출판)이 출간되었다.[27]

문학작품에 이어 음악 미술작품까지 모두 해금하여 일반에 공개하게 되면서 예술 전반에 걸친 해금이 완료되었다. 규제와 보호의 속성이 강했던 정부의 문화정책이 개방과 자율경쟁 원칙으로 바뀌고 있다면서 대부분 예술인들은 반기는 반응이었다.[28]

월북 문화인 가운데 북한정권에서 숙청된 인물은 문학예술사에 이름조차 삭제되었다. 문인으로는 앞에서 살펴본 임화, 이태준, 김남천을 비롯하여 작곡가 김순남의 이름은 북한의『백과사전』에서 찾을 수 없다. 한설야도 백과사전 항목에는 빠졌는데,『조선향토대백과』(북한 과학백과사전출판사 등 집필, 2002)에는 수록되었다. 남한에서는 모든 월북 문화인의 작품이 완전히 해금되고 연구도 자유롭다. 1943년 8월 일본이 해군특별지원병 제도를 실시할 때에 그 선전에 앞장섰던 김사량은 북한에

---

27 「선창, 낙화유수 작가 조영출 탄생 100주년 맞아 전집 출간」,『동아일보』, 2013.11.25.
28 「근대예술사 틈 메운 '문화북방정책'」,『조선일보』, 1988.10.28.

서 높이 평가받고 있다. 그는 진해, 일본 사세보仔世保해병단, 해군항공대 등을 둘러보고[29] 와서 10월 10일부터는 매일신보에 르포기사 「해군행海軍行」(1943.10.10~23)을 쓰고 나서 「바다의 노래」(1943.12.14~1944.10.4)를 연재했던 친일 경력이 있다.[30]

---

29 「9군신 생가(九軍神生家)도 방문, 해군 제학교 시찰의 문화인 명일 출발」, 『매일신보』, 1943.8.28.
30 「소설 집필계획」, 『매일신보』, 1943.8.28.

제2장

# 김일성에서 시작된 북한 언론역사[*]

## 1. 신문은 사상적 무기

김일성종합대학 출판사의 『조선신문 100년사』(1985.12)는 언론발달
의 역사를 "주체의 역사관에 기초하여" 서술한 책이다. 서문에는 "우리
나라 신문발전의 력사와 오랜 전통을 전면적으로 연구 체계화하는 것
은 우리 인민의 슬기로운 력사와 문화전통을 빛내이는 데서 반드시 수
행해야 할 중요한 력사적 과제의 하나"라고 설명한다.

이 책이 제시한 언론사 연구의 과제는 두 가지다. 첫째는 신문발전의
역사가 애국심과 민족적 긍지감을 높여주는 데 중요한 의미를 가진다

---

[*]    이 장은 『조선신문 100년사』(나남, 1993)에 저자가 쓴 「해제」를 수정·보완했다.

는 것이고, 둘째는 신문발전의 역사도 결국 근로인민 대중의 자주성 실현에 복무해온 투쟁의 역사라는 시각이다. 언론 역사는 계급해방, 민족해방, 인간해방을 위한 투쟁을 고무하고 시대의 전진운동을 떠밀어준 활동과 창조의 역사로 규정한다.

남한에서는 언론이 독립된 위치에서 정부를 비판할 수 있으며 그것은 언론의 중요한 기능으로 인식하고 있다. 그러나 북한은 신문, 잡지, 언론 매체를 "혁명과 건설의 위력한 사상적 무기로서 대중에 대한 집단적인 선전 교양자, 조직 동원자적 역할을 수행한다"고 정의한다. 언론이론서는 '신문은 계급투쟁의 무기'로 규정하면서 신문의 사회적 기능을 이렇게 요약한다.[1]

계급투쟁의 사상적 무기 가운데서도 신문은 가장 예리하고도 전투적이며, 기동적인 무기이다. 그러므로 한 계급이 지배계급으로 등장하면 례외 없이 신문과 같은 출판물을 정치적 지배의 사상적 도구로 리용한다.

그러므로 신문의 "보도기사는 생활에 의하여 검증된 구체적인 사실과 사건을 통한 선동의 가장 효과적인 기사종류"라는 것이다.[2] 북한에서는 이같은 신문 이론으로 무장하고 1950년 6・25전쟁이 일어날 때까지 정로, 로동신문, 『근로자』와 같은 당보黨報들을 창간하여 "당적 신문 발전의 기초"를 축성하였다. 이 시기로부터 남북한의 언론은 완전히 상반되는 이데올로기 아래서 각기 다른 길을 걷게 되었다.

---

1    배순재・라두림, 『신문리론』, 동경 : 재일본조선언론인출판인협회, 1967. 김영주・이범수 편, 『북한언론의 이론과 실천』, 나남, 1991, 48쪽에서 재인용.
2    배순재・라두림, 위의 책, 77쪽.

『조선신문 100년사』도 이러한 역사관과 목적에 따라 서술된 책이므로 우리의 언론사관言論史觀과는 근본적으로 다른 입장에서 출발한다고 볼 수 있다. 하지만 북한 언론을 이해하는 자료의 가치는 충분히 지닌다. 그들은 남한의 '부르죠아 사가史家'들과 신문연구자들은 신문의 사회계급적 성격과 사상 정치적 내용, 역사발전과 혁명투쟁에 미친 영향, 편집형식과 기사종류의 변화 발전과 같은 보다 본질적 측면들에 대해서는 외면해 왔다고 주장한다.

남한의 부르죠아 사가들은 신문의 경영활동 측면과 신문사들의 조직과 운영, 신문편집과 발간행정에서 일어났던 사건들, 그리고 편집진용의 교체과정 등을 위주로 소개하고 설명하는 데 그쳤다는 것이다. 부르죠아 사가들은 신문을 선진사상의 옹호 전파자, 사회여론의 대변자, 조직자, 계급투쟁의 무기로 본 것이 아니라 한갖 '뉴스산업'의 상품으로 또는 지식인들의 직업의 장소로만 간주해 왔다고 비판한다.

북한의 언론사관이 어느 정도의 타당성을 갖느냐 하는 것은 논의의 여지가 있다. 그러나 그런 점을 염두에 두더라도 과연 북한이 우리나라의 언론사를 어떻게 서술하고 있는지 살펴볼 필요는 있다. 우리는 분단된 북쪽의 언론역사에 관해서는 거의 알지 못하고 있는 실정이다. 그러므로 『조선신문 100년사』는 궁금하게 여기는 북한의 공식적인 언론사言論史로서 관심을 끌게 된다.

## 2. 『조선신문 100년사』의 체제

이 책을 이해하기 위해서는 먼저 북한 언론사에 대한 개념을 알아볼 필요가 있다. 북한은 그들의 참된 언론사는 1928년 1월 15일에 김일성이 창간하였다는 신문과, 그후에도 계속 발간한 잡지들에서 비롯된 것으로 보고 있다. 국가적 공식 간행물이라 할 『백과전서』의 '신문' 항목은 이렇게 서술되어 쓰여있다.

> 근로인민대중의 자주성을 실현하는 데 참답게 이바지하는 새형의 주체의 신문은 위대한 수령 김일성 동지에 의하여 비로소 창간되고 발전하여 왔다. 위대한 수령님께서는 일찍이 항일 혁명투쟁 시기에 새형의 혁명적 신문 『새날』을 창간(1928)하시여 주체의 혁명적 출판물의 원형을 마련하시였으며 로동계급의 혁명적 신문발전의 새로운 높은 단계, 주체시대의 신문발전의 새 기원을 열어 놓으시였다. 위대한 수령님께서는 항일혁명투쟁시기 『서광』(1937년), 『종소리』(1937년), 『철혈』(1939년)을 비롯한 수많은 혁명적 신문들을 몸소 창간 지도하시면서 이룩하신 혁명적 출판물의 빛나는 전통에 기초하시여 해방 후 당보를 비롯한 수많은 신문들을 창간하시고 끊임없이 발전시켜 오시였으며 가장 권위있는 새형의 주체의 신문으로 되게 하시였다.[3]

'잡지' 항목도 김일성이 발간하였다는 간행물들로부터 그 전통을 이어 받았다고 주장한다.

---

3    『백과전서』, 평양 : 과학 · 백과사전출판사, 1983, '잡지'와 '신문' 항목.

우리나라에서 근로인민대중의 자주적 지향과 요구를 반영한 로동계급의 혁명적 잡지의 발간 력사는 위대한 수령 김일성 동지께서 항일 혁명투쟁시기에 몸소 수많은 혁명적 출판물들을 창간지도하신 때로부터 시작되었다. 위대한 수령님께서는『볼세위크』,『3·1월간』을 비롯한 혁명적인 잡지들을 창간 지도하시여 대중교양의 힘있는 무기로 되게 하시였으며 해방후 그 빛나는 전통에 기초하시여 수많은 잡지들을 새로 발간하도록 하시였다.

북한의 잡지사雜誌史는 특히 1936년 12월 1 일에 김일성이 항일 무장투쟁을 벌이면서 조국광복회 기관지로 창간하였다는『3·1월간』으로부터 그 정통이 세워진 것으로 서술한다. 김일성은 이에 앞서 처음 발행한『새날』(1928)을 비롯하여『볼세위크』(1930년 여름 창간, 처음에는 월간 후에 주간), 『농우』(잡지, 1930.10),『서광』(주간 정치신문, 1937.5.3),『종소리』(1937.12.27), 『철혈』(청년단 기관지, 1939.12) 등의 신문 잡지와 소책자 등을 발간하여 항일 투쟁의 무기로 활용하였다고 북한 언론사는 기록하고 있다.『조선신문 100년사』는 4편으로 구성되어 있다.

제1편「우리 나라의 근대 및 일제통치하의 부르죠아신문」은 전 근대 필사신문인 조보를 언급한 후 근대신문의 출현으로부터 한말을 거쳐 일제치하의 1927년까지의 시기를 다루고 있다. 제1편은 다시 3장으로 나누었는데 제1장「근대신문의 출현」은 조보로부터 한성순보와 한성주보를 발행한 시기까지이고, 제2장「애국문화운동의 전개와 근대 부르죠아신문의 발전」은 독립신문 창간(1896)으로부터 한일합방(1910)까지의 시기를 다루고, 제3장「일제식민지통치 밑에서 발간된 부르죠아신문」

은 조선일보, 동아일보가 창간된 1920년으로부터 1927년까지이다.

한성순보는 "관보적 외피를 띠고 나왔지만 그것은 엄연히 근대 부르죠아신문의 첫 시초였다"고 규정한다. 그러면서도 다른 한편으로는 "이 신문은 봉건 중국을 천하의 중심이라고만 생각해오던 사대주의자들의 고루한 견해를 부정하고 나라를 광활한 세계적 판도 위에서 근대적으로 발전시키려는 개화운동자들의 선진적 견해를 대변하였다"고 설명한다.

또 독립신문은 독립, 자주, 민권옹호를 주장한 독립협회 운동자들이 벌인 부르죠아 민족운동 조류를 유리하게 이용하면서 매국 배족행위를 일삼는 탐관오리를 규탄하고 나라와 민족의 운명을 구원하려는 민중의 대변기관으로 자처하고 나섰다고 말하면서도 이 신문을 편집한 사람들은 자기 계급과 계층의 이익을 전민족의 이익처럼 표방한 당시의 부르죠아 민족운동자들의 계급적 이해에 의존하여 이중성을 띠게 되었다고 비판한다. "신문의 한편으로는 군주를 끼고 다른 편으로는 인민을 끼고 양편에 다 같이 이로운 언론을 펴겠다고 사리에 맞지 않는 주장을 내세운 것 자체가 그 편집방향에서 일관성을 가지지 못하였음을 보여주고 또 많은 경우 절대군주정치를 옹호하고 인민들의 혁명적 진출을 외면하는 입장이 기울어져 있었음을 립증"한다는 것이다.[4]

그러나 독립신문을 비롯하여 그 이후에 나타난 여러 민족지들의 애국 계몽운동과 항일논조에 관해서는 대체로 긍정적인 평가를 내리고 있다.

---

4   리용필, 『조선신문 100년사』, 나남, 1993, 27~28쪽. 이 책은 김일성종합대학 출판사에서 1985년에 발행했는데 1993년 서울의 나남출판사가 새로 발행하였다. 인용한 페이지는 나남의 책에서 따온 것이다.

## 3. 주체의 혁명적 신문

김일성이 태극기 앞에서 연설하고 있다. 러시아인
이 집필한 『북조선』의 중국어 번역판에 실린 사진.
중국어판은 1948년 10월 상하이에서 출간되었다.

제2편 「항일 혁명투쟁 시기의 혁명적 신문」은 1928년 1월 15일 김일성의 『새날』이 창간된 때로부터 1945년 8월 15일 해방까지의 기간에 김일성이 발행하였다는 또 다른 신문들을 소개한다. 북한은 김일성이 '주체의 혁명적 신문'인 『새날』을 창간한 때부터 "비로소 우리 나라에서 로동계급의 참다운 혁명적 출판물의 역사가 개척되고 주체형의 신문의 시원이 열리게 되었다"는 것이다.[5]

"우리 나라에서 19세기 말~20세기 초에 발간된 진보적 신문들은 인민대중의 지향과 요구를 반영하고 사회의 전진운동에 일정한 기여를 하였으나 그것들은 아직 근로인민대중의 계급적 요구를 전면에 제기하지 못하였으며 1920년대에 발간된 좌익 출판물들은 로동운동과 사회주의에 대하여 많이 썼으나 로동계급과 근로인민대중의 참다운 리해관계를 대변하지 못하고 그들에게 투쟁의 앞길을 밝혀주지 못하였을 뿐 아니라 오히려 우리 나라 반일 민족해방운동과 공산주의운동에 부정적 효과를 끼치기까지 하였다"고 서술한다.

그러므로 김일성이 항일 무장투쟁을 벌이면서 1936년 12월 1일에 '조국광복회'의 기관지로 창간하였다는 『3·1월간』으로부터 잡지의 전통

---

5    위의 책, 99쪽.

이 세워졌다는 주장이다. 김일성은 이밖에도 『새날』, 『볼세위크』, 『농우』, 『서광』, 『종소리』 등의 신문과 잡지, 소책자 등을 발간하여 항일투쟁의 사상적 무기로 활용하였다고 자랑한다.

그러나 이들 신문과 잡지는 모두 만주나 러시아 지역에서 발간되었다는 것으로, 그 실물을 확인할 방법이 없기 때문에 북한이 발행하는 간행물에 기술된 내용을 보고 짐작할 수밖에 없는 실정이다. 1928년에 『새날』이 창간되었을 당시 겨우 16살이었던 김일성이 신문을 만들었다는 주장이 것이 과연 사실인지 의문시될 뿐 아니라, 실물이 존재하는 지여부도 확실하지 않다. 그러므로 이들 신문이 정말로 존재하였는지, 영향력은 어떠하였는지에 관해서는 실증적인 논의와 연구가 필요한 형편이다.

반면 일제 강점기 서울에서 발행된 사회주의 계열로 존재가 확실한 잡지는 1922년 3월에 창간되었던 『신생활』을 비롯해서, 『노동운동』(1927), 『비판』(1931) 등이 있고, 이름이 널리 알려지지는 않았지만 국내 또는 국외에서 발행된 신문과 잡지가 있었다. 일본 거주 조선인들은 1930년대에도 좌익 사상운동을 소규모나마 은밀히 계속하였다. 일본에서 발행된 자료 『소화 특고탄압사特高彈壓史』 8권 가운데 6권~8권은 「조선인에 대한 탄압」이다. 제6권 제1부 「조선공산당 및 급진 그룹의 탄압」 항목에는 일본거주 조선인들의 공산당 조직이 살아 있었으며 소규모나마 간행물을 발행했던 사실이 기록되어 있다.[6]

제6권에 수록된 한국어 신문발행과 관련된 사건만 보아도 『적기赤旗』 독자반의 삐라 첨부행동대원 검거사건(1932.4.22, 57쪽), 반제신문反帝新聞

---

6    明石博隆·松浦總三 편, 『소화 특고탄압사(特高彈壓史)』, 도쿄 : 태평출판사, 1975.

조선어판 발행(1934.9, 97쪽), 도쿄의 조선신문 관계자 검거(1936.9, 144쪽), 오사카 한국어 민중시보 폐간(1936.9, 158쪽), 동경조선신문 관계자 검거 (1934.11, 189쪽) 등이 포함되어 있다. 소규모로 일반에 미친 영향은 미미했지만 공산주의 조직이 존재했다는 사실은 알 수 있다.

동아일보, 조선일보 등 일간신문과 잡지 종사자 가운데도 공산주의 또는 사회주의 사상을 지닌 사람들이 있었는데 이들 사회주의 계열 언론인 가운데는 광복후 좌익 언론에 가담하여 활동한 사람도 있다. 광복후의 좌익언론에 관해서는 제1부 제1장에서 상세히 살펴보았다. 그러나 북한의 언론사는 일제 강점기에 서울에서 발행된 사회주의 계열 간행물에 관한 언급은 없다.

## 4. 분단시대 언론사 시기 구분

북한의 『조선신문 100년사』는 광복 이후의 남북한 언론 발달과정을 제3편 「해방후 주체형의 당적신문의 발전」과 제4편 「미제 강점하의 남조선 신문」에서 서술하였다. 제3편은 북한 언론사이고, 제4편은 남한의 언론을 다루고 있다. 그러므로 이 책에서 가장 힘을 기울여 서술한 핵심적인 내용은 제2편과 제3편이다. 제1편과 4편은 이른바 뉴스산업의 상품으로 발행된 '부르죠아신문'을 비판한 부분이다.

북한 언론을 다룬 제3편은 5장으로 나누어졌는데 제1장 '평화적 민주건설시기의 신문'은 해방으로부터 북한정권이 수립되고 1950년 6·25 전쟁이 일어날 때까지 정로, 로동신문, 『근로자』와 같은 당보黨報들이 창간되어 "당적 신문발전의 기초"가 축성된 시기이다. 이 시기로부터의 남북한 언론은 완전히 상반되는 이데올로기 아래서 각기 다른 길을 걸어왔다. 『조선신문 100년사』는 이렇게 말한다.

해방직후 우리 나라 신문의 건설에서 중요하게 나선 문제의 하나는 바로 어떤 전통을 계승하는가 하는 것이었다. 다시 말하면 항일혁명출판물의 전통을 이어받아 그 토대 우에서 출발하는가 아니면 해방전 부르죠아신문의 이른바 '전통'을 이어받는가 하는 문제였다. 해방전의 두 선행자 가운데서 어느 것을 전통으로 하고 밑천으로 하는가에 따라 그 발전 지향과 성격이 서로 달라지게 되여있었다.[7]

북한은 양자 중 '항일 혁명 출판물'의 전통을 이어받은 정기간행물로는 1945년 11월 25일에 조선로동당 기관지 정로를 창간하였고 이 신문은 이듬해 8월 로동신문으로 제호를 바꾸어 발행되기 시작하였다. 북한은 이데올로기 면에서 남한과 상반되었을 뿐 아니라 보도제작의 기법에서도 큰 차이점을 보여주었다. '객관보도'를 부르죠아신문의 잔재로 규정하고 부르죠아적 요소와 교조주의, 사대주의의 편향을 극복하여 무사상적인 글을 없애는 대신, 당을 강화하고 혁명과 건설에 필요한 사설과 기사들을 개발하는 데 노력을 기울였다. 보도기사의 심화되고 전개된 형태로서 지도성을 부여하는 새로운 기사형태인 '지도기사'를 비롯하여 '경험기사', '비판기사', '회의기사', '문답기사', '반향기사' 등을 개발 하였다.[8]

---

7    리용필, 앞의 책, 149쪽.

이와 같은 기사의 개발과 함께 내용에 대한 "당의 지도와 통제"는 당연하고 필요한 것으로 규정한다.[9] 언론의 기능은 모두가 김일성과 당이 제시하고 지도하는 방향에 따라 결정되었다. 자유주의 언론을 표방하고 언론에 대한 권력의 일체의 외부 간여를 배격하면서 언론의 독립성을 이상으로 삼아온 남한의 언론과는 전혀 상반되는 가치관과 이데올로기였다.

해방 후의 북한언론은 다음과 같은 시기 구분으로 이루어져 있다.

제1기 평화적 민주건설시기(1945.8~1950.6)

제2기 조국 해방전쟁시기(1950.6~1953.7)

제3기 전후 인민경제복구건설 및 사회주의 기초건설시기

(1953.7~1961.8)

제4기 사회주의의 전면적 건설시기(1961.9~1970)

1960년대의 신문 발전은 크게 두 시기로 나누는데, 첫 번째는 1960년대 전반기 즉 7개년 인민경제 계획의 전반기 과업을 실행하는 시기와 두번째는 1960년대 후반기 즉 당대 표자회 결정 관철을 위한 투쟁과 7개년 인민경제 계획의 모든 고지들을 점령하기 위한 투쟁의 시기로 나눈다.

제5기 사회주의의 완전 승리와 온 사회의 김일성주의화 위업을 다그치기 위한 투쟁시기(1970 이후)

---

8    위의 책, 189~192쪽.

9    위의 책, 187쪽.

북한 언론의 역사는 사회과학원 력사연구소가 펴낸『조선전사』(1981
~1982) 제22~23권에 수록된 것도 있는데, ① 항일 무장투쟁시기(1920년
대~1945.8), ② 조국 해방전쟁시기(1950.6~1953.7), ③ 사회주의 성숙시기
(1970.1~현재)로 시기를 구분하고 있어서『조선신문 100년사』와 동일한
내용이다.


## 5. 인민의 복수심 조장

『조선신문 100년사』는 6·25전쟁 이후 북한언론의 논조를 이렇게 기
술한다.

후퇴직후 신문지면에서 특징적인 것의 하나는 적들이 일시적 강점지역
에서 강행한 대중적 학살만행을 대대적으로 폭로함으로써 신문이 미제를
력사의 심판대에 고발하는 고소장으로, 인민의 적개심과 복수심을 북돋아
주는 복수기록장으로 된 것이었다. 이 시기 중앙신문의 2, 3면에는 매일같
이 「보라! 천인공노할 원쑤들의 죄악을」, 「보라! 흡혈귀들의 저주할 이 만
행, 학살과 략탈, 강간과 릉욕, 파괴를」, 「야수 미제와 리승만 역도에게 준
엄한 복수의 검을 내리자」, 「골수에 사무친 원한을 갚자」 등의 표제 밑에
놈들의 귀축같은 만행자료들을 지역별로, 사건별로 묶어 적라라하게 폭로
하여 사람들의 치솟는 분노를 격발시켰다.[10]

---

**10**  위의 책, 278쪽.

이같은 보도태도는 전쟁이 끝난 이후 거의 변함없이 오늘날까지 그대로 지속되고 있다. 북한의 언론은 1974년 5월 7일 김정일이 발표한 「우리 당 출판보도물은 온 사회의 김일성주의화에 이바지하는 위력한 사상적 무기이다」에 제시된 신문혁명, 보도혁명, 출판혁명을 위한 무기로 활용되고 있다.

제4편은 남한 언론의 역사를 간략하게 기술하고 있다. 1945년부터 1960년까지와 1960년으로부터 현재까지 2개 시기로 나누어 전체적으로 해방후 남한에는 "반동적 신문, 언론기관들이 활개치는 반면에 진보적이며 혁명적인 신문, 언론기관들은 미제와 그 앞잡이 남조선 괴뢰도당의 야만적인 탄압과 봉쇄밑에서 자유로운 발전의 길을 억제 당하였다"고 규정한다.[11]

이와 같은 시대구분과 책의 편제, 그리고 사관과 서술방법은 우리의 시각에서는 논란의 여지를 남겨두고 있으며 수긍할 수 없는 부분도 많다. 그러나 앞서 언급했듯이 북한이 우리의 언론사를 어떤 시각에서 보고 있으며 그 근거는 무엇인가에 대해서 살펴볼 수 있는 하나의 자료로써 이 책은 의미를 지닌다 하겠다.

저자 리용필은 교수 박사로서 1991년 11월 로동신문에 「우리 당에 의한 주체적 출판보도물 전통의 빛나는 계승발전」이라는 논문을 게재했다. 이 책을 출판할 당시에는 '준박사'였으나 현재는 박사인 것으로 알려져 있다. 이 책의 심사를 맡은 리정남은 조선로동당의 이론잡지 『근로자』사의 부주필인데, 다른 심사위원인 장재석, 황공률이 어떤 사람인지는 알려져 있지 않다.

---

11  위의 책, 375쪽.

# 제3장

# 북한의 보도 문장과 용어

## 1. 객관보도를 부정

8·15광복 후 75년 동안 남한과 북한은 완전히 다른 언론사상과 가치관을 바탕으로 서로 다른 길을 걸어왔다. 남한에는 자유민주주의를 신봉하는 자본주의 체제의 대한민국 정부가 수립되었으나 북한에는 공산주의 사회주의를 신봉하는 김일성 정권이 수립되어 3대세습 권력을 이어오고 있다. 양측은 같은 언어를 사용하는 동일민족으로 오랜 역사를 지녀왔으면서도 정치체제의 극단적인 차이에 따라서 근본적으로 다른 보도 문장의 형태를 발전시켰다.

북한 언론은 이데올로기 면에서 남한과 상반되었으므로 자연히 보도

제작 기법에서도 큰 차이점을 보여준다. 북한과 남한 언론은 다음 2가지 차이가 있다.

첫째, 북한은 '객관보도'를 부정한다. 객관보도는 부르죠아 신문의 잔재로 규정한다. 객관보도는 "현실을 피상적으로, 관조적으로 대하는 폐단"이 있다는 것이다. 북한은 객관보도가 아니라 인민대중의 절실한 생활문제, 혁명과 건설의 절박한 당면 문제들을 진실하게 잘 반영하고 근로 인민대중의 자주적 지향과 요구, 그들의 창조적 활동을 중심 내용으로 신문 지면을 꾸리도록 되어 있다.[1] 북한은 부르죠아적 요소와 교조주의敎條主義, 사대주의의 편향을 극복하여 무 사상적인 글을 없애는 대신, 당을 강화하고 혁명과 건설에 필요한 사설과 기사의 개발에 노력을 기울였다는 것이다. 이른바 목적 지향성이 뚜렷한 기사를 요구했던 것이다.

객관보도를 부정한다면 그 대안으로는 어떤 기사가 있는가. 보도기사의 심화되고 전개된 형태로서 지도성을 부여하는 새로운 기사형태인 '지도기사'를 비롯하여 '경험기사', '비판기사', '회의기사', '문답기사', '반향기사' 등을 개발하였다고 주장한다.[2]

둘째, 편집면에서는 상업주의적 흥미위주 센세이셔널리즘의 배격이다. 광복 직후의 북한 신문에는 편성(편집) 형식면에서 "부르죠아적 기교의 잔재"가 많이 남아 있었으며 센세이셔널리즘의 경향이 있었으나 차츰 이를 시정했다는 것이다.

---

1 리용필, 『조선신문 100년사』, 나남, 1993, 247~249쪽.
2 위의 책, 252~253책.

기사의 내용과 무게에는 관계없이 제목만 떠들썩하게, 요란스럽게 다는 데서, 지면을 흐름식으로 복잡하게 조성하는 데서 주로 나타났다. 글의 표제는 보통 3~4행에 큰 활자를 부각하여 자그마한 사실인데도 요란스럽게 보이게 하는 경향들이 있었다. 이러한 부족점과 편향은 중앙신문들이 대판 4면으로 되고 편성 형식보다 사상적 내용을 훨씬 중시할 데 대한 당의 요구가 구현되면서부터 점차 극복되여 갔다.[3]

북한에서는 이와 같은 기사의 개발과 함께 내용에 대한 '당의 지도와 통제'는 당연하고 필요한 것으로 여긴다. 1947년 4월 로동당 중앙위원회는 당 기관지 로동신문과 월간잡지 『근로자』의 편집사업을 강화하기 위한 결정을 채택하여 "신문의 편집계획 작성으로부터 내용에 이르기까지 신문사업 전반에 대한 당의 지도를 강화할 데 대한 조치를 취하였으며 1948년 2월에는 황해로동신문에 대한 지도검열 사업을 진행"하였다.[4] 언론의 기능은 김일성과 당이 제시하고 지도하는 방향에 따라 결정되었다. 자유주의 언론을 표방하고 언론에 대한 일체의 외부 간여를 배격하면서 언론의 독립성을 이상으로 삼아온 남한의 언론과는 전혀 상반되는 가치관과 언론 사상이다. 북한 언어정책의 기본은 마르크스-레닌주의에 입각한 언어정책의 수립과 실천을 기본으로 하였고, 1960년대에는 김일성의 교시에 따르게 되었으며, 이른바 '문화어운동'이 추진되었다.[5]

이같은 상황에서 북한은 6·25전쟁 이후에는 신문을 전쟁 수행의 무기로 활용했다. "신문이 미제를 력사의 심판대에 고발하는 고소장으로,

---

3    위의 책, 254~255쪽.
4    위의 책, 248쪽.
5    고영근, 「북한의 언어 정책」, 『북한의 말과 글』, 을유문화사, 1989, 13쪽 이하.

인민의 적개심과 복수심을 북돋아주는 복수 기록장으로 된 것이었다"라고 기록하고 있어서 객관 보도를 부인하는 태도가 나타난다.

이러한 보도문장은 신문만이 아니라 김일성대학이 출판한『조선신문 100년사』의 역사 서술문장에도 그대로 나타난다. 책의 저자 리용필은 1951년 2월 20일 자 로동신문에 실린 기사「인민들의 시체로 산을 이룬 신천군 밤나무골의 참상」은 "미제 원쑤놈들에 대한 적개심을 금할 수 없게 한 그러한 기사들 중의 하나"로 평가하면서 이 기사는 "미제 살인귀들이 일시적 강점기간에 감행한 치떨리는 만행과 천추에 용서못할 죄악상을 백일하에 발가놓았다"라 하여 우리가 보는 객관적인 역사 서술 방법과는 다른 주관적이고 감정 섞인 표현을 쓰고 있다.

남한의 기사문에는 속어俗語와 비어卑語를 쓰지 않는다는 원칙에 따르지만, 북한은 신문기사와 학술서적에서도 속어와 비어가 쓰이고 있다. 남한에서는 언어를 의사소통의 도구로 보는 반면 북한은 사회주의 혁명과 건설, 투쟁의 도구로 활용한다.[6]

이와 같은 보도 문장과 보도 태도는 6·25전쟁이 끝난 이후 거의 변함없이 오늘날까지 그대로 지속되고 있다. 북한의 언론은 1974년 5월 7일 김정일이 발표한「우리 당 출판보도물은 온 사회의 김일성주의화에 이바지하는 위력한 사상적 무기이다」에 제시된 신문혁명, 보도혁명, 출판혁명의 무기로 활용하면서 남한에는 "반동적 신문, 언론기관들이 활개치는 반면에 진보적이며 혁명적인 신문, 언론기관들은 미제와 그 앞잡이 남조선 괴뢰도당의 야만적인 탄압과 봉쇄 밑에서 자유로운 발전의 길을 억제당하였다"고 규정한다.[7]

---

6   이주행,「남북한 신문문체 비교 연구 (하)」,『말과 글』, 교열기자회, 1991, 106~109쪽.

## 2. 단평란 폐지

북한은 1950년대 후반부터 단평 칼럼을 없앴다. 그 대신 긍정적 모범을 위주로 한 사람들과 그들의 현실생활을 반영하는 기사를 많이 실었다. 단평 칼럼을 북한에서는 '펠레톤'으로 부르는데 그 개념 정의는 이렇다.

> 원래 펠레톤은 어떤 사실을 풍자적 야유로 형상을 하는 소품으로서 구라파 나라 신문과 잡지들에 많이 씌여온 글 종류였다. 그렇기 때문에 남의 인격을 존중하지 않고 야비하게 깎아내리고 모욕하며 비웃는 이러한 형식은 우리 인민의 사상감정에 잘 맞지 않으며 더우기 공동의 목적과 리상을 가지고 투쟁하며 일하는 혁명동지들 사이에서는 함부로 적용할 것이 못되었다.

북한에서도 한때는 "그 형식이 사람들에게 웃음을 자아내고 일정하게 흥미를 끈다고 하여, 또 아직 풍자적으로 야유와 조소를 받아야 할 뒤떨어진 일군들이 부분적으로 있다고 하여 이러한 글 형식을 고려 없이 끌어들여 람용"하고 있었던 것이다.

김일성은 펠레톤이 신문에 많이 쓰이기 시작하던 1954년 12월에 펠레톤 형식의 단평의 금지를 지시했다. 펠레톤이 북한의 일군들에 대한 비판기사로써는 큰 교양적 가치를 못 가지기 때문이라는 것이다. 그러나 "미제와 남조선괴뢰와 같은 원쑤들에 대해서 그 추악상, 부패상을

---

7  리용필, 앞의 책, 477쪽.

야유적으로 칠 필요가 있을 때에는 쓸 수 있을 것"이라고 교시하였다.

이리하여 '교조주의의 산물'인 펠레톤은 '위대한 수령 김일성'의 교시를 받들고 신문에서 주체를 세우기 위한 투쟁을 진행하는 과정인 1950년대 후반기에 이르러 점차 자취를 감추게 되었다. 그러나 미국과 남한 정부를 타격하는 풍자 소품으로서의 펠레톤은 일정한 기간 더 존속하였다.

북한 신문은 펠레톤과 같은 형식을 없앴을 뿐 아니라 「창끝」, 「벼락」, 「딱총」, 「신호등」과 같은 짧은 글 형식의 풍자물도 점차 폐지했다. 「창끝」, 「번개」와 같은 풍자물은 원래 "부르죠아 신문들이 즐겨하던" 「횡설수설」 따위와 별반 차이가 없었는데 이런 것들도 역시 다른 나라 신문의 본을 따는 데서 유래된 것이기 때문이다.

기자들이 취재 과정에서 보고 비위에 거슬리는 것이면 무슨 문제든 고려 없이 야유조로 마구 쳐 갈기는 이런 시비조의 글은 북한 신문의 교양적 목적에 부합되지 않는다는 것이다. 이에 관한 김일성의 교시는 이렇다.

우리는 신문에 펠레톤을 쓰는 것도 그만두었습니다. 펠레톤이라는 것은 다른 나라에서 가져온 것인데 본래 조선사람의 성격에는 잘 맞지 않습니다. 우리는 사람들의 결함만을 들춰내는 이러한 교양방법을 교조주의의 쓰레기통에 집어던졌습니다. 우리 신문은 펠레톤을 쓰는 것이 아니라 모범적인 사실, 감동적인 아름다운 이야기에 대하여 쓰고있으며 그것으로 사람들을 교양하고 있습니다.[8]

---

8  『김일성 저작집』 14, 455쪽. 위의 책, 349쪽에서 재인용.

폭로와 비판의 화살은 적대적인 것, 즉 대적對敵 투쟁에 돌리고 대내對內 교양에서는 어디까지나 긍정적인 모범으로 부정을 감화 교양하는 방향으로 나아갔다는 것이다. 이리하여 북한의 신문에는 1960년을 전후한 시기부터 비판기사 대신에 '긍정 교양기사'(처음에는 '공산주의 교양기사'로 불렀다)가 새롭게 등장하였다. 긍정교양기사는 천리마시대, 로동당 시대의 긍정적 인간들, 새형의 공산주의적 인간들의 정신 도덕적 풍모를 위주로 반영하는 기사로서 긍정적 모범으로 대중을 감화 교양할 사명을 지니고 나왔다는 것이다.

남한에서는 이승만 독재정권이 무너지고 위정자와 정부를 마음대로 비판하던 정치상황에서 언론의 자유가 한때 무제한으로 꽃피던 제2공화국 시절에 북한의 신문에는 '긍정 교양기사'가 새로 출현하여 빠른 속도로 발전하였다. 「오늘의 청산리 사람들」(로동신문, 1960.4.14), 「참된 인민의 교원」(로동신문, 1960.7.13), 「한 녀기사의 편지」(『민주조선』, 1960.6.19), 「어머니의 마음으로 동지를 사랑하며 도와준다」(『민주청년』, 1960.5.7) 같은 기사가 "로동당시대의 공산주의적 인간들의 풍모를 형상적 수법을 통하여 생동하게 보여준 긍정 교양기사"들이었다. 편집은 몇 개의 중간 제목들을 달고 비교적 길게 전개된 기사들이었다. 이런 기사에 담겨진 산 인간들의 정신적 풍모를 보여주는 아름다운 이야기, 그에 대한 현실 긍정의 필치는 이 시기 신문기사 발전의 새로운 경지라는 것이다.

## 3. 한글전용 가로쓰기와 '문화어'

편집 제작에 있어서 북한의 가장 중요한 변화는 한글전용과 가로쓰기다. 북한 신문의 가로쓰기는 1956년 4월에 시작되었다. 로동신문은 로동당 제3차대회가 열리기 전날인 4월 16일부터, 그리고 이튿날인 17일에는 민주조선이 가로쓰기 편집으로 바꾸었다.[9]

로동신문을 비롯한 북한의 모든 간행물은 현재 한자를 일체 쓰지 않으며 한글전용이다. 1949년 9월 한글전용 방침에 따라 한자의 사용을 전폐하는 조치를 취한 것이다. 이는 북한 주민들에 대한 정치교양, 사상교양, 당책의 선전, 전달사업을 수행하고 강화하기 위해서 취한 조치였다.

김일성은 1964년 1월 3일 언어학자들에게 행한 「조선어를 발전시키기 위한 몇 가지 문제」라는 제목의 담화에서 김두봉金枓奉이 제안했던 문자 개혁론의 부당성을 지적하고 한자어와 외래어를 쓰지 말도록 지시했다. 구체적으로는 돈육豚肉, 상전桑田, 연초煙草, 석교石橋 등은 돼지고기, 뽕밭, 담배, 돌다리로 해야 하며, '로동계급'을 중국식으로 '공인계급工人階級'이라고 쓰지 말 것과 '이데올로기야', '헤게모니야' 등의 외래어를 써서 한국말을 러시아어화 해서도 안 되며, '양복저고리'를 인본말인 '우와기' 등으로 불러서는 안 된다고 했다.[10]

김일성은 1966년 5월 14일에는 역시 언어학자들과의 담화 「조선어의

---

9 『동아일보』는 1998년 1월 1일부터, 『조선일보』는 1999년 3월 2일부터 가로쓰기를 실시하고 있다.
10 『김일성 저작선집』 4, 6~7쪽 이상두, 『마르크스 레닌주의와 언론』, 범우사, 1979, 212~213쪽.

민족적 특성을 옳게 살펴나갈 데 대하여」에서 평양말을 표준어로 하고 그 명칭을 「문화어」로 바꾸어 부르도록 지시했다. 김일성은 "…혁명의 참모부가 있고 정치・경제・문화・군사의 모든 방면에 걸치는 우리 혁명의 전반적인 전략과 전술이 세워지는 혁명의 수도이며 요람지인 평양을 중심으로 하고 평양을 기준으로 하여 언어의 민족적 특성을 보존하고 발전시켜 나가도록 하여야 하겠다"고 말했다. 그는 평양말을 '표준어'라고 하면 마치 서울말을 표준으로 하는 것으로 그릇되게 이해될 수 있으므로 다른 이름으로 부르는 것이 옳다면서 평양말을 실질적인 '표준어'로 삼고 이를 "문화어"로 부르도록 지시했다. 이렇게 하여 북한은 한글전용, 한자어 폐지 등을 골자로 한 이른바 「민족어 발전」을 위한 언어정책을 강행해 왔던 것이다.

한글 전용과 북한 언론의 성격에 따라 기사의 문장이 길어진 점이 우리와는 다른 현상으로 나타나고 있다. 표의문자인 한자를 표음문자인 한글로 풀어쓰는 데서 온 현상이다.[11] 편집의 형태를 보면 하나의 기다란 제목으로 긴 기사가 실리고, 제목은 선전-선동효과를 노리기 위해 서술어, 수식어를 가미하여 설명조로 길게 다는 것이 특색이다. 이 때문에 게재기사의 종류가 다양하지 않고 적은 데다 게재기사의 수도 적어질 수밖에 없게 되었다.[12]

---

11   이상두, 위의 책, 212~213쪽.
12   위의 책 214쪽.

# 4. 보도 문장의 거친 용어

북한 신문의 보도 용어 변천을 정리해 보면 다음과 같다.

첫째, 남한에 비해서 북한 신문은 문장이 길고 수식어가 여러 개 겹쳐 쓰이고 있어서 문장을 이해하기 어렵거나 생소한 느낌을 받게 된다. 문장이 명시적明示的으로 표현되지 않아 의사 소통에 어려움이 따른다. 이 밖에도, 속담을 이용하여 상대를 낮추어 표현하기도 하고, 다양한 미사여구美辭麗句를 이용하여 상대를 지나치게 높이는 등 그 표현 방법에 있어서도 몇 가지 차이가 있다.[13]

둘째, 북한의 보도용어는 발음이 강하고 어감이 전투적인 어휘를 많이 쓰고 있다. '원쑤', '제국주의놈들', '때려부시다', '까부시다', '일떠선다', '떨쳐나섰다', '불벼락을 안겨 주었다'와 같은 표현이다. 북한에서는 이런 말을 '혁명적 언어'라 부르고 있다. 「언어는 혁명과 건설의 모든 분야에서 대중을 혁명투쟁에로 불러일으키는 조직 동원의 무기」이기 때문에 그렇게 되어야 한다는 것이다. 로동신문에 실린 단평 「등치고 간빼먹는 자들」(1961.10.10), 「미치광이 못하는 짓 없다」(1961.10.13) 같은 제목에서 보듯이 우리의 기준으로는 품위를 잃은 용어를 흔히 사용하고 있다. 이같은 어휘가 많이 쓰이는 문장과 또 그런 문장과 기사를 실은 신문이 설사 혁명적, 전투적인 이미지를 강하게 풍긴다하더라도, 글의 품위가 떨어지고 어딘가 핏발 선 듯 살벌한 느낌을 갖게 하는 것도 사실이다.[14] '문화어'에는 여러 가지 속어, 비어 등이 모두 들어 있다. 로동신

---

13 신현숙, 「북한 언어의 실제 분석」, 고영근 편, 『북한의 말과 글』, 을유문화사, 1989, 320쪽.
14 이상두, 앞의 책, 214쪽.

문에도 속어와 비어가 빈번하게 쓰이고 있다. 심지어 한국에서는 입에 담기조차 싫어하는 표현까지도 로동신문에는 빈번하게 쓰이고 있어 '문화어'라는 용어가 잘 어울리지 않는 경우도 있다.[15]

셋째, 새로운 말 만들기 '혁명적 언어'의 조작에서 오는 어색함과 생경함이 나타난다. 북한에서는 정치, 경제, 사회에 관해 새로 만든 용어는 거의가 한자어에 기반을 두었거나 외래어에 바탕을 두고 있다. 그 이유는 대중선전, 선동을 효과적으로 수행하기 위해서는 함축성이 있고 액센트가 강한 한자용어를 의식적으로 사용하기 때문이다.

革命的大事變, 新聞組織事業, 革命傳統敎養, 物質的要塞와 思想的要塞 占領, 綱領的敎示, 幹部事業, 雇傭 間諜, 領導的核心, 群衆工作, 機關本位主義

이와 같이 '문화어' 속에도 한자어 또는 외래어가 포함되어 있다. 따라서 주체성을 내세워 고유어만 쓰고 있다는 주장은 사실과 다른 것이다.[16] 이같은 현상은 한글전용, 한자를 사용하지 않는 원칙과 모순되는 것인데, 김일성은 "과학논문이나 정치보고에서는 한자어가 비교적 많이 쓰일 수가 있다. 이 정치술어는 좀 복잡하다"고 하면서, 정치용어는 한자어 정리대상에서 제외하는 예외조치를 취하기도 했다.

그러나 그같은 예외 사항이 아닌 '어버이 수령님', '허리 안펴기운동', '당의 결정을 심장으로 받들고 증산투쟁에 일떠나섰다', '공작기계 새끼치기운동', '한번 더 보기운동', '中心고리', '밥공장', '옥쌀' 등의 표현과

---

15   신현숙, 앞의 글.
16   위의 글.

용어 조작도 하고 있다. 또 문제되는 것은 한자어를 그대로 한글로 써서 얼른 알아보거나 알아듣기 어려운 것도 많다.

> 가급금(加給金), 격차미(格差米), 기요원(機要員), 견시연락(見視連絡), 공수(工數), 구분대(區分隊), 기대(機臺), 냉상묘(冷床苗), 다추운동(多錐運動), 대기상하차(待機上下車), 매대(賣臺), 방식상학(方式上學), 부재(部材), 사화운동(4化運動), 암해분자(暗害分子), 양봉음위(陽奉陰違), 업간체조(業間體操), 자검자수(自檢自修), 이신작칙(以身作則), 만부하 만가동(滿負荷 滿稼動), 조동(調動), 추미주의(追尾主義), 행표(行票), 후과(後果)

한자로 쓰여 있어도 무슨 뜻인지 잘 알기 어려운 단어를 한글만으로 써놓았으니 이해하기 힘들게 된다.[17]

넷째, 북한의 기사문은 문장 길이가 남한에 비해서 길다. 북한에서는 한글 전용 기사를 설명적으로 쓰면서 선동적인 수식어나 수사법修辭法을 많이 사용하여 기사문을 작성하지만, 남한에서는 그러한 수식어나 수사법을 사용하지 않기 때문이다.

다섯째, 북한의 기사문에서는 김일성, 김정일, 김정은이 문장의 주체나 객체로 쓰일 경우 반드시 경어체敬語體를 쓴다. 1972년 9월 15일 자 로동신문 사설 「상업 일군들의 뜻 깊은 명절」 단 한편의 사설에 김일성을 호칭하는 회수가 무려 24번이나 나왔다. 호칭의 형식이 약간 달리 사용되고 있지만 서방세계 신문에서는 도저히 상상 할 수 없는 기사형식이다. 호칭의 회수는 다음과 같다.[18]

---

17  이상두, 앞의 책, 214~215쪽.

| | |
|---|---|
| 수령님 | 12회 |
| 어버이 수령님 | 3회 |
| 위대한 김일성 동지 | 3회 |
| 어버이 | 1회 |
| 경애하는 수령 김일성 동지 | 4회 |
| 김일성 저작 인용에서 | 1회 |
| | 계 24회 |

길지 않은 사설 한편에 나온 24회와 1면에 실린 김일성 호칭을 합치면 무려 46회에 이른다. 한국에서는 대통령을 비롯한 저명인사를 호칭할 때에 경칭이 생략되는 경향이 많이 나타나는 현상과는 다른 점이다.

로동신문 기사를 분석한 연구에 따르면 북한의 이른바 '문화어'에는 여러가지 속어와 비어卑語 등이 모두 들어 있다. 심지어 한국에서는 입에 담기조차 꺼리는 표현까지 빈번하게 사용되고 있어서 문화어라는 용어가 걸맞지 않다는 지적이다.[19]

북한은 상대방을 비방할 경우에는 거친 표현을 서슴없이 사용한다. "삶은 소대가리가 웃다가 꾸레미터질 노릇"이라는 표현은 속담에 들어 있는 말을 끌어다 쓰는 예이다. 성구와 속담을 이용해서 적을 비꼬아야 한다는 언어 전술이다.[20]

---

18  위의 책, 220쪽.
19  신현숙, 앞의 글, 319~320쪽.
20  위의 글, 318쪽.

# 5. 남한 언론의 북한보도

남한 언론에서 '북한'이라는 호칭이 사용되기 시작한 시기는 1972년 7·4남북공동성명 발표이후였다. 이전까지는 북한을 적대적인 용어로 '괴뢰집단' 또는 '북한괴뢰군'으로 불렀으나 당시 문공부는 '김일성과 그 체제에 대한 중상비방을 삼갈 것'을 시달하여 북한이라는 호칭이 사용된 것이다. 그러나 2년 뒤인 1974년 8·15 행사장에서의 대통령 저격사건이 일어난 이후에는 또다시 북괴라는 용어가 사용되었으며 1980년대 초반에도 정권이나 군대, 공산당 핵심인물 등을 지칭할 때에는 '북한공산집단', '김일성집단', '북괴'라는 용어를 사용하였다. 그러다가 1987년 6·29선언 이후에는 '북괴'라는 호칭은 거의 사라지게 되었다.[21]

이와같이 정치 정세의 변화와 정권의 대북정책에 따라 활성화되다가 경색되거나 침체되는 우여곡절 변화를 겪으면서 오늘에 이르고 있다. 1985년 5월에는 12년 만에 서울에서 남북적십자회담과 남북경제회담, 남북 국회회담 등의 회담이 열리기 시작하고 남북간 고향방문단과 예술단의 상호교류(9월 20~23일)가 실현되어 남북한 보도는 다시 활성화되었다.

북방정책이 새롭게 조명된 계기는 1988년의 7·7선언 이후였다. 공식명칭이 「민족자존과 통일번영을 위한 선언」이었던 이 북방정책 가운데 문화예술 관련항목은 '종교 언론 문화 예술인 학자 체육인 및 학생 등 남북 동포간의 상호교류 적극 추진과 해외교포의 자유왕래, 문호개방'이었다. 2개월 후인 9월 3일부터 정부는 북한의 자료를 제한적으로

---

21  「언론의 북한호칭 어떻게 변천해 왔나」, 『미디어오늘』, 1995.8.30.

개방하여 이때부터 북한서적이 시중서점에 나타나기 시작했다. 또 소련, 중국, 동독 등 공산권 국가에서 발행된 저작물들의 국내 번역출판도 활발하게 이루어졌다. 1982년 2월에는 해방 이후 금기시 되어 왔던 북한관계 이념도서의 출판이 공식적으로 허용되었고, 1987년 10월 19일 금서로 묶어 두었던 도서 650종 가운데 431종을 판매금지 대상에서 해제했다. 1988년 1월과 7월에는 정지용, 김기림 등 납북 또는 월북 작가 120명의 작품을 해금했다.(앞의 제1장 참고)

언론계와 학계는 이러한 정세의 변화에 따라 통일과 남북한관계 연구가 활발해지고 이를 주제로 하는 세미나도 자주 열렸다. 1989년 여름 관훈클럽의『신문연구』(현『관훈저널』)가 특집으로「북방보도의 문제점」을 마련하였고, 1990년 겨울에는「북한취재」, 이듬해에는「남북한 유엔 가입과 언론보도」를 다루었다. 언론연구원은 1992년 2월 호『신문과 방송』에「공산권 보도」를 특집으로 다루었다.

북한언론 연구서들도 나타나기 시작했다. 1989년에 을유문화사가 '북한의 인식'이라는 주제로 12권의 연구서를 발행했는데 7명의 학자가『북한의 언론』(제6권)을 공동 집필하였다. 같은 해에 고려원에서는 '북한 문화예술의 이해'를 주제로 역시 12권의 연구서를 출간했는데 그 가운데『북한의 문화정보』(제11권)에 북한의 언론이 포함되어 있다.

한국언론연구원은 1990년 6·25전쟁 40주년을 맞아『한국전쟁의 동서보도 비교』(조사연구 90-3)를 발행했고 이어서 같은 해에『사회주의 국가의 언론』(언론연구원 총서 제7권)를, 1991년에는『남북통일과 언론』(언론연구원 연구서 제15집)을 발행했다. 2012년에는 '북한언론 현황과 기능에 관한 연구'(고유환·이주철·홍민 공저)도 출간되었다. 1992년에 민족통일

중앙협의회가 발행한 '통일문제연구서, 통일문고' 18권 가운데 유재천이 쓴 『북한언론의 실상』(제18권)이 들어 있다.

한국언론학회의 『언론학보』 제28호(1992. 가을)에 박정순의 「이념적 보도와 객관적 보도, 남북한 신문의 남북보도 사례분석」을 비롯한 논문들이 실렸다. 자료집으로는 김영주·이범수의 『북한언론의 이론과 실천』(나남, 1991)이 나왔고, 대륙연구소는 5권으로 된 방대한 분량의 『북한법령집』을 발행했다.

1970년대 초반에 남북대화가 처음 시작되었을 때에 여러 언론기관에서 남북한 관계 연구와 보도를 위한 전담기구를 설치하였으나 그 후 정치적인 변화에 따라 각 사별로 기구의 규모와 명칭이 바뀐 경우도 있었다. 언론사의 북한문제연구소는 대개 1972년 7·4남북공동성명이 있은 직후와 1991년 남북한 UN 동시가입의 두 시기에 설립되었다.[22]

여기서는 분단 이후 6·25를 거치면서 극도로 경직되었던 남북 관계가 대화국면으로 접어들었던 1970년대 이후 언론의 북한보도 초창기만 간략하게 살펴보았다.

---

22  김병수, 「초보적 자료실 수준, 유명무실」, 『신문과 방송』, 한국언론진흥재단, 1994. 9, 27~29쪽.

# 태평양전쟁기 문학과
# 언론의 수난

김진섭의 반전反戰기사 필화와 문인들

단파방송 수신사건과
옥사한 두 언론인

일제 고등경찰 사이가의 최후

# 제1장

# 김진섭의 반전反戰기사 필화와 문인들

## 1. 매일신보와 경무국 도서과

### 1) 매일신보에 실린 김진섭의 글

1940년 1월 6일 자 매일신보에 실렸던 김진섭金晋燮의 「아즉은 염려 업다」라는 글이 필화를 입어 언론계와 문인들 사이에 커다란 파장을 일으킨 사건이 있었다. 글의 내용이 '반전反戰논문'이라는 이유였다. 만주사변(1931)과 중일전쟁(1937)에 이어 이듬해 12월로 임박한 태평양전쟁을 준비하고 있던 일본 군부의 위세가 날이 갈수록 높아지고 있던 때에 총독부 기관지 매일신보에 실린 글이 '반전사상'을 내포하였을 뿐 아니라, 암암리에 중일전쟁을 저주하는 취지라는 혐의를 받았으니 엄중한 문책이 예상되었다.

필자 김진섭이 헌병대에 불려가 조사를 받는 곤욕을 치렀음은 물론이고, 매일신보 학예부장 조용만趙容萬에게도 불똥이 튀어 신문사에서 해임되는 중징계를 당했고, 편집국장 김형원金炯元은 책임을 지고 사퇴했으며, 부사장 이상협李相協도 물러날 것이라는 소문이 돌 정도로 난처한 입장이 되었다. 더구나 조선군 사령부에서 문제를 제기하였으니, 검열을 담당하던 총독부 경무국警務局도 체면을 구긴 사건이었다. 이같이 큰 파장을 일으킨 필화였으나 당시의 신문에는 보도되지 않았다. 매일신보는 필화의 당사자였고, 조선일보와 동아일보는 폐간의 압력에 시달리기 시작하던 때였으니 필화사건을 기사화할 처지가 아니었다.

30년이 더 지난 후일에야 조용만은 이 필화사건을 회고하는 글을 남겼다. 또한 실화소설로 작품화하여 사건 당시의 상황과 자신의 처지를 밝히기도 했다. 1974년 8월 호『월간중앙』에 실린 조용만의 「'파면기자' 시절, 나의 30대」는 필화사건의 전말을 회고한 글이다. 이 글은 그의 회고 수필집『세월의 너울을 벗고』(교문사, 1986)에 수록되었다. 3년 뒤인 1977년 6월 호『신문과 방송』에 게재한 「나의 기자시절」도 비슷한 내용이다. 1978년에 발표한 단편 「최악의 무리」는 필화사건의 실화를 소재로 하였다. 이 소설은 단편집『9인회 만들 무렵』(정음사, 1984)에도 실려 있다. 조용만의 후임 학예부장이 되는 백철白鐵도 「나의 기자시절」(『신문과 방송』, 1976.3)에서 필화사건을 우회적으로 언급하였다.

당사자들의 회고에 더하여 김진섭 필화에 관해서 당시에는 알려지지 않았던 수사기록이 발견되었기 때문에, 이를 토대로 사건의 진상을 입

체적으로 파악하는 동시에 조용만이 남긴 글의 사
실관계를 검증할 수 있게 되었다. 조선주둔군 헌병
대가 작성한 수사기록은 조선군 참모장 가토加藤鈴平
가 일본 육군차관 아난阿南惟幾에게 보낸 조보밀朝報
密 제8호, 「반전사상 기사의 건 '통보'反戰思想記事ノ件
'通報'」라는 문건이다. 1940년 1월 31일 자로 작성된
16쪽 분량의 이 수사기록에는 사건의 경위를 비롯
하여 필자의 경력과 사상, 당국의 처리결과 등이 상
세히 기록되어 있다. 조용만의 글과 이 문건을 종합

**조용만**. 매일신보 학예부장 시절 김진
섭 필화로 수난을 겪었다.

하여 사건이 일어난 순서에 따라 경위와 결말을 추적해 보기로 하겠다.

일본은 만주사변에 이은 중일전쟁으로 전선이 확대되던 1930년대에
언론통제의 강도를 높여 나갔다. 식민지 조선에서는 언론 통제를 관장
하는 기구가 원래는 총독부 경무국 도서과였고, 일본은 총리대신 직속
기구로 설치한 내각정보부(1937.9.25, 칙령 제519호)가 언론통제의 본산이
었다. 정보와 사상을 통제하는 수준이 아니라 언론을 전쟁 수행의 자원
이자 무기로 인식하고 적극적으로 활용한다는 방침이었다. 중일전쟁
이 끝나지 않은 상태에서 태평양전쟁을 일으키면서 국내와 외국을 향
한 선전과 언론통제가 긴요해지자 1940년 12월 5일에는 정보부를 정보
국으로 격상 강화하는 조치를 취했다.

조선에서는 전쟁 이전에 경무국이 담당했던 언론 통제를 1940년 무
렵부터 조선주둔군 사령부가 간여하기 시작하다가 마침내 실질적인 통
제권이 군으로 넘어가는 형국이 되었다.[1] 언론은 더욱 위축될 수밖에

---

1    정진석, 『극비, 조선총독부의 언론검열과 탄압』, 커뮤니케이션북스, 2008, 개정판 「언론

없었다. 1937년 7월 중일전쟁을 일으킨 일본은 드넓은 중국대륙을 완전히 장악하지 못한 상태로 장기전을 치르는 한편으로 태평양전쟁 준비에 총력을 기울이고 있었다.

유럽에서 제2차 대전이 터지기 두 달 전인 1939년 7월 8일 총독부는 국민징용령을 공포하여 전투병 확보를 위한 조치를 취하였다. 9월 17일 소련군이 동부 폴란드에 진출하였지만, 독일군의 공중폭격으로 바르샤바가 함락되어 전쟁의 검은 구름이 유럽 전역을 휩쓸고 있었다. 1940년 1월 6일 자 매일신보에 실린 김진섭의 글 「아즉은 염려 업다」가 필화를 불러일으킨 때는 이처럼 전쟁의 불길이 전 세계적으로 번지고 있었다.

수필가 김진섭은 경성제국대학 도서관의 사서로 근무 중이었는데 문제가 된 글은 200자 원고지 10매의 짧은 분량이었다. 이 글이 문제가 되었을 정도로 당시의 언론은 엄혹한 상황에 처해 있었다.

조용만의 회고와 사실에 바탕으로 쓴 소설은 김진섭을 비롯한 관련자들과 함께 필화사건을 촉발한 어떤 인물이 등장한다. 그가 누구인지 실명은 밝히지 않았다. 그러나 조용만이 문학평론가 백철白鐵을 지목하고 있었음은 매일신보에 근무했던 사람이나 문단의 사정을 아는 사람이라면 짐작할 수 있도록 되어 있다. 김진섭, 조용만과 이름을 확실히 밝히지는 않았지만 또 한사람이 백철이라면 세 사람의 문인이 관련된 사건이었다. 이 사건으로 물러난 편집국장 김형원은 시인이었다. 사건 당시 매일신보 부사장이었던 이상협 또한 1910년대에 번안소설과 신소설을 남긴 인물이었다. 조용만은 이상협을 단순한 신문기자가 아니라 소설가이자 극작가였다고 평가했다.[2] 따라서 이 사건은 신문의 필화이

통제 검열기구」 참고.

면서 일제말기에 여러 문인들이 관련되었던 필화의 성격을 동시에 지니고 있다.

일제 말기에 언론과 문학을 포함한 표현의 한계를 가늠할 수도 있고, 총독부 기관지였던 신문사의 분위기와 시국의 중압 속에 살았던 문인들의 갈등관계를 한 자락 드러내 보이기도 한다. 사건의 전말과 진상을 밝히는 것은 문학사文學史와 함께 언론사言論史의 연구에도 일조가 될 수 있을 것이고, 총독부와 조선군 사령부의 언론통제가 어떤 수준이었는지를 살펴볼 수 있는 사례이기도 하다.

## 2) 김진섭의 「아즉은 염려 없다」

매일신보는 1940년 1월 신년호 특집으로 「전시하 예술조선 행진 ─ 예술보국報國의 대 이상理想」이라는 큰 제목 아래 문화계를 포괄하여 전망하는 기획을 실었다.[3] 문학 박영희朴英熙(국민문학의 건설, 1월 1일), 정인섭鄭寅燮(애국문학의 제창/시국과 조선문학의 장래, 1월 2일, 5일 2회) 외에 연극 유치진柳致眞(국민예술의 길, 1월 2일), 미술 구본웅具本雄(彩筆보국의 일념, 1월 2일), 음악 박경호朴慶浩(건실한 길로, 1월 1일), 영화 이재명李載明(실제제작의 제1보, 1월 2일) 등으로, 모두가 전쟁에 협력하는 내용이었다.

필화사건을 야기한 김진섭의 글이 실린 1월 6일 자(5일 발행) 학예란에는 「구주대전과 문화의 장래」라는 주제로 다음 세 건의 글이 실렸다.

---

2    조용만, 「인물론, 하몽 이상협」, 『신문과 방송』, 한국언론진흥재단, 1975.6, 65쪽.
3    조용만, 「'파면기자' 시절, 나의 30대」, 『월간중앙』, 1974.8, 266쪽.

林和, 「시민문화의 종언」

金晉燮, 「아즉은 염려 업다」

金管, 「전쟁과 음악」

일제치하의 신문 발행은 총독부 경무국警務局 도서과圖書課의 검열을 거쳐야 했다. 김진섭의 글은 별다른 지적을 받지 않고 검열을 통과했다. 그런데 문제는 4일이 지난 뒤에 터졌다. 1월 9일, 조선군 참모장 가토加藤鑰平는 헌병대 사령부에 명하여 김진섭의 사상 경향과 이 논문의 집필 동기 등을 취조하도록 지시하였다. 이와 함께 검열을 담당했던 경무국 도서과에 대해서도 사건을 엄중히 조사하여 처리하라고 통보했다. 김진섭의 글이 '반전사상'을 고취하였다는 이유였다.

내용에 문제가 있었다면 도서과의 검열 전문가들이 일차적으로 걸러내었을 것이다. 그러나 도서과는 별다른 문제점이 없다고 판단했기 때문에 그대로 지나쳤다. 그런데 조선 주둔 일본군 사령부가 문제를 제기한 것이다. 군의 위세가 경무국을 압도하는 상황이었다. 김진섭의 글은 삭제되지 않은 상태로 이미 배포가 끝났기 때문에 매일신보 지면에 그대로 남아 있다. 총독부가 삭제기사를 일어로 번역하여 보관한 비밀자료『언문신문차압기사집록諺文新聞差押記事輯錄』1940년판에는 삭제된 기사 가운데 하나로 수록되어 있다.[4] 글 가운데 문제가 된 부분은 서두의 다음 구절이었다.

---

4    조선총독부 경무국도서과, 『諺文新聞差押記事輯錄』, 소화 18년 8월(소화 12년 1월 1일~ 소화 15년 8월 10일), 10~12쪽.

전쟁은 설사 그것이 정의를 위한 불가피의 전쟁일 경우에 잇어서도 문화의 두려운 파괴자인 것은 두말할 것이 업스니 그것은 압날의 세계대전은 우리에게 여실히 증명해 주엇다. 육탄과 폭약이 '국가의 가장 고귀한 자본인 인간'의 생명을 무수히 살상하고 인간노력의 결정인 문화재를 여지업시 파괴함은 실로 전쟁의 전제조건이 되는 것으로 전시에 잇서서는 국가는 그 시민의 생활을 규정할 뿐이 아니라 제 개인의 인격의 자유도 의견의 발표도 경제적 활동도 제한을 밧고 식료품의 소비까지도 그 통제하에 노이는 것이기 때문에 전쟁은 말하자면 개인의 광범한 권리의 박탈을 의미하는 것이라 볼 박게 업스니 그러므로 전쟁은 근대문화의 중요한 특징인 개성적 발전의 경향과는 결정적으로 배치되는 것이다.

조선군 참모장은 이 부분이 전쟁을 전면적으로 배격한 것으로 해석했다. 참모장 가토가 일본 육군차관 아난에게 보낸 「반전사상 기사의 건 '통보'」라는 보고서는 김진섭의 글이 지닌 문제점을 다음과 같이 지적했다.

김진섭은 글의 모두冒頭에 "전쟁은 설사 그것이 정의를 위한 불가피의 전쟁일 경우에 있어서도 문화의 두려운 파괴자"라 하여 전쟁을 전면적으로 배격했다. 이어서 "육탄과 폭격이 국가의 가장 고가한 자본인 인간의 생명을 무수히 살상하고 인간노력의 결정인 문화재를 여지없이 파쇄한다"고 단정하였다. 전쟁수행의 필요상 "국가는 국민의 생활을 규정할 뿐만 아니라 예술인의 인격의 자유도, 의견의 발표도, 경제적 활동도 제한하고 개인의 광범위한 권리를 박탈한다"고 주장하고, 나아가서 "전쟁은 근대문화의 중요한 특징인 개성적 발전의 경향과는 결정적으로 배치되는 것"이라고 썼다. 이는 전시체제에 대한 항의로, "반전사상"을

**아즉은 염려업다.** 필화가 된 김진섭의 글이 실린 매일신보 1940년 1월 6일 자 문화면.

내포하였으며 암암리에 중일전쟁을 저주하는 취지라고 확대 해석하였
다. 그러나 "명료하게 반전적 논술을 했지만, 직접 지나사변支那事變(중일
전쟁)을 언급하지는 않고 폴란드波蘭 파괴의 17일간은 너무나 비참한 것
이었으며 새로이 소분蘇芬전쟁은 어디까지 갈런지 오인吾人의 예측을 불
허하는 바가 있다"라 하여 유럽전쟁에 결론을 갖다 붙였다고 지적했다.[5]

---

5  「反戰思想 記事の件報告 '通報'」, 『朝報密』 8, 1940.1.31, 1~2쪽.

## 3) 경무국의 조용만 책임 추궁

조선군사령부가 문제를 제기하자 경무국도 조사에 착수하여 학예부장 조용만과 부사장 이상협을 소환하여 경위를 조사하였다. 이에 앞서 조선군사령부 보도부는 경무국 도서과장에게 전화를 걸어 질책했다. 도서과장은 쓰쓰이 다케오筒井竹雄였다. 함경북도 경찰부장으로 근무하다가 1939년 12월 24일 도서과장에 임명되어 1940년 1월 초에 서울로 와서 업무를 인수하였다.[6] 그는 김진섭의 글이 실린 그 날 무렵에 부임하였기 때문에 미처 도서과장의 업무를 파악하기도 전에 사건이 터졌다. 총독부는 그가 취임한 직후에 조선일보와 동아일보의 폐간을 강요하여 쓰쓰이는 두 신문의 폐간 작업을 진두지휘하였고 8월 10일에는 마침내 두 신문을 폐간시켰다.

신문이 발행된 지 4일이 지난 1월 9일 아침 부사장 이상협과 학예부장 조용만은 도서과장 쓰쓰이에게 불려갔다. 1902년 5월 생인 쓰쓰이는 동경제대 법학부 정치과 재학 중이었던 1925년에 고등문관시험 행정과에 합격한 수재였다. 1927년 3월에 졸업하여 4월 조선총독부 경기도 재무과에 근무하면서 첫 사회생활을 시작했다. 엘리트 의식이 강했을 쓰쓰이가 도서과장에 부임하자마자 문제가 발생하였기 때문에 몹시 기분이 나빴을 것이다. 그는 조용만을 향해 김진섭의 글을 싣게 된 과정을 꼬치꼬치 캐물은 다음에 눈을 흡뜨고 이렇게 질책했다.[7]

---

6 「출판문화 발전에 미력을 다할 각오−筒井 新 도서과장 着任 談」, 『조선일보』, 1940. 1. 6.
7 조용만, 「'파면기자' 시절, 나의 30대」, 『월간 중앙』, 1974. 8, 267쪽.

너는 이것을 단순한 과실이라고 변명하지만 우리는 이렇게 생각한다. 너는 우리 성전(聖戰)을 정면으로 반대할 수 없으니까 필자를 시켜서 일부러 구라파전쟁에 빗대놓고 전쟁에 반대한 것이다. 그리고 더 가증한 것은 전쟁이 문화를 파괴한다는 말을 해 놓고 제목은 아직 그럴 염려가 없다고 카무프라주한 것이다. 우리가 하는 이 성전을 전 국민이 적극 지지하는데, 조선총독부의 기관지인 매일신보에서 그것을 반대한다니 그것이 될 말인가. 필자보다도 모든 것은 네 죄다.

도서과장은 흥분하여 조용만을 향해 "너는 국적國賊"이라고 질책했다. 군국주의 시대에 '비국민非國民'이라는 말은 가장 무서운 지탄이었다. 그런데 그보다 더 심한 '국적'이라는 질책을 받았으니 조용만은 이제 감옥살이는 틀림없구나 하고 생각하였다. 그런데 경무국에서 나온 후에도 조용만은 구속되지 않았다. 신년 특집이 "예술보국"을 내걸었고 문화계 전반을 포괄한 필자들도 '국민문학', '애국문학', '채필보국彩筆報國'과 같은 제목으로 일제의 식민통치를 예찬하고 전쟁을 적극적으로 옹호 협력하는 내용이었으니 학예부장이 반전사상을 품고 특집을 기획했다고 몰아붙이기는 무리였을 것이다.

경무국의 검열에서 문제되지 않았던 글이 필화사건으로 확대된 것은 녹기연맹綠旗聯盟 소속 조선인 가운데 어떤 자의 충동질 때문이라고 조용만은 단정했다. 녹기연맹은 황도선양皇道宣揚을 목적으로 1933년 2월 11일에 여러 친일단체를 연합하여 결성되었다. 회원은 주로 일본사람들이었으나 조선사람 문인과 언론인도 다수 참여하고 있었다. 이 단체는 1937년의 중일전쟁 무렵부터 활발한 활동을 전개하고 있었다.

조용만은 녹기연맹의 조선인 외에 조선군사령부 보도부장인 소좌 정훈鄭勳도 사건을 키운 인물로 지목하였다. 정훈은 일본여자와 결혼하여 처가의 성을 따서 가바蒲勳로 개명한 사람이었다.[8] 그는 걸 핏하면 "총살한다"고 얼러대는 난폭한 성격이었다. 이 사람한테 까닭 없이 호통을 받고 욕을 먹은 조선사람 지식인이 많았다.[9] 정훈은 1939년 7월 4일과 5일 2회에 걸쳐 매일신보에 「반도부인에게 고함」이 라는 글을 실었다. "일사보국一死報國할 자

경무국 도서과장 쓰쓰이 다케오(筒井竹雄).

녀의 교양이 모성애의 진정한 발휘이다"라는 부제가 말해주듯이 나라(일 본)를 위해 자녀가 목숨을 바치도록 가르치라는 글이었다. 필화사건 후 인 1940년 6월 호『삼천리』잡지에는 「지원병 제도와 반도인에 희망함」 을 싣고 "무릇 생을 아황국我皇國에 향享한 것은 사민四民 평등으로 국방에 임하는 것이므로 병역은 국민에 대하여 의무인 동시에 귀중하고도 명예 스러운 권리"라고 주장했다. 1940년 12월 호『삼천리』잡지에는 「삼국동 맹과 반도청년의 각오」라는 제목으로 다음과 같이 썼다.

이 위대하고도 숭고한 목적 밑에 국가의 모든 힘을 쏟고 있는 금일의 시 국은 실로 아직까지 아국(我國)이 경험하지 않은 바며 건국 2천 6백년인 금

---

8    조용만은 "육군 중좌 가바(蒲勳)"라고 쓰고 있으나 사건 후『삼천리』잡지에 실린 글을 보면 그는 소좌였고 이름은 蒲勳이었다.
9    조용만, 앞의 글, 267쪽.

일처럼 국가 국민의 긴장과 노력의 다대함을 요하는 때는 없는 것이다. 이 시국 중에서도 불구하고 반도 2천 3백만의 동포는 평상과 하등 변화가 없는 안락한 생활을 계속하고 있는 것은 실로 미안한 일이오, 따라서 감사의 눈물이 흐르는 것이 옳은 일이다.

조선군 참모장 가토加藤鑰平가 일본 육군차관 아난阿南惟幾에게 보낸 조보밀朝報密 제8호의 표지에는 일본 육군성의 군사과, 군무과, 방위과, 정보과의 결재 도장이 찍혀 있는데 가바蒲라는 타원형 도장도 있는 것을 보면 정훈은 이 사건을 조사한 실무 책임자였을 것이다.

## 4) 필화 후 경성방송국 입사

김진섭은 조선군 헌병대 본부에 출두하여 취조를 받았다. 헌병대가 조사한 사건의 경위는 이렇다.

김진섭은 1939년 12월 10일경 조용만의 청탁을 받고 근무처였던 경성제국대학(현 서울대) 도서관에서 1차대전 후 독일인 예루살렘(Jerusalem, Wilhelm)의 『전쟁과 문화戰爭と文化, Der kriegim Lichte der Gesellschaftslehre』(1915)라는 책의 일본어 번역판(小面孝作 역)과 『개조改造』 잡지 12월 호에 시모조우下條雄三가 쓴 「구주대전의 현지를 보다歐洲大戰の現地を見る」를 참고로 하여 글을 집필했다. 원고는 12월 23일에 탈고하여 매일신보에 보냈고, 1월 5일에 발행된 6일 자 제4면에 실렸다.[10]

헌병대의 수사결과에 의하면 김진섭은 문제가 된 글이 실리기 전에도

---

10 「反戰思想記事ノ件'通報'」,『朝報密』8, 소화 15년 1월 31일.

「괴테와 담배」를 비롯해서 「행복」 등
의 수필을 학예란에 투고하여 1회에 3
원 내지 5원 정도의 원고료를 받았다.
1927년 일본 법정대학 독문과를 졸업
한 후 1928년 6월부터 경성제국대학
도서관 촉탁으로 근무하면서 월급 77
원을 받았다는 내용도 들어 있다.[11]
필화사건이 일어나기 전에 어머니의
병환과 경제적인 이유로 도서관을 사
임하고 잠시 고향으로 내려갔다가, 1
월 9일에 상경하여 경성중앙방송국
입사를 추진 중인 상황이었다. 헌병
대는 그의 사상적 배후를 밝혀내기 위
해 과거에 쓴 글까지 조사했다. 헌병

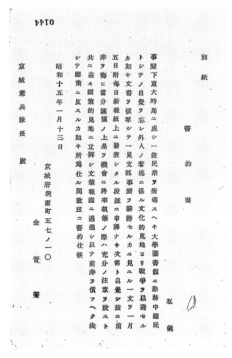

김진섭이 헌병대에 제출한 서약서.

대의 보고서에 적시된 「행복」(1939.11.26), 「괴테와 담배」(1939.12.9) 외에 김
진섭이 1939년 한 해 동안 매일신보에 기고한 수필은 「허언虛言」(8.22), 「여
행철학」(9.15~19), 「비밀의 힘」(10.6), 「경중鏡中 영상」 등 여러 편이었다.

　헌병대는 엄격한 조사를 실시하였으나 조선의 중견 평론가로서 상당
한 사회적 지위를 지닌 인물이며 전과가 없을 뿐 아니라 사상적으로도
용의점이 없다는 결론을 내렸다. 문제의 글은 자신의 학력을 과신하여
신문사의 청탁에 응하여 외국인의 저서를 무비판적으로 발췌 집필하는

11　총독부 직원록에 따르면 김진섭의 급료는 1930년에 55원을 시작으로 1939년에는 인상되
　　어 71원이었다. 직원록 자료에는 수당이 포함되지 않았기 때문에 액수가 적었을 것이다.

과정에서 실수를 범한 것으로 판단했다. 참모장 가토는 식량문제가 첨예화하고 있는 상황이며, 조선의 민중 가운데는 반전기운이 싹틀 우려도 있기 때문에 사태의 발생을 미연에 엄격히 경계 중인 시기임에도 불구하고 총독부의 기관지가 이런 종류의 반전적 논설을 게재하도록 묵과할 수 없으므로 문제 삼은 것이라고 육군성에 보고했다.

김진섭은 헌병대에 불려가서 조사를 받은 후 1월 13일 자로 '서약서'를 쓰고 풀려났다. 경성헌병대장에게 일어로 쓴 '서약서'의 요지는 이렇다. 사변하의 중대시국에 처하여 일반 민중을 지도해야 할 대학도서관에 근무하는 사람이 국민으로서의 자각을 잊어버리고 외국인이 저술한 문서를 발췌하여 일견 중일전쟁[支那事變]을 비방하는 것으로 보이는 글을 발표한 것은 잘못되었다. 뉘우치고 당분간 근신할 뿐 아니라 이를 계기로 앞으로는 집필할 경우에는 충분한 주의와 함께 더욱 국책적國策的 견지에 입각하여 문필보국에 매진할 것이다.

김진섭은 조사과정에서 상당한 곤욕은 치렀지만 더 이상의 피해는 입지 않았다. 녹기연맹이 발행한 월간지 『녹기緣旗』는 1940년 2월 호에 「반전적 사상을 박駁함」(녹기시평)이라는 야마사토山里秀雄(녹기연맹 이사)의 글을 실어 김진섭을 비판했다. 그 외에 김진섭이 뚜렷한 불이익을 당하지 않았다는 근거는 그의 뜻대로 경성중앙방송국 조선어방송인 제2방송부에 입사했다는 사실이 증명한다. 경성방송에 입사하던 때에는 이혜구李惠求, 김억金億, 이서구李瑞求, 이정섭李晶燮, 박장환朴章煥이 제2방송부에 근무하고 있었다.[12] 김진섭이 납북된 후에 출간된 『생활인의 철학』(문예출판사, 1966)에 실린 「범생기凡生記」는 그가 수필로 남긴 경력인

---

12 『역원급직원명부』, 사단법인 조선방송협회, 1940.12, 34~35쪽.

데 필화사건에 관한 언급은 없다.

광복 직후 1945년 10월 2일 방송국 기구개편 때에 김진섭은 편성과장이 되었고, 서울대와 성균관대 교수를 지냈다. 1949년 6월부터는 서울신문 출판국장으로 월간지 『신천지』를 편집했는데 6·25전쟁 중에 납북되었다. 북한군이 서울을 점령한 후 약 1개월 간 감시를 피해 집에 들어오지 않고 은신하다가 8월 4일 종로구 청운동 57의 10(3통5반) 자택에 잠시 귀가했는데 5일 새벽 2시 내무서원 2명이 연행하여 서대문 형무소에 수감하였다가 북으로 끌고 갔다.[13]

## 2. 후유증과 시대상황

### 1) 조용만의 문책 '파면'

김진섭은 1월 13일 헌병대에 시말서를 제출하는 것으로 풀려났으나 조용만은 '파면' 당하는 문책 인사로 잠시 신문사를 떠나야 했다. 경무국 도서과는 다른 민간지의 지도를 위해 매일신보에 엄중한 조치를 취할 생각도 있었다. 그러나 그럴 경우 문제가 있었다. 매일신보는 총독부의 기관지일 뿐 아니라 검열 당국이 잘못을 스스로 폭로하는 자승자박의 궁지에 처하게 된다. 크게 떠들면 자체적으로도 불명예스러운 상황이 벌어지는 것이다. 따라서 대외적으로는 사건을 확대하지 않고 수

---

13    정진석, 『6·25전쟁 납북』, 기파랑, 2006, 92~93쪽.

습하는 방법을 택했다.

매일신보에 대해서는 발행인 이상협, 편집인 김선흠金善欽, 학예부장 조용만에게 시말서를 쓰도록 하는 선에서 일단락 지었다. 경무국 도서과도 그 날 검열을 담당했던 실무자의 시말서를 받았다. 이상이 헌병대가 수사하여 종결지은 보고서에 적시된 처리결과였다.

조선군사령부의 입장에서는 총독부 경무국의 처리방법이 다소 미온적이라고 보았지만 이를 계기로 조선어 신문에 대해서 지도 감독을 더욱 철저히 할 것으로 예상되고 군에서도 사찰을 일층 엄격히 시행하여 이 같은 불상사가 일어나지 않도록 주의할 것이라고 다짐했다. 가토는 조선에서 반전기사를 게재한 첫 번째 사건이기 때문에 집필자를 비롯하여 신문사의 부주의로 문제의 글이 게재되었지만, 독자의 범위가 한정된 학예란에 실렸으므로 실질적인 해독은 비교적 적은 것으로 인정된다고 말했다. 그러나 앞으로 이 같은 문제가 또다시 일어나는 경우에는 엄격히 처벌할 것이라고 덧붙였다.[14]

그런데 조용만은 조선군사령부의 보고서와는 달리 시말서를 쓰는 것으로 끝난 것이 아니라 '파면'이라는 중징계를 당하였다고 주장한다. 편집국장 김형원(호 石松)은 사건의 책임을 지고 1월 31일 자로 물러난 것이 확실하다. 조용만은 김형원이 물러났다는 사실은 언급하지 않고 자신의 '파면'만을 주장한 것이다. 백철은 이에 대해 "석송은 어떤 기사 사건 때문에 편집국장 자리를 물러나고"라고 썼다.[15] 1940년 2월 2일 자 매일신보 지면에는 1월 31일 자로 편집국장 김형원과 사회부장 김기진

---

14  「反戰思想記事ノ件'通報」, 『朝報密』 8, 1940.1.31.
15  백철, 「나의 기자시절」, 『신문과 방송』, 한국언론진흥재단, 1976.3, 72쪽.

金基鎭(八峰)이 의원해임 되었으며, 후임 국장은 논설부장 유광열柳光烈이 편집국장 겸 논설부장이 되었다는 인사발령이 실려 있다. 그러나 학예부장 조용만의 해임에 관한 사실은 보도되지 않았다.

조용만이 '파면' 당했다는 주장은 어떻게 된 것인가. 조용만은 5개월 후인 6월에 촉탁으로 다시 입사하여 『매신사진순보』의 편집을 담당하였다. 1942년 11월 25일에는 사진순보 주임에서 논설위원으로 복귀했다가 1943년 무렵에는 다시 학예부장이 되어 논설부 차장을 겸하였다. 조용만은 일시 해임되었으나 곧 복직이 된 것이다. 그러나 원상회복이 아니라, '촉탁'으로 발령이 났다가 2년이 지난 뒤에야 완전히 회복되었다. 조용만은 이때의 억울함을 잊지 않고 끝까지 가슴에 품고 있었던 것이다. 그 분노와 억울함 때문에 경무국의 검열에서 그냥 넘어갔던 논문을 문제가 있는 것으로 부추겼던 조선인들에 대한 불만을 30년이 더 지난 후에 회고하는 글로도 남기고, 소설 형식으로 후세에 전하려 했을 것이다. 1978년 9월 호 『문예중앙』에 발표한 「최악의 무리」를 발표하던 때의 조용만은 나이가 70세였고, 사건이 있은 지 38년이 흐른 뒤였다.

「최악의 무리」는 사건의 경위를 아는 사람이 본다면 창작 소설이 아니라 실화에 바탕을 둔 작품이다. 적어도 세 사람이 이 소설에 실명으로 등장한다. 필화의 장본인 김진섭을 비롯하여, 가바蒲로 창씨 개명한 조선군 보도부의 소좌 정훈鄭勳, 경무국 도서과장 쓰쓰이筒井 세 사람은 소설에 등장하는 실존 인물이다. 임화林和도 실명으로 언급했다. 이름을 밝히지 않았지만 '김 부사장'으로 묘사된 인물은 매일신보의 부사장이었던 이상협李相協이 확실하다. 조용만은 이상협과 각별한 인연이 있었다. 그는 이상협을 "매일신보 때 오랫동안 모시고 있었고, 여러 가지로 은총을 받아온" 처지라고 술회했다. 김진섭 필화사건으로 잠시 신문사를 떠났던 조용만이 5개월 만에 촉탁으로 신문사로 다시 돌아와 논설위원과 학예부장으로 복귀했던 것이 바로 당시 부사장이었던 이상협으로부터 받은 '은총'이 아니었을까? 광복 후에 조용만이 경향신문 주필을 맡은 것도 이상협의 권유 때문이었다. 조용만은 소설에서 김 부사장의 인품을 좋은 사람으로 그렸다. "부사장은 몇 십 년 동안 신문기자 생활을 해 온 노기자답게 조금도 초조한 빛이 없이 유유하게 앉아 있었다. 가바 중좌한테 당한 모욕도 잊은 것 같았다"고 썼다.

## 2) 소설에 숨겨진 수수께끼

소설 「최악의 무죄」의 줄거리는 필화사건 그대로이다.

"1940년 1월에 조선총독부의 기관지인 매일신보 신년호에 「유럽 대전과 문화의 장래」라는 제목으로 임화林和와 김진섭의 글이 실렸는데, 그중에서 김진섭의 글이 걸린 것이었다"라고 써서 형식만 소설을 빌렸을 뿐 사건을 그대로 서술한 것이다.

그런데 「최악의 무리」 가운데 가장 나쁜 인간은 '노무라'로 창씨 개명한 황黃이라는 인물이다. 가바蒲로 창씨 개명한 조선군 보도부의 일본군 소좌 정훈鄭勳과 편집국장, 정치부장 등도 최악의 무리로 되어 있지만, 그들은 주역이 아니다. 주인공은 이철과 노무라다. 주인공 이철은 조용만 자신이고, 사건을 확대시켜 조용만이 파면 당하도록 일을 꾸민 인물이 노무라다. 노무라는 이철[조용만]이 파면 당한 뒤에 후임 학예부장이 된 사람이다. 소설의 마지막 결론은 이철의 파면과 노무라의 후임 학예부장 취임이다.

　노무라는 누구였을까? 등장인물의 실명을 밝히면서 악역을 맡은 노무라만 허구의 인물을 배치했을까? 간단히 검증할 수 있는 방법은 조용만의 후임 학예부장이 누구인가이다. 그의 후임은 평론가 백철白鐵(白矢世鐵)이었다. 소설이 실화에 바탕을 둔 것은 의심의 여지가 없다. 노무라를 자신의 후임 학예부장으로 설정한다면 자연스럽게 백철이라는 실존 인물로 연결이 될 수밖에 없도록 되어 있다. 조용만이 이런 논리적 귀결을 염두에 두지 않았을까? 조용만은 등장인물의 실명까지 밝혀서 실화를 소설화하였음을 숨기지 않았다. 그런데 노무라는 실존 인물인지 아닌지는 수수께끼로 남겨두었다. 노무라를 이철의 대학 1년 선배라고 썼는데, 같은 대학의 선배는 아니지만 백철은 1908년생으로 1909년 생인 조용만 보다 한 살 위였다. 조용만은 경성제대 영문학과 출신이고, 백철은 일본 동경고등사범학교를 나왔다.

　조용만은 1933년 3월 매일신보에 입사하여 학예부에 근무하다가 1937년 무렵 학예부장으로 승진했다. 백철은 1932년부터 개벽사 기자로 출발하였는데 1939년 3월 매일신보에 입사하여 자매지로 발행하는 일어판 주간지 국민신보 기자였다. 국민신보는 4월 3일에 창간되었는데, 백철의 매일신보 입사는 조용만의 주선으로 이루어졌다.[16] 그런데 이듬해 1월에 필화사건이 일어나 조용만은 해고되었고, 백철은 후임 부장을 맡은 것이다. 백철은 필화사건에 관해서 이렇게 말했다.[17]

---

16　백철, 「나의 기자시절」, 『신문과 방송』, 한국언론진흥재단, 1976.3, 68~74쪽.
17　위의 글, 72쪽.

편집국장이 교체되는 것과 거의 동시의 일인데 학예부장으로 있던 조용만이 역시 기사 일 때문에 말썽이 생겨서 학예부장 자리를 물러서게 된 것이다. 그 무렵에는 총독부 측의 기사내용의 감시가 차츰 심해져서 조그만 기사라도 그들이 비위에 거슬리게 되면 책임자가 사면[파면]을 당하도록 되어 있었다. 그런 일이 불행인지 행인지 내가 국민신보 자리를 그만두고 본사 편집국으로 내려와서 학예부장 일을 대행하고 있는 것이다. 나를 추천한 조씨의 일은 안되었다고 생각하면서도 무엇보다도 원수같은 이노우에 일파를 떠나게 된 것이 시원하였다.

이처럼 백철은 조용만의 퇴임 직후에 학예부장에 승진한 것은 아니었고, 조용만이 촉탁으로 재입사한 후인 이 해 10월 1일 자로 부장으로 정식 발령이 났다. 그러므로 백철은 비록 조용만이 이름을 명시하지 않았지만 결과적으로 억울한 누명을 쓰게 된 셈이다. 이는 백철이 회고한 사건 경위에서도 명확하다. 이에 앞서 8월 10일에는 조선일보와 동아일보가 폐간 된 직후였다. 백철은 1943년 4월 1일 자로 북경지사장으로 전임되었고, 조용만은 곧 다시 학예부장에 복귀했음은 위에서 살펴보았다.

### 3) 사건의 결말과 검열 문제

신문사는 문인들의 집결처였다. 많은 문인들이 신문이나 잡지에 관계하고 있었다.[18] 신문은 작품의 발표무대인 동시에 생계에 도움을 주

---

18  정진석, 「문인—언론인들」, 『인물한국언론사』, 나남, 1995, 211~239쪽에서 고찰했다.

는 수입원이었다. 김진섭 필화사건에 관련된 언론인들도 모두 문인이었다. 신문, 잡지, 출판물 등의 검열 업무를 맡은 총본산은 총독부 경무국 도서과였다.[19] 3 · 1운동 후 총독부가 이른바 '문화정치'를 표방하면서 1920년에 조선일보와 동아일보의 창간을 허용한 뒤에 경무국은 빈틈없는 검열을 실시하였다. 기사의 삭제 또는 압수, 정간과 폐간처분도 경무국의 권한이었다. 도서과는 신문과 잡지만이 아니라, 문화 예술의 모든 부문을 총괄하여 문화 전반에 걸쳐서 공표 이전에 검열했다. 문학 작품을 포함한 출판물과 연극, 영화, 음반 등이 모두 검열의 대상이었다. 조선일보와 동아일보는 창간 직후부터 기사의 삭제와 압수의 탄압을 받았으며, 두 신문이 창간되던 해에 정간 당하는 시련을 겪었다. 총독부의 기관지였던 매일신보도 검열의 눈길을 피할 수 없었다.[20]

조용만이 매일신보 시절에 직접 경험한 당시의 검열상황은 이렇다.

그 때 종로경찰서에는 고등계 주임에 미와(三輪)라는 조선말을 잘 하는 자가 있어서 강연회 때면 이 자가 꼭 임석(臨席)하는데, 이 자는 조선말을 어떻게 잘 하는지 연사의 말투가 그들이 말하는 불온한 말이 나올 듯하면 미리 중지시켰다. 불온한 말을 해버린 다음에 중지시키면 효과가 없으니까 미리 말이 못 나오도록 중지시키는 것이다. 신문을 검열하는 경무국 도서과도 니시무라(西村) · 후쿠에(福工) · 히로세(廣瀨) 등 순사 출신의 우리말을 잘 하는 자가 있어서 이들이 귀신같이 소위 불온한 문구를 잡아내므로 그들의 눈을 속이기

---

19  총독부 경무국 도서과의 언론탄압은 정진석,『극비, 조선총독부의 언론검열과 통제』(커뮤니케이션북스, 2007)에 상세히 고찰하였다.
20  신문의 검열과 압수 기사에 관해서는 경무국의 자료를 토대로『일제시대 민족지 압수기사모음』(정진석 편, LG상남언론재단, 1998) 2책에 그 전모를 밝혔다.

가 힘들었다. 이들이 전화로 신문사에 향해 "여기는 도서과인데 윤전기를 정지시켜 주십시오" 하면 그 때는 압수고, 삭제고 무슨 사고가 나는 것이다.[21]

도서과에는 조선어에 능통한 일인 검열관들이 많았고, 조선인 검열 담당관들도 있었다. 김진섭 필화사건은 일제 말기의 언론상황이 얼마나 엄혹했던가를 말해주는 사례이면서 동시에 신문사에 종사했던 문인들의 갈등도 함께 보여준다.

이 사건으로 김진섭은 상당한 고초를 겪었을 것이다. 자신이 반전사상을 지니지 않았으며 문제된 글에 어떤 사상적 의도가 없음을 증명하기 위해 고심한 흔적이 그의 시말서에는 배어 있다. 발행인 이상협과 편집인 김선흠, 검열을 맡았던 경무국 도서과의 담당자에게는 책임을 물어 시말서를 쓰도록 했다. 편집국장 김형원도 사건의 책임문제로 물러났다. 조용만은 신문사에서 해임이라는 엄중한 처벌을 받았다. 그런데 이상한 것은 조선군 참모장이 비밀보고서에는 학예부장에게 시말서를 쓰게 했다는 것 외에 다른 처벌이 있었다는 말은 없다는 사실이다. 어떻게 해석해야 할까.

첫째는 군이나 경무국은 조용만의 문책을 요구하지 않았음에도 불구하고 매일신보 내부에서 자체적으로 조용만의 책임을 물어 사임을 요구했을 가능성이다. 군과 경무국의 눈치를 살펴야하는 매일신보로서는 자체적으로 응분의 조치를 취하지 않을 수 없었을 것이다. 둘째는 신문사 내부의 누적된 갈등이 사건을 확대시켰을 수 있다. 김형원도 외부의 요구가 없었는데도 물러났다. 조용만은 5개월 후에 촉탁으로 복

21   조용만, 『울 밑에 핀 봉선화야』, 범양사, 1985, 157쪽.

직하여 화보잡지『매신사진순보』의 편집을 맡았다가 오래지 않아 논설위원과 학예부장으로 복귀한 것을 보면 그의 퇴직은 외부를 향해 근신한다는 성의표시였을 것이다.

조용만은 필화사건으로 확대하여 일파만파의 큰 파장을 불러일으킨 인물을 향한 분노의 감정과 자신이 당했던 억울한 피해를 오랫동안 가슴에 품고 있다가 "최악의 무리"를 썼던 것이다. 그는 소설형식을 빌어 최악의 무리를 설정하고 소설적인 요소를 가미하여 자신에게 억울하게 피해를 입혔던 사람들을 고발하고 당시의 언론상황을 묘사하였다. 이 사건은 일제가 언론과 문학을 어떻게 억압하고 검열했던가, 다른 말로는 언론인과 문인이 어떤 환경에 처해 있었던가를 보여준 전형적인 사례인 것만은 틀림없다. 이 사건 이후에 언론계는 더욱 공포 분위기에 휩싸였다.

## 4) 삭제된 어린이 작문 「쌀」

김진섭 필화는 1940년 8월에 총독부가 조선일보와 동아일보를 폐간시키는 마지막 조치를 취하는 정지작업을 펼치던 때에 일어난 사건이었다. 조선군 헌병대가 검열을 강화하던 시기였기에 총독부 경무국 도서과도 검열의 강도를 높이고 있었다. 그런 사례의 하나가 이해 5월 19일 자 조선일보 부록 소년조선일보에 실렸던 어린이의 작문을 삭제한 경우였다.

조선일보는 매주 일요일에 초등학교 어린이 대상 부록을 발행했는데, 미리 작문 주제 2개를 설정하여 2주일 단위로 기한을 주어 응모하도록 하는 난을 마련해 두고 있었다. 200자 원고지로 2장 정도의 아주 짧

은 작문이었다. 조선일보는 5월 5일 자 어린이 부록에「쌀」을 주제로 제
시하고 5월 16일까지 응모하도록 하여 19일 신문에 당선작과 가작을 발
표하였다.「쌀」이라는 주제로 모집한 작문의 입선자는 3명이었다.

우등 : 동광심상소학교 6학년 여학생 민형숙
가작 : 경성수송심상소학교 5학년 남학생 조택동
가작 : 경성혜화심상소학교 4학년 남학생 김태완

5월 19일 자 지면에는 위의 세 어린이 글이 실렸고, 그 다음에는 삭제
된 공란이 남아 있다. 당시 신문에 흔히 나타나는 검열의 흔적으로 보
이는 좁은 공란이었다. 그 자리에 무슨 글이 실렸다가 깎인 자국인지
독자들은 알 수 없었고, 관심을 끌 정도로 표가 나는 자리도 아니었다.
기사가 사라진 자국이 남아 있는 상태로 세월이 흘렀다.

그 빈자리는 인천에 사는 한 어린이가 투고했던 작문「쌀」이 압수당
하여 깎인 상처였다. 앞서 김진섭 필화 때에 헌병대 참모장 가토가 육
군성에 보낸 보고서에 "식량문제가 첨예화하고 있는 상황"이라는 구절
이 있듯이 군량미 조달을 최우선 정책으로 삼았던 당시로서는 쌀을 비
롯한 곡물이 크게 부족했다.

총독부는 1939년 2월 중국에 대한 쌀 수출을 제한하기로 결정했고, 8
월에는 미곡 최고판매 가격 제도를 실시하였다. 10월에는 '조선미곡임
시증산 5개년계획'을 확정하였다. 이 해 쌀 수확고는 1천 435만 5천 973
석이었는데 5년 뒤에는 55%를 증산하여 2천 600만석으로 끌어올린다
는 목표였다. 쌀 부족은 심각한 민생문제였으므로 쌀은 총독부의 엄중

한 통제 대상이 되어 있었다. 쌀은 마음대로 사고 팔 수도 없었다. 쌀을 사준다는 말에 속아 사기당하는 사람도 많았다.

어린이 부록에서 기사가 깎인 자리에 무슨 일이 있었는지는 60년이 지난 뒤에야 밝혀졌다. 삭제된 글은 총독부 경무국이 발행한 『언문신 문차압기사집록』이라는 비밀기록에 남아 있었다. 깎인 자리에는 원래 조영희趙英熹라는 어린이의 작문이 조판되어 있었다. 글의 내용은 전문 이 일본어로 번역되어 있었다.[22]

쌀이라고 하는 것은 실은 우리에게 없어서는 안 되는 것입니다. 작년은 흉년으로 우리는 쌀이 부족해서 매우 곤란했습니다. 특히 인천에서는 그 무렵 돈이 있어도 쌀을 사기가 매우 어려웠습니다. 각 동회 사무소에서 집 집마다 사람의 수를 조사해서 앞으로 쌀을 살 수 있는 전표가 나왔기 때문 에 약간 편리해졌지만, 우리가 사는 금곡정(金谷町)에는 아직 전표가 나오 지 않아서 오후 3시경부터 쌀가게 앞에는 무슨 구경거리라도 있는 것처럼 혼잡했습니다. 서로 먼저 사려고 죽을힘을 다해 밀고 당기는 모습이 보기 에 좋지 않았습니다. 그처럼 애를 써도 쌀 한 되와 보리 한 되밖에 주지 않 았습니다. 그것조차도 좀 늦게 간 사람들은 쌀이 모두 없어져서 사지 못하 고 돌아갔습니다. 1년의 흉년으로도 이처럼 쌀 사기가 어려웠는데 올해도 비가 오지 않아서 큰일이라고 어른들이 매일 걱정하고 있습니다.

쌀 부족이 심각했던 궁핍하고 암울한 사회상을 어린이의 눈으로 묘 사한 글이었다. 작문 뒤에는 "평범한 작문입니다. 좀 더 재미있게 써 보

---

22    『諺文新聞差押記事輯錄』, 소화 15년 8월, 48쪽.

십시오"라는 선자選者의 「심사 평」이 붙어 있었다. 글을 선발한 심사위원이 보기에 그저 평범한 글이었던 것이다. 그런데 총독부의 검열관은 이 글에 압수처분을 내렸다. "어린이의 작품으로는 명랑하지도 않고 내용 역시 온당하지 않다"는 것이 이유였다. 신문사는 이런 글을 가작으로 게재했을 뿐 아니라, 심사를 맡은 사람은 더 재미있게 써 보라고 평하는 등으로 "시국에 근신하지 않은 필치"라는 것이 검열관의 잣대였다.[23]

당시 신문은 쌀 부족이 얼마나 심각했는지를 보여주는 기사를 거의 매일 실었다. 인천에서는 쌀 부족으로 배급이 원활하지 못했는데, 그 원인은 중류 이상 여유 있는 가정이 매점買占하기 때문이라면서 인천경찰서가 나서서 일주일 이상 먹을 곡식을 쌓아둔 가정은 남는 곡식을 강제로 쌀집으로 운반시켜 쌀을 팔게 한 후에 다 같이 사 먹도록 하고, 쌀을 사서 감춘 자는 용서 없이 처벌한다는 기사가 조선일보에 실리기도 했다.[24] 같은 날 사회면에는 서울에는 3월 하순부터 외국 쌀이 들어오기 시작하여 매일 2천석이 배급되는 데도 충분한 양이 공급되지 않기 때문에 싸전에는 매일 쌀자루 든 사람들의 행렬이 계속되는 심각한 상황이 벌어진다는 기사도 보인다. 서울에서도 식구 수에 따라 쌀 구매표를 발급하는 등의 방안을 시행하고 있었다. 그런 상황에서 조선일보가 「쌀」을 주제로 작문을 모집했고, 가작으로 뽑힌 어린이의 글이 삭제되는 일이 벌어진 것이다.

총독부는 8월 10일 조선일보와 동아일보를 동시에 폐간시키고 말았다.

---

23  『1940년 조선출판경찰개요』, 총독부 경무국 도서과, 1940, 110~111쪽.
24  「買藏한 糧米는 回收, 다시 米店에서 分賣」, 『조선일보』, 1940.4.12.

제2장

# 단파방송 수신사건과
# 옥사한 두 언론인

---

## 1. 유언비어 유포죄

### 1) 일본 패망을 예견

일제 말기 방송국에 근무하던 직원들을 중심으로 '미국의 소리VOA'와 중경의 임시정부에서 보낸 단파방송을 청취하여 전황戰況을 비밀리에 전파하다가 많은 사람이 투옥된 사건이 있었다. 1943년의 '단파방송 청취사건'이다. 일제의 엄혹한 언론·사상의 탄압으로 긴박하게 돌아가는 해외의 동정을 알 길이 없었던 때에 경성방송국 소속 조선인들은 이승만李承晩 박사가 '미국의 소리'에 실어 보내는 국제정세와 중경 임시정부의 김구金九 주석이 전해주는 독립운동 소식을 몰래 들었다. 일본은 반드시 패망할 것이며 조선은 독립될 것이라는 소문은 은밀히 입에서 입으로 퍼져나갔다.

독립이 머지않았다는 '복음'을 전하다가 투옥된 사람 가운데는 방송국 기술 계통 관련자가 많았지만, 신문인, 변호사, 문인, 의사 등 다양한 직업의 사람들이 포함되어 있었다. 조선일보와 동아일보는 1940년 8월 10일에 강제 폐간되었으나 조선일보의 영업국장이었던 문석준文錫俊과 동아일보 정치부 기자 홍익범洪翼範은 이 사건으로 투옥되었다가 옥고를 이기지 못해 옥사獄死하는 비운에 처했다.

조선일보와 동아일보가 발행되지 못했던 시기, 일제가 태평양전쟁을 일으킨 직후의 긴장된 시기에 일어난 이 '시국사건'에 대해서 당시 유일한 조선어 신문이었던 매일신보는 한 줄도 보도하지 않았다. 수사도 비밀에 부쳐졌고, 비공개 재판으로 진행되었기 때문에 상세한 진상은 알려지지 않았다. 조선일보는 1964년에 「횃불은 흐른다」라는 시리즈를 연재하면서 「경성방송국 단파방송 사건」(9.20)을 다룬 적이 있었다. 그러나 복잡한 사건의 개요만 전했을 정도이고, 전모를 밝혀내지는 못했다.

원로 방송인 유병은兪炳殷은 수사기록과 공판기록을 찾아내기 위해 정부문서보관소가 소장한 일제 강점기의 자료들을 뒤지고 발로 뛰면서 혼신의 노력을 기울인 끝에 마침내 국사편찬위원회에 소장된 방대한 분량의 사건기록을 발굴하는 개가를 올렸다. 그가 70을 넘긴 고령이었던 1990년 무렵의 일이다. 유병은은 자신이 찾아낸 수사기록을 토대로 증언을 듣는 등의 보충취재 끝에 1991년에『단파방송연락운동』(KBS문화사

업단)이라는 책을 썼다.[1] 이로써 사건의 전모가 밝혀지게 되었다. 쓰가와 이즈미津川泉의 『JODK, 사라진 호출부호JODK消えたコールサイン』(동경 : 白水社, 1993)에도 '단파사건시말'이 독립된 한 장章으로 수록되어 있다.

그러나 여전히 미흡한 부분은 남아 있다. 유병은의 연구는 방송사放送史의 관점에서 이루어졌다는 한계 때문이다. 신문에 종사했던 언론계의 핵심 인물들에 초점을 맞추어 재조명하는 연구는 없었다. 신문은 폐간된 상태였으나 언론계의 중심인물로 여론형성의 사회적 지도급 인사였던 신문인들은 여전히 활동하고 있었다. 이들은 방송인들과 연계하여 국제정세의 움직임을 분석하여 머지않아 조선이 독립할 것이라는 사실을 전파하였다. 일본, 독일, 이태리 3개 추축국樞軸國의 패망을 예견하고, 장래를 대비하다가 체포 투옥되었던 언론인 두 사람은 모진 고문을 이기지 못하여 옥사하였던 사실은 부각되지 않았다.

옥사한 두 언론인은 평범한 인물이 아니었다. 조선일보 영업국장을 지낸 문석준文錫俊은 교육자이면서 사회주의 사상을 지닌 인물로 유물사관에 입각한 『조선역사』를 저술한 역사학자였고, 동아일보 정치부 기자였던 홍익범洪翼範은 일본 와세다대학을 거쳐 미국 콜롬비아대학 대학원에서 외교학을 전공하여 석사학위를 소지한 정치평론가였다. 일제의 언론탄압이 가혹하였음은 익히 알려진 일이고, 필화로 투옥된 언론인도 많지만, 언론인의 '옥사'는 흔하지 않다. 그런데도 두 사람은 언론사言論史에서도 거의 알려지지 않았을 뿐 아니라 그들이 소속되었던 두 신문사의 사사社史 기록에도 제대로 대접받지 못하고 있다.

1927년 2월 16일에 JODK라는 호출부호로 첫 정규방송 전파를 내보내

---

1    정진석, 『고쳐 쓴 언론유사』, 커뮤니케이션북스, 2004, 87~89쪽.

기 시작한 경성방송은 오늘의 KBS 전신이다. '언론'이 없었던 식민 치하에 옥사한 두 신문인의 명복을 빌면서 일제 수사기관이 작성한 기록과 두 사람의 행적에 관련된 자료를 찾아내어 사건의 실체를 밝혀 보고자 한다.

### 2) 단파방송 수신사건

사건의 개요는 이렇다. 경성방송국에 근무하던 성기석成基錫(개성방송소 기술자—2년 징역), 이이덕李二德(개성방송소장—1년 6개월) 등은 1938년 무렵부터 '미국의 소리'를 비밀리에 청취하고 있었다. 이들은 개성의 방송중계소인 개성방송소로 전근하게 되었는데, 그곳에서도 단파방송을 몰래 듣기를 계속하였다. 단파로 들을 수 있는 미국의 소리VOA를 통해서 이승만李承晩 박사가 육성으로 전하는 국제 정세와 중경의 임시정부에서 김구金九 선생이 보내는 방송은 일본의 패망과 독립의 날이 머지않은 장래에 다가오고 있음을 전해주면서 항일의식을 고취하는 내용이었다. 소식은 국제 정세에 목말랐던 국내의 지도층 인사들에게 비밀리에 전달되었고, 여러 입을 통해서 은밀히 퍼져나갔다.

그러나 비밀은 오래 갈 수 없었다. 마침내 1942년 말 일제 고등경찰에 탐지되어 대대적인 검거가 시작되었다. 일경은 방송국에 근무하던 현업 기술자를 중심으로 아나운서, 편성원編成員 및 조선방송협회 산하 사업부 소속 공사과工事課, 보수과補修課, 주지과周知課 직원들을 무더기로 검거하면서 일반인들 가운데도 방송 내용을 듣거나 퍼뜨린 사람들을 색출하기 시작하였다. 1942년 12월 27일부터 불어닥친 검거선풍으로 이듬해 초에 걸쳐 경성방송국 소속 조선인 기술계 직원을 비롯하여 아나운서 편성원 등 약 40명이 체포되었고, 부산 이리 등 여러 지방 방송국까지 확대되어 150명 가까운 방송인이 검거되거나 조사를 받았다. 정객과 민간인으로 체포 또는 구속된 인원도 150여 명에 달해서 이를 합치면 300여 명이 사건에 관련되어 수난 당한 것으로 추산된다.[2]

이보다 약 2개월 전인 1942년 10월 1일부터는 조선어학회 회원에 대한 대 검거가 시작된 때였다. 어학회사건 피의자들이 검사국에 송치되던 1943년 3월 무렵에는 단파방송 사건 연루자들이 꼬리를 물고 끌려 들어와서 혹독한 고문에 시달렸다. 1941년 12월 8일 일본이 하와이 진주만眞珠灣에 기습 공습을 개시하여 태평양전쟁을 일으킨 지 1년 후의 삼엄한 상황이었다. 이길 수 없는 전쟁을 수행하면서 일본은 물자와 인력을 총동원하는 총력전을 벌였다. 병력 수급을 위해 조선에도 징병제를 실시하였고, 신임 총독 코이소小磯國昭는 일본어 보급을 강제하는 여러 방법을 동원하고 있었다. 전쟁 수행에 장애가 되는 어떤 언동도 엄중한 처벌을 받았다. 수사는 경성방송국을 비롯하여 부산, 개성, 이리 방송국을 비롯하여 각 지방 방송까지 확대되었다. 관련자를 수사를 하는 동안 방송을 직접 듣지는 않았다 하더라도 소문을 퍼뜨린 사람을 샅샅이 색출했다. 방송인, 언론인, 변호사, 문인, 의사 등 다양한 직업의 사람들이 체포 투옥되었다. 특히 폐간된 조선일보와 동아일보의 전직 간부들이 포함되어 있었다. 함상훈咸尙勳(조선일보 편집국장), 백관수白寬洙(동아일보 사장), 국태일菊泰一(동아일보 영업국장)이 연루되었고, 동아일보 취체역[이사]이었던 변호사 허헌許憲(2년 징역), 돈암동 소재 민중의원의 의사였던 경기현景祺鉉(징역 1년 6개월), 아동문학가 송남헌宋南憲(징역 8월)은 징역형이

---

2    유병은, 『단파방송연락운동』, KBS문화사업단, 1991, 86쪽 이하.

언도되었으며, 소설가 한설야韓雪野는 피의자 또는 증인[공술인供述人]으로 경찰의 심문을 받았다.

1943년 11월의 결심공판에서 징역형의 유죄판결은 34명, 벌금형은 7명으로 41명이 확인된다. 유병은 선생은 그밖에도 형량을 알 수 없는 22명과 자료를 찾을 수 없는 12명을 보태어 75명이 유죄판결을 받았을 것으로 추정하고 있다.

일제가 남긴 기록은 사법경찰이 작성한 「의견서」를 비롯하여 피의자 신문조서, 공판기록 등이 당시의 상황을 생생하게 증언한다. 이 대규모 '시국사건'에 연루된 두 언론인이 일제의 고문으로 목숨을 잃은 비극적 사실에 대해서는 잘 알려지지 않았다. 조선일보와 동아일보의 사사社史에도 기록되지 않은 사건이다.

### 3) 첫 희생자 문석준

1944년 1월 22일 새벽 5시, 문석준文錫俊이 경성여자의학전문학교 부속병원에서 숨을 거두었다. 서대문형무소에서 하루 전에 시체나 다름없는 상태로 실려 나와 사망했으니 고문에 의한 옥사였다. '경성방송국 단파방송 수신사건'의 첫 희생자였다.

문석준이 체포되어 심문 받기 시작한 날은 1943년 7월 17일, 방송국 소속 관련자들이 1차로 체포되기 시작한 때로부터 6개월이 지난 시점이다. 경찰은 사건의 성격상 압수할 수 있는 '증거물'을 거의 확보할 수 없었다. 방송 기술자들이 접근할 수 있는 단파 수신기 외에는 입을 통해 전파된 '유언비어'라는 형체가 없는 '범죄'였다. 범죄를 입증하는 방법은 본인의 자백과 공술인들의 증언에 의존해야 한다. 관련자를 색출하기 위해서는 피의자를 상대로 같은 내용을 반복해서 심문하고 고문을 가하는 방법을 썼다.

같은 사실을 며칠 간격으로 되풀이해서 신문하는 동안에 조금씩 다른 내용이 나오도록 유도하고 고문을 병행하기 때문에 피의자의 심리적, 육체적 고통은 형언하기 어려울 정도가 된다. 문석준은 혹심한 시련을 견디지 못하여 6개월 만에 목숨을 잃었다. 나이 50세. 1심에서 징역 1년 2개월을 선고받고 불복 상고하여 2심 재판을 앞두고 있는 때였다. 일제 사법경찰이 이같은 과정을 거쳐 작성한 방대한 수사기록에는 문석준의 경력이 비교적 상세히 기록되어 있다. 이를 토대로 그의 생애를 구성해 본다.

박찬승朴贊勝의 논문 「일제말기 문석준의 유고 『조선역사』와 『조선역사연구』」에 의하면 문석준의 집안은 관북지방의 명족名族이었다 한다. 1946년 3월에 발간된 『적성赤星』이라는 잡지에도 그의 약력이 실려 있다. 문석준의 아버지 회운會運은 한학에 조예가 깊었으나 28세에 일찍 세상을 떠났다. 문석준의 나이가 겨우 3살 때였다.[3]

수사기록에 나타나는 경력은 다음과 같다. 문석준은 1894년 8월 2일 함경남도 함주군咸州郡 삼평면三平面 원상리元上里 출생으로 고향 서당에서 한학을 공부하다가 17살이었던 1911년 4월 함흥공립보통학교 4학년에 입학하여 1912년 3월에 졸업했다. 늦은 나이에 입학하여 1년 후에 4년제 보통학교를 졸업한 것이다. 같은 해 4월 경성공립고등보통학교

---

3    박찬승, 「일제말기 문석준의 『조선역사』와 『조선역사연구』」, 『한국사학사연구』, 나남출판, 1997, 530~566쪽.

교원양성소에 입학하여 1915년 3월에 졸업한 후 4월부터 함경남도 이원利原공립보통학교를 거쳐 함흥제일공립보통학교 교사를 지내다가 1923년 1월에 사임하고 동경으로 건너갔다.

동경에서 1년 동안 입학시험을 준비하다가 1924년 4월 동경고등사범학교에 입학하여 1928년 3월에 졸업했다. 귀국하여 4월부터 지금의 보성중고등학교인 보성고등보통학교 교유敎諭(당시 중등학교의 교원)로 재직했다. 수사기록은 문석준이 동경고등사범학교 당시부터 공산주의에 공명共鳴하였고, 보성고보 재직 중에 학생들에게 이를 선전하는 등 교사로서 적절하지 않았기 때문에 1931년 8월에 퇴직하였던 것으로 되어 있다. 보성고보에서 퇴직한 사정은 광복 직후인 1945년 12월 함경남도 교육문화부가 발행한 문석준의 『조선역사』 서문에서 그 실마리를 찾을 수 있다. 이 책에 관해서는 뒤에서 더 살펴보겠는데, 서문에 해당하는 「은사恩師 고 문석준 선생」에서 주영하朱寧河(함남노력자정치학장)는 이렇게 말한다.

과거를 회고하건대 지금으로부터 17년 전 선생이 좌익선생으로 서울 보성중학에서 교편을 잡을 때 전선(全鮮) 각지의 동맹휴학사건으로 퇴학당한 좌익학생들은 선생을 따라 보성에 모히였던 것이다. (…중략…) 1930년 만춘(晚春)의 절(節)에 동서남북으로 해산 당한 우리들은 선생의 교훈을 받아 싸우고 또 싸웠다.

1945년에 "지금으로부터 17년 전"이라면 1928년, 문석준이 보성고보에서 교사 생활을 처음 시작했던 때가 된다. 주영하는 1930년 12월 조선질소비료회사의 직공으로 좌익이론 연구회를 조직하였던 공산주의자

였다. 그 후로도 공산주의 운동으로 1935년 이른바 평양적색노조사건
으로 6년형을 선고받기도 했다. 광복 후 1945년 9월 원산시 인민위원회
위원장, 1946년 8월 북조선노동당 중앙위원회 상무위원 및 정치위원,
1948년 3월 노동당 부위원장 및 정치위원, 최고인민회의 제1기 대의원,
교통상을 역임하고 같은 해 10월 주 소련대사로 부임하였으나 1953년 8
월 김일성의 남로당 숙청 때에 반당·종파분자혐의로 숙청되었다. (이
에 관해서는 제1부 4장 참고)


## 2. 역사학자가 된 문석준, 미국 석사 홍익범

### 1) 조선일보의 문석준과 한설야

문석준은 주영하의 사상에 영향을 미친 은사였다. 문석준의 『조선역
사』 머리에는 문석구文錫九가 쓴 「은사恩師의 유고遺稿를 내면서」도 실려
있다. 문석구는 함경남도 공산당사건으로 1931년 7월 징역 4개월에 3년
간 집행유예 처분을 받은 경력이 있었다. 이 무렵인 1932년 12월에는 평
안북도 경찰부가 서울 동대문경찰서에 문석준의 체포를 의뢰한 사건이
있었다. 김찬金燦을 중심으로 조선공산당 재건을 획책하다가 전국 각지
의 연루자가 체포되던 사건에 문석준이 관련되었다고 매일신보는 보도
했다. 그러나 문석준은 잠적한 상태여서 체포할 수 없었다.[4] 문석준은

---

4 「평북사건 관련 문석준 잠적, 동대문서에서 엄중 탐색 중, 재건공산당사건」, 『매일신』보,
1932.12.5.

**문석준의 『조선역사』**. 1945년 12월 함흥에서 출간되었다.

보성고보에서 퇴직한 후였는데 이 사건으로 검거되었으나 뚜렷한 혐의가 없었던지 "훈계방면"으로 마무리되었다.

경찰 수사에 대한 답변에서 문석준은 1933년 2월부터 1937년 7월까지 조선일보 영업국장으로 근무했다고 말했다. 조선일보 지면에 나오는 인사 사령辭令을 추적해 보면 1933년 2월 12일 자로 서무부장(총무부장)이 되었고, 그 후 판매부장, 업무국 부국장, 영업국장을 역임하다가 1936년 7월 18일에 의원해임 되었다. 문석준의 조선일보 재직 기간은 방응모方應謨가 경영난과 경영권을 둘러싼 분쟁에 시달리던 신문을 인수하여 공격적으로 사세를 확장하던 시기와 일치한다.

방응모는 1933년 1월 18일 새 주식회사 조선일보의 창립위원장에 취임하면서 영업국장을 맡았다가 3월 22일에는 정식으로 경영권을 인수하였는데, 이 때 문석준은 서무부장으로 신문사 인수에 핵심 실무 역할을 맡은 것이다. 방응모는 4월에 부사장 겸 전무취체역이 되었다가 7월 10일 자본금 30만 원은 불입하면서 사장에 취임하였다. 9월 14일에는 20만원을 증자하여 자본금 총액 50만 원의 주식회사 법인등기를 마쳤다. 1934년에는 30만원을 투자하여 태평로 현 코리아나호텔 자리에 사옥을 신축하기 시작하여 1935년 7월 6일에 내외귀빈 1천여 명이 모인 성대한 사옥 낙성식을 가졌는데, 영업국장 문석준의 사회로 행사가 진행되었다고 조선중앙일보가 보도했다.[5] 1935년 경기도 수원군 팔탄면八灘面 노하리路下里에 간척사업을 착수하는 한편 함경남도 영흥군永興郡 선흥면宣興面 1만 8백 7정보에 조림사업을 착수하였다. 같은 해 7월 출판부를 신설하여 10월에 월간『조광朝光』을 창간하고, 이듬해 6월『여성』을 창간하였다. 장학사업도 시작하여 '이심회以心會'를 '서중회序中會'로 확대 개편하면서 동경 유학생 등 72명에게 전액 장학금을 지급하기 시작하였다.

문석준은 이처럼 방응모가 조선일보를 인수하여 사세를 비약적으로 확대하던 시기에 신문사의 영업을 총괄하는 요직에 있었다. 방응모가 맡았던 자리를 이어받았던 최측근 참모의 위치였다. 그러나 1936년 7월, 또는 문석준의 말에 의하면 한 해 뒤에 신문사를 떠나 광산업을 시작하였다. 충청북도 단양군丹陽郡 대강면大崗面 소재 100만 평에 금 은 중석광의 광업권을 1941년 8월 28일에 설정한 것으로 1941년 9월 24일 자 총독부『관보』에 실려 있다. 방응모가 금광으로 돈을 모았던 것과 어떤 연관성이 있는지 알 수 없다.

1943년 체포되던 당시의 주소는 서울 성북동 195번지의 23호. 경찰신문에서 그는 광산경영의 수입과 장남 관영觀永이 조선운송주식회사 회계계會計係에 근무하면서 받는 월급 100엔으로 생활 정도는 보통이라고 말했으나 월급이 100엔이면 상당히 높은 액수였다. 당시 총독부 경무국 소속 조선인 직원들의 월 급여가 70엔 내지 80엔 수준이던 시절이었다.

문석준은 1942년 12월 하순 서울 청진동에 있는 변호사 한영욱韓永煜(49세)의 사무실에서 허헌許憲(58세)과 세 사람이 함께 술을 마셨는데 허헌은 다음과 같은 말을 했다. "신문은 일본군이 대승을 거두고 있는 것 같이 보

---

5    「동업 조선일보 사옥 낙성식」,『조선중앙일보』, 1935.7.7.

도하고 있지만 사실과는 전혀 다르다. 이승만이 미국에서 전하는 정확한 대일對日방송에 의하면 그는 미국의 지원을 받아 임시정부를 조직하고 대통령이 되어 미국과 군사동맹을 맺고 미국을 위해 활동하는 동시에 미국의 적극적인 비호를 받고 있다. 이번 전쟁에 미국과 영국이 승리로 끝날 것은 틀림없으므로 조선 동포는 독립을 기대하고 일본의 전쟁수행에 협력하지 말 것이며 기회가 오면 궐기해야 한다"는 내용이었다. 허헌은 변호사이면서 1921년 9월부터 1924년 5월까지 동아일보 감사였고, 1924년 5월부터 1930년 10월까지는 동아일보 취체역이었다가 1924년 4월부터 5월까지 짧은 기간 사장 직무대리를 맡았다. 1927년 2월 신간회新幹會 중앙집행위원장과 보성전문학교 교장을 지냈다.

문석준은 함흥에서 '신성각新聲閣'이라는 서점을 운영하고 있던 소설가 한설야韓雪野(본명은 병도秉道, 44세)에게 허헌으로부터 들은 말을 전했다. 솔로몬군도에서 미군이 격렬한 반격을 하고 있기 때문에 당연히 장기전이 될 것인데 물자가 풍부한 미국이 승리하고 이승만이 방송하는 대로 조선의 독립은 실현될 것이다. 그리고 서울과 개성에서 방송에 근무하는 조선인들이 단파방송을 들었다는 말도 들려주었다.

한설야와 문석준의 집안은 세교世交가 있었고, 문석준이 함흥제일공립보통학교 교사로 재직 중인 때에 한설야는 6학년 학생으로 사제관계였다. 문석준이 조선일보 서무부장이었던 1933년에는 함흥에 있던 한설야를 불러 올려 조선일보 문화부장으로 취직하도록 알선하였다. 한설야는 조선일보에 1년 정도 근무하면서 학예면 편집 책임을 맡았다. 그보다 앞서 1928년에는 고향 함흥에서 조선일보 지국을 운영한 일도 있었다. 한설야는 조선일보에 입사하기 직전인 1933년 2월 25일 함흥 자택에서 경찰에 검거된 일이 있었는데 무슨 혐의였는지는 알려지지 않았다.[6] 그는 조선일보 기자를 그만둔 뒤인 1934년 6월부터 검거가 시작된 '전주사건'으로 약 1년 반의 옥살이를 하게 된다.[7]

문석준은 함흥에 사는 한창환(49세), 이증림(56세) 등에게도 같은 내용에다 시국의 변화에 따라 조금씩 더 보태어 말했다. 사법경찰 간부 경부警部 사이가 시치로齋賀七郎의 지휘를 받은 경찰은 7월 17일부터 문석준을 심문하기 시작하여 육군형법 제99조, 해군형법 100조, 조선임시보안령 제20조 위반으로 검사

문석준의 옥사를 증언하는 '사망계'.

국에 송치했다. 심문 과정에서 문석준의 이야기를 들었던 사람들은 모두 피의자 또는 증인(공술인供述人)으로 경찰의 혹독한 심문을 받았다.

10월 4일 9시에 비공개로 (장남 문관영文觀永, 2남 규영奎永, 며느리 정숙貞淑, 딸 종원宗媛 4명만 방청 허용) 공판을 열었고, 10월 11일 문석준은 징역 1년 2개월의 언도를 받았다. 그는 즉시 불복 공소하였으나 이미 고문의 후유증으로 생명이 위독한 중태였다. 해가 바뀌어 1944년 1월 8일, 석방을 호

---

6   「프로작가 한설야씨 피검」, 『조선일보』, 1933. 3. 1.
7   김윤식, 『임화 연구』, 문학사상사, 1989, 420∼425쪽.

소하는 「상신서上申書」를 경성복심법원장에게 제출하였으나 허가를 받지 못한 사이에 목숨을 부지하기에는 때가 늦은 상태가 되고 말았다. 1월 20일 형무소 의무과 보건기사技師는 현재의 구속 상태를 계속한다면 생명을 유지하기가 극히 곤란할 것이라는 진단서를 검사에게 보냈다. 영양장애와 각기병, 빈혈로 안면과 다리에 부종이 있으며 전신이 쇠약하여 보행이 매우 어려울 뿐 아니라 어지럽고 무력감에 빠졌다고 증상을 적었다. 얼마나 심한 고문을 당했기에 이 지경이 되었던 것일까.

1월 21일 재판부는 보석을 허가하였으나 이튿날 오전 5시에 사망했다. 사망 진단서에 의하면 발병은 12월 2일이었는데 불과 40일 만에 50세의 나이로 비명에 죽었다. 진단서에는 고문 후유증이라는 말이 없었지만, 고문이나 옥고가 아니었다면 6개월 남짓한 옥살이에 죽을 이유는 없었을 것이다. 매일신보는 1944년 1월 23일 자 1면 '인사人事'란에 조선일보 영업국장이었던 문석준이 22일 오전 6시 성북동 자택에서 사망했으며 24일 11시에 발인한다는 사실만 설명 없이 4행의 짧은 단신으로 보도했다.

문석준은 언론인의 경력도 있었고, 단파수신 사건에 연루되어 옥사했지만 언론의 역사에서 그의 이름은 잊혀졌다. 독립유공자에도 포함되어 있지 않다. 광복 후 북한에서는 제자들인 주영하와 문석구가 그의 유고를 책으로 출간하면서 그는 오히려 '역사학자'로 자리매김 되었다. 그가 쓴 또 다른 저서로 『조선역사연구』도 있다 하나 아직 찾아보지는 못하였다. 『조선역사』는 겨우 53쪽 얇은 부피의 책이다. 분량으로는 책이라기보다는 논문에 가까운 편이다. 내용도 일차사료로 서술한 독창적인 저술이라기보다는 기존연구에 기초하여 자신의 새로운 해석을 덧붙인 책이라는 한계도 있다. 하지만 유물사관에 입각하여 한국사를 체계화한 통사로서 평가를 받기도 한다.[8] 문석준은 그러나 북한의 역사에서도 사라진 인물이 되었다. 그의 책을 출판한 제자들이 북한에서 '종파분자'로 낙인 찍혀 숙청되고 말았기 때문이다.

## 2) 콜롬비아 석사기자 홍익범

단파방송 사건으로 옥사한 두 번째 희생자는 2년 형을 선고받아 복역했던 홍익범洪翼範이다. 1943년 3월 26일에 체포되어 2년 징역형을 마치기 전인 1944년 12월 19일에 죽었다. 나이 47세. 홍익범은 1897년 3월 27일 함남 정평군定平郡 광덕면廣德面 용응리用應里 51번지에서 홍영택洪映澤의 2남으로 태어났다. 16살이었던 1912년 3월 고향에 있는 사립 도홍선통학교를 졸업했고, 1916년 4월 서울에 와서 경신학교儆新學校 3학년에 입학했다가 1918년 3월 졸업했다. 1921년 4월에는 일본으로 건너가 와세다대학 전문부 정치외교학과에 입학하여 1924년 3월에 졸업했다.

1926년 2월 4일 자 동아일보는 홍익범이 미국 유학을 떠날 것이라는 기사를 실었다. 홍익범은 미국으로 건너가서 1926년 12월 16일 자『신한민보』에는 「가갸날을 보내면서」를 기고했다. 『신한민보』는 교민들이 로스앤젤스에서 발행하던 우리말 신문이다. 수사 때에 진술한 기록에 의하면 그는 뉴욕에서 한동안 노동을 하다가 1928년 6월 콜럼비아대학 정치경제과에 입학해서 1931년 6월 졸업한 후 1931년 11월에 귀국했다. 홍익범이 돌아온 후 동아일보는 그가 미국 오하이오주에서 대학을 졸업한 후 콜롬비아대학 학사원(대학원)에서 외교학을 전공하여 MA학위를

---

8    박찬승, 앞의 글.

미국 유학을 마치고 돌아온 홍익범. 동아일보 1931년 11월 26일 자.

받았다고 보도했다.[9]

1933년 10월 동아일보에 입사하여 1940년 8월 동아일보가 폐간될 때까지 정치부 기자로 활동했다. 홍익범은 입사 직후부터 「독獨 군축탈퇴와 불-독관계」(1933.10.26)를 비롯하여 국제관계 해설기사를 여러 차례 기명으로 집필하기 시작했다.

홍익범 기자의 동아일보 기명기사

1933.10.21～22(상·하), 「독 군축 탈퇴와 불독 관계」

1933.10.26～27(상·하), 「미, 소 승인 교섭; 정치적 경제적 접근 이유」

1933.11.1, 「배일파 거두 宋子文의 사직, 대일 대구미 정책에 별무 영향」

1934.1.1(4회 연재), 「일미소의 삼각전 暗雲低迷의 극동정국」

1935.1.1～3(3회 연재), 「국력충실을 도모 대외 構事를 회피 극동에 재한 소련방의 지위」

1935.2.9～10(상·하), 「미소의 舊債 교섭결렬을 계기로 승인취소론 대두 미 주소령사관 폐지?」

1935.2.17(4회 연재), 「미국방선강화와 태평양의 위기 : 금후의 전개여하가 주목처」

1936.1.1, 「정치변국 총관, 혼란한 세계의 변국과 확대되는 정치적 흑점

---

9    동아일보, 1931.11.26.

: 금후 십년이 문제」

1936.2.28, 「입지[가정시감」

동아일보가 폐간된 뒤에는 '정치평론가'로 『조광』의 좌담회에 참석하여 국제 정세를 분석하거나 수필을 게재하기도 했다. 동아일보 자매지 『신동아』와 조선일보가 발행하는 『조광』에 실린 홍익범의 글은 다음과 같다.

신동아 게재

1934년 12월 호 미국의 극동정책과 최근 대만태도

1935년 11월 호 최근의 흑인운동

조광 게재

끝 없는 걱정(수필)

내가 당한 친절과 불친절

동서 신질서의 일년 : 설문 咸尙勳 ; 洪翼範 ; 全承範 ; 柳光烈 ; 李甲燮

추축국 포위진의 해부 : 좌담회 咸尙勳 ; 洪翼範 ; 洪起文; 李甲燮

수사기록은 홍익범이 동아일보 폐간 후 취직이 여의치 않자 전쟁에 일본이 패망할 것으로 판단하고 불온한 언동을 하고 다녔다는 것이다. 그가 1941년 5월경부터 이같은 말을 하고 다닌 것은 사실이다. 중일전쟁은 장기전으로 간다면 일본은 패배할 것이라고 예측했다. 태평양전쟁도 미국이 아무런 준비가 없는 상태에서 개시된 서전緖戰에는 불리했

**홍익범 수사기록.** 그가 국제정세를 들려주었던 인물들은
모두 조사를 받았다.

지만 미국은 물자가 풍부하고 실력이 있
는 나라이므로 최후의 승리는 연합국 측
에 있기 때문에 앞으로 전쟁이 종식되면
조선은 독립할 것이라고 예견했다.

그는 조선일보 편집국장이었던 함상
훈咸尙勳, 동아일보 사장 백관수白寬洙, 영
업국장 국태일菊泰一, 변호사로 동아일보
취체역이었던 허헌許憲, 민중병원 의사
경기현景祺鉉 등에게 일본의 패망을 예측
하는 국제정세를 분석하면서 자신이 미
국 유학시절에 이승만을 만난 적이 있으
며 조선이 완전 독립할 때에 정부 조직
에 참가할 정치인을 물색 중이라는 등의
말을 했다. 그의 국제정세 판단은 그 후
정확하게 그대로 맞아떨어졌다.

홍익범은 1943년 3월 26일 첫 심문을 받았다. 문석준보다 먼저 체포
되어 8월 26일까지 무려 10회나 같은 내용의 신문을 받았다.


### 3) 징역 2년 언도, 옥사

9월 8일에는 검사의 신문을 받았다. 11월 11일 공판이 열렸고, 18일
에는 검사의 구형대로 2년 징역형이 언도되었다. 홍익범은 이튿날 불
복하여 공소를 제기했으나 그 이후의 기록은 남아 있지 않다. 한편 국

**암살당한 사이가 시치로.** 총독부 일본어 기관지였던 경성일보는 1945년 11월 5일 자 2면에 「사상경찰의 "악마", 최후는 이렇다, 齊賀七郞이 노상에서 사살되다」라는 기사를 실었다.

가보훈처는 홍익범이 수감 중인 1944년 12월 19일 옥고로 죽은 것 같다고 결론 내렸다. 47세의 장년이었다. 방송인 가운데 개성송신소장 이이덕李二德은 1년 6개월 징역이었는데 폐결핵에 걸려 광복 직전 옥중에서 사망했다.

보훈처는 홍익범이 미국에 거주할 때에는 시카고동지회 회장으로 애국운동을 하였다고 기록하고 있다. 그는 국제문제에 해박한 전문기자로 경성방송국 편성과에 근무 중이던 양제현楊濟賢을 통하여 해외방송의 내용을 입수하여 민족지도자인 송진우宋鎭禹, 김병로金炳魯, 이인李仁, 허헌許憲 등에게 전달하는 역할을 맡았고, 조국광복에 대비케 하는 활동을 하였다는 공적으로 단파방송 수신사건의 핵심 인물인 성기석과 함께 건국훈장 애족장(1990.8.15)이 추서되었다.

원로 방송인들의 모임인 방우회放友會는 단파방송 사건을 기리기 위해 1991년 9월 9일 KBS 본관 건물 옆쪽에 「단파방송 해내외 연락운동 물망비勿忘碑」를 세웠다. 암울한 일제말기에 방송인들이 국외의 소식을 알려 독립운동에 이바지했던 정신을 잊지 말자는 뜻이었다.

단파방송 사건의 수사를 맡아 혹독한 고문을 가했던 사이가 시치로齋賀七郎는 1935년 무렵부터 종로경찰서에서 고등경찰로 악명을 떨쳤던 인물로 거의 모든 사상관련사건과 독립운동가를 다루는 사건을 맡아서 잔인하게 고문하고 없는 죄를 만들어서 덮어씌워 형무소로 보낸 일도 많아서 '사귀邪鬼'라는 별명이 붙기까지 했던 인물이다. 광복 후에 있었던 그의 암살에 관해서는 다음 장에서 살펴본다.

# 제3장

# 일제 고등경찰 사이가의 최후

## 1. 독립운동가 고문으로 악명

### 1) 일본 소설에 등장하는 고등경찰

경기도 경찰부 고등경찰과 경부警部 사이가 시치로齋賀七郎는 독립운동가와 사상범들에게 야만적인 고문을 자행하여 악명을 떨친 인물이었다. 행정구역상 서울이 경기도에 속해 있었던 시절이기 때문에 서울에서 일어나는 중요한 사상관련 사건은 대개 사이가가 수사를 담당했다.

총독부가 1940년 8월에 동아일보와 조선일보의 폐간을 획책하던 때에도 사이가는 신문사 간부들을 협박하면서 폐간을 강요했다. 1943년의 '단파방송 사건'에는 수많은 방송인과 언론인을 체포하여 얼마나 심한 고문을 가하였는지 옥중에서 목숨을 잃은 옥사자가 나올 정도였다. 앞 장에서 살펴본 문석준과 홍익범이 그가 자행한 고문의 희생자였다. 총독부는 사이가가 저지른 악행에 대해서 유능하고 충성스러운 경찰로 평가하여 '경찰공로상'을 수여하기도 했다. 그러나 최후는 비참했다. 일제 패망 직후 원남동 자택 근처 노상에서 두발의 권총을 맞아 단말마의 소리를 지르며 횡사하고 말았다.

사이가의 최후에 관해서는 일본의 작가 두 사람이 소설에도 등장시켰을 정도로 흥미를 끌 수 있는 극적 요소를 지니고 있었다. 그가 암살당했던 1945년 11월의 나이는 47세. 역산하면 1898년생이 된다. 그는 어떤 사람이었을까. 일본 카가와현香川縣 출생이라는 사실 외에 학력이나 성장 배경은 알려진 것이 없다. 사이가는 총독부 직원록을 비롯하여 신문 기사에도 모두 한자로는 제하齊賀로 표기되어 있지만, 수사기록 원본의 자필 서명은 재하齊賀로 쓰고 있다. 비슷한 글자이고 일본발음은 다 같이 '사이가'이기 때문에 한자는 제하齊賀로 통용되었던 것 같다.

사이가의 경력을 추적할 수 있는 자료는 총독부가 매년 발행한 『조선총독부 및 소속관서 직원록』과 조선경찰신문사가 발행한 『조선경찰직원록』이 있다. 앞의 자료는 경부보 이상 계급의 경찰관만 등재되기 때문에 그 이하 순사의 이름은 나오지 않는다. 『조선경찰직원록』은 전국의 하급 경찰관까지 모두 수록되었다. 두 자료 가운데 전자는 대부분의 자료가 남아 있는 반면에 『조선경찰직원록』은 완벽하게 보존되어 있지 않기 때문에 남아 있는 자료를 토대로 살펴보기로 한다.

1945년 11월에 사이가가 암살당했을 때에 경성일보는 사이가가 20년간에 걸쳐서 허다幾多한 우리 우국 선각들을 잔혹하게 고문했다고 보도했는데, 그렇다면 사이가는 1920년대 중반 이후부터 경찰에 몸을 담고 있었을 것이다. 사이가의 이름은 1932년 12월에 발행된 『경찰직원록』에 처음으로 등재되었는데, 서울 동대문경찰서 순사로 이름이 올라 있다.

남아 있는 기록을 종합하면 사이가는 1932년 무렵에 동대문 경찰서 순사로 근무하면서 경성농업학교 학생들이 결성했던 독서회사건(1932.4)을 수사했고, 7월에는 전차 철폐반대 주민대회의 집회를 단속했으며 1934년 2월 양평楊平의 적색농민조합사건 관련자를 검거하였다. 이밖에도 더 많은 수사기록이 있었을 것이다.

### 2) 안재홍 등 독립운동가 수사 담당

1935년에는 경부보로 승진하여 종로경찰서로 전근하였다. 승진과 함께 사상관련 문제를 담당하는 고등계로 영전한 것이다. 종로경찰서 경찰서장은 경시警視였고, 경부警部 4명, 경부보警部補가 6명이었다. 경부보 6명 가운데는 유일하게 사이가가 훈勳 8등에 욱일장旭日章을 받은 신분이었다. 고등계 경찰로서의 충성도와 독립운동가와 사상범을 다루는 능력은 같은 계급 가운데서도 가장 뛰어났던 것이다. 1937년에는 훈 7등으로 승급했다.

종로경찰서에서 사이가가 담당했던 큰 사건으로는 1936년 5월의 중국 군관학교 사건이 있었다. 안재홍安在鴻이 정태운鄭泰運이라는 청년을 중국 남경에 있던 군관학교에 입학 할 수 있도록 중국에 있는 김두봉金枓奉 등에게 추천장을 써 주었던 사건이었다. 연루된 언론인은 안재홍과 이승복李昇馥이 있었다. 사이가는 10명이 넘는 연루자들을 조사하여 안재홍을 비롯한 5명을 구속하고, 이승복 등 5명을 불구속으로 송치했다.

안재홍은 조선일보 주필과 사장을 지냈던 논객이자 민족운동가로 이미 몇 차례 투옥된 경력이 있었다. 광복 후에는 정치인으로 미군정 치하에 민정장관에 선임되었고, 한성일보의 사장으로 제2대 국회의원에 당선되었다가 납북되었다. 이승복은 1924년 5월 동아일보 조사부장을 거쳐 1925년 3월 퇴사하여 시대일보의 상무이사를 맡았고, 1931년 5월에는 조선일보 업무국장을 역임했던 사람이다. 광복 후에는 민주일보 부사장을 지냈다.

사이가는 경기도 경부보라는 직책으로 연루자들을 여러 차례 심문하였는데, 이 때에도 많은 고문을 가했을 것이다. 안재홍은 4회, 이승복은 3회에 걸쳐 심문했던 기록이 남아 있다. 기록되지 않았지만 실제로는 훨씬 더 많은 심문과 고문을 가했을 것이다. 경찰에서 2개월이 넘는 심문 끝에 7월 16일 검찰에 송치하여 이듬해 안재홍은 2년 징역형을 선고받도록 했다. 사이가가 작성하여 검찰에 송치한 의견서는 원문을 찾아볼 수 있다. 피의자들의 행위를 가능한대로 독립운동과 관련시키기 위해서 다각도로 분석하고 될 수 있으면 많은 사람을 연루시켜서 범죄를 증명하려는 노력이 치밀하게 적혀 있다.[1] 이 사건으로 언론인들 사이에서 사이가의 악명은 널리 알려졌을 것이다.

수사를 마친 뒤 1936년 7월 16일 자로 사이가가 검찰에 보낸 「의견서」 가운데 안재홍과 이승복에 관한 부분은 다음과 같다.(일본 연호는 서

---

1    사이가가 담당했던 사건의 수사기록은 국사편찬위원회가 『한민족독립운동사 자료집』(45 中國地域獨立運動 裁判記錄 3 : 2001)으로 일어 원문과 국한문 번역문을 발간하였다.

기로 바꾸었음)

　피의자 안재홍은 1914년 7월 와세다대학 정치경제학과를 졸업 후 경성
사립 중앙학교 학감, 경성기독교청년학관 부관장으로 근무하였으나 1919
년 조선독립소요사건에 관여한 혐의에 따라 1920년 12월 대구복심법원에
서 징역 3년의 언도를 받고 만기 출옥 후 1924년 3월 시대일보사 논설부를
담당하였고, 동년 9월 조선일보사 이사로 전직, 주필을 거쳐 1929년 4월 동
사 부사장, 1931년 5월 사장으로 취임, 1932년 4월 조선일보사 업무 횡령사
건에 의하여 퇴직한 자인데, 피의자 안재홍은 일·한병합 당시부터 조선
독립을 몽상하였고, 주의를 위하여는 일생을 희생으로 바치겠다는 것을
각오하여 실행운동을 계속하여 온 자로서 조선민족주의자 간에는 절대 신
용을 갖고 널리 내외주의자 사이에 알려져 있는 자로서 피의자 이승복과
는 소화 3년경부터 친교관계를 갖고 있다.

　피의자 이승복은 13세에 조부 이남규(李南珪) 및 부친 이충구(李忠求)가
반일행동으로 시종(始終)하였기 때문에 당시 일본 수비대에서 살해당한
이래 배일사상이 더욱 농후하게 되어 합병 후는 항상 조선독립을 몽상하
여 온 자로서 1915년부터 연해주 니콜리스크에 이주, 그 곳에서 이동녕(李
東寧), 원세훈(元世勳), 이종익(李鍾翊), 이민복(李敏馥) 등 주된 주의자와
교유를 거듭하고 1920년 봄 경성으로 돌아왔지만 동년 12월경 상해로 도
항하여 동지에서 약 3개월간 체재하면서 민족주의자 사이의 거두 이동녕
(李東寧), 이시형(李始榮), 신규식(申奎植), 이승만(李承晩), 여운형(呂運亨),
남파(南波) 곧 박찬익(朴贊翊), 김구(金九) 등과 연락 교유하였고, 1921년

봄 귀선(歸鮮)하였는데 1923년경부터 신사상연구회에 가입하여 민족주의 및 사회주의 연구를 하였으며, 1927년 2월 15일 민족단일당을 표방하는 신간회의 창립이 있게 됨에 동 회의 총무간사가 되었고, 1928년 9월 조선일보사에 입사하기 위하여 탈퇴하게 되었는데, 1935년 봄부터 경성부 종로 1정목 44번지 전화사를 경영하는 김세종(金世鍾)과 왕래하게 되었다.

사이가는 안재홍을 "직업적 혁명운동자"로 규정하고 그 '죄상'을 다각도로 분석하였다. 안재홍은 앞에 열거한 주의목적을 위해서는 수단방법을 가리지 않는 자로서 조선에서는 비합법적인 활동이 곤란하기 때문에 신문에 원고의 투고, '팜플렛'의 발행, 혹은 강연, 좌담회 등에 의하여 민족주의를 선전선동을 함으로써 조선민족독립의 필연성을 고취하여 조선민족으로 하여금 자발적인 독립운동을 하도록 상시 집요하고 불온언동을 일삼는 악당으로 묘사했다. 안재홍에 관해서 작성한 조서 가운데 언론 관련 부분을 추려본다.

(2) 피의자 안재홍은 전기 주의목적 선동수단으로서 신문지를 통하여 그 실행을 수행하기 위하여 1924년 3월부터 동년 9월까지 시대일보사의 논설을 담당, 동년 9월부터 소화 1932년 4월까지는 조선일보사 부사장, 사장 등의 자리에 있으면서 전기 주의목적을 위한 기사를 게재하여 행정처분을 받은 사실이 여러 번 있었지만 아무런 개선된 것이 없는 자로서 소화 1935년 7월 6일부터 조선일보사의 촉탁이 된 이후 원고 투고 중이었으나 1936년 3월 하순 전문학교 입학 차별문제에 관한 기사를 게재하여 전기 주의목적 선동을 하였으며.

(3) 피의자 안재홍은 합법적인 출판물 반포에 의하여 전기 주의목적 선동

을 할 수 있도록 1931년 6월 30일 백두산 등섭기(登涉記)인 팜플렛을 발행하여 널리 반포하여 전기 주의목적의 선동을 하였고.

(4) 피의자 안재홍은 전기 방법으로 일반 대중에게 선동하였을 뿐만 아니라 연희전문학교, 이화전문학교, 보성전문학교, 중앙기독교청년회학관, 경성보육학교 등의 학생에게도 전기 주의목적을 선동하는 강연을 한 자로서 1935년 11월경 경성보성전문학교에서 동교 3학년생 4~50명에 대하여 「자기가 본 민족주의」라는 제목에서 영국의 「아일랜드」가 아직도 「잉글랜드」에 반기를 휘날리며 인도가 독립운동을 하는 것을 봐도 하나의 민족은 영원토록 다른 민족과 융화되는 것이 아니며 따라서 조선민족은 영원히 일본과 융합할 수 없는 것으로 가령 민족주의를 비난하는 자도 있지만 조금도 굴복하지 말고 활동하라는 강연을 하여 전기 주의목적 수행을 위하여 선동하였다.

(5) 피의자 안재홍은 시대의 선두에 서서 여류비행가 이정희(李貞喜)가 일본제국의 비행가임을 유감으로 생각하고 피의자가 몽상하는 조선국의 비행가일 것을 자각시키려고 1936년 1월 이후 통신을 통하여 전기 주의목적 선동을 하여 지금 동경 포전구(蒲田區) 신숙정(新宿町) 508번지 대규(大槻) 외과의원에 기숙하면서 비행을 연구 중인 이정희로 하여금 일본제국을 떠나 조선여자 비행가가 되는 것을 자각시켜서 목적의 일부를 달성하였고.

(6) 피의자 안재홍은 1936년 3월 상순경 전남 순천읍 거주 서정근(徐廷根)이라는 자로부터 그 지방 중견청년으로서 표면 조선총독부에서 지도 장려 중인 자력갱생 사상 선도 등을 표방하여 결사를 조직하는 데 대하여 취지서의 작성과 규칙서의 첨삭을 바란다는 청원이 있어서 피의자 안재홍은 이에 응하여 취지서의 작성은 물론 규칙서 원문에 기재되어 있는 자력갱

생 사상 선도의 글자를 삭제하는 것이 어떠냐는 권고 통신을 하여 병자(丙子)구락부라는 결사를 하여 전기 주의목적의 결사의 역할을 하는 데 필요한 지도를 행한 것은 필경 전기 주의목적 선동을 수행한 것임에 틀림없다.

(7) 피의자 안재홍은 전기와 같이 음흉하고 또 집요하게 합법수단으로 선전 선동하여 장차 일본제국의 선량한 신민으로서 또 일본제국의 일원으로서의 자각을 하게 하여 국가 비상시에 대처하는 데 2천만 동포 중의 중견청년 남녀의 사상을 근본적으로 파괴하고 있고 또 이것으로 만족하지 않고 원래 목적을 위하여는 수단방법을 택하지 않는 그는(피의자 안재홍) 중국 남부에서 지금 남경(南京)교민단, 남만(南滿)한인청년동맹, 한국대일선전통일동맹, 한국독립당, 한국민족혁명당 등에 가입하여 활동 중인 김두봉(金枓奉) 한국독립군, 중국중앙군관학교 낙양(洛陽)분교의 조선인군관 훈련반 등에 가입 활동 중의 남파(南波) 즉 박찬익(朴贊翊), 한국임시정부 대한교민단, 한국항일대동맹, 한국독립당, 한국민족혁명당 등에 관계하는 소(素) 즉 조소앙(趙素昂), 한국독립임시정부 법무 장성 즉 이시영(李始榮) 등이 현재 조선민족독립혁명을 목적으로 하는 결사에 가입하여 현재 적극적으로 활동 중인 자라는 것을 알고서 그 결사 및 투사를 지지하고, 또 그 결사의 확대강화가 되기를 절실히 바라고 있는 자로서 우연히 1935년 1월 증인 현동완(玄東完)이 중국 남부시찰 여행에서 돌아와서 피의자 안재홍에게 김두봉은 현재 남경에 있으면서 실행운동을 하고 있던 중 동인은 조선독립운동단체에 가입 또는 군관학교 입학 희망자가 있으면 그의 생활을 보장하며 지도하므로 조선에서 청년을 보내주기 바란다는 요구가 있었다는 전언을 받음으로써 1936년 3월 하순경 상 피의자 이승복으로부터 정태운(鄭泰運)이라는 중국군관 지망 청년을 상해 방면의 동지에서 소

개하여 주기 바란다는 의뢰를 받고 피의자 안재홍은 정태운을 전기 김두봉 또는 박찬익에게 소개하여 그의 지도하에 소속시키는 데 있어서는 김두봉과 박찬익 등이 실행운동 중의 전기 주의목적 결사의 확대강화를 위하게 된다는 것을 생각하여 김두봉, 박찬익 두 사람 앞으로 정태운은 뜻 있는 인사이니 선전 지도하기 바란다는 의사표시가 충분한 소개장(증 제3, 4호는 이것을 가리킴)을 작성하여 이것을 상 피의자 이승복을 시켜 정태운에게 주어서 결사의 확대강화를 위하는 행위를 수행한 자임.

안재홍은 이 사건으로 징역 2년을 선고받고 1년 반쯤 복역하다가 보석으로 출옥하였으나 2년형이 확정되어 다시 형무소에 수감되었다. 사이가는 이 무렵인 1936년 6월경 시인 임화林和를 신설동에 있는 절 '탑동승방'에서 만나 좌익 문인단체인 카프를 해산시키도록 했다. 임화는 사이가에게 카프의 해산 선언서를 제출하고 계급적 입장을 떠나 순수문학을 주장하면서 친일적인 행로를 걷기 시작했다고 임화는 후일 재판에서 진술했다.[2]

사이가는 그 후로도 독립운동 사건을 수사하거나 시국 관련사건을 단속하고 감시하였다는 기록이 있다. 아래 열거하는 몇 건의 자료는 사이가가 담당했던 사건인데 그 외에도 많은 사건을 담당하였겠지만 모두 찾을 수는 없다.

· 민우회(民友會) 조직 후의 동정에 관한 건(1936.8.13)

---

2 　『미제국주의 고용간첩 박헌영 리승엽 도당의 조선민주주의인민공화국정권 전복음모와 간첩사건 공판문헌』, 조선민주주의인민공화국 최고재판소 편, 국립출판사, 1956, 216쪽.

- 국민정신총동원 총후(銃後)보고 강조주간 시국강연회 집회취체(1938.4.30)
- 시국강연회, 집회취체상황 보고 통보(1938.6.30)
- 시천교중앙종무부 주최 지나사변(중일전쟁) 등 시국강연회 집회 취체(1938.7.7)
- 조선중앙기독교청년회 주최 지나사변 1주년기념식 및 강연회(1938.7.8)
- 기독교 애국좌담회 집회취체 상황보고(1938.10.12)
- 동우회 및 흥사단 사건 보석피고 일동의 시국에 대한 사상전향(1938.11.4)

## 3) 동아일보 폐간 강요

서훈 8등이었던 사이가는 1938년 2월 4일 자로 서훈 7등의 서보장瑞寶章을 받았다.[3] 그는 1940년 2월 경기도 경찰부 고등과로 전근하였는데, 신임 인사차 매일신보사를 방문했다는 기사가 실렸다. 경기도 경찰부는 서울을 관할하였으므로 사이가는 부임한 직후에 동아일보의 폐간을 강요하여 담당자들을 구속하는 역할을 맡았다. 신문용지 파지破紙를 불법으로 매각하여 물가통제統制를 위한 '가격정지령價格停止令'을 위반했다고 협박하다가 신문용지를 유출한 증거를 찾아내지 못하자 경리부정으로 사건을 조작하는 쪽으로 방향을 바꾸었다.

동아일보가 유휴자금 2만 엔을 보성전문학교에 빌려준 것을 문제삼아 영업담당 상무 임정엽林正燁, 영업국장 국태일鞠泰一을 구속하고, 이어서 배급받은 신문지 파지를 임의로 처분하여 물가통제를 위한 '가격정지령'을 위반했다 하여 경리부장 김동섭金東燮, 경리담당 김재중金載重(일

---

3  『조선총독부 관보』, 1938.2.15.

명 禹聲)를 구속하면서 "동아일보를 자진폐간하면 만사는 해결된다"고 회유했다.[4] 결국 동아일보와 조선일보는 8월 10일에 폐간하고 말았다. 두 신문의 폐간은 총독부의 방침이었으므로 사이가보다 상층부에서 기획하였으나 사이가는 동아일보에 압력을 넣고 약점이 없는지, 수사를 담당했던 실무자로 활동한 것이다. 동아일보와 같은 날 폐간된 조선일보에도 그가 모종의 압력을 넣었는지는 알려진 바 없다.

1941년 무렵에는 총독부 직속기관인 경성보호감찰소의 보호사保護司로 근무했다. 보호감찰소는 「사상범보호관찰법」(1937.7.1)을 실시하면서 사상범의 재범방지와 범인을 교화 선도한다는 목적으로 설치된 기관으로 대내적으로는 치안유지와 대외적으로는 사상국방에 공헌한다는 것이었다. 독립운동가와 사상범을 전문으로 수사했던 사이가는 한 때 여기에서 근무하였다.

동아일보와 조선일보가 폐간된 뒤인 1943년에 사이가는 '단파방송 청취사건'을 수사하면서 많은 방송인을 비롯하여 언론인, 변호사, 의사 등 여러 분야의 지식인들을 취조하여 검찰에 넘겼다. 방송국에 근무하던 직원들을 중심으로 '미국의 소리VOA'와 중경의 임시정부에서 보낸 단파방송을 청취하여 전황戰況과 국제정세를 비밀리에 전파하다가 많은 사람이 투옥된 사건이 앞장에서 살펴본 '단파방송 청취사건'이다.

---

4    『동아일보사사』 1, 동아일보사, 1975, 385~391쪽.

## 2. 죄값으로 피살

### 1) 단파방송 사건 수사

검거 투옥된 사람 가운데는 방송국 기술 계통 관련자가 많았지만, 신문인, 변호사, 문인, 의사, 목사 등 다양한 직업의 사람들이 포함되어 있었다. 그러나 경찰이 압수할 수 있는 '증거물'을 확보하기는 어려운 사건이었다. 방송 기술자들이 접근할 수 있는 단파 수신기 외에는 입을 통해 전파된 형체가 없는 '유언비어' 유포라는 '범죄'였다. 범죄를 입증하는 방법은 본인의 자백과 공술인들의 증언에 의존해야 한다. 관련자를 색출하기 위해서는 피의자를 상대로 같은 내용을 반복해서 심문하고 고문을 가하는 방법을 썼다.(제3부 2장 참고)

단파방송 사건은 1943년 11월에 결심공판이 열렸는데 징역형의 유죄판결은 34명, 벌금형은 7명으로 41명이 확인된다. 그밖에도 형량을 알 수 없거나 자료를 찾을 수 없지만 유죄판결을 받은 사람은 더 있었을 것으로 추정된다.

일제가 남긴 기록은 사법경찰이 작성한 '의견서'를 비롯하여 피의자 신문조서, 공판기록 등이 당시의 상황을 생생하게 증언한다. 이 대규모 '시국사건'을 다룬 사법경찰이 바로 사이가였다. 방대한 수사기록에는 사이가의 서명이 뚜렷이 남아 있다. 『JODK, 사라진 호출부호』(1993)를 쓴 쓰가와 이즈미津川泉는 사건이 시작되는 장면을 이렇게 묘사했다.

1942년 11월의 쌀쌀한 날 아침, 경성중앙방송국 제1 현업과장 와카미야

(若宮義麿)에게 조선총독부 특별고등계 형사인 사이가가 찾아왔다. 사이가는 1942년 12월 말에서 이듬해 1월초 사이에 방송국의 조선인 직원들을 줄줄이 연행하여 구치소에 수감하였다. 와카야마의 부하들은 곧 연행되어 구치소에 수감되었다. 그것이 발단이 되어 제2방송부의 방송원들이 줄줄이 체포되어 방송에 지장을 줄 정도였다. 언제쯤 돌아올 수 있을까 하고 와카야마가 면회를 가보니, 어떤 부하직원은 거꾸로 매달려 의식불명 상태가 되어 바께쓰 물에 머리를 처박히자 겨우 숨을 쉬는 정도의 고문을 받고 있었다. 방송관계자의 대량투옥이라는 전대미문의 사건은 이렇게 시작되었다. 세상에서 말하는 '단파사건'이다.

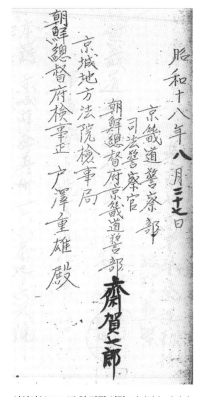

**사이가(齋賀七郎)의 자필 서명.** 단파방송 사건 수사기록에 남아 있다.

단파방송 사건으로 징역을 살았던 송남헌도 사이가의 고문을 당했는데, 어찌나 악독하게 고문을 했던지 독립운동가는 그의 이름이라면 치를 떨 정도로 악명을 떨쳤다.[5]

단파방송 사건에는 방송인 외에도 이미 폐간된 동아일보와 조선일보의 두 신문의 간부들도 여러 사람이 참고인으로 조사를 받거나 구속되었다. 이 사건으로 구속된 문석준과 홍익범이 옥사할 정도로 심한 고문을 받았던 것이다.

---

5  『송남헌 회고록』, 한울, 2000.

사이가는 이 사건을 수사한 공로를 인정받아 1944년 10월 11일 자로 '경찰공적장'을 받았다는 사실이 총독부의 『관보』에 게재되었다. 공적의 내용은 '모략 첩보사건의 검거'였다.[6] 승승장구하던 사이가의 악운도 일본의 패망으로 마침내 끝이 났다. 8 · 15 직후 가족들은 고향인 카가와香川로 돌려보낸 뒤에 자신은 원남동 124번지 자택에 남아 가산을 정리하고 있었다. 그러나 자신이 저지른 죄를 스스로 알고 있었기에 자기 집에는 거의 머물지 않고 이웃에 숨어지내고 있었다. 그에게 최후의 날이 온 것이다.

## 2) 죄악은 권총으로 세례

쓰가와 이즈미는 『JODK, 사라진 호출부호』(1993)에서 '조선 특별고등계 스타' 사이가의 최후에 관한 자료를 제시하였다. 일본에서 발행된 두 권의 소설에도 등장하였으며 경성일보가 사이가의 최후를 보도했다는 것이다. 먼저 일본의 추리소설 작가 마쓰모토 세이쪼松本淸張는 『북의 시인 임화』(1974)에서 그가 살해되는 장면은 유기수兪基秀라는 청년이 임화林和에게 전하는 당시의 정황으로 묘사했다.[7]

"사이가 경부가 지금 막 종로거리에서 살해되었습니다. 저 유명한 사이가 경부 말씀이에요."

"살해됐다구?" 임화도 펜을 놓으며 몸을 젊은이들 쪽으로 돌렸다.

---

6    『조선총독부 관보』, 5311호, 1944. 10. 16.
7    마쓰모토 세이쪼, 김병걸 역, 『북의 시인 임화』, 미래사, 1987, 66~67쪽.

"정말인가, 자네."

"정말이구 말고요." 유기수는 조급한 나머지 말을 더듬거렸다. "지금 종로 한복판에는 일대 소동이 일어났습니다."

"길거리에서 살해됐단 말이지?"

"그렇습니다. 많은 사람들이 지나가고 있었는데, 별안간 권총소리가 울렸답니다. 그와 동시에 검은 외투를 입은 사나이가 푹 쓰러졌다고 합니다. 쏜 사람은 군중 속으로 도망쳐, 누군지 모습이 보이지 않았답니다."

"사이가 경부가 틀림없는가?"

"물론이죠. 현장을 목격했던 사람이 있으니까요……. 결국은 사이가도 천벌을 받은 것입니다. 살해한 사람은 사이가 때문에 지독히 고생한 사람임에 틀림없을 것입니다."


마쓰모토 세이쪼는 정확한 자료를 토대로 썼다고 했지만, 사실과 다른 내용도 적지 않다는 것이 번역자 김병걸의 평가다. 소설은 비록 역사적인 배경에서 실존인물들이 등장하지만 어디까지나 추리소설의 기법이 사용된 픽션이므로 사실과 다른 점이 있을 수 있다는 것이다.

임화는 열렬한 공산주의자로 평론가이면서 시인이었다. 광복 후에는 조선인민보의 주필로 활동한 일도 있었음은 앞의 제1부에서 살펴보았다. 일제 때에 카프KAPF에 가담하여 프로시인으로 활동하였으나 1940년대에는 문인보국회에 참여한 경력이 있었다. 1946년 2월 조선공산당의 외곽단체 조선문학가동맹의 결성을 주도하여 실질적인 지도자로 활약하였다. 1947년 11월에 월북하기 전까지는 박헌영, 이강국 노선의 민전 기획차장으로 활동하였으며 6 · 25전쟁 때는 낙동강 전선에 종군까지 하였으나 1953년 8월 북한의 최고재판소에서 미제 간첩 혐의로 처형당하였다.(제1부 제3장과 4장 참고)

또 다른 일본 소설 김달수金達壽의 『태백산맥』(1969)은 경기도 경찰부 특고과 경부 사이가 고이치로齊賀庫一郎가 11월 2일 낮, 종로거리에서 누군가가 쏜 총에 맞아죽었다는 것으로 묘사하고 있다. 그것도 환한 대낮에 서울에서도 제일 번화하다는 종로 큰길에서. 김달수는 1943년부터 경성일보 기자를 지낸 재일 교포 작가다. 사이가가 암살당한 날자는 정확하지만 이름은 '사이가 고이치로'로 약간 바꾸었다. 그러나 사이가 시치로임은 의심의 여지가 없다.

쓰가와 이즈미의 『JODK, 사라진 호출부호』에 나오는 사이가의 최후는 다음과 같다.

종전 후 그는 고향인 카가와로 돌아갔으나 어떤 사정에서인지 경성에 다시 가게 되었다. 거리에는 8월 15일 형무소로부터 석방된 정치범들이 쇠약한 몸을 이끌고 우글거리고 있었다. 그의 집은 창경원 앞에 있는 관사였는데, 어느 날 밤 지인(知人)과 이야기를 마치고 게다를 신고 배웅을 나갔다가 원남정 우체국 건너 노상에서 일격을 받았다. 이미 조선인들 손으로 넘어간 경성일보에는 「사상경찰의 악마, 최후는 이렇다」라는 큰 제목의 기사가 나와 아연실색했다.

추리소설 작가 마쓰모토 세이쬬의 『북의 시인』과 김달수의 『태백산맥』에 비해서 쓰가와의 『JODK, 사라진 호출부호』는 사이가의 최후를 비교적 사실에 가깝게 서술하였다. 하지만 가장 정확한 정황은 당시에 발행된 신문 기사에서 찾을 수 있다. 자유신문은 11월 4일 자에 다음과 같이 사이가의 암살 기사를 실었다.

사상경찰 흉귀의 최후/齊賀七郎을 대로상에서 사살

일본제국주의의 학정을 방패삼어 고등경찰계에서 머리를 휘두르며 조선사람의 고혈을 뽑고 참혹한 짓을 다하든 전 도경찰부 고등과 경부 일본 香川縣 출신 齊賀七郎(49)이 로상에서 권총사살을 당하였다. 지난 2일 오후 6시 20분경 제하는 시내 원남정 124 자기 집에서 어떤 손님과 함께 쓰레빠를 끈 채로 나와 원남정 노타리를 건너서 우편국 옆 골목으로 들어서서 동정 219 愛甲義一의 집 압헤 이르럿슬 때 돌연히 총성이 나면서 바른편 젓가슴에 일탄을 마진 후 가슴에 손을 언진 채 쓸어젓는데 그는 가족을 먼저 고향으로 보내고 가산처리를 하랴고 남어 있었다 한다. 옆집 사람의 말에 의하면 매일 손님이 차저오기는 하나 맛나지 못하고 그대로 돌아가는 사람이 만헛는데 어제는 뜻박게 흉가집가타 보이든 그 집에 환하게 불이 켜져 잇섯고, 손님과 이야기 하는 소리가 들려 퍽 이상하게 생각하엿다 한다.

총독부 기관지였던 매일신보도 같은 날 「재하칠랑 사살, 죄악은 권총으로 세례」라는 제목으로 자유신문과 비슷한 기사를 실었다. 매일신보는 "우리의 수많은 혁명투사들을 악질적인 고문으로 (…중략…) 우리 해방투사들의 원한이 깊이 사무치고 있는 제하齊河七郎를 죽인 용사는 과연 누구인지 아직 알 바 없으나 제하가 쓰러진 현장은 제하의 집으로부터 약 이백 미터 가량 떨어져 있는 곳이며 슬리퍼를 신고 있는 것이라든지 그의 몸차림으로 추상할 때 이자를 죽이려고 도모하였던 사람이 자택으로부터 불러내어서 권총으로 사살한 것이다"라고 보도했다.

일본어 신문 경성일보는 이튿날인 5일 자 2면에 「사상경찰의 "악마",
최후는 이렇다, 齊賀七郎이 노상에서 사살되다.」라는 3단 제목으로 '사
귀邪鬼' 사이가의 최후를 맞은 사건의 정황을 상세하게 보도했다.[8] "20년
간에 걸쳐서 허다幾多한 우리 우국 선각들을 잔혹한 고문으로 없는無實
죄를 뒤집어씌우고 감옥에 보내어 죽음에 이르게까지 했던 일본제국주
의 사상경찰의 사귀邪鬼의 비참한 최후. 전 경기도 경찰부 고등경찰과
경부 사이가 시치로(47)는 2일 오후 6시 반경 시내 원남정 우편국 건너
노상에서 누군가에 의해 권총에 사살되었다. 사이가는 카가와현香川縣
출신으로 일본의 패전으로 조선이 해방되자 가족을 고향으로 보내고
자신은 자택에 머무르면서 가산 정리에 급급하고 있었는데, 악명 높았
던 사이가도 자신이 저지른 죄를 인정하고 있었던지 거의 자기 집에는
머무르지 않고, 이웃사람들 조차도 이제까지 그의 집에 불이 켜져 있는
것을 볼 수 없었다 한다"라고 보도했다. 매일신보는 1단으로 처리했던
데 비해서 경성일보는 3단으로 크게 취급했을 뿐 아니라 길이도 길고
훨씬 상세하다.


## 3) 사이가는 누가 죽였는가

사이가를 처단한 사람은 누구였을까. 매일신보는 사이가를 죽인 '용
사'는 과연 누구인지 아직 알 바 없으나 그의 집으로부터 약 200미터 떨

---

8    「思想警察の'惡魔', 最後は之れだ, 齊賀七郎が路上で射殺さる」, 『경성일보』, 1945.11.5.

어진 장소에 슬리퍼를 끌고 나온 모습으로 보아 사이가를 사살한 사람이 그를 집에서 불러내었을 것으로 추측했다. 그러나 이튿날 경성일보는 사이가의 집에 누군가 찾아와서 한동안 이야기를 나눈 후에 전송하러 나갔다가 총을 맞은 것으로 보도했다. 사이가의 집은 원남동 로터리 근처 서울대 병원과 가까운 위치이고, 창경원을 마주보는 장소였다.

집으로 찾아온 사람을 배웅하다가 살해되었다는 기사에서 자유신문과 매일신보는 집으로 찾아왔던 인물로 추측한 반면에, 경성일보는 그를 배웅하다가 총을 맞았다고 썼다. 배웅하던 사람이 쏘았는지 제3의 인물이 암살했는지 알 수 없도록 되어 있다. 그가 누구였는지 광복 직후의 혼란기에 경찰이 사건의 정확한 진상을 밝히지 못한 채 사건은 미궁으로 빠져버렸다.

사이가를 사살한 사람은 범인이 아니라 악인을 응징한 의거로 보는 당시의 분위기도 있었기에 누구인지 알면서 수사를 하지 않았던 것으로 볼 수도 있다. 워낙 미움을 받았던 인물이기에 그의 죽음은 전설적인 영구 미제 사건으로 남았다.

그러나 세월이 흐른 후에 사이가를 처단했다는 사람은 여러 명이 나왔다.

① 중국에서 귀국한 의열단 단원 김성수金聖壽(1900.7.13~1969.4.5)

송남헌은 조선일보 1964년 9월 20일 자「반세기의 증언」에서 사이가를 처단한 사람이 "의열단원 김모"라고 증언했다. 그러나 심지연이 쓴 『송남헌 회고록』에는 그가 김성수였다고 확실히 이름을 밝혔다.[9] 송남헌은 1943년에 단파방송 사건으로 구속되어 1심에서 징역 1년이 선고

---

9    심지연,『송남헌 회고록』, 한울, 2000, 45쪽.

되자 불복 상고하여 8개월 징역으로 감형되었으나 1년 3개월간 복역하였다.[10] 송남헌은 사이가로부터 심문을 받은 적이 있었다.

김성수는 어떤 사람일까. 부통령을 지낸 김성수와는 다른 인물로 국가보훈처의 공적개요는 다음과 같다. "경남 밀양密陽 사람이다. 1919년 경남 밀양에서 3·1독립운동을 주도한 후 중국으로 망명하여 의열단義烈團 및 남화한인청년연맹南華韓人靑年聯盟 등 혁명단체의 일원으로서 항일독립운동에 참여하였다. 1933년 3월 백정기白貞基 등과 밀의하여 주중駐中 일본공사公使 아리요시 아키라有吉明를 폭살하려던 육삼정六三亭 사건에 관련되었으며 친일분자 숙청에 활약 중 일제에 피체되어 1938년 해주海州지방법원에서 징역 18년형을 언도 받아 옥고를 치르다가 광복을 맞아 출옥하였다. 정부에서는 고인의 공훈을 기리어 1977년에 건국훈장 독립장을 추서하였다."

② 김성수, 공형기孔亨基, 차리혁車利革

세 사람이 사이가의 거처로 가서 권총을 발사하여 그 자리에서 즉사케 하였다는 설. 이문창李文昌이 쓴 『해방공간의 아나키스트』(이학사, 2008, 102~103쪽), 이규창李圭昌의 『운명의 여신餘燼』(보련각, 1992, 316~317쪽)에는 김성수가 관련되었다는 주장과 함께 총을 쏜 사람은 차리혁이었다고 주장한다. 이규창은 부통령을 지낸 이시영의 조카이다. 그는 상해에서 독립운동을 하다 1935년 체포되어 사이가에게 사상조사를 받고 1945년 광복 때까지 감옥생활을 하였던 인물로 알려졌다. 독립운동 당시 이름은 이규호, 광복 후 이규창으로 개명했다. 차리혁은 광복군 5지대, 조선의

---

10    유병은, 『단파방송 연락운동』, KBS문화사업단, 1991, 231쪽.

용대(軍)에서 지하공작을 하다 광복 후 귀국하여 사이가를 저격하였다는 주장이다. 차리혁은 후일 차일혁으로 이름을 바꾸고 6·25때 경찰에 투신하여 1953년 9월 남부군사령관 이현상을 사살한 장본인이라 한다.

### ③ 김혁金革 (본명 김승은金勝恩)

조갑제는 사이가를 처단한 인물이 광복 후 경찰 특무대의 김혁金革이었다는 증언을 저서『조선총독부, 최후의 인터뷰』에 담았다. 경찰 특무대는 공식 수사활동과는 별도로 악질 왜경들에 대한 보복작전을 은밀히 추진했다는 것이다. 3·1운동 당시의 총독부 경무국장 구니모토國本, 경기도 경찰부장 하라다原田大元, 악질 고등경찰관의 대표격인 사이가와 미와三輪 등 10여 명을 표적으로 삼아 암살을 꾀했다 한다. 그 가운데 사이가 한 사람만 암살에 성공했다는 것이다.[11] 김혁은 중국에서 독립운동에 투신했던 사람이다. 낙양군관학교를 수료(1935)하고 민족혁명당에 입당하였으며 비밀결사 맹혈단猛血團을 결성하여 혁명단체의 조직과 군자금의 모집 등 활동하다 체포되어 징역 3년을 받은 독립운동의 공적으로 애족장을 받았다.

### ④ 김두한이 암살했다는 주장.

정치가이면서 협객이었던 김두한金斗漢(1918.5.15~1972.11.21)이 거사의 주인공이었다는 증언도 있다. 김두한은 치안특별감찰반이라는 사설 청년조직을 만들어 미군정의 눈을 피해가며 악질 일인관리와 조선인 친일파를 처단했는데 사이가도 그 가운데 한 사람이었다는 주장이다.

---

11 조갑제,『조선총독부, 최후의 인터뷰』, 조갑제닷컴, 2010, 103~106쪽.

김두한의 증언은 조선일보 기자 김선돈金善敦이 취재하여 월간『세대』
1971년 8월 호에 실었다.[12] 그러나 김두한의 증언은 허술한 부분이 발
견된다. 사건의 전개에 상당히 극적인 요소를 가미한 듯하기 때문이다.
오토바이 3대에 분승한 청년들이 턱수염을 덥수룩하게 기른 사이가를
납치하여 종로 쪽으로 가다가 골목으로 끌고 들어가서 처단했다는 주
장은 당시 신문 보도와 차이가 난다. 살해 시간이 오후 2시 경이라는 말
도 기사와는 다르다. 조선일보 기자였던 필자는 매일신보와 경성일보
의 기사도 인용하고, 사이가에게 고문을 당했거나 그를 안다는 사람들
도 인터뷰 하여 기사를 썼지만 사실 관계에 신빙성이 떨어진다.

아무래도 가장 정확하고 신뢰할 수 있는 암살의 정황은 자유신문, 매
일신보, 경성일보의 기사다. 일본에서 발행된 두 편의 소설과 몇 가지
자료도 그 출처를 따져보면 두 신문의 기사에 근거하였을 것이다.

사이가를 암살했다고 주장하는 사람이 이처럼 많은 이유는 그가 일
제시대에 독립운동가나 언론 문화계 인사들에게 저지른 죄악이 너무
컸기 때문에 처단 대상 제1호였다는 증거가 된다. 그를 단죄한 행위는
당시에는 숨길 수밖에 없었으나 세월이 흐른 뒤에는 애국적인 행위이
고 무용담으로 여겼기 때문이었다. 과연 누구였을 지 또 다른 결정적인
자료가 나오지 않는 한 영원한 미스터리로 남을 수밖에 없다.

---

12  김선돈, 「민족지 폐간 하수인의 최후」, 『세대』, 1971.8, 303~309쪽.

# 제4부

## 전쟁 후유증과
## 친일문제

# 제1장

# 월북 언론인 이갑섭의 '조보' 연구

## 1. 남북한의 조보 연구

### 1) 왕조시대의 신문 조보

조보朝報는 왕조시대에 조정의 소식을 손으로 써서 전달했던 필사신문筆寫新聞이었다. 중앙집권적인 왕권정치 체제에서 왕과 정부의 정책과 인사이동 등을 포함하여 다양한 소식을 손으로 써서 정부의 관리와 지방의 수령들에게도 전달했던 매체가 조보였다. 불특정 다수가 아니라 특정한 대상에게 전했다는 점에서는 서한신문書翰新聞의 형태를 띄고 있었다. 일반적으로 '조보', 또는 '기별'로 통칭되었지만 다른 여러 이름으로 불리기도 했다.

조보의 존재는 일찍부터 알려져 있었지만, 조보를 연구한 논문은 1960년대 말에야 나오기 시작한다. 그리고 70년대 말이 되어서야 본격적인 연구가 시작되었다. 북한에서는 1958년에 깊이 있는 연구논문 한 편이 나왔다. 조보 연구는 남한보다 앞섰던 것이다. 그런데 이 논문 필자의 이름은 검은 먹으로 지워져 있었다. 이유는 무엇일까. 필자는 누구였을까? 김일성종합대학의 신문학강좌 교재에 수록되었던 그 논문의 필자에 대한 궁금증에서 출발하여 이를 밝혀보고자 시도했던 과정이 이 글을 쓰는 동기다. 우선 조보란 무엇인가에서 시작하여 북한의 조보연구에 숨겨진 비밀을 찾아가 보기로 한다.

조보는 오늘날 민간에서 발행하는 신문과 정부 관보官報의 기능을 동시에 지니고 있었다고 볼 수 있는데 내용은 관보에 가까운 존재였다. 집권세력은 정치적인 선전과 신속하고 효율적인 정책을 수행하고 체제를 유지 강화하기 위한 수단으로 조보를 활용했고, 피지배층의 입장에서는 조보가 권력의 동향을 파악하는 창구 역할을 맡았다. 지배세력과 기득권층을 비롯하여 권력에서 소외된 사람들도 집권세력의 생각과 움직임을 살펴볼 필요가 있었기 때문이다. 왕조시대의 언론사상과 뉴스 전달 형태를 이해하기 위해서는 조보의 역할을 규명하고 내용을 연구하는 일이 중요한 것이다.

조보에는 조정의 소식을 주로 담았다는 측면에서 본다면 오늘날 정부가 발행하는 관보에 해당한다. 체제유지를 위한 이념 전파의 역할도 수행하였다. 지배층의 통치 이데올로기를 전파하는 매체로 조보는 일정한 역할을 맡았던 셈이다. 민간신문이 없는 시대였으므로 신문의 정보전달 기능은 지녔지만 권력에 대한 '감시'와 '비판'은 없었다.

근대 신문이 처음 도입되던 무렵부터 조보와 근대 신문의 연관성에 관해서 관심을 가진 사람들이 있었고, 조보를 근대 신문의 원형으로 보는 견해는 일찍부터 있었다. 유길준은 1895년에 발행된 『서유견문西遊見聞』에서 서양의 신문도 우리의 조보와 마찬가지로 손으로 써서 돌려보다가 신문으로 발전하였다고 언급하여 조보를 신문의 기능을 가졌던 언론매체로 보았다.[1]

1910년 1월 1일 자 한글판 대한매일신보(국한문판은 1월 6일 자) 칼럼은 선조 때에 선비들이 조보를 인쇄 판매하였으나 왕이 이를 금지시켰던 사실을 소개했다. 조보의 인쇄 판매를 금지하고 관련자들을 잡아 가두는 바람에 중단되었던 사실을 들어 "오호라, 신문은 문명 사업의 제1기관이 아닌가. 이것이 방해함만 없었으면 3백년을 전래하는 큰 신문이 오늘날 대한국에 있었을진저"라면서 인쇄 판매하던 조보를 왕이 중단시켰음을 아쉬워하였다. 안재홍도 일제시대 조선일보에 게재한 「조선신문사론」(1927. 1. 5~9, 3회)에서 선조 11년(1578)에 관보[조보]를 인행印行하여 팔아서 자생資生하다가 금지 당한 것이 "우리가 아는 바 조선 신문報紙 발행의 효시"라고 말했다. 이중화李重華는 1918년 1월 호 『반도시론』에 게재한 글 「반도의 신문과 잡지」에서 조보를 언급하였다.

일본인 서지학자 마에마 교사쿠前間恭作의 『고선책보古鮮冊譜』(1937)에는 조보에 관한 설명은 없이 현종 초년부터 숙종 23년까지(1659~1677에 해당된다)의 조보 40책과 헌종 기유년(1849)의 조보가 남아 있다는 사실만 기록하고 있다. 프랑스 외교관 모리스 꾸랑Maurice Courant이 1894년에 불어로 출간한 『한국서지書誌, Bibliographie Coréenne』에도 조보가 하나의 항목으로

---

1    유길준, 『서유견문』(유길준전서 5), 일조각 영인, 1971, 478쪽.

수록되어 있다. 한경보漢京報, 조보 또는 기별이라는 항목은 조보가 발행되던 당시에 외국인이 객관적으로 기록한 자료라는 점에서 중요한 의미를 지닌다.[2]

조보를 본격적으로 연구한 논문은 1969년에 「조보와 경보京報에 관하여」(임종순)가 있었고, 그 후로 언론학과 역사학 분야에서 논문이 나오기 시작했다.[3]

서울대학교 규장각에서는 『고문서 12, 관부문서 조보』(1996)를 간행하였는데 서두에 실린 양진석梁晉顯의 「해제」도 조보에 관한 연구이다. 조보라는 제도에 관해서는 이처럼 진작부터 연구 논문이 나오고 있었다. 북한의 리철화는 『조선출판문화사(고대-중세)』(사회과학출판사, 1995)에 약 6페이지에 걸쳐 조보를 독립항목으로 다루었다.


## 2) 이름이 지워진 조보 연구자

조보에 관한 연구논문이 북한에서 처음 발표된 연도는 1958년이었다. 앞에서 살펴보았듯이 국내에서는 개화기와 일제시대부터 조보가 전 근대적 신문의 기능을 수행하였다는 사실을 알고 있었지만, 본격적

---

2    모리스 꾸랑, 이희재 역, 『한국서지(書誌)』, 일조각, 1994, 393~394쪽.
3    주요 연구 논문의 발표 시기 순서로 나열하면 다음과 같다.
     1969년, 임종순, 「조보와 경보에 관하여」, 『서지학』 2.
     1978년, 박정규, 「조보의 기원에 대한 연구」, 『서울대 신문연구소학보』 15.
     1980년, 차배근, 「우리나라 조보의 신문학적 분석고」, 『서울대 신문연구소학보』 17.
     1982년, 박정규, 「조선왕조시대의 전근대적 신문에 관한 연구」, 서울대 박사논문.
     1999년, 김경수, 「조보의 발행과 그 성격」, 『사학연구』.
     2008년, 김영주, 「조보에 대한 몇 가지 쟁점-필사보조의 기원, 명칭, 폐간시기, 기문기사 성격과 민간 인쇄조보를 중심으로」, 『한국언론정보학보』 43.

인 연구는 1970년대에 와서야 시작되었다.

북한의 조보 연구는 김일성종합대학에 개설된 '신문학강좌'와 관련이 있었다. 김일성대학 신문학강좌 개설 시기는 알 수 없지만, 1958년 이전에 신문학강좌가 있었고, 그 과목 가운데 「기별」(조보)이 있었던 것은 확실하다. 1958년 10월에 출간된 『력사논문집』(제2집, 과학원출판사)에 실린 「조선신문의 원형原型으로서의 기별지에 관하여」라는 논문에 '김일성종합대학 신문학강좌'라는 표시가 붙어 있는 것이 이를 증명한다. 김일성대학에 1950년 대 중반에 교과목으로 신문학강좌가 개설되었고, 조보에 관한 강의가 있었음을 알 수 있다.

1953년 8월 19일 자 민주조선에 실린 「각 대학 학생모집 요강」(1953~1954)에 나타나는 김일성종합대학 설치 학부는 다음 8개였고, 시험과목은 공통적으로 문학, 로어, 조선사, 지리 외에 전공에 따라 약간의 차이가 있었다.(괄호 안은 학과)

물리수학부(물리, 수학)

화학부(화학)

생물학부(생물)

지리학부(지리)

력사학부(력사, 철학)

경제학부(계획경제, 재정경제, 통계경제, 상업경제)

법학부(법학)

어문학부(조선문학)

예비과

북한에서 '신문학'은 독립된 학과는 아니지만 강좌가 개설되어 있었던 것으로 보인다.

남한에서는 1954년에 홍익대학에 설립된 신문학과가 최초였고 이어서 1958년에는 중앙대학교에 신문학과가 설립되었다. 정식 학과는 아니었지만 신문학강좌는 서울대(1949), 연희대(1953)에도 개설된 적이 있었다. 1947년 4월에 개원한 조선신문학원(후에 서울신문학원으로 명칭변경)은 언론인 양성을 위한 신문학 교육을 시작하여 많은 언론인을 양성했었다.[4] 6·25전쟁 전의 조선신문학원에는 월북한 인물과 전쟁 후에 납북된 사람들도 강의를 맡았었다.

월북한 이갑섭(조선일보 주필), 홍기문(서울신문 편집국장), 김기림(공립통신 편집국장), 이순탁(연희대 교수), 설정식(시인-영문학자), 오기영(언론인-정치평론가)과 납북된 안재홍(한성일보 사장), 양재하(한성일보 주필), 이정순(자유신문 주필) 같은 사람이 신문학원 강사의 명단에 들어 있었다.

남한의 신문학은 신문의 기능을 연구하고 언론인의 소양을 갖추도록 광범한 지식을 제공하면서 제작실무에 관한 교육에 중점을 두고 있었다. 대조적으로 북한에서는 언론을 당과 정권의 조직자이자 선전선동의 도구로 규정하고 이데올로기를 앞세우는 언론학 이론이 바탕이다.

1958년 10월에 북한 과학원출판사가 발행한 『력사론문집』(제2집)에 실린 「조선신문의 원형으로서의 기별지에 관하여」라는 논문은 이상하게도 논문집을 출간할 때에 이미 인쇄가 되어 있던 연구자의 이름을 감추기 위해서 검은 먹으로 지운 후에 배포했다.

---

4  정진석, 「기자양성의 요람 조선신문학원과 곽복산」, 『언론과 한국현대사』, 커뮤니케이션
   북스, 2001, 471~538쪽.

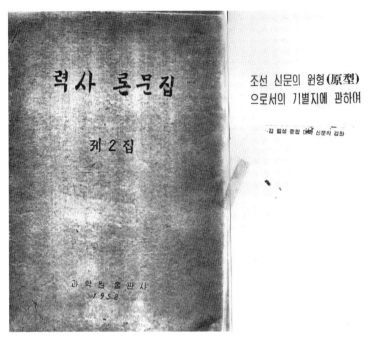

조보(기별) 논문이 실린 『력사론문집』. 논문을 쓴 이갑섭의 이름을 지우고 배포했다.

논문집의 체재는 페이지 상단에 논문의 제목과 필자 이름을 번갈아 게재하는 방식으로 편집되었다. 왼쪽 짝수 페이지 상단에는 논문 제목, 오른쪽 홀수 페이지 상단에는 필자의 이름을 넣는 방식이었다. 그런데 홀수 페이지 상단에 인쇄된 이름 석자를 까맣게 칠하고 배포한 것이다. 이름 위에 본문 활자 크기로 꼼꼼하게 먹칠을 해서 필자가 누구인지 알 수가 없도록 한 것이다.

「기별지」 논문은 논문집 127쪽에서 시작하여 270쪽에서 끝나므로 본문 51쪽 분량 가운데 25쪽에 이름이 인쇄되어 있었는데 이를 모조리 지운 것이다. 무슨 이유일까? 의문이 생기지 않을 수 없다. 완전히 인쇄된 논문집에서 필자의 이름을 지우고 배포하는 경우란 상식적으로 이해하기 어려운 일이다.

이 논문은 조보 연구에 두 가지 중요한 의미를 강조했다. 첫째 역사적 관점에서 볼 때에 봉건정부는 조보를 '이데올로기 계급 투쟁의 무기'로 활용하였다는 관점이고, 둘째 우리나라 '근대 신문의 원형은 바로 조보(기별)'였다는 사실을 증명하려는 것이었다. 19세기 말에 우리나라에서 신문이 처음 발행되기 시작했을 때에 외국의 신문을 이식移植, 또는 접목接木하였다는 인식은 잘못이며 오래 전 왕조시대에 존재했던 조보가 바로 신문의 원형이며 이를 계승하고 발전시킨 것이 근대신문이라는 이론의 정립이 조보 연구의 두 번째 목적이었다.


### 3) 북한의 『력사논문집』

이름이 지워진 논문은 하와이대학 도서관이 소장하고 있는 『력사논문집』 제2집에서 내 제자가 복사해서 보내온 것을 처음 보았다. 하와이 퍼시픽 유니버시티에서 언론학 교수로 재직 중이었던 김민정 박사(현 한국외대 교수)가 찾아낸 자료다. 필자의 이름이 지워진 논문을 보면서 나는 필시 어떤 사람이 하와이대학 소장본 논문집에 원래는 있었던 이름을 지웠을 것이라고 생각했다. 이유를 추측할 길은 없지만, 여하튼 누군지 고의로 이름을 지웠을 것이라는 것이 처음 떠오른 의혹이었다.

그래서 더 자세히 살펴보도록 김 박사에게 주문을 했더니 같은 논문집에 실린 5편의 논문 가운데 「기별지」 논문만이 아니라 3편은 이름이 지워졌고, 두 편은 그대로 이름이 남아 있다는 것이었다. 그렇다면 어떻게 된 일일까. 어떤 사람이 무슨 이유로 필자의 이름을 훼손했다는 말인가?

우선 밝혀내어야 할 가장 궁금한 사항은 하와이대학 이외의 기관에 소장된 같은 논문집에는 이름이 그대로 남아 있는지 여부이다. 얼른 생각나는 곳이 통일부 북한자료센터였다. 그러나 통일부 자료센터에는 1957년도에 발행된 제1집이 있고, 건너 뛰어 1961년 발행 제5집이 있을 뿐이었다. 그렇다면 중국의 연변대학 도서관과 일본 조총련 대학인 조선대학 도서관에는 없을까? 논문의 내용은 복사했지만 이제는 필자가 누구인지 몹시 궁금하지 않을 수 없었다.

중국의 연변대학 도서관에 소장된 자료는 교회사문헌연구원의 심한보 원장에게 부탁해 보았다. 심 원장은 연변과 상하이 등지에서 자료를 많이 수집하고 있는 사람이므로 그 쪽에 아는 사람이 많이 있을 것이었다. 그는 어떤 사람에게 부탁했는지 한참 만에 연변대학 도서관 소장본을 복사해서 보내왔다. 그런데 결과는 마찬가지였다. 거기에도 이름은 똑같이 검은 잉크로 지워져 있었다.

일본의 조선대학은 연락할 방법을 찾던 중 일본 교토의 류우고쿠龍谷 대학에 재직 중인 이상철 교수에게 부탁하여 알아보았다. 혹시 조선대학 소장본에는 이름이 지워지지 않은 것이 있을까 하는 기대 때문이었다. 그러나 이상철 교수도 한 다리 건너 간접적으로 수소문 끝에 「기별지」 논문이 실린 제2집만 누구인지 대출해 가서 돌아오지 않았다는 것이었다. 혹시나 해서 이수경李修京(동경 學藝大) 교수에게도 조선대학의 도서를 알아봐 달라고 부탁을 했으나 같은 대답이 돌아왔다. 조선대학의 논문집은 분실된 것 같았다. 이때까지 내가 서울에 앉아서 여러 사람들에게 부탁하여 기별 논문을 처음 쓴 사람이 누구였는지 알아보느라 애를 쓴 것은 2005년 8월 이후였다.

그런데 뜻하지 않게 국사편찬위원회가 일본에서 수집한 '금병동문고'에 내가 애써 찾던 그 론문집 2집이 있었다. 2008년 말에 일부가 정리되어 2009년에 처음 공개된 자료인데 나로서는 힘들게 멀리 하와이, 연변, 일본을 돌고 돌아 막판에 가서야 과천에서 실물을 만져볼 수 있었다. 실물을 접할 때는 이미 결과를 예상했던 대로 이름이 지워진 상태였다.

사실 하와이대학과 연변대학 소장본만으로도 논문의 필자 이름을 지운 것은 북한 당국이라는 확실한 심증은 갔다. 멀리 떨어진 하와이와 연변의 소장본에 다 같이 이름이 지워진 것은 어떤 개인의 소행이 아님이 확실해졌다. 이 단계에서 자연히 다음과 같은 의문이 떠올랐다.

① 필자 이름을 인쇄했다가 지운 이유는 무엇일까.
② 이름이 지워진 필자는 누구였을까?
③ 그 필자는 혹시 숙청되었을까?

그런데 하와이대학 소장 논문집을 다시 정밀히 검토해 보라고 김민정 박사에게 부탁했더니 자세히 살펴본 결과 지워진 이름 가운데 흐릿하게 누군지 연필로 리갑섭이라고 써 둔 사람이 있었고, 그러고 보니 자신도 '리갑섭'으로 판독할 수 있었다는 것이다. 나도 그 후에 입수한 연변대학 소장본을 검토해 보니 거기에도 흐릿하게 리갑섭이라고 쓴 페이지가 발견되었다. 그렇다면 지워진 필자는 이갑섭이다!

이갑섭李甲燮은 6·25전쟁 중에 북으로 간 언론인이었다. 이갑섭이 누구인가를 살펴보기에 앞서 같은 논문집에 실린 필자 이름이 지워진 논문 세 편은 다음과 같다.

- 조선 고대 력사 지리학 연구 서설 (력사연구소 고대 및 중세사연구실)
- 조선신문 원형으로서의 기별지에 관하여 (김일성종합대학 신문학강좌)
- 로일전쟁시기 미국의 극동 침략정책 (김일성종합대학 동방사강좌)

그리고 이름이 남아 있는 논문은 다음 두 편이었다.

- 14세기 후반기에 있어서 일본 해적(왜구)의 침입을 반대한 조선인민의 투쟁 (김사억)
- 리조시기의 시전(市廛) (최병무)

위의 목록을 보면 필자가 지워진 논문은 '연구실' 또는 '강좌'라는 이름으로 되어 있다는 공통점이 있다. 개인의 연구로 나온 결과물이 아니라는 뜻으로 해석할 수도 있고, 국가기관인 연구소 또는 대학 명의로 만든 교재 성격이라는 뜻으로 볼 수도 있다. 어쨌건 논문의 필자로 인쇄되었다가 지워진 인물 이갑섭은 누구인가.

## 2. 북한의 언론사 연구

### 1) 경성제대 철학과 출신 이갑섭

이갑섭은 1933년 3월 경성제대 철학과를 졸업했다. 같은 해 철학과 졸업생은 일인을 포함하여 8명이었다. 이 가운데 철학 전공은 고형곤高亨坤(전북), 박치우朴致祐(함북), 이갑섭李甲燮(함북), 박종홍朴鍾鴻(평남) 4명이었고, 교육학 전공 홍정식洪鼎植(평남), 심리학 전공 이진숙李鎭淑(경기)으로 6명이 조선인이었다. 문학과는 일인을 포함하여 졸업생 13명 가운데 조선인은 4명으로 영어영문학 김충선金忠善(충남), 차준담車濬潭(경기), 홍봉진洪鳳珍(경기), 조선어학 이숭녕李崇寧(경기)이 졸업하였다. 경성제국대학은 소수의 엘리트 교육으로 1929년 3월에 첫 졸업생을 배출하였는데 매년 철학, 사학, 문학 3개 인문학 분야에 일인을 포함하여 각 10여 명 내외의 졸업생을 배출하였다. 조선에서 최고의 수재들이 입학하고 졸업할수 있었던 것이다.

이갑섭과 함께 철학과를 졸업한 동기 네 명은 두 갈래로 나뉘는 운명의 길을 걸었다. 박종홍과 고형곤은 한국을 대표하는 철학자가 되어 모교의 교수와 학술원 회원, 한국철학회 회장을 맡았다. 두 사람은 거의같은 경력을 쌓은 것이다. 이갑섭과 박치우는 다른 길을 걸었다. 이들은 언론계에 종사하다가 월북한다는 이력은 동일한데 북한에서 어떻게되었는지 월북 후의 행적도 잘 알려지지 않았다. 남한에서 활동한 두사람은 학계에 이름을 크게 떨친 반면에 북으로 간 두 사람은 종적이 묘연하다는 극단적인 차이점이 있다.

박종홍(1903.7.1~1976.3.17)은 졸업 후 대학원에 진학하였다가 이화여전 교수를 거쳐 경성대 교수(1945), 서울대 교수(1946~1968), 성균관대 유학대학장(1968), 동 대학원장, 한양대 문리과대학장(1970)을 역임하였다. 1953년에는 학술원 종신회원에 선출되고, 한국철학회 회장(1954), 한국사상연구회 회장(1964)을 맡았으며, 1970년 12월에는 대통령 교육문화 담당 특별보좌관에 임명되었다.

고형곤(1906~2004.6.25)은 졸업 직후 1933년 5월 동아일보에 입사하여 신동아 기자로 1935년 2월까지 근무했다. 그 후 연희전문 철학과 교수(1938~1944), 서울대 문리과대학 철학과 교수(1947~1959)를 지냈고, 전북대 총장(1959), 한국철학회 회장을 역임하고, 학술원 회원(1951~1981)에 선출되었으며, 1970년부터 동국대 역경원譯經院 심사위원을 지내면서 선禪에 관한 연구 등 저술에 전념하였다.

박치우는 졸업 후 평양 숭실전문 교수가 되어 학생들을 가르치는 한편으로 철학과 관련된 글을 발표했다. 1935년 9월부터 매년 3~5회 연재되는 긴 글을 조선일보에 기고했다. 철학적이고 어려운 내용을 담은 글이었지만 잡지『조광』(1936.1)은 "그의 청신淸新한 '에쎄이'는 문학적인 점에서 호평을 받았다"고 평했다. 1938년 3월에는 조선일보 기자가 되어 문화부와 사회부에 근무했다. 대학을 떠나 신문사행을 결정한 것은 아카데미즘과 저널리즘을 연결하는 영역의 글을 쓰기 위해서였다. 1946년에 펴낸 저서『사상과 현실』서문에서 그는 "언제나 이 두 개 영역(아카데미즘과 저널리즘) 사이에 놓여있는 소속미상의 진공지대나 혹은 양호兩弧접촉의 절선切線에서 자료와 대상을 구해 보려고 노력해 온 것"이라고 썼다.[5]

광복 후 1946년 3월 박치우는 이태준, 김기림 등과 현대일보를 창간하여 편집 겸 발행인을 맡았다. 1946년 가을 하지 성명에 대한 반박문이 화근이 되어 체포령이 내리자 이를 피해 월북한 것으로 알려졌다. 북한에서는 김일성대학 교수가 되었다는 설도 있는데, 1949년에는 평양근교 남로당 중견간부학교인 강동정치학원 정치부원장이 되었다. 강동정치학원은 남한 내 게릴라부대인 빨치산의 정치교육을 하던 기관이었다. 그러다가 유격투쟁의 체험을 위해 '조선인민유격대 제1군단'(이호제李昊濟부대) 정치위원으로 남파되어 태백산 지구에서 유격전에 참전했다. 이호제부대는 1949년 9월 초순 강동정치학원 학생 약 360여 명으로 5개 중대로 편성되었다. 부대는 오대산—건봉산—태백산을 타고 남진했지만 1949년 말 군경 합동토벌대에 쫓기다가 주력부대는 거의 전멸하고 남은 소수는 북으로 도주했다.[6] 박치우도 사살되었다. 나이 40세였다.[7]

남한 빨치산의 전설적 총수 이현상 부대에서 활동했던 이태李泰는 저서 『남부군』에서 박치우를 언급하고 있다. 이 책에는 여순사건을 계기로 북한은 강동정치학원 출신 180명을 유격대로 편성해서 1948년 11월 오대산 지역에 침투시켰다. 이후 6개월 동안 약 600명의 유격대원이 추가로 투입됐지만 이들 대부분은 사살되거나 도주했다는 것으로 기술하고 있다.

이갑섭은 졸업과 동시에 조선일보에 입사했다. 서울신문이 발행하던 월간 『신천지』1948년 7월 호에 실린 「신문인 100인 촌평」(나절로)은 이갑섭을 "신문의 걸음마부터 조선일보에서 배워 가지고 그 사에서 주

5  「빨치산이 된 박치우」, 『조선일보 사람들』(일제시대편), 조선일보, 2005, 414~418쪽.
6  김남식, 『남로당연구』, 돌베개, 1984, 420~421쪽.
7  정영진, 『통한의 실종문인』, 문이당, 1989, 20~21쪽.

필까지 됐으니 일사쇄신一社碎身의 표본이 될만
하다"고 썼다.

이갑섭은 조선일보 사장 방응모가 아끼던 사
람이었다. 경성제대 철학과에 재학 중이던 1932
년 여름방학에 전북 선운사에 내려가 있는 이갑
섭에게 방응모가 안부 편지와 함께 용돈을 보내
줄 정도였다. 이갑섭은 졸업 후 곧바로 조선일보
에 입사하여 조사부장, 논설위원, 정치부장을 지
냈다. 조선일보가 폐간된 다음에는 잡지 『조
광』의 편집부장이 되었다. 사원들 대부분이 물러

**경성제대 시절의 이갑섭**. 북한에서 조보와 언론사를 연구했다.

난 때에 그대로 남은 극소수의 인물 가운데 한 사람이었다. 광복 후 조선
일보 복간과 함께 주필을 맡았다. 그 때까지는 조선일보와 방응모의 곁을
떠난 적이 없었던 것이다.

조선일보 주필 시절의 이갑섭은 "진보적인 정치 평론가"였다. 그리고
당시 조선일보 내의 좌익 수장격이었다. 1930년대에는 하이네의 시를
번역해서 싣고, 학예면 「일일일문一日一文」란에 "봄은 확실히 인간의 마
음 속에 깊이 박힌 심지에다 불을 질러놓고 가는 악마다"라고 토로할
정도로 문인 취향도 있었다. 이갑섭의 좌익 사상은 행동보다 학구적 수
준에 머물렀던 듯하다. "겸허하고 세리世利라고는 거의 모르리만큼 어
수룩한 사람"이라는 게 그에 대한 대체적인 세평이었다. 그러나 광복
후에는 사상을 행동으로 나타내기를 강요받던 시대였고 이갑섭도 자유
롭지 못했던 듯하다. 그는 홍명희가 결성한 민주독립당의 문화부장을
맡기도 했다. 이에 대해 나절로는 "신문인으로 기대를 갖게 하던 분이

왜 정당에 관계했을까. 송충이가 갈잎을 먹어야 쓰나"라고 아쉬워했다. 그는 앞서 잠시 언급한대로 조선신문학원에서 강의를 맡았고, 1948년 4월 신문학원 개원 1주년 기념 공개강연에서는 「정치와 신문」이라는 제목의 강연도 했다.

이갑섭은 잠시 조선일보를 떠나 합동통신 편집국장을 맡았다. 그러나 1949년 3월 다시 조선일보 주필로 복귀했는데 6개월 후에 사상문제로 검찰에 송치되었다. 1948년 11월 여순 반란사건 직후 대대적인 좌익검거선풍이 불 때 잡혀 들어간 후 두 번째였다. 검찰에 구속된 지 두 달 후인 1949년 11월 30일 그는 주필에서 물러났다. 그리고 이듬해에 일어난 6 · 25전쟁 중에 북으로 갔다.[8]

앞에서 살펴본 대로 경성제국대학 철학과 동기였던 이갑섭과 박치우는 일제치하에는 조선일보에 함께 근무한 적도 있었다. 사상적으로도 북한에 동조하였던 두 사람은 월북하였다. 월북 후 이갑섭이 어떻게 되었는지 그의 흔적을 찾을 수 없다. 이제 여기서 살펴보고자 하는 것은 이갑섭의 '조보'에 관한 연구다.


## 2) 학구적 언론인

이갑섭의 별명은 '마지메眞面目'였다. 항상 진지한 모습이라 해서 생긴 별명인데, 이갑섭은 "그게 내 일생의 표어"라며 자랑스럽게 생각했다. 1934년 『이심회보』(서중회 동인지)에는 옷차림에는 별로 신경 쓰지 않는

---

8    「전쟁 중 월북한 좌익의 수장」, 『조선일보 사람들』(광복 이후 편), 조선일보, 2005, 44~48쪽.

진지한 공부벌레나 철학자 비슷한 초년병 기자 이갑섭의 모습이 묘사되어 있다.

> 밤낮 공부 공부로 신경이 쇠약해져 안경 도수가 깊어졌다고 한다! 씨여! 그 성심은 흠앙(欽仰)하지만 그 효과를 비관하지 않는가? 아마도 철학을 한 탓인가. 아니다. 요사이는 그래도 기자들 틈에 끼어서 외투는 발뒤꿈치까지 치렁치렁……. 제 아무리 진지하다 해도 뾰족한 상투는 없는 모양이다. 그도 사람이니 대세에야 어쩌리. 힘내라! 기대는 크니 참말 힘내시게.[9]

학구적인 성격의 이갑섭이 조보에 관한 논문을 썼을 것이다. 『력사론문집』에 실린 그의 논문은 200자 원고지로 계산하면 약 300매에 달하는 긴 분량이다. 자료가 극히 한정된 상태에서 집필된 논문이었다. 그는 연구의 애로를 다음과 같이 썼다.

> 기별지의 발행 사업이 정식으로 관제에 들어있지 않았기 때문에 『경국대전(經國大典)』이나 기타 『법전』들과 『문헌비고(文獻備考)』에서조차 그에 관한 기록을 찾을 수 없으며 더구나 오늘 미제 침략자들의 남반부 주둔에 의한 사료 제약 등 제 사정은 그의 연구를 더욱 곤난케 한다. 이와 같은 실정은 그의 연구를 위하여 거의 암중모색에 가까운 까닭에 극히 광범한 문헌의 섭렵이 요구되며 동시에 이렇게 수집된 단편적인 자료들을 분석하고 호상 련결시키는 이외에 다른 방법이 없다.[10]

---

9    위의 책, 47쪽.
10   『력사론문집』, 조선민주주의인민공화국 과학원 력사연구소, 1958, 220쪽.

春詩帖

봄

하이네作
李甲燮譯

봄철은 번득이며 흘러간다!
봄은 즐거히 사랑할시절!
羊치는處女 내사가에안저서
어엽분꼿다발을 들고잇네

◇ ◇ ◇

꼿은 피여 향기롭기도하다
봄은 즐거히 사랑할시절!
羊치는處女 한숨지으며
『이꼿다발 누구를주랴?』

◇ ◇ ◇

넷가를 스처온 한騎士——
處女에게 정다히 인사를하네
羊치는處女 머리를풀어보니
帽子에꼬친털은 아득하고나

◇ ◇ ◇

處女는 울면서 흐르는눈물에
그입뿐꼿다발을 던저버리네
째짤새『사랑』과『키쓰』를노래하
는
봄은 즐거히 사랑할시절!

이갑섭이 번역한 하이네 시. 조선일보,
1939.3.3.

이갑섭은 이어서 "필자는 몇 권의 야사들과 문집들, 그리고 『리조 실록』, 개인들의 일기 및 기타에서 약간의 이에 관한 기록들을 발견하였는바, 이것들이 비록 단편적인 것들이지만 이 난사업을 다소라도 경감시키기 위하여 수집된 자료를 공개하려고 한다"고 썼다. 그래서 자신의 논문이 인용하는 글들은 단지 논지를 증명하기에 필요한 부분만을 따내거나 인용 문헌의 인용 개소를 지적하는 데 그치지 않고 그 전문을 주로서 인용하는 방법을 채택하여 이 논문이 사료의 역할을 동시에 할 수 있도록 하려 했다고 밝혔다. 조보에 관한 선구적인 연구자로서의 입장을 말한 것이다.

이갑섭은 논문에서 첫째 기별지는 어떤 계급에 의하여 어떤 사회적 근거로 언제부터 발생되었으며 언제까지 존속하였는가(1절), 둘째 기별지는 어떤 내용을 가지고 무슨 목적으로 발생 되였으며 어떤 계급에 복무하였는가(2절), 셋째 뉴스 수집으로부터 기별지의 발행 및 배포에 이르기까지의 기별지의 발행 사업이 어떤 기관에 의하여 어떻게 조직, 진행되었으며 또 어떤 계층을 독자로 했는가(3절), 넷째 맺는 말의 순서로 고찰하였다.

그는 조보를 이조 "봉건 정부가 창시했거나 또는 유용하게 리용한" 기별지가 조선 신문의 원형이라고 말하고 "지배 계급이 당시의 착취 제도를 유지 강화하기 위한 한 개 보조적 수단으로서 기별지를 창시 또는 리용함으로써 신문의 기원을 열어 놓았거나 그것을 보다 유용하게 리용하였다"고 주장했다.[11] 그는 되풀이해서 이렇게 강조한다.

한 마디로 말하면 우리 나라 신문의 원형인 기별지는 봉건 지배층, 더 정확히는 봉건 정부 자신의 손에 의하여 봉건적 중앙 집권제를 일층 강화하던 시기에 그의 보조적 수단으로서 산생[생산]되였거나 또는 그의 리용성을 높인 것이었다.[12]

기별지를 우리 근대 신문의 원형으로 볼 수 있는가 라는 문제와 기별이 지녔던 기능에 관해서 이갑섭이 주장하는 내용의 타당성 여부는 따로 논의할 여지가 없지 않다. 하지만 여기서는 연구의 내용을 논의하려는 자리가 아니다. 이갑섭의 논문은 경성제국대학에서 철학을 전공했던 지식인으로서 언론인으로 종사했던 경력이 어우러져 작성된 깊이 있는 학문적 성과로 평가해서 부족함이 없다. 60년대로 넘어오면 북한의 학술논문은 김일성 우상화의 포로가 되어 학문적인 순수성이 크게 훼손되었다. 실증적인 자료를 토대로 객관적인 관점에서 사실을 규명하는 연구보다는 이데올로기를 앞세우고 김일성-김정일을 우상화하는 풍조가 굳어졌기 때문이다.

---

11    위의 책, 222~223·225쪽.
12    위의 책, 226쪽.

### 3) 기자동맹 기관지에 「조선신문사」 연재

이갑섭의 기별지 연구는 1960년 대 이후 북한에서 발표되는 다른 논문과 비교하면 학문적인 독립성이 후퇴하지 않은 내용이었다. 방대한 실록과 문헌을 섭렵하여 개척되지 않은 분야였던 조보에 관한 논문이라는 점에서 더욱 그 가치가 돋보인다.

그러면 이갑섭은 북한에서 어떤 위치에 있었기에 이 연구를 수행하였을까. 일단 김일성대학에서 신문학이나 그가 전공했던 철학을 강의했을 가능성이 있다. 김일성대학의 신문학 강좌 과목이었던 조보에 관한 논문을 집필했던 것이 그 근거다. 그의 동기들이 모두 대학교수였으므로 그도 교수의 자격은 충분했다. 남한의 조선신문학원에서 강의했던 경력도 있었다. 그는 이 논문을 쓰기 위해 방대한 분량의 실록을 상세히 읽어보았을 것이다.

우리나라에서 실록의 내용을 데이터베이스화 했던 것은 1995년이었다. 지금은 누구나 번역된 실록의 내용을 검색하는 방법으로 손쉽게 이용할 수 있다. 그러나 1950년대 중반에 북한에서 실록의 영인본을 보고 논문을 쓰려면 훨씬 힘든 노력을 기울이지 않으면 안 되었을 것은 짐작하기 어렵지 않다.

북한에서는 우리보다 먼저 이조실록의 국역에 착수했었다. 김일성의 교시를 받들어 번역에 착수하였다는 실록의 번역본 첫 권이 출간된 때는 1975년 10월이었다. 그리고 1991년 10월에 고종과 순종실록까지 완간을 마쳤다. 이갑섭도 혹시 실록의 번역사업에 참여하지는 않았을까. 그러나 번역사업이 끝나면서 밝힌 '리조실록 번역 편찬성원' 명단에 이갑섭은 포함되어 있지 않다.

총책임은 홍기문(원사, 박사, 교수)이 맡았다. 번역성원(58명), 교열성원(22명), 심사성원(6명), 편집성원(14명), 교정성원(25명), 편성 및 발행성원(10명)으로 구성된 여러 '성원' 가운데는 박사, 준박사, 교수, 부교수 등이 많았다. 그러나 이갑섭의 이름은 어디에도 없다. 그는 실록의 번역사업에는 참여하지 않았던 것이다.

**홍명희의 아들 홍기문.** 북한에서 이조실록 번역을 주도했다.

총책임 홍기문洪起文(1903~1992)은 소설가 홍명희의 아들이다. 니혼대학日本大學 졸업 후 1935년 조선일보 학예부장을 맡았다가 1937년 9월 논설위원, 1938년 학예부장 겸 사업부장을 역임했다. 해방 직후 1945년 11월 서울신문 고문, 주필 겸 편집국장, 감사를 거쳤고, 1946년 11월부터 1948년까지 합동통신 전무와 취체역을 맡았다가 1948년 11월 다시 조선일보로 가서 전무이사 재임 후에 월북했다. 국어학자로서 신라 향가 연구에 업적을 남겼다. 북한에서 김일성대학 교수, 사회과학원장, 최고인민회의 대의원 등 요직을 맡았다. 이갑섭과는 조선일보 재직 시에 인연도 있었지만 북한에서 두 사람이 어떤 관계였는지 알 수 없다. 이갑섭은 애써 집필한 독창적 연구 논문을 자신의 업적으로 밝히지 못하였다.

이갑섭은 1957년 3월에 창간된 북한 조선기자동맹의 기관지『조선기자』에 지상강좌「조선신문사」를 연재하였다. 북한에서 언론사 연구를 하고 있었음을 알 수 있다. 이갑섭의「조선신문사」는 조선기자 1957년 7월 호에 실린「대한매일신보」(5회)와 9월 호에 실린「조선로동운동의 장성기에 있어서의 정기간행물」(6회) 2회분만 찾아 볼 수 있다. 대한매일신보에 관해서는 그 사상적 근거를 계몽사상에 두었다면서 이렇게 평가했다.

　　황성신문처럼 "우리가 오늘 이 지경에 일은 것은 이탓저탓 할 것 없이 모다 깨지 못한 탓이라"고 자탄하는 론조에 선 것이 아니라 대한매일신보는 항상 투쟁적인 론조에 서 있었으며 일제의 침략을 공개적으로, 정면으로 공격하여 나섰다.

대한매일신보는 신랄한 단평들과 애국주의적 정론을 발전시키는 데 있어 거대한 역할을 놀았다고 결론지으면서 만세보와 제국신문은 기회주의자들의 주재 하에 나온 신문들이라고 단정했다. 9월 호는 노동공제회 기관지 『공제』를 고찰했다. 이갑섭은 언론의 역사를 계급투쟁과 이념으로 고찰하고 있었다.

북한에서 한국 언론사를 연구하고 조보에 관해서 깊이 있는 본격적인 논문을 발표한 이갑섭은 납북된 안재홍을 만났을 것이다. 그는 안재홍이 조선일보에 「조선 신문소사」를 연재하던 때에 조선일보에 근무 중이었으므로 당연히 안재홍의 논문을 읽었을 것이고, 월북 후에 조보에 관한 논문을 쓰면서 안재홍의 영향을 받았을 가능성이 있다. 이갑섭의 조선신문사가 몇 회까지 연재 되었는지 알 수 없다. 1959년도에는 연재가 끝난 상태였다. 그 후 북한에서 이갑섭의 행적은 묘연하다.

제2장

# 문둥이 시인 한하운과
# 올챙이 기자 오소백

---

## 1. "피빛 기빨이 간다"

### 1) 문단사와 언론사에 겹치는 필화

'문둥이 시인'으로 불렸던 한하운韓何雲(1920.3.20~1975.2.28)이 문화계의 간첩 논란에 휘말린 사건이 있었다. 그의 시 「보리피리」가 1953년 10월 17일 자 서울신문에 실리던 무렵이었다. 7월 27일에 휴전협정은 체결되었으나 전쟁의 상흔이 아물지 않은 채 남아 있어서 사회적으로 불안하고 긴장된 분위기가 가시지 않았던 시기였다. 국민의 정서와 나라의 형편이 피폐한 상황이었다. 발단은 서울신문에 실린 시 한편과 한하운의 근황을 알리는 기사였다.

기사가 나간 후에 문화계에 간첩이 있다는 주장이 떠돌고 국회에서 문제삼는 발언까지 나올 정도로 의혹이 확산되자 시인은 경찰의 조사를 받게 되었고, 서울신문 사회부장 오소백吳蘇白(1921.1.15∼2008.8.8)과 차장 문제안文濟安이 신문사를 떠나야 하는 필화로 확대되었다. 이 사건은 필화의 차원을 넘어서 광복 이후 6·25전쟁 이후까지 문단과 언론계를 짓누르고 있던 적색 알레르기 분위기를 가늠할 수 있는 상징적인 사건이었기 때문에 전후 사정을 소상히 되짚어 살펴 볼 가치가 있을 것으로 생각된다.

한하운 필화사건의 뇌관에 불을 붙인 사람이면서 피해자가 되었던 오소백은 1953년 4월에 『신문기자가 되려면』이라는 책을 출간하였던 서울신문 사회부장이었다. 한하운 사건으로 신문사를 떠난 직후 1954년 2월부터는 인기 대중잡지 『신태양』에 「올챙이 기자 방랑기」를 연재했다가 이듬해 7월에는 같은 제목의 단행본으로 간행하여 일반에도 널리 알려진 언론인이었다.

오소백은 필화가 일어난 상황을 기록으로 남겨 두기는 했지만 미흡한 부분도 있고, 자신을 중심으로 일어난 사실을 주관적으로 기술했기 때문에 더 정확한 내용을 알기 위해서는 정밀한 자료를 토대로 살펴보면서 사건의 배경과 전말을 재구성해 볼 필요가 있다. 문학사와 언론사言論史가 겹치는 필화였으며 전쟁을 전후한 시기에 문학의 표현과 언론 자유가 북한이라는 공산주의 집단과의 관계에서 어디까지 허용될 수 있었는지, 그 한계를 가늠할 하나의 사건이었다는 사실이 사건이 지니는 의미일 수도 있다.

오소백은 자신의 『올챙이 기자 방랑기』(신태양사, 1954.7)에 「라 시인癩

詩人 사건」이라는 제목으로 「전라도 길」이라는 시를 앞에 내세우고 다음과 같이 기록하였다.

    가도 가도 붉은 황톳길
    숨막히는 더위 뿐이더라

    낯선 친구 만나면
    우리들 문둥이끼리 반갑다

    天安삼거리를 지나도
    쑤세미같은 해는 西山에 남는데

    가도 가도 붉은 황톳길
    숨막히는 더위속으로 절룸거리며
    가는 길……

    신을 벗으면
    버드나무 밑에서 '찌까다비'를 벗으면
    발가락이 또 한 개 없다.

    앞으로 남은 두 개의 발가락이
    짤릴 때까지
    가도 가도 千里 먼 全羅道길.

오소백은 "이 심각한 한편의 시는 한때 항간에 말썽을 크게 일으켰던 문둥이 시인 한하운 씨의 것이다. 그렇지 않아도 뒤숭숭한 그때의 사회 실정에 편승하여 (…중략…) 때아닌 문둥이 시인 「한하운」에 대한 사건은 국회 의정단상에까지 올랐고 하운何雲을 유령시인이라고 낙인찍었던 것이었다"고 설명했다. 이어서 "이 사건을 빚어낸 모략 중상과 진상을 파악하기 위해 끝끝내 싸운 경위는 문단 지식인 정치인 수사당국자 및 신문인 여러분에게 많은 참고가 될 것으로 확신한다"고 쓰고 사건의 경위를 풀어나갔다. 사건의 전말부터 거슬러 올라가기로 한다.

## 2) 가을에 쓴 「보리피리」

오소백이 「올챙이기자 방랑기」에 기록했던 당시의 정황은 이렇다. 휴전협정이 체결된 지 채 3개월이 되지 않았던 1953년 가을로 접어드는 10월 15일 오후 신문사 편집국에 덥수룩한 옷차림을 한 청년이 나타났다. 시청 출입기자를 통해 그가 유명한 문둥이 시인 한하운이란 것을 알고 의자에 앉기를 권하였다. 얼굴이 화상을 입은 듯도 하고 어떻게 보면 호두껍질을 연상시키기도 했다. 어쨌든 나환자라는 인상은 금방 알 수 있었고, 한하운이 얼굴을 제대로 쳐들기를 주저하는 것만으로도 그의 입장을 알 수 있었다.

오소백은 사회부 차장 문제안에게 한하운에 관해서 정확히 취재하도록 지시했다. 문제안도 매우 흥미로운 기사가 될 것으로 생각해서 다각도로 취재했다. 마침 얼마 전에 어떤 주간신문에서 한하운은 실존 인물이 아닌 유령인물이라 하여, 항간에 화제를 던졌던 일이 있었기 때문에 취재에 알리바이와 확증이 더욱 필요하다고 생각했다.

한하운은 운동선수와 같은 튼튼한 몸의 소유자로 보였다. 그는 기자의 물음에 대답한 후 앉은자리에서 한편의 시를 썼다. 바로 「보리피리」였다. 오소백을 비롯한 사회부 기자들은 한하운이 돌아간 뒤에 시를 보고 매우 놀랐다. 「보리피리」를 낭독하며 모두 좋은 시라고 말했다. 그러나 기자들이 한하운이

오소백. 서울신문 사회부장으로 한하운의 시를 소개했다.

만졌던 펜에 레프라 균이 붙었다고 떠들썩하는 바람에 오소백은 원고지로 펜을 똘똘 말아 휴지통에 내던졌다. 그리고 다음날 신문에 「하운何雲 서울에 오다, '레프라 왕자' 환자수용을 지휘」라는 3단 제목으로 한하운에 관한 기사와 「보리피리」를 박스로 만들어 실었다.

서울신문 10월 17일 자는 아래와 같은 기사를 실었다.

4만 5천 명의 나병환자를 지도하는 '문둥이의 왕자'가 서울에 나타나서 서울거리를 방황하는 나병환자들을 시(市) 위생과의 협조 아래 수용하기 시작했다. 일찍이 시집까지 발간하여 문단에도 이름이 높은 시인 한하운 씨는 대한'한생'총연맹(나병환자의 전국적 조직)의 위원장이고 '국립부평성혜원'의 자치위원장이며 나병환자의 자녀를 기르는 신명보육원(新明保育院)의 원장으로서 자기 자신의 쓰라린 경험에서 우러나오는 현실에서부터 나병환자의 행복을 위해 전심전력하고 있는 바 이번에 서울시의 요청을 받아 시내를 방황하는 환자들과 경남지방에서부터 올라오는 환자들을 전부 모아서 시내 성동구 중곡동에 설치된 임시수용소에 수용하는 한편 보건 당국과 협의하여 미국의 원조금 1만불을 기금으로 강원도 지방에 새로

서울신문이 보도한 문둥이 시인 한하운 기사와 「보리피리」. 서울신문, 1953.10.17.

나병환자의 낙원을 건설할 준비를 하고 있다 한다.

그래서 15일 현재 십여 명의 환자가 중곡동 수용소에 이미 수용되었다
한다. 더욱이 한하운 시집으로 말미암아 문단에 여러 가지 파문이 던져지
고 더구나 일부 신문에서는 마치 '한하운'이란 사람은 유령과 같은 가상인
물이라고까지 말하고 있는 지금 한 씨의 출현은 나병환자들에게는 물론
문단과 일반에게도 크나큰 센세이션이 아닐 수 없다.

더구나 한씨는 15일 하오 본사에 내방해서 다음과 같은 최신작의 시 한
편을 보내줌으로써 최근의 심정을 토로하고 있는 것이다.(사진은 본사에 내
방한 시인 한하운 씨와 그가 보내준 4286년 10월 14일부의 최신작시)

## 보리피리

보리피리 불면
  봄언덕
故鄕 그리워
필 — 닐리리


보리피리 불면
  꽃靑山
어린때 그리워
필 — 닐리리


보리피리 불면
  인환(人寰)의 거리
人間事 그리워
필 — 닐리리


보리피리 불면
  放浪의 幾山河
눈물의 언덕과 눈물의 언덕을
필 — 닐리리

(1953년 10월 14일)

오소백은 이 시詩는 한하운이 편집국에 와서 즉석에서 쓴 것이라고 했으나, 당시 서울신문은 그가 14일에 써 가지고 "최신작의 시 한편을 보내 준" 것으로 보도했다. 사소한 시차는 있으나 이 시가 한하운의 심정을 노래한 최신작이었음은 틀림이 없었다. 서울신문은 문둥이 시인이라는 특이한 인물에 대해서 떠돌던 소문을 해소하는 동시에 그의 근황을 소개하면서 천형天刑으로 여겨지던 문둥병에 걸린 불우한 인간이 보리피리 불며 산과 들을 방랑하는 모습을 노래한 시를 특종으로 내보낸 것이다.

기사와 시가 신문에 실린 후 본격적인 의혹이 제기되었다. 한하운은 허구의 인물이며 공산당의 선동시인이라는 비난이었다. 신문에 실린 「보리피리」 그 자체가 이상하다는 주장도 나왔다. 어째서 가을에 보리피리 라는 시를 썼다는 것인가.

### 3) 『신천지』에 실린 한하운 시

한하운은 문예지에 추천되거나 신춘문예를 거쳐 등단한 문인은 아니었다. 서울신문이 발행하는 종합잡지 『신천지』 1949년 4월 호에 「나癩 시인 한하운 시초詩抄」를 실은 후에 그의 이름이 세상에 알려졌다. 신천지는 광복 이후 6 · 25전쟁 이전의 해방공간을 대표하는 종합잡지였다. 시인 이병철李秉哲이 한하운의 시 머리에 「한하운의 시초를 엮으면서」를 써서 한하운이 나병환자라는 사실을 알리는 동시에 문단에 등단하는 절차를 밟은 셈이었다. 이병철은 당시 『신천지』와 긴밀한 관계였던 것으로 여겨진다.

『**한하운 시초**』 **초판본 표지.** 월북화가 정현웅이 표지화를 그렸다. 1949년 5월, 정음사 발행.

이병철은 한하운이 나병으로 손가락이 떨어졌고, 지난 겨울의 추위에 시력마저 잃어버렸다고 그의 신상을 공개하였다. 신천지에는 「전라도 길」, 「벌」, 「목숨」 등 13편이 실렸는데 한달 후인 5월 정음사에서 『한하운 시초』를 출간하여 그의 이름은 더욱 널리 알려지고 많은 사람들이 그의 시를 애송하게 되었다.

한하운 시초는 70쪽의 얇은 분량이었지만 당시의 열악한 출판사정으로는 이례적으로 모조 100 그램의 고급 용지를 사용하였고, 신천지에 발표했던 13편에 12편을 추가하여 25편의 시가 수록되었는데 책의 말미에 편자 이병철이 『신천지』에 실었던 글을 발문 형태로 수록했다.

이병철은 한하운의 시가 "참을 길 없는 그의 울음이 구천에 사모치도록 처절한 생명의 노래"라고 평가하고 "역사적 현실 앞에서 건강한 인간으로서 자기를 부정한 그것을 다시 부정해버린 다음의 높은 경지의 리얼리티를 살린 데서 높이 평가되어야 할 것"이라고 말했다. 시집에는 장차 문제가 되는 시 「데모」도 실려 있었다.

책이 출간된 지 1년 후에 6·25전쟁이 일어나던 때까지 한하운의 시를 문제 삼아 논란이 일어났다는 흔적은 없다. 그런데 휴전이 성립되기 직전인 1953년 6월 30일에 재판이 발행되면서 문제가 제기되기 시작하였다. 재판과 초판은 분량과 내용에 주목되는 변화가 있었다.

첫째, 재판에는 초판에 없었던 시 8편이 추가되어 전체 편수가 늘어났다. 시의 편수도 늘었지만 해설과 발문에 해당하는 글도 재판은 세 사람이 썼기 때문에 초판은 70쪽이었으나 재판은 100쪽으로 늘었다. 초판의 「게시판」이라는 시는 목차에만 있고, 무슨 이유였는지 본문에는 빠져 있다. 36~37쪽에 실려야 했는데 두 쪽이 인쇄와 제본과정에서 아예 들어 있지 않은 것이다. 책이 나온 후에 삭제된 것은 아님이 확실하다.

둘째, 앞으로 문제가 되는 시 「데모」는 재판에서 「행렬行列」로 제목을 바꾸고, "물구비 제일 앞서 피빛 기빨이 간다"는 구절로 시작되는 연聯 3행 전부와 다음 연의 한 행行이 삭제되어 있다. 원래의 시와 재판을 비교해 본다.


데모 (재판 제목은 「행렬」)


뛰어들고 싶어라
뛰어들고 싶어라.


풍덩실 저 강물속으로

물구비 파도소리와 함께

만세소리와 함께 흐르고 싶어라.


물구비 제일앞서 피빛 기빨이 간다. (한 연 3행 삭제)

뒤에 뒤를 줄대어

목쉰 조선사람들이 간다.


모두들 성한 사람들 저이끼리만

쌀을 달라! 자유를 달라!는 (한 행 삭제)

아우성소리 바다소리.


아 바다소리와 함께 부서지고싶어라

죽고싶어라 죽고싶어라

문둥이는 서서 울고 데모는 가고.


셋째, 초판 끝에 실었던 이병철의 「한하운 시초를 엮으면서」가 재판
에는 없어지고, 조영암趙靈岩(「하운의 생애와 시」), 박거영朴巨影(「하운의 인간
상」), 최영해崔暎海(「간행자의 말」)이 대신 실렸다. 시집의 표지장정은 정현
웅鄭玄雄이 그렸는데 초판과 재판의 장정은 그대로이다. 다만 초판에는
표시되어 있던 정현웅의 이름은 빠져 있다. 정현웅은 동아일보와 조선
일보의 연재소설의 삽화를 그린 화가였으나 광복 후에는 조선미술건설
본부의 서기장을 맡고 조선미술동맹에 참가하여 좌익 성향을 보이다가
전쟁 후 결국 월북하여 북한에서 역사화가로서 명성을 쌓았다.

**한하운의 시가 발표된 시기와 내용**

| | 신천지(1949.4.25) | 한하운시초(1949.5.30) | 한하운시초(1953.6.30) | 비 고 |
|---|---|---|---|---|
| 1 | 全羅道 길 | 全羅道 길 | 全羅道 길 | |
| 2 | 손꼬락 한마디 | 손가락 한마디 | 손가락 한마디 | |
| 3 | 罰 | 罰 | 罰 | |
| 4 | 목숨 | 목숨 | 목숨 | |
| 5 | 데모 | 데모 | 行列 | 초판 '데모'를 재판은 '행렬'로 바꿈 |
| 6 | 열리지 않는 門 | 개구리 | 열리지 않는 門 | |
| 7 | 파랑새 | 열리지 않는 門 | 파랑새 | |
| 8 | 삶 | 파랑새 | 삶 | |
| 9 | 막다른 길 | 삶 | 막다른 길 | |
| 10 | 어머니 | 막다른 길 | 어머니 | |
| 11 | 개고리 | 어머니 | 明洞거리 | |
| 12 | 明洞거리 | 明洞거리 | 비오는 길 | |
| 13 | 비오는 길 | 비오는 길 | 自畫像 | |
| 14 | | 揭示板 | | 초판 목차에 제목만 있고 시는 없음 |
| 15 | | 自畫像 | 개구리 | |
| 16 | | 꼬오·스톱 | 꼬오·스톱 | |
| 17 | | 愁愁夜曲 | 洋女 | |
| 18 | | 洋女 | 자벌레의 밤 | |
| 19 | | 자벌레의 밤 | 業果 | |
| 20 | | 業果 | 秋雨日記 | |
| 21 | | 秋雨日記 | 秋夜怨恨 | |
| 22 | | 秋夜怨恨 | 나 | |
| 23 | | 나 | 봄 | |
| 24 | | 봄 | 女人 | |
| 25 | | 女人 | 愁愁夜曲 | |
| 26 | | | 河雲 | |
| 27 | | | 追憶 Ⅰ | |
| 28 | | | 追憶 Ⅱ | |
| 29 | | | 昌慶苑 | |

| 30 | | | 故鄕 | |
| 31 | | | 버러지 | |
| 32 | | | 冷水먹고 가련다 | |
| 33 | 이병철, 한하운시초를 엮으면서 | 이병철, 한하운시초를 엮으면서 | 조영암 '하운의 생애와 시' | |
| 34 | | | 박거영 '하운의 인간상' | |
| 35 | | | 최영해 '간행자의 말' | |

## 4) '유령시인'이 된 한하운

재판이 발행된 후 8월 24일 자 태양신문은 경남경찰국에서 『한하운 시초詩抄』를 압수했다고 보도했다. 이 시집은 정부수립 이전에 이미 좌익선동 서적이란 낙인이 찍혔던 것으로 재판이 간행되자 치안국의 지시로 경찰이 8월 초부터 내사를 거듭하여 오다가 압수했다는 기사였다.[1]

태양신문은 『한하운 시초』를 정부 수립 이전에 발행된 것으로 보도했지만 앞에서 말했듯이 이 시집은 정부 수립 후인 1949년 5월에 정음사가 발행하였다. 태양신문은 세간에 커다란 물의와 비난을 자아내는 가운데 전국 각 서점에서 한하운 시초가 판매되고 있다고 보도했다. 서울신문이 10월 17일 자에 한하운의 존재를 알린 것은 시의 내용에 관한 논란이 일어나기 시작하면서 그가 어디에 있는지 소재를 알 수 없다는 말이 떠돌고 있을 때였다. 정음사 사장 최영해는 「간행자의 말」에서 "그(하운)의 생사를 우리는 모른다. 바람에 들리는 말로 인천 어디서 살아 있다고도 한다. 아— 불행의 연장이어, 우리는 여기서 그를 추궁치

---

1  「한하운 시초 압수, 문제의 좌익 선동시집에 斷」, 『태양신문』, 1953.8.24.

말자"고『시초』의 재판 끝에 말했다.

　서울신문 사회부장 오소백이 한하운의 시와 함께 그의 존재를 비중 있게 취급한 목적은 한하운은 사상을 문제삼을 필요가 없는 시인이며, 살아 있는 실존 인물임을 세상에 널리 알리자는 의도였을 것이다.

　전쟁 전에 초판이 발행되었던 시집을 재판으로 발행하자 '좌익선동'으로 지목한 것은 전쟁 전과 후의 사회적 분위기가 완전히 달라져 있었던 데서 원인을 찾을 수 있다. 정부 기관지였던 서울신문이 발행하는 『신천지』에 처음 실렸던 시를 정음사가 시집으로 발행할 때까지는 문제가 없었으나 전쟁 후에 발행된 재판을 낼 때에는 논란이 일 수 있는 부분을 출판사에서 사전에 삭제했음에도 불구하고 문제가 되었다. 수많은 사람이 죽거나 납북 또는 행방불명으로 생사를 알 수 없는 전쟁의 참화를 겪는 동안에 공산당과 북한 정권에 대한 경계와 증오심이 극도에 달했던 시기였다.

　초판에 실렸던 「데모」는 "물구비 제일앞서 피빛 기빨이 간다"라는 구절을 포함해서 전후의 정서로는 전반적으로 문제 삼을 수 있는 내용을 담고 있었다. 붉은 색깔을 북한, 또는 공산주의와 동일시하던 시절이었다. 피빛 기빨은 '붉은 기, 적기赤旗'를 의미했다. 공산주의, 또는 북한을 상징한다고 볼 여지가 있었다. 그러기에 출판사가 미리 이 부분을 삭제했던 것이다. 한하운은 처음 세상에 알리고 시집을 엮은 이병철은 경상도 출신으로 전쟁이 일어난 후에 월북한 시인이었다. 1943년 12월 호『조광』에 「고향소식」을 발표하여 시인으로 등단하였으나 본격적인 시 활동은 광복 후에 시작되었다. 합동시집『전위시인집』(노농사, 1946, 12)에 들어 있는 다섯 시인의 한 사람이었다. 본문은 70쪽으로 임화林和, 김

기림金起林 두 사람이 「서문」을 썼고, 김광현金光現, 김상훈金尙勳, 이병철李
秉哲, 박산운朴山雲, 유진오俞鎭五의 순으로 시 다섯 편씩을 담았다. 발문은
오장환吳章煥이 썼다. 전위시인집에 실린 이병철의 시 「기旗폭」에는 다
음과 같은 구절도 있었다.

> 韓人들이 봄의 우름보다도 두려워하는
>
> 적기가(赤旗歌) 불으며 한기빨 밑으로 모이자
>
> 옳은 노선으로 나라 이끄는 신호기(信號旗)
>
> 가슴마다 간직하고 선배들은 죽어갔느니라

전쟁이 일어나자 이병철은 북한의 종군작가로 참전하다가 전후에는
북한에서 시인으로 활동하였다. 그가 죽은 뒤에 펴낸 리병철 시집『내
삶의 한생은』(문학예술종합출판사, 1995)에 실린 「편집후기」는 그가 아들
과 며느리를 앉혀놓고 "너희들은 언제 어디서나 변치 않고 장군님께 충
성해야 한다"라는 유언을 남기고 죽었다면서 그 날은 김정일이 국방위
원장으로 추대된 1돌이 되는 날이었다는 것을 보면 1992년에 사망한 것
으로 추정된다. 김정일은 1991년 12월 24일 로동당 중앙위 제6기 제19
차 전원회의에서 군최고사령관에 추대되었기 때문이다.

한하운 사건과 직접 관련은 없지만, 이병철과 함께 시집에 실린 전위
시인이었던 유진오는 지리산에 들어가 빨치산의 문화공작대 활동을 하
다가 체포되어 1949년에 9월에 군법회의에서 총살형에 처해졌다. 그와
함께 재판 받은 문화공작대는 홍순학(촬영기사), 유호진(음악가), 조경순
(국군이었다가 여수 순천 반란사건의 주모자가 되었던 빨치산 김지회의 처) 네 사

람이었다. 전위시인집의 동인 김상훈은 6·25전쟁 때에 월북했다.


## 2. 전쟁 후의 '문화 게릴라' 논쟁


### 1) "유령시인의 좌익 선동"

한하운이 나병환자의 전국조직을 관장하는 위원장이고 '국립부평성
혜원'의 자치위원장이며, 나병환자의 자녀를 기르는 신명보육원新明保育
院의 원장으로 활동하고 있다는 서울신문의 특종 기사는 언론계와 문단
에 상당한 충격을 주었고, 논란의 불을 붙였다.

공개적으로 강력한 의혹을 제기한 사람은 이정선李貞善이었다. 그는
평화신문에 11월 5일부터 「민족적인 미움을 주자─적기가赤旗歌『한하
운 시초』와 그 배후자」라는 제목으로 4회에 걸쳐서 한하운이라는 인물
과 시, 서울신문의 보도태도를 문제삼았다. 서울신문은 "당국의 조치에
대하여 반항하듯"이 한하운의 존재를 부각시키면서 그의 사진과 새로
운 시를 게재했다는 것이다.

이정선은 서울신문 기사는 한하운을 나병환자의 전국적인 지도자로
소개한 미담이 아니라 또 다른 저의를 지니고 있는 것으로 볼 수밖에 없
다면서 보도 태도를 비판했다. 한하운은 유물변증법적 창작방법을 천
부적으로 체득한 공산주의 지하운동자의 천분天分을 지닌 간사한 인물
로 볼 수 있다고 단정했다.

11월 7일 자 제3회에서는 "간밤에 얼어서 손꾸락 한마디 머리를 긁다

**서울신문 사회부에 찾아온 한하운.** '올챙이 기자' 오소백이 대중잡지 『신태양』에 쓴 글의 삽화.

가 땅 우에 떨어진다"는 구절은 우리나라의 문화당국과 수사당국에 대하여 '문둥이'와 '빨갱이'를 판별 못하도록 하자는 농간이라고 주장했다. 남로당 시인 이병철이 한하운의 시를 "자기를 부정한 그것을 다시 부정해본 다음의 높은 경지의 리얼리티"로 소개한 시집 초판 글을 예로 들면서 한하운은 악랄한 공산주의 프로파간디스트로 인정받았다고 주장했다. 한하운은 그 후로 개과천선 한 일이 없으며, 그 강렬한 적기의 신념과 사상에서 전향했다는 증거가 없기 때문에 서울신문에 실린 그의 시를 보면서 모골이 송연해지고 우리의 생존을 위협하는 것에 대한 분노를 억제할 수 없다는 것이다. 한하운이 가을에 보리피리라는 시를 지었다는 것도 이상하다면서 공산당의 지령을 받은 자가 그 목적을 달성하기 위해서 나환자의 이름을 빌었거나 또는 그를 매수하여 적색선동을 조심스럽게 조종하고 있을지도 모른다면서 강한 의혹을 제기했다.

이정선은 대구 출생(1921.11.27)으로 동경문화학원 문학부를 졸업했고, 영화평론가로도 활동하면서 국도신문 기자, 태양신문 문화부장, 소년태양 편집국장을 지냈다. 1954년 3월 호 『신태양』에 오신吳迅이라는 필명으로 쓴 「현역 신문・잡지 편집기자」에 선정된 10명의 편집기자 가운데 이정선이 들어 있다. 한하운 사건 직후였던 무렵에 이정선은 어느 신문에도 소속되지 않은 '무소속'이었다. 그는 신문을 하려는 정열은 강한 사람이지만 웬일인지 무소속인 경우가 많았다. 오신은 이를 그의 방랑성 또는 마음의 불안정성 때문이 아닌가 보았다. 그의 방랑이 진정 신문을 위해서 싸우다 불우한 처지로 된 결과였는지 스스로 검토할 필요가 있다는 평자의 말이었다.

오소백은 한하운 사건 이전이었던 1953년 4월에 발행된 『신문기자가 되려면』에 실린 「신문기자 150인 평」에서 이정선(당시 태양신문 문화부장)을 이렇게 평했다. "편집기자로서 복잡하게 많이 아는 편이다. 마음에 안정이 없어 그런지 한 사에 오래 붙어 있지 못하고 쩜핑을 잘 한다. 술 한 잔 잘 하고 방랑의 풍이 거센 타입의 인간이다. 신문에 대한 이론도 상당하다". 언론계를 떠난 후에는 신동아영화주식회사 제작부장을 맡았다.

『한하운 시초』 재판이 발행된 후, 서울신문에 그에 관한 기사가 실리기 전인 6월부터 의혹을 품은 사람들이 있었다. 서울신문이 "한하운 시집으로 말미암아 문단에 여러 가지 파문이 던져지고 더구나 일부 신문에서는 마치 '한하운'이란 사람은 유령과 같은 가상인물이라고까지 말하고 있는 지금 한 씨의 출현은 나병환자들에게는 물론 문단과 일반에게도 크나큰 센세이션이 아닐 수 없다"고 밝힌 부분이 이를 증명한다.

　앞에서 살펴보았지만 1949년 5월에 정음사에서 발행한 한하운 시집 초판은 별다른 문제를 야기하지 않았다. 6 · 25전쟁 이전의 문단과 언론 계는 공산당과 북한에 대해서 극단적인 적대감을 지니지는 않은 분위 기였다. 태양신문은 이 시집이 전쟁 전부터 좌익선동 서적으로 규정되 었다고 보도했지만(1953.8.24), 당시에는 판매를 금지하거나 압수했다는 흔적은 없다. 그런 일이 있었다면 전쟁 후 정음사에서 재판을 낼 생각 을 아예 하지 못했을 것이다.

　그러나 피비린내 나는 전쟁을 겪은 이후에는 공산주의나 북한에 대 한 적대감과 경계심이 극에 달한 상태였다. 그런 가운데 1953년 6월에 정음사에서 한하운 시초의 재판을 발행했다. 휴전협정이 체결되기 두 달 전이었고, 남북 양측이 한치의 땅이라도 더 차지하기 위해 치열한 전 투를 벌이던 시기였다. 재판이 나오자 『신문의 신문』을 발행하던 최흥 조崔興朝, 아동문학가 김영일金英一, 이정선 등은 한하운 시초는 문화 빨 치산의 남침신호로 볼 수밖에 없다고 단정했다.

　더욱이 문제되는 구절을 삭제하고, 월북한 원래의 편자 이병철 대신 에 민족진영 시인 조영암을 교묘히 책동해서 후기를 쓰도록 하고 시집 자체를 민족적인 서적으로 위장해서 전국 서점에 배포하고 있는데 이 는 틀림없이 북한의 새로운 각도의 대남 공작으로 간주해야 한다. 또한 그것이 시문학의 양식을 빌려서 나온 것이므로 문단 전체는 그런 빨치 산 식의 출판행위를 지체 없이 고발하고 제압해야 한다고 결론지었다. 만약 서울이나 부산에 공산 빨치산이 출현하여 행패를 부린다면 당국 이나 시민이 좌시하지 않을 것이라는 논리였다.

"한하운 서울에 오다"라고 서울신문이 선언한 것은 공산당을 불법화한 대한민국의 법과 질서에 대한 대담무쌍한 도전이며 기습만행에 해당한다. 서울신문의 보도는 6·25전쟁 때에 북한군이 소련제 탱크를 앞세우고 서울을 점령했던 것과도 비길 수 있는 기세이다. 그러므로 시집 발행과 관련된 모든 의혹과 배후를 밝혀야 한다. 정음사 사장 최영해는 한하운에 제공한 금전 거래를 공개하라, 재판 발행에 직접 또는 간접으로 간여한 시인 조영암, 박거영, 소설가 최태응崔泰應, 한하운의 옛 연인이었다는 M양 등도 진상을 밝혀야 한다고 요구했다.

이정선은 단호한 어조로 주장했다. 정음사 사장 최영해는 서울신문의 이사(1956년 3월까지 이사 재임)이니 한하운을 신문에 등장시킨 연극의 진상은 자명하다. 더구나 한하운을 한국의 대표적인 현대시인으로 소개했던 장만영張萬榮이 아직도 서울신문의 출판국장으로 있기 때문에 신문만이 아니라 『신천지』에 한하운의 시가 실릴 가능성도 있다. 사건이 커진 뒤에 한하운이 중앙일보에 나타나서 밝힌 내용 가운데 그의 시를 신천지에 처음 게재하던 때에 "이병철과 신천지에 같이 근무하고 있다는 박용주朴容柱를 만났다"고 말한 것을 보면 이병철도 『신천지』와 어떤 연관이 있었을 가능성이 있다.

한하운 문제는 국회에서 논의하는 사태로 발전했다. 이정선의 글이 11월 8일에 4회로 끝난 뒤 19일 10시에 열린 제17회 임시국회에서 최원호崔瑗浩 의원이 한하운 문제를 공산주의자들의 선전전쟁으로 규정하고 나섰다. 그는 "공산주의 전쟁과 민주주의 전쟁이라고 하는 차이점을 우리는 똑똑히 알아야 된다"고 전제하고, 민주국가의 전쟁은 일정한 군대와 장비, 일정한 기간 그리고 다른 나라의 적병과 싸우는 것이다. 민주국가는 일정한 지역에서 적병과 총을 겨누는 전쟁을 수행하는 반면에 공산주의 전쟁은 어떤 때 어떤 장소에서나 총을 놓고 방화하고 사람을 죽이거나 선전과 모략으로 침략하는 것이라고 설명했다. 휴전협정이 체결된 오늘 우리의 국군은 총을 내려놓고 있지만 공산국가는 휴전기간에도 여전히 전쟁을 계속하고 있다는 것이다.

이어서 한하운 시초 초판의 「데모」에 나오는 붉은 기빨, 그의 시를 편찬한 "공산당 선봉 문학가 이병철", 6월에 발행한 재판이 전국에 판매되고 있으며 어떤 지방에서는 아동 청소년에게도 그의 시를 가르치는 현상, 서울신문이 센세이셔널 하게 보도한 사실 등을 열거하면서 그 배경에 대한 의혹을 해명하라고 국무총리에게 요구했다. 국무총리 백두진은 아직 자신은 최원호 의원의 질문 내용에 관해서 아는 바 없기 때문에 돌아가서 진상을 파악하여 구체적인 방안을 강구하겠다고 대답했다. 최원호의 국회 발언은 당시의 정서로는 강한 호소력과 설득력을 지닌 논리였다. 3년 동안 많은 피를 흘리며 싸웠던 전쟁의 악몽에서 벗어나지 못한 시기였다. 북으로 끌려간 수많은 납북 인사들의 소식도 알 길이 없었고 그들이 돌아오기를 애타게 기다리던 상황이었다. 공산당에 대한 증오가 깊었기에 '문화빨치산' 논란으로 대한민국 문화전선에 이상이 있다는 말은 여러 신문이 보도하였다.


## 2) 경찰 수사와 언론보도

치안국은 본격적인 수사에 착수했다. 이 문제를 '정치문화계'로부터 '사찰중앙분실'로 이관하여 수사하도록 했다. 특히 초판에 들어 있던 문구를 수정하여 재판을 낸 경위 등 사상관계 사찰대상으로 삼겠다는 수사의지를 보였다.[2] 치안국은 이 시집과 관련 있는 모든 인물의 좌익성 여부와 서울에 나타난 한하운이 시집을 낸 그 사람인가라는 문제를 조사했다.[3] 사건은 많은 관심을 끌면서 관련이 있는 모든 인물이 수사당국에서 조사를 받았던 것이다.

한하운은 제일 먼저 경찰에 불려가서 조사를 받았다. 경찰은 부평으로 형사를 파견해서 한하운의 뒷조사를 진행하였다. 이럴 무렵 몇몇 신문은 오소백이 출판업자로부터 수십만 환의 뇌물을 먹고 이런 허위보도를 하였다고 떠들었다.[4] 그런 가운데도 한하운이 실존 인물인가 여부에 대한 논란은 수그러지지 않았다.

경향신문은 한하운은 가공인물과 실존인물이 별개로 알려져 있다고 보도했다. 「적색 사상이 농후한 시집을 발간하였다 하여 국회에서까지 논의된 바 있는 문둥이 시인 한하운」을 치안국이 내사 중이라는 기사에서 실존 한하운은 시를 쓰는 사람이기는 하지만 월북한 시인 이병철과는 만난 일이 없으며, 좌익색채가 농후한 정음사 판 한하운 시집 초판과는 아무런 관계도 없는 사람이라고 보도했다. 시집을 출간했던 한하운은 월북한 인물일 가능성이 있다고 추측하면서 아직 확실한 증거가 없기 때문에 사실여부의 귀추가 주목된다는 것이다.[5] 그러나 뒤에서 설명하는 대로 경향신문은 다른 언론사가 같은 날 보도한 내용과는 달리 오보를 낸 것임이 드러났다.

---

2    「한하운 시집사건, 치안국서 본격수사 개시」, 『태양신문』, 1953.11.24.
3    「문제의 한하운 시집, 시경에서 본격적 취조착수」, 『평화신문』, 1953.11.24.
4    오소백, 「올챙이기자 방랑기」, 『신태양』, 1954.
5    「한하운은 두 사람인가, 문제의 시집과 무관한 한 씨 출현」, 『경향신문』, 1953.11.23.

수사가 본격화하자 서울신문도 이에 대응하지 않을 수 없었다. 담당 부장 오소백은 국회에서 문제가 제기된 다음날 편집국장한테까지도 비밀에 붙이고 한하운을 직접 만나기 위한 현지 취재에 나섰다. 「하운의 인간상」을 쓴 시인 박거영과 신문기자로는 비판신문사 취재부장 C기자와 함께 취재 지프를 타고 부평으로 달렸다. 세 사람은 부평 성혜원成蹊院 나환자 수용소에서 한하운을 만났다. 한하운과 박거영의 해후를 오소백은 그의 『올챙이 기자 방랑기』에 다음과 같이 감동적으로 묘사했다.

초겨울이 미치지 못 했 것만 벌써 난로가 장만되어 있는 사무실이다. 이그러진 문둥이 환자들의 얼굴이 '하운'과 박씨를 둘러쌌다. "황초령" 하고 시인 박거영 씨는 시 낭독을 시작했다. 사무실 안은 기침소리 하나 없이 정숙하다. 하운은 난로에다 넣으려던 석탄 담긴 부삽을 들고 시 낭독이 끝날 때까지 석불처럼 서 있었다. 시 낭독은 끝났다. 실내의 분위기는 경건한 그것이었다. 올챙이기자는 이때처럼 실감 있게 시 낭독을 들은 일은 없다. 그들은 하운의 안내로 예배당, 학교, 도서실, 주택, 닭장, 오리집을 구경하였다. 포푸라 나무가 하나 서 있는 하운의 집을 올챙이기자는 예고도 없이 열어 보았다. 방안에는 영문잡지며 문학서적이 꽉 채어있다. 집집마다 처마 끝에는 빨간 고초가 댕기처럼 나붓기고 과동사리 연탄이 앞들에 장만되어 있다.

'올챙이 기자'는 오소백 자신을 지칭한다. 황초령黃草嶺은 함남 함주군(현 영광군)과 장진군의 경계에 있는 고개인데, 바로 그 해 6월 호 『신천지』에 발표했던 박거영의 시였다.

### 3) 한하운은 공산주의자 아니다

관심이 쏠린 가운데 시작된 수사는 간단히 끝났다. 사실 어렵고 복잡한 문제는 아무 것도 없었다. 11월 21일 치안국장 이성주李成株는 서울신문, 조선일보, 동양통신 기자들에게 한하운 수사결과를 밝혔다. 한하운을 조사해 보니 그는 실존인물이며 시집을 낸 사람도 동일인물로 판명되었고, 공산주의자가 아니며 시집의 내용도 좌익을 동정하는 것으로 인정할 수 없다고 말했다.[6]

서울신문은 치안국장이 언급한 내용을 가장 상세하게 다루었다. 한하운은 공산주의자가 아니며 시집 초판과 재판도 모두 그의 작품이다, 시집을 발행한 정음사 사장 최영해도 조사해 보았으나 사상이 온건한 사람이며 공산주의자가 아니라고 확언했다. 치안국장은 이날 일반적인 사상문제에 관해서 유연한 입장을 밝혔다. "우리는 현재 그 사람의 사상이 어떠한가를 검토해야지 과거 공산주의자였다는 것을 끄집어낼 필요는 없다"고 말한 것이다. 시의 내용을 이병철이 가필하였는가, 라는 기자의 질문에 "가필하였다고 한이 말하고 있다"고 간접화법으로 대답했다. 이병철은 한하운을 명동에서 만나 시집을 출판하지 않겠느냐고 말하고 원고료 1만 5천원을 주기에 받았다고 한하운은 말했다.[7] 치안국장은 한하운의 시에 문제의 구절이 있다 하더라도 현재 공산주의 활동을 하지 않고 있으며, 과거에 쓴 시에 대한 책임을 회피하는 지 여

---

6 「한하운 씨는 좌익 아니다, 이 치안국장 언급」,『조선일보』, 1953.11.23;「문제의 한하운 씨 공산주의자 아니다, 이 치안국장 언명」,『동아일보』, 1953.11.23.

7 「한하운은 실재 인물, 치안국장이 언명」,『서울신문』, 1953.11.23.

부를 가지고 문제삼지는 않겠다고 말한 것이다.

이날 한하운은 이정선의 글을 실었던 평화신문에 나타나서 자신의 입장을 밝혔다. 나병환자인 자기를 괴롭히는 의도를 알 수 없다고 항의하고 문제의 시집이 나왔을 때에 정치적으로 이용당했음을 느꼈다고 해명했다.[8] 한하운은 다른 날 중앙일보도 방문하여 시집 출판의 경위를 밝혔다. 1949년 어느 봄날 한하운은 명동 뒷골목 청탑 다방 출입구에 걸터앉아 「콜로라도의 달」을 노래 부르고 있었는데 지나가던 이병철이 그를 보고 말을 걸어 이야기 끝에 한하운이 시를 쓰고 있음을 알게 되었다. 후에 같은 자리에서 만나 시를 주었는데 그때는 『신천지』 기자 박용주朴容柱가 함께 나왔다. 시가 신천지 6월 호에 실린 후에 보니 "피빛 기빨이 간다"는 구절이 삽입되어 있었다. 며칠 후 이병철을 거리에서 만나 왜 그렇게 했느냐고 물었더니 "그저 그렇게 되었네"라고 대답하면서 원고료 1만 5천원을 주기에 사양했지만 회사에서 주는 돈이라고 해서 받았다고 해명했다. 그 후로도 이병철을 몇 번 만났지만 이에 대한 언급은 피차에 없었고, 6·25전쟁이 일어났다는 것이었다.

중앙일보는 한하운의 기사를 크게 취급하면서 한하운이 신문사에 나타나 "내 사업에 지장이 격심하니 신문에 그만 뚜다려[두드려] 달라"고 용감하게 뛰어드는 태도와 핏빛 깃빨이 지나간다는 구절을 다른 사람이 삽입했다고 주장하는 모습은 오히려 그의 배후와 자신을 둘러싼 어떤 흑막이 있는 것 같다면서 치안국 특수정보과에서 다시 정밀 수사에 들어갔으며 정음사에 대해서도 조사를 진행 중이라고 전했다.[9] 중앙일보는 한하

---

8 「한하운은 실재 인물, 치안국서 조사경위를 발표」, 『평화신문』, 1953.11.26.
9 「정면에 나타난 한하운, "피빛 깃빨이 지나간다" 語句의 배후는?」, 『중앙일보』, 1953.12.4.

운이 신문사에 나타나서 항의하는 태도에 대한 불쾌감 때문에 의혹을 증폭하여 사건을 확대하도록 선동하는 느낌이 드는 보도 태도였다. 그러나 치안국장이 처음에 밝힌 대로 이 사건은 더 이상 확대되지는 않았다.

### 4) 문단과 신문의 공동 책임

사건의 후유증은 남아 있었다. 오소백은 한하운의 실존여부를 둘러싼 의혹과 그의 사상에 관해서 많은 논란이 일어나자 바로 보강 취재에 들어갔음은 앞에서 살펴보았다. 치안국장이 수사결과를 밝히자 오소백은 편집 간부에게 크게 취급할 것을 요청했다. 모두 동감이었다. 이리하여 4단 제목으로 한하운은 실존 인물이며 공산주의자가 아니라는 기사를 크게 취급했다. 그런데 대장이 나올 무렵 신문사 내부의 문제가 발생했다. 대장을 본 사장 박종화가 제목을 1단으로 줄이라는 지시를 내려 보냈다. 오소백은 이렇게 썼다.

이유는 크게 내면 민심을 혼란케 할 우려가 있다는 말이었다. 종일의 긴장이 탁 풀렸다. 치안국장이 밝힌 진상을 크게 내는 것이 혼란을 일으킨다면 실존인물을 가상인물이라고 떠들어 혼란을 일으킨 것은 어떻게 해석해야 할까. 어쨌든 사장의 강경한 명령에 의해 조판이 끝난 '하운'의 기사는 다시 뜯어 고쳤으며 따라서 이날 신문은 몇 시간이 지체되어 나왔다. 그들은 그들의 정당한 무기를 갖고도 쓰지 못하였고, 올바른 사실을 가치 있게 발휘할 것을 사장의 명령에 의해 저지당했다.

오소백은 11월 23일 자 신문에 4단으로 편집했던 기사를 사장의 명에 따라 1단으로 줄이는 문제로 사장실에 모인 중역들을 향하여 신랄한 공박을 가하고 물러났다. 이날 오후 오소백은 "혼란을 일으켰다"는 이유로 파면 당했다. 다음날 사회부 차장 문제안도 파면이었다.

신문사에서 물러난 오소백은 자신을 '올챙이기자'로 지칭하면서 기자생활에서 겪은 일들을 인기 대중잡지 『신태양』에 연재하기 시작했다. 그는 12월이 3일 밖에 남지 않은 밤에 「올챙이기자 방랑기」 첫 회를 썼다. 「올챙이기자 방랑기」는 『신태양』 1954년 2월 호부터 연재가 시작되었다. 연재는 다음과 같은 말로 시작되었다.

난봉이 났는지 주책이 발광했는지는 몰라도 이놈의 올챙이 시집살이 8년에 돈 떨어져 신발 떨어져 들창이 나고 말았다. 얼마 전 「어떤 기자의 방랑기」라는 글을 쓴 일이 있는데 될수록 그것과는 겹치지 않도록 써 보련다. 동짓달 기나긴 이 밤 이 해도 앞으로 사흘밖에 남지 않았다. 등잔불 밑에 엎드려 펜을 옮기려니 밤새며 순을 도는 막대기의 얼어붙은 소리가 깊은 밤의 적막을 깨틀고 구슬피 들려온다.

오소백의 올챙이 기자 방랑기는 11월까지 연재되었다. 잡지 연재가 계속 중인 때에 오소백은 다시 서울신문 사회부장에 복귀했다가 끝날 무렵에는 또 한번 쫓겨나는 신세가 되었다. 그의 「올챙이 기자」 가운데는 「라 시인癩 詩人 사건」이 들어 있다. 서울신문 사장 박종화에 대해서는 'P 사장'으로 이니셜을 사용하여 이름을 정확히 밝히지는 않았지만, 그가 누구인지는 충분히 알 수 있었다. 박종화는 1949년 6월 15일에 취임하여 전쟁 기간에 사장을 맡고 있다가 한하운 사건이 있은 다음 해인 1954년 4월 15일에 퇴임했다. 오소백이 올챙이 기자 방랑기를 연재하고 있던 때였다.

오소백은 "우리들의 파면에 앞서 사태가 뒤숭숭함에 갈팡질팡 신문 발행자로서의 신념과 위치를 견지치 못하고 외부의 모략과 불순한 세력에 미소를 보냈던 것이다"라고 직설적으로 비판했다. 문총文總의 최고간부였고, 소설가, 시인인 대신문사의 사장이 막다른 골목에서 불우한 문둥이 시인에 대해 혹독히 처참히 평하는 것을 보고 올챙이기자의 젊은 피는 맥박을 터뜨릴 것 같았다고 말했다. 언론인 정인준鄭寅俊은 한하운 필화로 오소백과 문제안을 문책하여 신문사를 떠나게 하고 신문사 측은 어떤 책임도 지지 않은 것은 도의적으로 용납할 수 없는 일이라고 비판했다.[10]

오소백은 문단과 언론의 태도에 대해서 다같이 불만을 토로했다. 불우한 한 사람의 시인 문제가 국회 의정단상에서까지 물의를 일으키는 때에 시단詩壇을 위시한 문단은 침묵했다. 신문의 태도는 어떠했나? 오소백은 개탄하고 분노했다. 신문들은 사건 보도에 불성실했다. 사건을 구체적으로 파고들지 않고 뜬소문만 가지고 왈가왈부했다. 한하운을 직접 만나 인터뷰 한번만 했더라도 의문은 간단히 풀렸을 것이었다. 사이비 신문은 언제나 신문의 공정한 역할을 망각하고 갖은 억측, 편견, 독단, 중상, 고의, 시기에 가득 찬 주관으로 가장 바른 신문인체 한다. 이런 신문일수록 독자를 기만하고 애국적인 체 하면서도 민족을 분열시키고 있다는 것이다. 백주에 버젓이 거리를 활보하는 사람을 '산송장'

---

10 「소위 4대 신문 채점표에 이상 있다」, 『신태양』, 1954.3.

으로 조작한 악魔의 군상들의 지능知能도 지능이거니와 적어도 국사를 논의하는 전당에까지 이런 허무맹랑한 일로 귀중한 시간을 보내게 했다는 것은 얼마나 뼈아픈 일이었던가. 한하운 사건의 파동은 우리 사회 실정의 한 측면이기도 하다고 오소백은 결론지었다.

### 5) 필화가 남긴 의미

역사적인 사건은 당시의 시대상황에서 고찰하고 평가해야 한다. 필화사건에 대한 평가도 마찬가지다. 한하운 사건은 민족분단 상황에서 벌어진 6·25라는 이데올로기 전쟁 시점의 경계선에서 일어났다. 시집 초판은 전쟁 전에 발행되었고, 재판은 전쟁이 끝나기 직전에 출간되었다. 전쟁 전에도 자유민주주의 대 공산주의 이데올로기의 투쟁은 치열했던 것은 사실이다. 하지만 시집 초판에 들어 있는 시를 문제삼을 정도로 문학적 표현의 자유가 억압된 상태는 아니었다. 광복 직후에는 조선인민보 해방일보와 같은 좌익신문을 비롯하여 좌경적 논조의 신문도 발행되었다. 해방공간에 발행된 문학작품과 일반 간행물 가운데는 공산주의를 찬양하는 좌익적 내용을 노골적으로 드러내는 것들도 있었다.『전위시인집』에 실린 시들이 그런 예였다.

그러나 참혹한 전쟁을 겪고 난 뒤부터 공산주의는 포용의 대상이 아니었다. 한하운이 전쟁 후에「데모」와 같은 시를 발표했다면 큰 처벌을 받았을 것이다. 그것은 정권통치의 차원이 아니라 전체 사회에 확고히 자리잡은 증오심의 문제였다. 6·25전쟁 전에는 문제되지 않았거나 문제가 되었더라도 심각하지 않았던 시집의 재판을 발행하면서 출판사

측이 논란의 소지가 있는 구절을 미리 삭제했던 것은 전쟁 전과 후 공산주의에 대한 포용의 폭이 훨씬 좁아지고 경직되었음을 출판사가 나름대로 미리 대처했기 때문이었다. 이정선의 문제제기는 이같은 인식에서 출발한 것으로 볼 수 있다.

다행이었던 것은 경찰이 전쟁 전의 시집을 가지고 한하운을 처벌하려 하지 않았던 일이다. 그리고 유연성 있는 해석을 내리면서 불문에 붙이기로 했다. 오소백은 언론인으로서 용기를 지니고 소신 있게 싸웠다. 이런 일들은 전쟁 직후 극단적인 반공 이데올로기가 사회를 지배하던 때에 언론과 문화계에 한가닥 밝은 가능성을 보여준 사례였다.

「데모」에 나오는 문제 구절을 이병철이 임의로 삽입했다는 한하운의 변명은 믿기 어렵다. 만일 그랬다면 『신천지』에 발표하던 때에 들어 있던 문제의 구절을 시집을 낼 때에는 왜 삭제하지 않았는가 라는 질문에 납득할 대답이 나와야 한다. 전쟁 전에는 좌익의 주장에 동조하는 마음을 지닌 시를 썼다하더라도 한하운은 공산주의 문화 게릴라는 아니었고, 필화사건이 일어났을 때는 공산주의 사상을 지니고 있지도 않았다.

경찰 조사에 따르면 한하운(본명 泰永)은 함남 함주군咸州郡 동천면東川面에서 태어나 13살에 함흥제일보통학교를 나온 뒤 같은 해 전북 이리 농업학교에 입학하여 19살에 졸업했고, 일본 동경 성계고등학교에 입학했으나 1년 후 문둥병이 발생하여 귀국하여 금강산 등지에서 3년 동안 휴양했다. 22살에 중국으로 가서 북경대학농학원農學院에서 3년 간 공부하던 중에 다시 발병하자 귀국하여 1년간 치료한 다음 경기도 용인군 축산기수로 취직하였으나 얼굴까지 병상이 퍼져 나오게 되어 고향에 돌아가서 은신하다가 8·15를 맞아 월남하여 1949년부터 시 창작을 시작하였다.

그의 시는 많은 사람의 심금을 울렸다. 필화가 있은 후에 시 활동을 계속하여 여러 권의 시집과 자서전『나의 슬픈 반생기』등을 출간했다. 그 후 명동에서 무하문화사無何文化社라는 출판사를 운영하던 때에는 완치된 상태였고, 1962년 7월에 미국공보원이 우리나라 최초의 구라救癩 PR영화「황토길」을 제작하여 다시 한번 세인의 주목을 받았다. 1950년 이후 주로 머물었던 부평(인천시 북구 십정동 산 39)에서 1975년 2월 28일 한 많은 일생을 마쳤다. 한하운 시집은 여러 종류가 출간되었지만 가장 최근에 나온 책은 인천문화재단이 엮은『한하운 전집』(문학과지성사, 2010)이 있다.

1950년대까지 나병은 천형天刑이었다. 일반인들은 환자와 접촉을 꺼렸고, 버림받은 환자들은 길거리를 방황했다. 그런데 오소백은 1949년 이른봄에 소록도에 세브란스의과대학(현 연세대학교) 진료반을 따라가서 2주일 동안 취재했던 경험도 있었다. 그는 한하운을 만나기 전에 나환자를 가까이서 지켜보고 당시로서는 하늘이 만든天作 죄인들에 대한 인간적인 동정심을 품고 있었다.

**덧붙이는 말** : 제목과 본문의 '문둥이'라는 말은 당시의 표현을 살린 것이다. 필화사건 당시에는 문둥병 또는 나병으로 불렸지만 지금은 '한센병'으로 고쳐 부르고, 의학의 발달로 치료 가능한 병이 되었다. 한승수 국무총리는 2009년 5월 16일 전남 고흥군 소록도병원에서 열린 '제6회 전국 한센가족의 날' 기념식에 참석하여 과거 사회적 차별을 겪었던 한센병 환자와 가족에게 정부를 대표해 사과의 뜻을 밝혔다.

# 제3장

# 여운형의 '친일'과 조선중앙일보의 폐간

## 1. 장지연과 여운형의 '친일'

### 1) 일본군 입대 선동한 『반도학도 출진보』

경성일보사가 1944년 2월에 발행한 『반도학도 출진보半島學徒出陣譜』에는 「반도 2500만 동포에 호소함」이라는 여운형呂運亨의 글이 실려 있다. '반도'는 조선을 의미한다. 글의 머리는 "소화 11년(1936) 10월 조선중앙일보 사장의 자리를 떠난 이래 꼭 7년간 침묵을 지켜온 여운형 씨가 조선 동포에게 영광의 인생을 주려고 다시 일어났다. 그래서 '학도병에 지원하느냐 안 하느냐가 문제가 아니다. 지금 일어나지 않으면 조선 동포의 영광은 영원히 찾아오지 않는다'라고 조선 2천 500만 동포에게 전한 것이 아래와 같은 수기手記인 것이다"라는 편집자의 말로 시작된다.

일제는 중일전쟁과 태평양전쟁으로 이어지는 확전擴戰에 필요한 병력의 수요를 채우기 위해 '육군특별지원병 시행규칙'(1943.10.20)을 공포한 후 11월 20일까지 한 달 동안 각 학교 교장을 위시하여 각계 지도급 인사들에게 집중적으로 학병 입대를 권유하도록 강요했다. 이때 여운형, 안재홍, 문인보국회, 경성유지 등이 경성일보에 실었던 글을 엮은 책이 『반도학도 출진보』였다. 여운형의 글은 1943년 11월 11일 자 경성일보에 실렸던 것으로 여운형의 친필 서명을 동판으로 떠서 신빙성을 높였다.

나는 오랫동안 언론사에 등장하는 여러 주요 인물을 연구해 왔지만, 2005년 초까지는 여운형의 '친일'에 관심을 가져본 적이 없었다. 나의 저서 『역사와 언론인』(커뮤니케이션북스, 2001)에는 여운형이 1933년 2월 17일 조선중앙일보 사장에 취임하여 어려운 여건 아래서 신문을 경영하다가 손기정 선수의 베를린 올림픽 우승 때에 일장기를 말소하였던 사건으로 신문발행을 중단하지 않을 수 없었던 내용을 다루기도 했다. 독립운동가이면서 일제 강점기에 언론인으로 활동한 여운형의 공적을 긍정적으로 바라보았다.

여운형의 친일을 엄중하게 따져보아야 한다고 생각했던 계기는 2005년 3월 5일 자 경향신문이 장지연의 친일의혹을 대서특필로 보도하여 논란이 일어난 이후였다. 이 해 3·1절에 정부는 여운형에게 건국훈장 대통령장을 추서追敍했다. 이 훈장은 1등급인 대한민국장 다음에 해당하는 2등급의 상훈이다. 경향신문은 여운형의 훈격을 높여야 한다는 주장을

**장지연 초상화.** 명 논설 「시일야방성대곡」을 쓴 한말의 대표적 논객이다.

신기도 했다.[1] 그런 직후인 3월 5일 자 경향신문은 「시일야방성대곡 장지연 경남일보 주필 때―일왕 찬양 漢詩(한시) 게재」라는 제목의 기사를 제1면 머리에 대서특필했다. 3면에는 「장지연, 총독부 기관지에 내놓고 日(일) 찬양」을 실었다. 장지연이 경남일보 주필 시절에 장기간에 걸쳐 친일행위를 한 사실이 드러났다는 것이다. 근거는 일제강점 이듬해인 1911년 11월 2일 자 경남일보 2면에 실린 '한시'였다. 일본 왕 메이지明治의 생일인 천장절을 축하하여 일장기와 함께 작자의 이름을 밝히지 않은 한시가 실렸는데 그것이 장지연의 작품일 것이며, 따라서 장지연은 친일을 했다는 것이다.

추론은 이에서 그치지 않는다. 1909년 11월 5일 자 경남일보에 이등박문의 죽음을 애도하는 한시도 장지연이 썼을 것으로 '추정'하여 그가 "앞장서서 일제를 찬양하는 기사를 썼다"는 것이었다. 신문의 날이었던 4월 7일 밤 KBS-TV의 〈시사 투나잇〉도 장지연의 친일행적이 문제가 되고 있다면서 국사교과서나 초등학생들이 읽는 위인전도 재검토해야 한다고 말했다. 독립기념관에서 시일야방성대곡 논설비를 세우는 계획을 추진하다가 장지연의 친일논란으로 인해 무산되었다는 관련자의 말도 소개했다. 그러나 경향신문이 증거로 제시한 그 한시를 장지연이 썼다

---

1 「기자메모」, 『경향신문』, 2005.2.21; 「시론」, 『경향신문』, 2005.2.25.

는 근거는 아무 곳에도 없다. 이때부터 장지연의 친일문제는 뜨거운 관심사가 되어 친일척결을 내세운 매체들이 새로운 '증거'들을 발굴하는 일에 열을 올리기 시작했다.

우국적인 항일논객의 상징이었던 장지연을 심판대에 올려놓고 작은 흠결이라도 없는지 낱낱이 찾아내어 추상같이 단죄하는 자세를 취하면서 여운형에 대해서는 눈을 감는 정도가 아니라 대한민국 최고의 훈장을 주어야 한다고 추켜세운다면 역사적 인물의 평가를 편향적으로 하

**여운형**. 일제 강점기 조선중앙일보 사장이었다.

는 것이 아닌가 하는 우려와 함께, 형평에 문제가 있다고 생각했다.


## 2) 여운형은 비켜간 친일 혐의

여운형도 친일문제에서 자유로울 수 없는 인물이다. 일제 패망 직후 한국에 진주한 미군이 작성한 첫 비밀 문건은 여운형을 '친일파pro-Japanese collaborator'로 규정하고 있었다. 미군의 보고서에 무게를 두지는 않더라도 장지연과 같은 기준이라면 여운형도 친일파가 될 수 있다는 증거는 많다.

노무현정부는 좌파 진영의 요구를 받아들여 결국 여운형에게 훈장의 격을 최고등급으로 높여 건국훈장 대한민국장을 다시 추서하는 이례적인 조치를 취했다. 반면에 2009년 11월에 민족문제연구소가 펴낸 『친일인명사전』에 수록된 인물 4,389명 가운데는 장지연의 이름이 올랐다.

대통령 직속 친일반민족행위진상규명위원회가 작성한 1,005명의 친일반민족 행위 결정 내용을 담은 『보고서』의 명단에는 장지연이 겨우 빠졌다.

장지연의 친일논란은 여기서 끝이 아니었다. 2010년 12월에 국가보훈처가 독립유공자 19명의 서훈 취소를 행정안전부에 요청했을 때에 장지연이 포함되었다. 이에 대해 국무회의가 '유보' 결정을 내리자, 보훈처는 서훈취소를 재차 요청하여 2011년 4월 5일에 열린 국무회의는 마침내 장지연의 서훈을 박탈한다고 결정했다. 장지연을 기어코 친일파로 규정하겠다는 세력의 끈질긴 공세는 마침내 성공을 거둔 것이다.[2]

그러나 공방은 계속되고 있다. 유족들이 국가보훈처를 상대로 제기한 소송에서 서울행정법원은 2012년 1월 국가보훈처가 서훈을 취소한 결정은 위법이라고 판결하여 유족들의 손을 들어주었다. 하지만 대법원은 보훈처의 결정에 잘못이 없다는 취지로 파기환송하여 장지연의 서훈취소가 그대로 확정된 상태이다.

나는 여운형을 친일파로 단정하고 싶지는 않다. 친일적인 글이 남아 있다 하더라도 당시의 시대상황에서 판단하지 않으면 안 되기 때문이다. 일생에 '친일'과 '항일'이라는 상반되는 행위가 있었을 경우 어느 쪽이 더 무거운가를 비교해서 평가해야 한다고 생각한다.

---

[2] 장지연 서훈 취소를 비판하는 칼럼 : 김태익, 「보훈처 서훈심사위가 궁금하다」, 『조선일보』, 2011.4.12; 김대중, 「'장지연상'을 반납해야 하나?」, 『조선일보』, 2011.4.19; 이우근, 「이 시대의 '시일야방성대곡'」, 『중앙일보』, 2011.4.25; 정진석, 「또한번 '시일야방성대곡' 할 국무회의 결정」, 『대한언론』, 2011.5.1; 정기정, 「'시일야방성대곡'할 정부의 섣부른 취소」, 『조선일보』, 2011.6.3; 김정우, 「이슈추적, 시일야방성대곡 장지연 친일논란, 盧 정부는 '독립운동가', 李 정부는 '친일행위자'」.

그러나 장지연을 비롯하여 '친일 인물'로 규정한 기준대로라면 여운형도 논의의 대상에서 제외할 수는 없게 된다. 1936년에 있었던 조선중앙일보의 일장기 말소사건과 그 이듬해의 폐간에 따른 여운형의 공과功過도 다시 논의할 필요가 있는 상황이 되었다. 조선중앙의 폐간을 교묘하게 미화하면서 같은 때에 동아일보가 겪은 고통과 피해사실은 폄훼하는 역사왜곡은 바로잡아야 할 것이기 때문이다. 그래서 민족문제연구소와 친일반민족행위진상규명위원회가 이미 내린 결정에도 불구하고 일제 말기 여운형의 행적을 추적해 보고자 한다.

조선중앙일보의 폐간은 이미 알려진 일이지만, 일제를 향한 마지막 저항의 방법으로 스스로 폐간을 택했다는 일각의 주장은 사실이 아니다. 한마디로 요약하면 신문사 자체의 소유권을 둘러싼 경영에 따르는 복잡한 문제를 해결하지 못했기 때문에 신문발행의 허가가 취소된 결과였다.

앞에서 언급한 여운형의 글은 이렇게 시작된다. "사랑하는 조선의 젊은 학도가 오늘도 미영米英 격멸의 횃불을 들고일어나 전열戰列에로 노도의 출격을 계속하고 있다"면서 해운대의 한 방에 병들어 누워있는 자신의 가슴에도 눈부시게 변천해 가는 조선의 역사를 새기는 소리가 다가왔다고 썼다.

나는 대동아전쟁에 대해서부터 극히 엄숙한 생각을 해보았다. 그리하여 이 전쟁에서 조선의 가야할 길을 내선(內鮮-일본과 조선) 관계에서 결론을 이끌어냈다. 눈물겨운 혈서, 단호한 출진 결의의 웅비, 이것에 호응하여 우리 아들을 격려하는 부형과 은사……. 온통 조선의 산하는 임시특별지원병제의 영광에 용솟음 치고, 2천 500만 동포의 가슴은 놀랄 만큼 진동하고 있다. 대동아 전쟁 발발 이래 대동아 전쟁은 소극적으로는 구미 침략에 대한 대동아의 방위이며, 적극적으로는 그들을 몰아내는 데 있다. 상대는 말할 필요도 없이 미국과 영국이며 그것에 협력하는 세력이다. 이제 세계 신질서의 역사를 창건하는 성업을 하고 있는 추축국(樞軸國)의 유대를 강화하며, 대동아(大東亞)는 우리 일본을 중심으로서 착착 건설되고 있다. 제국의 존망을 걸고 피로써 싸우는 이 일전(一戰)을 어떤 어려움과 쓰라림이 있더라도 승리하지 않으면 안 된다. 물론 완승할 것을 확신한다. 이 승리는 16억의 생사를 좌우하기 때문이다. 일본은 자국을 수호하는 것보다는 유구한 3,000년의 역사와 그 영예를 가진 아시아 전체를 해방하기 위한 것이다. 실로 이 일대 결전은 동아시아 10억의 생존권 획득전이다. 그래서 청년은 바다와 육지가 이어지는 세계를 향해 총을 들고 나가지 않으면 안 된다.

### 3) 일본군 입대 미화와 권유

여운형의 글은 계속된다.

세계 인류의 피가 들끓고 있는 가운데, 조선은 도대체 어떻게 하고 있는가. 지금이야말로 자기를 알고 조국을 연구하고, 세계관에 대한 반성을 하지 않으면 안 되는 때가 오고 있는 것이다. 그것은 지금 조선의 전 신경과 살과 피를 찌르는 '임시특별지원병제'다. 이는 세기의 시금석(試金石)이다. 나는 이 지상(至上) 국명(國命)의 완수 여하가 조선 2천 500만의 운명에 달려 있다는 것을 뼛속에 사무치게 느끼고 있다.

그는 "과거의 조선은 전혀 꿈의 나라였으며 문약文弱은 민족의 피를 흐리터분하고 무디게 만들었다"고 말하고 "거기서 자란 허약한 기질은 외우내환外憂內患의 신음에 사로잡혀 지리멸렬하고, 방황하는 운명에 비틀거리게 하고 있다. 그러는 가운데 하나의 큰 광명이 비치게 될 것이다"라 하여 일본군 입대를 미화했다.

그는 또 만주사변이 일어나고 지나(중국)사변이 계속 되었다. 그래서 대동아 전쟁이라는 역사적 세계전쟁이 발발하였다고 평가하고, 이 소화유신昭和維新의 거대한 봉화는 조선의 궐기를 재촉하였다. 조선은 점차 미몽에서 깨어났으며, 특히 지원병에 대한 정성은 피를 토해갔다. 조선을 짊어진 사상계, 교육계, 재계도 한길로 매진하였다. 완전히 급격한 발걸음으로 다시 태어나는 것이라고 말했다.

친애하는 조선학도여, 조선을 응시하시오. 일본을 바로 보시오. 세계를 달관하시오. 2천 500만의 운명은 실로 학도의 양어깨에 달려있는 것이다. 숭고한 의무와 신성한 동아(東亞) 해방의 정의를 위해서 지금이야말로 뜨거운 피를 흘려야 한다. (…중략…) 조선 동포는 대화(大和)민족과 혼연일체가 되어 전 동아 민족의 맹주가 되어 이것을 지도하는 높은 사명을 가지고 있다. 우리들은 이 지대한 자랑을 잘 느끼는 동시에, 병역의 의무 없이 일국의 한사람다운 영예를 얻을 수 없다는 것을 명기하지 않으면 안 된다. 나는 지금 결연히 일어나 2천 500만 동포와 고난을 같이하고 조선을 위해서, 일본을 위해서 대동아를 위해서 미력이지만 여생을 전부 바치겠다고 맹세하는 바이다. 다시 한번 말하기를 조선동포에게 말한다. 일본 없이는 조선은 살 수 없다는 것을 명심하시오.

여운형의 글을 길게 인용한 이유는 친일논란의 자료로 제공하기 위한 것이다. 나는 여운형이 진심에서 우러나와 이 글을 썼다고 생각하고 싶지 않다. 이 글은 여운형이 불가피한 사정에서 썼을 것으로 볼 수 있고, 본인이 쓰지 않았을 가능성도 있으며 다른 사람이 써서 여운형의 이름으로 발표했더라도 막을 도리가 없었을 것이라는 주장도 경청할 필요가 있다.[3] 그 시기로 돌아가서 살펴본다면 그와 같은 글을 쓰지 않을 수 없을 정도로 당시에는 엄혹한 분위기였다. 하지만 이 글이 여운형 아닌 다른 사람의 이름으로 실렸다면 어떻게 되었을까. 변명의 여지도 없이 친일의 결정적인 증거가 되었을 것이다.

일제는 전쟁의 당위성과 승리의 확신을 심어주는 강력한 선전사업을 벌이고 있었다. 세계정세를 알 수 없도록 외국에서 들어오는 정보를 철저히 차단하고 통제하는 상황이었기에 개인의 판단력을 마비시키고 무력화할 정도였다. 주변의 군중심리도 개인의 판단을 흐리게 하는 요인이었다. 1920년대에는 항일운동을 벌이던 사람들이 세월이 흐르면서 변절하여 하나 둘씩 친일의 대열에 합류하고 있었다. 기미 33인이었던 최린崔麟이 그런 예였다. 여운형의 글이 실린 책은 이렇게 시작한다.

조선 2,500만 동포여 일어서 나가자. 김성수(金性洙), 송진우(宋鎭禹), 장덕수(張德秀), 최남선(崔南善), 유억겸(兪億兼), 향산광랑(香山光郎, 이광수), 김연수(金秊洙)씨 등 조선의 교육계, 사상계, 재계, 문학계의 제1인자라고 말할 수 있는 사람들이 모두 일어났다. 일어서 호령하고 격려하였다.

---

3    이정식, 「일본제국의 종말」, 『여운형 ─ 시대와 사상을 초월한 융화주의자』, 서울대 출판부, 2008, 470쪽 이하.

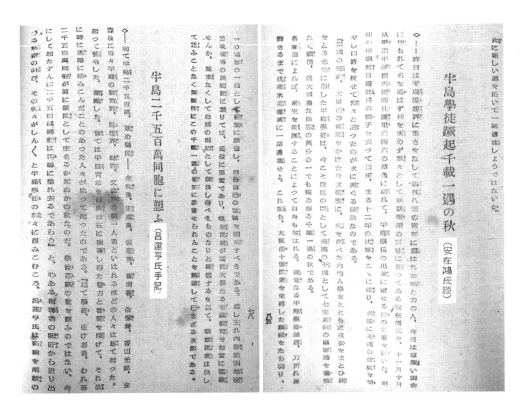

**여운형의 「반도 2500만 동포에 호소함」.** 글의 제목 아래에 여운형이 직접 썼다는 의미로 "수기"로 표시되었고, 안재홍은 '담(談)'으로 되어 있다.

　　거론된 인물은 조선의 지도급 저명인사들이다. 이 책에 여운형과 안재홍의 글이 실려 있었던 것이다. 그런데 주목할 부분이 있었다. 여운형의 「조선 2천 5백만 동포에 호소함」(78~85쪽)은 제목 아래에 '여운형 씨 수기手記'로 표시되어 있고 바로 다음에 실린 안재홍의 「반도학도 궐기 천재일우의 가을」(85~88쪽)에는 '안재홍씨 담談'으로 두 사람의 글에 다른 표시가 되어 있다는 점이다.

　　여운형은 직접 쓴 글이고, 안재홍은 기자가 쓴 것임을 명확히 밝힌 것이다. 같은 책에 싣는 두 사람의 글에 대해서 편집자는 직접 쓴 글과 구술한 것을 구분하였다. 안재홍은 많은 글을 쓴 논객이었다. 여운형도 글을 쓰기는 했지만, 논객으로 불리는 정도는 아니었다. 당대의 논객인 안재홍이 글을 쓰지 않고 말談로써 총독부의 요구를 완곡하게 회피했던 반면에 여운형은 학병 권유의 글을 직접 썼다는 커다란 차이가 있다. 여운형이 경성일보에 학생의 입대를 선동한 글을 실었다는 다른 증거도 있다.

### 4) 대동신문이 폭로한 여운형의 전향시

1946년 2월 10일 자 대동신문大東新聞은 여운형의 학병 권유 기사가 실린 경성일보 지면을 2페이지에 걸쳐서 복사해서 실었다. '여운형의 충성, 친일의 활증活證을 보라'는 제목과 함께 경성일보의 지면을 사진판으로 제시했다. 경성일보 지면에는 「학도여 전열戰列에 / 지금이야말로 보이자 황민반도皇民半島 / 여운형씨 마침내 일어나다學徒よ戰列へ, 今ぞ示せ皇民半島 呂運亨氏遂に起つ」라는 제목과 함께 여운형의 사진이 들어 있는 기사 한 건과 「반도동포에 호소함半島同胞に愬ふ」이라는 여운형의 글이었다. 바로 『반도학도 출진보』에 실린 글인데 여운형의 친필 서명도 있다.

대동신문은 「반성한 여운형의 고백 / 결국은 대지對支(중국) 공작의 전쟁범?」이라는 기사를 2월 17일과 18일 두 번에 나누어 실었다. "최근 친일파 민족반역가 문제로 정계와 우리 회사에서 논하는 데 적반하장 격으로 친일파들이 친일파 제거를 논하니 우리 삼천만 민족에게 이들의 과거사를 소개하니 현명한 재단裁斷이 있을 것이다"면서 1943년 2월 6일에 여운형이 일인 검사 스기모토杉本寬一의 심문에 대답하였다는 진술서를 실었다. 진술서의 마지막에는 별항과 같은 한시를 지어 자신의 심정을 제출하였다는 것이다.

여(呂)의 자필 자작 시초(詩抄)

대지(對支－중국) 공작은 소지(素志)이며 준비도 자신(自信)도 유(有)하야 실행기회를 득(得)코저 소회를 술(述)하오니 용서하십시오.

| 砲煙彈雨又經筆 | 포연탄우 속에 문필도 보답하고 |
| 爲國請纓捨一身 | 나라 위해 젊은 목숨 바치기를 청하네. |
| 千億結成共榮日 | 천억이 결성하여 공영을 이루는 날 |
| 太平洋水洗戰塵 | 태평양 물에 전쟁의 티끌을 씻으리. |

'천억'은 일본을 맹주로 하는 동양을 말한다. 대강의 뜻은 번영된 일본과 함께 전쟁을 끝내고 대동아공영을 이루기 바란다는 의미로 해석할 수 있다. '공영共榮'은 일본을 중심으로 함께 번영할 동아시아의 여러 민족과 그 거주 범위를 선전한 '대동아공영권'과 통한다. 태평양전쟁 당시 일본이 아시아 대륙 침략을 합리화하기 위하여 내건 정치 표어였다.

대동신문의 공격에 대해서 당시 여운형이 반론을 제기했다는 흔적은 아무데서도 찾을 수 없다. 대동신문은 우익 논조의 신문이었는데 기사가 사실이 아니었다면 여운형 측에서 가만히 있지 않았을 것이다. 어떤 방식으로든 반론과 역습을 시도했을 것이다. 친일혐의는 정치인에게 치명적인 상처를 줄 수 있었기 때문에 사실이 아닌 기사를 용납하지 않았을 것이다. 그냥 두고 볼 수 없는 인신공격에 해당하는 것이었다.

## 2. 친일의 형평성 문제

### 1) 이인李仁의 증언과 재일 사학자 강덕상의 책

일제말 1942년의 조선어학회 사건으로 함흥감옥에서 복역했던 이인
李仁도 여운형의 친일혐의를 증언했다. 여운형이 경찰에 검거되었을 때
에 일제에 진충갈력盡忠竭力하여 일본의 전쟁완수를 위하여 헌신한다는
장문의 전향서와 시를 지어 바치고 석방되었다는 것이다. 대동신문이
폭로한 기사의 신빙성을 뒷받침하는 증언이다.

> 해방 후 내가 미군정 때 대법관과 대법원장서리 자리를 내놓고 검찰총
> 장으로 앉게 된 지 1주 후에 지방법원 서기가 찾아와 신문지에 싼 형사기
> 록을 나에게 준 일이 있다. 그 서기는 해방되던 때는 서울지방검사국 서기
> 로 있었는데 8 · 15 해방 날은 일본인 직원은 전부 도망가고 한인 서기 2명
> 만 남았었다. (…중략…) ○陽은 서울지검에 나타나 자기의 전향서와 시문
> (詩文) 및 이에 관한 형사기록(조선대중당과 아편관계의 20여명의 기록)을
> 찾아달라 했으나 한 개인이 관청서류를 임의로 할 수 없을 뿐 아니라, ○陽
> 이 그의 불명예스런 기록을 말살하려는 흉계인 듯 해서, 복잡해서 찾지 못
> 한다고 말해 돌려보내고 자기가 비장했던 것인데 나에게 제출한다기에,
> 나는 다망중이라 일별한 뒤 서기국장 윤지선(尹智善)에게 금고에 특별보
> 관 하라고 지시했던 것이다.[4] (○陽은 여운형의 호 '夢陽'을 가리킨다)

---

**4**  이인, 「해방전후 편편록」, 『신동아』, 1967.8, 356쪽. 같은 글이 『愛山餘滴』(영학사, 1970,
253~256쪽)에 실렸는데 여기서는 ○陽을 ○씨로 바꾸었으나 내용은 같다.

앞에서 소개한 대동신문 1946년 2월 17일과 18일 자에 실린 '반성한 여운형의 고백'이라는 수사기록과 한시가 바로 여운형이 찾던 문건이 었을 것이다.

**경성일보에 실렸던 여운형의 글.** '반도동포에 호소함(半島同胞に 懇ふ)'이라는 제목 아래에 친필 서명이 들어 있다.

재일 사학자 강덕상姜德相의『조선인학도출진出陣』(동경, 岩波書店, 1997)에도 여운형이 경성일보에 쓴 글의 제목이 올라 있다. 제7장「매스컴의 선동」(185쪽)에는 경성일보와 매일신보가 1943년 11월부터 학병을 권유한 슬로건(표 22)과, 신문에 등장한 집필자와 글의 제목(표 23)을 정리한 표가 있다. 표에는 당시 국내의 명망가들이 망라되었다. 보성전문 교장이었던 김성수를 비롯하여 교육자, 문인 등의 이름이 나열되었다. 그 가운데 여운형도 포함되어 있다.

여운형이 경성일보에 쓴 글은「지금이야말로 보이자 황민반도今ぞ示せ皇民半島」(1943.11.9)와「반도동포에 호소함半島同胞に懇ふ」(11.11)으로 대동신문의 주장을 뒷받침하는 객관적인 자료이다. 소설가 김동인의 증언도 있다. 김동인이 1949년 7월 호『신천지』에 쓴 글이다.

어떤 날 거리에 나가 보니, 거리는 방공(防空) 연습을 하노라고 야단이고, 소위 민간유지들이 경찰의 지휘로 팔에 누런 완장을 두르고 고함지르며 싸매고 있었다. 몽양 여운형은 그런 일에 나서서 뺑뺑 돌기를 좋아하는 사람으로서, 그 날도 누런 완장을 두르고 거리거리를 활보하고 있었다. 대체 몽양이란 사람에 대해서는 쓰고 싶은 말도 많지만 다 싹여버리고 말고, 방공훈련 같은 때는 좀 피해서 숨어버리는 편이 좋지 않을까, 나는 한심스러이 그의 활보하는 뒷모양을 바라보았다.[5]


### 2) 조선공산당 문건과 미군정청 정보보고서

광복 직후 공산당도 "세상에서 여呂 씨를 친일분자라고 하는 문제에 대하야 누구나 없이 변명할 이유가 없다"고 냉정하게 단정하였다. 이 자료는 6·25전쟁 당시인 1950년 11월 1일 유엔군이 평양에서 노획한 조선공산당의 여러 문서 가운데 하나인데 「여운형 씨에 관하야」라는 제목으로 되어 있다. 여운형이 1937년 7월[중일전쟁] 이후로 일제와의 투쟁의식이 연약하였고, 그의 태도는 정확하지 못하였다고 평하고, 여섯 조목의 예를 들었다. 그 가운데는 "소·독 전쟁이 개시되고 태평양전쟁이 개시된 후, 여씨는 공개적으로 일본 동경 대화숙大和塾(1938년 7월에 결성된 조선사상범 보호관찰소의 외곽단체)에 가 있었고, 학도병 지원 권고문을 발표"하였다는 항목이 있다. 또한 "조선총독부와 밀접한 관계로 감옥에 있는 사회주의자의 전향적 석방운동을 감행하여 투쟁의식이 미약한 혁명자를 타락적 경향에 빠지게"하였다고 지적했다. 구체적으로는 김태준金台俊 등도 여운형의 주선으로 전향하여 가출옥假出獄했다는 것이다.

공산당은 "특히 친일분자의 소멸을 당면적 정치투쟁 구호로 우리로

---

5    김동인, 「문단 30년의 자취 (11회)」, 『신천지』, 1949.7, 148쪽.

서 아름답지 못한 여씨의 명단을 신정부 지도인물로 제출하게 된다면, 그는 반동 진영에 구실만 줄뿐 아니라 친일분자 소멸투쟁에 불리한 영향을 급及할 것은 명약관화한 일인가 한다"고 결론지었다.[6] 여운형에 대한 공산당의 이같은 평가가 작용한 때문이었는지 여운형의 인민당, 박헌영의 공산당, 그리고 신민당 3당은 합당에 실패하였다.[7]

일제 패망 후 서울에 진주한 미군사령부 정보참모부가 1945년 9월 12일 자로 작성한 비밀문서 'G-2 Periodic Report'도 여운형을 '친일파'로 분명히 규정하였다. "일본이 패망하기 직전에 여운형은 조선총독으로부터 거금(아마 약 2천만 엔-twenty million)을 받았다"고 지적했다. 전쟁이 끝나면 소련이 한반도 전체를 점령할 것이며 미국은 진주하지 않을 것으로 총독부는 판단하였다는 것이다. 총독부는 여운형에게 공중 집회를 개최할 권한과 사무실, 교통편과 비행기를 제공하여 선전삐라를 전국에 뿌릴 수 있도록 지원했다. 이와 함께 조선의 모든 신문 방송을 통제할 수 있는 권한도 주었다는 것이다. 정보보고서는 여운형이 여러 해 전부터 한국인들 사이에 친일파로 널리 알려진 정치가well-known to the Korean people as pro-Japanese collaborator and politician로 평가했다. 그러나 이정식은 앞의 저서에서 미군정이 조사한 결과 여운형의 친일 의혹은 사실이 아니라는 결론을 내린 것으로 기술하고 있다.

---

6   『조선공산당문건자료집』(자료총서 12), 한림대 아시아문화연구소, 1993, 227~228쪽.
7   남시욱, 『한국진보세력연구』, 청미디어, 2009, 67~87 · 96~104쪽.

### 3) 조선중앙일보 폐간의 진실

여운형의 '친일' 증거로 제시된 대동신문 1946년 2월 10일 자 지면.

장지연 친일 논란이 있기 전인 2003년 8월 16일 저녁에 KBS1 TV는 특별기획 「일제하 민족언론을 해부한다」라는 프로그램을 방영했다. 노무현 대통령이 가장 적대적인 신문으로 지목하여 여러 차례 공개적으로 불만을 토로하다가, 마침내 거액의 소송을 제기한 때에 동아일보와 조선일보의 친일문제를 특집으로 다룬 프로그램이었다. 공교롭게 그런 시기에 방영하게 된 기획 의도는 두 신문의 이미지에 타격을 주고 영향력을 약화시키려는 의도였을 것이다.

그런데 KBS는 이 프로그램에서 1940년에 동아 조선 두 신문의 폐간이 총독부와의 일종의 '합작'에 의한 것으로 왜곡하는 한편으로 조선중앙일보의 일장기 말소와 관련한 폐간에 대해서는 사실과는 다른 이상한 해석을 내렸다. 프로그램은 손기정 선수 '일장기 말소사건'이 "확대되어 조선중앙일보와 동아일보 모두 정간됐으나 조선중앙일보는 친일파를 사장에 앉히라는 총독부의 요구를 거절해 폐간된 반면 동아일보는 해당기자를 방출하고 일제의 언론기관으로서 사명을 다하겠다는 사과문을 실은 뒤 복간할 수 있었다"고 말했다.

국사편찬위원회가 발행한 『역사의 창』 3호(2006. 가을)에도 이런 주장이 실려 있다. 민중을 계몽하고 민족의 의사를 최소한이라도 표현할 수 없다면 '조선중앙일보의 사명이 다했다'고 보는 입장을 지닌 사람들이 상황을 주도할 수는 없었지만 속간에 동의하지 않음으로써 조선중앙일보의 역사성을 지켰다는 것이다.

> 결국 조선중앙일보는 1937년 11월 5일 자로 발행허가 효력이 상실되어
> 폐간되었다. (…중략…) 조선중앙일보는 종래의 언론관을 고수하면서 폐
> 간을 선택했고, 동아일보는 기업이냐 민족이냐의 기로에서 전자를 택했다.

동아일보는 총독부가 요구하는 대로 순응하여 해당 기자를 쫓아내고 일제의 언론기관으로서 사명을 다하겠다는 사과문을 실은 뒤 복간할 수 있었던 반면에 조선중앙일보가 총독부의 요구를 거절하여 "폐간을 선택"했다는 이같은 주장은 사실이 아니다.

총독부 경무국이 작성한 극비자료 「동아일보 발행정지처분의 해제에 이르는 경과 및 조선중앙일보 휴간 후의 경위」(1937.6.11)라는 문건이 이같은 사실을 명백히 증언한다.[8] 이 문서는 제목부터 총독부가 일장기를 말소한 동아일보에는 발행정지[정간] 처분을 내렸으나, 조선중앙일보는

---

8 「朝保秘 제1100호」로 표시된 이 자료는 총독부 경무국장 명의로 각 도지사, 일본 척무성 조선부장, 조선헌병사령관, 경성지방법원 검사정, 관동국 경무부장, 경무국 동경 파견원 앞으로 발송되었다.

총독부가 발행정지 처분을 내린 것이 아니라 '휴간' 상태였다고 명시하고 있다. 이 비밀 자료는 두 신문에 대해서 총독부가 어떤 조치를 취했는지, 동아일보는 정간이 해제되었는데도 조선중앙일보는 어째서 아직도 발행이 중단된 상태인지를 상세히 설명한다.

조선중앙일보에 있어서는 이번 불상사를 계기로 책임자 및 불량 기자를 도태해 사내 정화의 목적은 대략 달성하였다고 봄으로써, 이제는 다만 우수한 사장과 간부를 추천하여 당국의 지시에 따라 신문지 지면 쇄신의 전망이 확실함으로서 언제든지 그의 속간을 허용할 상황이 되었다.

총독부는 조선중앙일보에 대해서 "언제든지 속간을 허용할 상황"이 되었는데도 복잡한 사내의 갈등으로 신문을 발행하지 못하고 있다는 것이다. 그런데도 조선중앙일보가 끝내 속간하지 못하고 마침내 폐간에 이르게 된 경위는 앞에서 언급한 내 책『역사와 언론인』에 고찰한 바 있으므로(『역사와 언론인』, 커뮤니케이션북스, 2001, 305~311쪽 참고) 여기서 길게 설명할 필요가 없다. 다만 당시 발행된 월간『삼천리』잡지의 기사를 인용하는 것도 정확한 설명이 될 것이다.

소화 11년(1936) 9월 5일, 동업 동아일보가 같은 사건으로 경무국으로 부터 발행정지의 처분을 받자, 중앙일보는 자진휴간의 거조(擧措)에 출(出)하야 1개년간이나 경무 당국의 속간 내락을 얻기에 진력을 하였으나 사태 불순하야 한갓 헛되이 일자를 끌어오다가, 만 1년을 지나 또 제9조에 의한 2개월 간의 기한까지 지나자 11월 5일에 저절로 낙명(落命)하게 된 것이다.

『삼천리』의 기사는 계속된다. 같은 사건으로 처분을 받았던 동아일보는 제호를 살려 다시 속간하게 되었는데 어째서 "당국의 정간 처분도 아니오 자진 휴간한 말하자면 경미한 중앙일보만 낙명하게 되었느냐 함에는 여기에 여러 가지 복잡한 사정이 잠재하여 있었던 것이다"라고 말하고 휴간 중에 사장 여운형 지지파와 새 사장成元慶 지립파持立派의 알력이 있어 서로 대립이 되어 중역회의에서나, 주주총회에서나 분쟁이 늘 끊이지 않았다는 것이다.

거기에 8만 원 공空 불입 같은 것이 튀어나와 주식회사 결성 중에 큰 의혹을 남긴 오점까지 끼쳐놓았음이 후계 간부가 사무국경무국我을 이해시킬만한 공작을 1년 내내 끌어오면서도 이루지 못한 등 여러 가지의 실수가 원인이 되어 파란 많은 역사를 남기고 끝내 무성무취無聲無臭하게 마지막 운명을 짓고 말았다고 결론지었다.[9]

이처럼 조선중앙은 속간을 위해 자체적으로 많은 노력을 기울였지만 내분과 경영난을 극복하지 못한 채 법에 규정된 휴간 기일을 넘기는 바람에 발행허가가 저절로 소실된 것이다. 『삼천리』의 기사대로 조선중앙은 "당국의 정간 처분도 아니오 자진 휴간"한 것이었고, 동아일보에 비해 경미한 처분을 받은 상태였다. 총독부가 사장 여운형의 경질을 요구하여 여운형이 물러났던 것은 사실이고, 실무 관련자를 처벌하라는 강요는 없었다.

사장이 물러난 후에 조선중앙일보의 청산위원회는 여운형이 살던 신문사 소유의 집을 여운형 아내 명의로 등기하였다는 사실 때문에 논란도 있었다. 신문의 폐간으로 사원들의 생계가 어려운 때에 전직 사장에

---

9  「오호, 중앙일보 수 폐간, 20여년의 언론 활약사를 남기고」, 『삼천리』, 1938. 1.

게 과한 혜택을 준 것이라는 비판이었다. 조선중앙의 폐간에 이상한 해석을 붙이는 것도 여운형의 '친일'을 은폐하고 '항일'을 미화하려는 의도에 지나지 않는다.

설사 일제 말기에 여운형의 친일 행적이 증거로 남아 있다 하더라도 일제의 패망을 알고 있었던 여운형이 일제를 속이기 위한 위장전술이었다는 것이 친일파 척결을 주장하는 사람들이 여운형을 변명하는 논리인 것 같다. 근거로 내세우는 것이 일제 말에 결성하였다는 비밀조직 '건국동맹'이다. 같은 사람의 행위가 '선 항일, 후 친일'이면 친일파이고, 반대로 '선 친일, 후 항일'은 면죄부를 준다는 논리다. 그러나 건국동맹은 실체가 없는 단체이며 몇 사람이 모여 비밀리에 그런 단체를 조직하였다 한들 크게 과장되었을 뿐 아니라 어떤 비밀 활동을 했다는 흔적도 없다는 것이 여운형을 연구했던 이정식 교수의 결론이다.

이정식은 이렇게 썼다. "필자는 건국동맹의 맹원이 수만 명이었다는 말은 믿지 않는다. 일제말기 고등경찰이나 헌병대가 파업을 하고 있었다면 모르되 수만이 아니라 수백 명의 맹원을 가진 단체마저도 조직될 수가 없었다고 생각하기 때문이다."


### 4) 친일의 기준 제시

민족문제연구소가 발간한 『친일인명사전』과 대통령 직속 친일반민족행위진상규명위원회의 일본 강점 시기 친일 반민족 행위 결정 내용을 담은 『보고서』의 명단에 포함된 인물 가운데는 친일의 과오에 비해 독립운동, 항일언론 문화활동 등의 공적이 현저히 큰 사람들도 포함되어 있다. 그러나 친일의 흔적이 여러 증거로 남아 있는 여운형은 처음부터 검토의 대상에조차 포함되지 않았다. 어떤 사람에 대해선 추상 같은 검찰관의 자세로 애매한 혐의도 과도하고 엄격한 잣대를 들이대어 단죄하는 한편으로 특히 좌파에 대해서는 변호사의 입장이 되어 명백한 증거에도 불구하고 제외한다는 의혹을 살 수 있다.

여운형은 친일파인가. 기준에 따라 달라질 수 있다. 나는 친일파가 아니라는 쪽 편을 들고자 한다. 움직일 수 없는 친일의 정황이 있기는 하지만, 그의 일생을 놓고 볼 때에 항일 독립운동의 공적이 더 크다고 보는 것이다. 진심으로 친일을 했을 리 없으며 그런 글을 자발적으로 쓰지 않았을 것이라는 이유다. 그러나 장지연을 친일 인명사전에 올릴 정도라면 여운형은 그보다 훨씬 무거운 친일로 보지 않을 수 없다. 젊은 학도들을 전쟁에 나가도록 선동한 행위는 많은 사람들을 현혹하고 직접적인 피해를 입혔기 때문이다.

아까운 청춘, 독립국가의 인재가 될 젊은이를 전쟁터로 몰아넣은 이적 행위는 변명의 여지가 없다. 평화로운 시대에 친일적으로 볼 수 있는 정도의 글을 썼다는 혐의를 씌운 장지연과는 비교조차 할 수 없을 정도의 실증적인 증거는 위에서 제시한 것으로도 충분하다. 장지연에 국한되는 사안이 아니다. 친일인명사전에 오른 다른 사람 가운데도 여운형에 비해 훨씬 가벼운 정도의 친일 경력이 있는 사람이 많을 것이다.

여운형은 기로에 서 있다. 그에게는 자신의 혐의를 깨끗이 씻을 수 있는 좋은 기회가 주어졌다. 여운형이 친일을 하지 않았다면 그와 같거나 훨씬 가벼운 다른 사람의 혐의도 모두 벗겨줄 수 있다. 일제 강점기를 살면서 어쩔 수 없이, 또는 시대상황을 잘못 읽은 과오로 불가피하게

남긴 흔적으로 인해서 친일파로 몰린 많은 사람들의 억울함을 풀어줄
수 있는 근거를 만들어 주었기 때문이다. 자신과 함께 다른 사람도 구
제할 수 있는 기회인 것이다. 여운형의 행적을 기준으로 친일과 그렇지
않은 경우를 판단한다면 변명의 기회조차 갖지 못한 채 '친일'의 족쇄를
차게 된 많은 사람들이 혐의를 벗을 수 있지 않을까.

# 참고문헌

## 신문

### 1) 국내
『동아일보』, 『조선일보』, 『서울신문』, 『경향신문』, 『매일신보』, 『경성일보』, 『해방일보』,
『조선인민보』(해방공간에 발행되었다가 6·25전쟁 후에도 발행됨)
* 광복 이후 서울에서 발행된 여러 신문은 생략.

### 2) 북한발행 신문 잡지
『로동신문』(로동당 기관지), 『민주조선』(내각 기관지)
『문학예술』(1953년 10월에 제호를 『조선문학』으로 바꾸어 창간)
『근로자』(로동당 이론잡지)
『조선기자』(조선기자동맹 기관지)

## 자료집

### 1) 국내
『1950·9 서울시임시인민위원회 정당 사회단체등록철』, 사단법인 한국안보교육협회, 1990.
『북한관계사료집』 X(1946~1951), 국사편찬위원회, 1990.
『북한관계사료집』 30, 국사편찬위원회, 1998.
『북한주요인사 인물정보』, 통일부, 2012.
『북한주요기관·단체 인명록』, 통일부, 2012.
『이정 박헌영전집』(전9권), 역사비평사, 2004.
『임화문학예술전집』(전8권), 소명출판, 2009.(현재 5권까지 발행)
정진석 편, 『일제시대 민족지 압수기사모음』 I·II, LG상남언론재단, 1998.
『자료 대한민국사』 1·2, 국사편찬위원회, 1970.
『조선공산당문건자료집』(자료총서 12), 한림대 아시아문화연구소, 1993.

『좌익사건 실록』 1, 대검찰청 수사국, 1965.

『좌익사건 실록』 2, 대검찰청 수사국, 1968.

『한국신문 백년』, 한국신문연구소, 1975.

계훈모 편, 『한국언론연표』 1(1881~1945), 관훈클럽신영연구기금, 1979.

_____, 『한국언론연표』 2(1945~1950), 관훈클럽신영연구기금, 1987.

_____, 『한국언론연표』 3(1951~1955), 관훈클럽신영연구기금, 1993.

『한민족독립운동사 자료집』 45, 中國地域獨立運動 裁判記錄 3 : 국사편찬위원회, 2001.

오영식 편, 『해방기 간행도서 총목록-1945~1950』, 소명출판, 2009.

고유환・이주철・홍민, 『북한언론 현황과 기능에 관한 연구』, 한국언론진흥재단, 2012.

## 2) 북한

### ① 단행본

『김사량 작품집』, 평양 : 문예출판사, 1987.

『력사론문집』 2, 조선민주주의인민공화국 과학원 력사연구소, 1958.

『미제국주의 고용간첩 박헌영 리승엽 도당의 조선민주주의 인민공화국 정권전복 음모와 간첩사건 공판문헌』, 평양 : 국립출판사, 1956.

『조선문학사』 11, 평양 : 사회과학출판사, 1994.

『조선문학사』 12, 평양 : 사회과학출판사, 1999.

사회과학연구소, 『조선문학통사』, 인동, 1988.

리용필, 『조선신문100년사』, 김일성종합대학 출판사, 1985(서울 나남출판에서 1993년 재출판)

사회과학원 력사연구소, 『조선전사』 24(현대편), 과학・백과사전출판사, 1981.

『조선향토대백과』, 평화문제연구소, 2004.12.

### ② 논문

김명수, 「흉악한 조국 반역의 문학-림화의 해방전후 시작품의 본질」, 『조선문학』, 1956.4.

송영, 「림화에 대한 묵은 론죄상」, 『조선문학』, 1956.3.

신철, 「당 대렬의 통일과 순결성을 위한 우리 당의 투쟁」, 『근로자』, 1954.2.

엄호석, 「리태준 문학의 반동적 정체」, 『조선문학』, 1956.3.

_____, 「리태준의 반혁명적 문학활동을 폭로함」, 『로동신문』, 1956.3.7.

윤시철, 「인민을 비방한 반동 문학의 독소-김남천의 8・15 해방후 작품을 중심으로」, 『조선문학』, 1956.5.

한설야, 「전국 작가 예술가대회에서 진술한 한설야 위원장의 보고」, 『조선문학』, 1953.10.

_____, 「평양시 당 관하 문학 예술 선전 출판부문 열성자 회의에서 한 보고」, 『근로자』, 1956.2.

로동당 중앙위원회 전원회의 제6차 회의 결정, 「박헌영의 비호 하에서 리승엽도당들이 감행한 반당적 반국가적 범죄적 행위와 허가이의 자살사건에 관하여」, 1953.8.5~9.

로동당 상무위원회 결정, 「문학·예술분야에서 반동적 부르죠아 사상과의 투쟁을 더욱 강화할 데 대하여」, 1956.1.18.


### 3) 일본

姜德相, 『朝鮮人學徒出陣』, 岩波書店, 1997.

高桑幸吉, 『マッカーサーの新聞檢閱, 揭載禁止·削除になった新聞記事』, 讀賣新聞社, 1984.

『半島學徒出陣譜』, 경성일보사, 1944.

西尾幹二, 『GHQ焚書圖書開封－米占領軍に消された戰前の日本』(전3권), 동경 : 德間書店, 2008.

松浦總三, 『占領下の言論彈壓』(增補決定版), 동경 : 現代ジャーナリズム出版會, 1977.

森田芳夫·長田かな子 編, 『朝鮮終戰の記錄－資料編 제1권 日本統治の終焉』, 巖南堂書店, 1979.

정진석 편, 한국교회사문헌연구원 편집, 『朝鮮總督府及所屬官署職員錄』(전34권), 동경 : ゆまに書店, 2010.

조선총독부 경무국도서과, 정진석 편, 『朝鮮總督府言論彈壓資料叢書』(전26권), 한국교회사문헌연구원, 2013.

現代朝鮮硏究會 編譯, 『暴かれた陰謀-アメリカのスパイ 朴憲永 李承燁 一味の公判記錄』, 駿台社, 1954.

霞關會 편, 외무성 아시아국 감수, 『現代朝鮮人名辭典』(1962년판), 世界ジヤーナル社.

橫溝光暉, 「京城日報の終刊」, 『昭和史片鱗』, 經濟來往社, 1974.

「反戰思想 記事の件報告 '通報'」, 『朝報密』8, 1940.1.31.


### 4) 신문사 사사와 자료

『경향신문 사십년사』, 경향신문사, 1986.

권영민, 『한국근대문인대사전』(전3권), 아세아문화사, 1990.

『동아일보 사사』 1(1920~1945), 동아일보사, 1975.

『동아일보 사사』 2(1945~1960), 동아일보사, 1978.

『매일신보 사원명부』, 매일신보사, 1939·1941·1942·1944.

『서울신문 50년사』, 서울신문사, 1995.

『서울신문 사십년사』, 서울신문사, 1985.

『약전으로 읽는 문학사』 1·2, 소명출판, 2008.

『역원급직원명부』, 사단법인 조선방송협회, 1940.

『조선연감』(1947년판), 조선통신사, 1946.12.

『조선연감』(1948년판), 조선통신사, 1947.12.


## 단행본

검열연구회, 『식민지 검열, 제도·텍스트·실천』, 소명출판, 2011.

고하선생전기편찬위원회, 『고하 송진우 전기』, 동아일보사, 1990.

김가인, 『패주 5천리』, 태양문화사, 1952.

김남식, 『남로당연구』, 돌베개, 1984.

_____, 『실록 남로당』, 한국승공연구원, 1979.

김성칠, 『역사 앞에서, 한 사학자의 6·25 일기』, 창작과비평사, 1993.

김윤식, 『임화연구』, 문학사상사, 1989.

김학준, 『고하 송진우평전』, 동아일보사, 1990.

남시욱, 『한국진보세력연구』, 청미디어, 2009.

박순천 외, 『나는 이렇게 살았다』, 을유문화사, 1988.

문정식, 『펜을 든 병사들, 종군기자 이야기』, 전국언론노동조합연맹, 1999.

박갑동, 『통곡의 언덕에서, 남로당 총책 박갑동의 증언』, 서당, 1991.

박명림, 『한국 1950년 전쟁과 평화』, 나남출판, 2002.

_____, 『한국전쟁의 발발과 기원』, 나남출판, 1996.

사림(史林) 편, 『신문기자 수첩』, 모던출판사, 1948.

송건호, 『한국현대언론사』, 삼민사, 1990.

신영덕, 『한국전쟁기 종군작가연구』, 국학자료원, 1988.

심지연, 『송남헌 회고록』, 한울, 2000.

안드레이 란코프, 김광린 역, 『소련의 자료로 본 북한 현대정치사』, 도서출판 오름, 1999.

오소백, 『올챙이기자 방랑기』, 신태양사, 1954.

유병은, 『단파방송연락운동』, KBS문화사업단, 1991.

이인, 『愛山餘滴』, 영학사, 1970.

이정식, 『여운형-시대와 사상을 초월한 융화주의자』, 서울대 출판부, 2008.

이철주, 『북의 예술인』, 계몽사, 1966.

이한수, 『문일평 1934년』, 살림, 2008.

장영창, 『서울은 불탄다』, 동지사, 1978.

정영진, 『문학사의 길찾기』, 국학자료원, 1993.

_____, 『바람이여 전하라』, 푸른사상, 2002.

_____, 『통한의 실종문인』, 문이당, 1989.

한하운, 『한하운 시초』, 정음사, 1949(초판)・1953(재판).

정진석, 『6・25전쟁 납북』, 기파랑, 2006.

_____, 『고쳐쓴 언론유사』, 커뮤니케이션북스, 2004.

_____, 『극비, 조선총독부의 언론검열과 탄압』, 커뮤니케이션북스, 2008.

_____, 『언론과 한국현대사』, 커뮤니케이션북스, 2001.

조갑제, 『조선총독부, 최후의 인터뷰』, 조갑제닷컴, 2010.

조선일보 사료연구실, 『조선일보 사람들』, 랜덤하우스중앙, 2004.

조영복, 『문인기자 김기림과 1930년대 '활자-도서관'의 꿈』, 살림, 2007.

_____, 『월북 예술가 오래 잊혀진 그들』, 돌베개, 2002.

조용만, 『울 밑에 핀 봉선화야』, 범양사, 1985.

최준, 『한국신문사』, 일조각, 1990.

홍기돈, 『근대를 넘어서려는 모험들-일제 말기의 문학사상 연구』, 소명출판, 2007.

## 논문

김경재, 「최근의 북만(北滿) 정세, 동란의 간도에서(속)」, 『삼천리』, 1932.7.

김동인, 「문단 30년의 자최」, 『신천지』, 1949.7.

김선돈, 「민족지 폐간 하수인의 최후」, 『세대』, 1971.8.

김영희, 「한국전쟁기간 북한언론활동」, 『한국언론정보학보』 40, 2007.

김정도, 「북조선 신문사정」, 『민성』, 1947.1・2(합병호).

박권상, 「미군정하의 한국언론」, 『산운사학』 2, 산운학술문화재단, 1988.4.(『신문과 방송』, 한국언론진흥재단, 1987.10(상)・1987.11(하))

박찬승, 「일제말기 문석준의 유고 조선역사와 조선역사연구」, 『한국사학사연구』, 나남출판,

1997.

백철, 「나의 기자시절」, 『신문과 방송』, 한국언론진흥재단, 1976.3.

이혜복, 「6·25 종군기자의 현주소」, 『신문과 방송』, 한국언론진흥재단, 1984.6.

조용만, 「'파면기자' 시절, 나의 30대」, 『중앙』, 1974.8.

# 색인